AUTORES
M.ª Teresa Bouza Álvarez
José Manuel González Bernal
Alicia Romeu Rodríguez

ASESORÍA Y REVISIÓN TÉCNICA
Antonio Quilis

Lengua castellana y Literatura

4º

Secundaria

Oxford
EDUCACIÓN

Índice de contenidos

Cómo se trabaja una unidad

Cada unidad de este libro se compone de:

- Una página de **Presentación.**
- Cuatro bloques de desarrollo de los contenidos:
  - **Comunicación.**
  - **Técnicas de trabajo.**
  - **Lengua.**
  - **Literatura.**
- Una página de **Evaluación.**

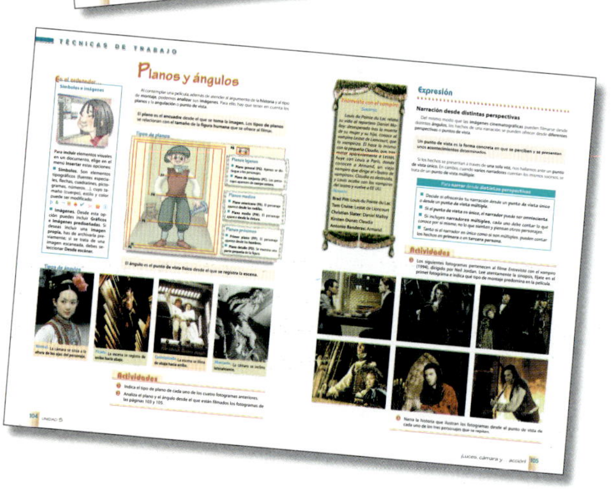

Presentación

En la página inicial te presentamos los contenidos que se van a tratar en la unidad. Además de un **índice** de los mismos, se incluye una **composición de imágenes** que te permitirán acercarte a los temas que vas a estudiar.

Comunicación

Este bloque se inicia con una **lectura** sobre la que se plantean las actividades de **Análisis del texto,** que te ayudarán a comprenderlo y a reflexionar sobre él.

En la doble página siguiente se abordan los **distintos tipos textuales** (narración, descripción, diálogo), con atención especial a la **exposición** y la **argumentación.** Se analizan sus formas, estructuras y manifestaciones, tanto en la **literatura** como en los distintos **medios de comunicación audiovisual** (radio, televisión, cine, textos multimedia, páginas *web,* videoconferencias, publicidad, foros de debate…), a la vez que se presentan las **características de dichos medios.** El desarrollo de los contenidos incluye nuevos textos y actividades para que apliques los conocimientos que vas adquiriendo.

Técnicas de trabajo

Las **Técnicas de trabajo** proponen diversos métodos de **análisis** y **síntesis** de textos, así como procedimientos de **búsqueda** y **organización** de la **información** y de **presentación de textos escritos.**

El bloque se completa con un página de **Expresión** que ofrece pautas y actividades para la creación de los distintos tipos de textos analizados en la parte de Comunicación.

Lengua

En este segundo bloque se aborda el estudio de la lengua en su **dimensión textual** y se profundiza en el análisis de la **oración compuesta.** Los contenidos de lengua y sociedad se refieren tanto a la **situación actual del español** como a sus **variedades en España** e **Hispanoamérica.**

La sección se abre con un **mapa conceptual,** seguido del desarrollo de los contenidos y de actividades. Incluye una página de **Lengua y norma,** dedicada a cuestiones relativas a la corrección en los usos lingüísticos.

Con las actividades de la página de **Aplicación y síntesis** podrás ejercitar los conocimientos adquiridos hasta ese momento en la unidad. El apartado de **Ideas claras** recoge conceptos y procedimientos que te ayudarán a responder las cuestiones propuestas.

El bloque de Lengua se completa con una doble página de **Léxico** y **Ortografía,** destinada a mejorar tu expresión oral y escrita.

Literatura

Este último bloque de la unidad se dedica al estudio del **lenguaje** y los **géneros literarios,** y a su **evolución histórica** desde el **siglo XIX hasta la actualidad,** incluidas las principales manifestaciones de los mismos en **Hispanoamérica.**

Las páginas de Literatura se inician siempre con un **esquema cronológico** que permite situar los principales movimientos, tendencias, obras y autores de cada género y período literario.

El desarrollo de los contenidos incluye explicaciones relativas al **marco histórico** y **sociocultural,** así como a las **obras** y los **autores** más destacados de cada género y época, ilustrados con textos representativos sobre los que se plantean actividades.

El bloque se completa con una doble página de **Comentario de texto** en la que, mediante el análisis guiado de un fragmento escogido, podrás aplicar todo lo aprendido.

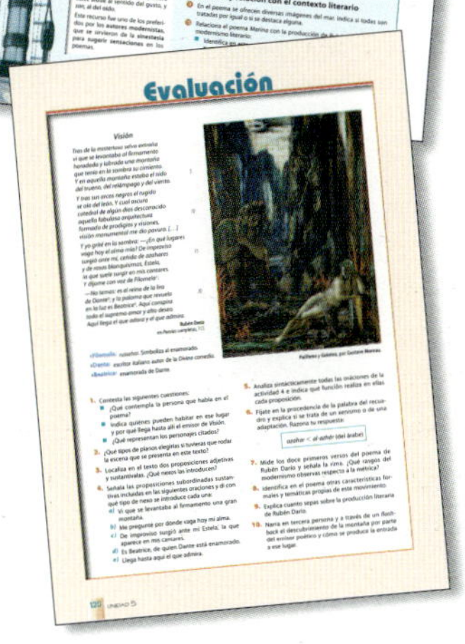

Evaluación

Las actividades sobre el texto de la página de **Evaluación** te permitirán comprobar si has adquirido los conocimientos básicos de los cuatro bloques de la unidad, así como detectar todos aquellos aspectos que debes repasar.

1 Una comunicación sin fronteras

Contenidos de la unidad

Sociedad y comunicación

Durante muchísimo tiempo, el hombre logró comunicarse sin instrumentos ni intermediarios técnicos: le bastaron los cinco sentidos y su cerebro para entrar en contacto con sus semejantes e intercambiar información con ellos. Pero, a medida que necesitó saber más de lo que podía almacenar en su cerebro, el hombre aprendió a acumular enormes cantidades de información fuera de su cuerpo (desde las tablillas de barro cocido, pasando por las hojas de papel, hasta los modernos sistemas de almacenamiento, cintas magnéticas y disquetes). Como hace notar el científico Carl Sagan, «somos la única especie del planeta que ha inventado una memoria comunal que no está almacenada ni en nuestros genes ni en nuestros cerebros». Pero los sistemas de almacenamiento no se han limitado a codificar y archivar la palabra; el hombre aprendió muy pronto a codificar los sonidos (partituras musicales) y a registrarlos en discos y cintas magnéticas, así como a reproducir imágenes (litografía, xilografía, serigrafía) y a fijarlas en papel (fotografía), celuloide (películas) y en soportes magnéticos (vídeo) y optoelectrónicos (videodiscos láser).

Los signos almacenados sobre un soporte material tienen la ventaja de vencer al tiempo y al espacio, pueden guardarse indefinidamente y hacen posible la multiplicación del mensaje. Consideremos, por ejemplo, la emisión de un programa de arte en televisión: millones de espectadores pueden contemplar simultáneamente las pinturas de la cueva de Altamira; su creador, muerto hace miles de años, continúa comunicándose con nosotros porque su mensaje quedó hábilmente registrado en las paredes de una cueva.

Pero, además de fijar y almacenar información, el hombre se vio en la necesidad de ampliar la difusión de mensajes. En un principio la información pasaba de boca en boca; luego aparecieron la escritura y la imprenta; finalmente, ya en nuestro siglo, las películas, la radio y la televisión consiguieron aumentar vertiginosamente el número de consumidores potenciales de información. Si ahora leemos libros y periódicos, escuchamos la radio o miramos la televisión, en breve dispondremos de receptores domésticos que combinarán las características técnicas de las telecomunicaciones, de la radiodifusión y de las computadoras.

Paralelamente al desarrollo de las nuevas técnicas de registro y difusión, la creciente complejidad de las relaciones humanas exigió de la técnica la creación de canales de comunicación más rápidos y eficaces. [...]

El uso de nuevos medios para generar información (un ordenador, por ejemplo), almacenarla (un disco láser) y la utilización de nuevos canales para difundirla (el cable de fibra óptica en la transmisión televisiva) es lo que normalmente se conoce por «aplicación de las nuevas tecnologías a la comunicación».

Actualmente, la aplicación de las nuevas tecnologías ha supuesto un aumento considerable de la capacidad de generar, almacenar, procesar, transmitir y recibir información. Sin embargo, su importancia no reside tanto en la perfección técnica que han logrado, como en el impacto que están produciendo sobre la vida, las costumbres y las formas de relación humana.

Pedro MONTANER y Rafael MOYANO
¿Cómo nos comunicamos?, Alhambra

La aplicación de las nuevas tecnologías ha supuesto un aumento considerable de la capacidad de generar, almacenar, procesar, transmitir y recibir información.

Análisis del texto

Análisis del contenido

1. Contesta estas cuestiones sobre el texto de Pedro Montaner y Rafael Moyano:
   - ¿Cómo se comunicaban los primeros seres humanos? Explica por qué surgió la necesidad de almacenar información.
   - ¿Qué otros signos, además de las palabras, ha aprendido a codificar el hombre? Indica qué soportes emplea para ello.
   - ¿Qué rasgos presentan los signos almacenados en soporte material?
   - Cita los sistemas que ha utilizado la humanidad para difundir mensajes y explica cómo han influido en esa difusión las nuevas tecnologías.
2. Deduce algunos datos sobre el contenido de la lectura:
   - ¿Qué antiguo soporte material para almacenar y divulgar información se mantiene en la actualidad?
   - Señala qué frase del texto revela que no ha sido escrito recientemente.
3. Según el texto, ¿es imprescindible fijar, almacenar y difundir signos para que exista comunicación? Razona tu respuesta.

Análisis de la estructura

4. Señala las partes del texto en las que se presentan los siguientes contenidos:

Almacenaje de los signos	Desde ______ hasta ______
Difusión de mensajes	Desde ______ hasta ______
Nuevos medios de comunicación	Desde ______ hasta ______

5. Organiza en una línea temporal los diferentes «inventos» que se citan y comprueba si este orden se corresponde o no con el del texto.

Análisis de las formas de expresión

6. Indica a qué hace referencia el adjetivo *óptica* en la expresión «fibra óptica» y deduce el significado de la palabra *optoelectrónica.*
7. Relaciona cada una de las viñetas con las distintas técnicas de reproducción de imágenes que se nombran al final del primer párrafo del texto.

8. Escribe palabras de la familia léxica de cada uno de los siguientes adjetivos:

enormes cocido modernos rápidos magnéticas comunal eficaces nuevos

9. Explica la diferencia de significado que existe entre los infinitivos incluidos en la frase resaltada en color azul en esta página.

Interpretación y valoración

10. Redacta un texto sobre las consecuencias que tiene la aplicación de las nuevas tecnologías en las costumbres y en las formas de relación humana.

La comunicación audiovisual

1 Los medios audiovisuales

A lo largo de la historia, el ser humano ha desarrollado diversos sistemas tanto para **almacenar** como para **difundir información.** Si las primeras formas de comunicación exigían la **proximidad física,** con el tiempo la **escritura** y, después, la **imprenta** permitieron el **intercambio a distancia.**

Más recientemente, los **avances tecnológicos** han facilitado la **transmisión de contenidos** a **gran número de personas** en **cualquier parte** del mundo; así, han surgido los **medios de comunicación social,** que incluyen la **prensa,** que estudiamos el curso pasado, y los **medios audiovisuales.**

Los **medios audiovisuales** construyen su **mensaje** mediante la **combinación de los códigos verbal** (palabra), **sonoro** (música y sonidos) y **visual** (imágenes).

Buena parte de los mensajes que recibimos diariamente se transmiten por medios audiovisuales, cuya presencia se ha hecho tan cotidiana que apenas percibimos el **gran influjo** que ejercen en nuestra **concepción de la realidad** y en la **formación de nuestra opinión** sobre lo que nos rodea.

Recuerda

- Los denominados **medios de comunicación social difunden mensajes** a un **público numeroso** y **disperso.**
- La **prensa** es un **medio de comunicación visual** que se transmite **impreso** y también por **medios electrónicos.**
- La **prensa** comprende **periódicos** y **revistas** cuya finalidad es **transmitir información, crear opinión** y **entretener.**

Características

Simultaneidad

Los **medios audiovisuales** se caracterizan por la **simultaneidad** en la **emisión** y en la **recepción** de sus **mensajes,** de modo que el receptor no tiene posibilidad de repasarlos. Cuando escuchamos una emisión radiofónica o vemos un programa en la televisión o una película en el cine, no podemos dar marcha atrás para volver sobre el mensaje. Existen medios técnicos como el CD-ROM, el vídeo, el DVD... que permiten guardar y revisar el mensaje con posterioridad, pero se trata solo de **mecanismos de almacenamiento:** en ese momento, el mensaje audiovisual ya ha sido emitido.

Representación de la realidad

Las **imágenes** y los **sonidos** de los medios audiovisuales **representan la realidad.** Las cámaras y los micrófonos, que son prolongaciones técnicas de los ojos y los oídos, respectivamente, no muestran la realidad en sí, sino el **punto de vista** de quien la ha captado. Así, un cámara puede ofrecer diferentes representaciones de la misma realidad, según distintas perspectivas.

Actividades

1. Indica a qué código corresponden los siguientes elementos de un telediario:
   a) Un rótulo con el resumen de una noticia.
   b) La intervención de un reportero.
   c) La sintonía de deportes.
   d) Un mapa del tiempo.
2. Escribe otros elementos de un telediario de cada uno de los códigos que has señalado en la actividad 1. Ten en cuenta que los de los apartados *a)* y *b)* corresponden a dos variantes del mismo código. ¿En qué se diferencian?
3. Escucha la misma noticia en diversas emisoras de radio y comenta los cambios que observes en la información que transmiten.
4. Imagina que las ilustraciones de esta página corresponden a dos imágenes que han aparecido en un telediario. Indica qué perspectiva de la realidad representada se ha seleccionado en cada una.

2 Principales medios audiovisuales

Los **medios audiovisuales** de mayor presencia en la actualidad son la **radio,** la **televisión,** el **cine** y los **sistemas multimedia** (CD-ROM, DVD, libro electrónico, videojuegos…). Cada uno posee sus peculiaridades técnicas, que determinan la **forma de transmisión.**

Según la **forma de transmisión de los mensajes,** se distinguen **medios de transmisión auditiva** o **visual** y medios que **combinan** lo **auditivo** y lo **visual.**

Forma de transmisión

Medios de transmisión auditiva. Se basan en la **realidad sonora** (la música, los ruidos y el silencio) y en la **palabra dicha.** Ejemplo: la **radio.**

Medios de transmisión visual. Estos medios combinan las **imágenes** con la **palabra escrita.** Ejemplo: el **libro,** el **cómic,** la **prensa electrónica.**

Medios que combinan lo auditivo y lo visual. En estos medios, los **sonidos,** las **palabras** y las **imágenes** se **interrelacionan** de tal manera que no se pueden separar. Ejemplos: el **cine** y la **televisión.**

Los avances de las **Nuevas Tecnologías de la Información,** en especial de **Internet,** facilitan la transmisión de los tradicionales medios audiovisuales (radio y televisión digitales, por ejemplo). Además, las nuevas tecnologías permiten dotar de carácter audiovisual a otros textos, que, como los escritos, pueden acompañarse de imágenes en movimiento y de sonidos.

La **recepción** de los mensajes de los **medios audiovisuales** puede realizarse de forma **individual, grupal** o **masiva.**

Forma de recepción

Recepción individual. El **usuario** recibe **solo** sus mensajes. Así se escucha habitualmente la **radio** o se accede al **correo electrónico** a través de **Internet.**

Recepción grupal. Reúnen a un **pequeño número de personas** que mantienen relación. Es el caso de la **televisión,** cuando se ve con amigos, en familia…

Recepción masiva. Sus mensajes llegan a **personas** que **no se relacionan entre sí;** por ejemplo, los espectadores de una película de **cine** no conocen a quienes han asistido a su proyección en la sala.

No existen informaciones o contenidos específicos de cada medio. Unos y otros se diferencian entre sí por la forma en que tratan los asuntos, es decir, por el diferente **procesamiento técnico** al que los someten.

Actividades

5. Nombra al menos tres medios audiovisuales por los que te enteras de las noticias urgentes. ¿Por qué se caracterizan dichos medios?
6. Elabora una lista con algunas de las numerosas posibilidades de entretenimiento que ofrecen actualmente los medios audiovisuales.

Relaciones texto-imagen

En el ordenador...

El procesador de textos

Un **procesador de textos** es una **aplicación informática** que permite **crear** y **desarrollar documentos escritos.**

Tal como muestra la imagen superior, al abrir la aplicación aparece en la pantalla una **página en blanco** y unas **barras** con una serie de **botones** que, al ser pulsados, permiten realizar diversas tareas relativas a la **composición de textos:**

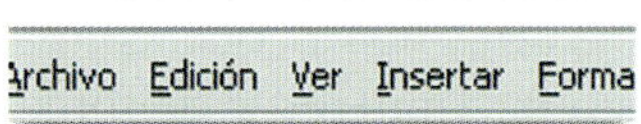

Barra de menú.

Barra de herramientas.

Regla.

En los **medios audiovisuales** y en algunos **medios impresos,** las **imágenes** y el **texto verbal** se **interrelacionan** para transmitir el mensaje.

Entre la **imagen** y la **palabra** que la acompaña se pueden dar distintos tipos de **relaciones: redundancia, comentario, anclaje** y **complementariedad.**

Tipos de relaciones

Redundancia. La **imagen repite** lo que se dice en el **texto,** es decir, ilustra el contenido del mensaje verbal.

Comentario. La imagen ofrece un determinado significado, y el **texto comenta** y **amplía** la información transmitida.

Anclaje. La **imagen** ofrece **diferentes significados,** y el **texto guía la interpretación** hacia el sentido que le ha dado el emisor.

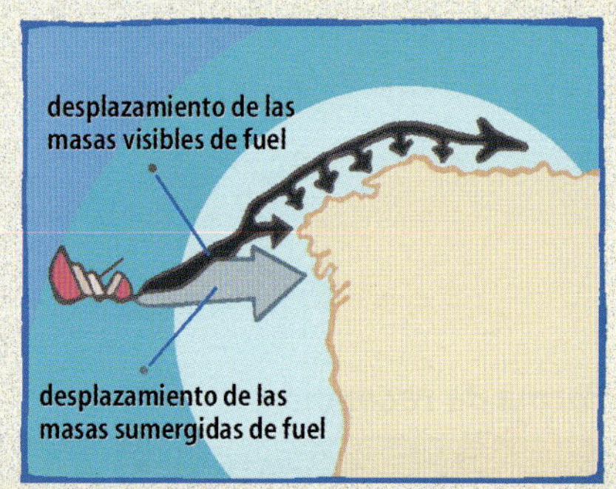

Complementariedad. Texto e **imagen se necesitan mutuamente;** el mensaje no se entendería sin que apareciese uno de los dos.

Actividades

1. Indica qué tipo de relación entre texto e imagen existe en estos mensajes:

Mina de Aznalcóllar, origen de la contaminación de Doñana.

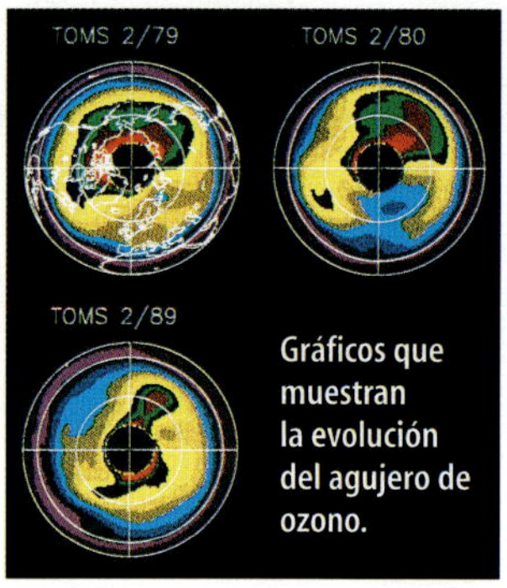

2. Busca ejemplos en medios audiovisuales e impresos de los diferentes tipos de relaciones entre texto e imagen.

Expresión

Tipos de globos

Los **globos** constan de un **cuerpo,** en el que se escribe el texto, y de un **rabillo,** que señala al personaje que actúa como emisor. Existen distintos **tipos de globos:**

Creación de un cómic

Frente a la narración puramente verbal (novela, cuento, noticia…), el **cómic** se vale simultáneamente del **texto verbal** y de las **imágenes visuales.**

El **cómic** es una **narración** que combina **palabras** y **dibujos** y que se desarrolla por medio de **viñetas** (cada uno de los recuadros que componen la historieta).

El **texto verbal** se incorpora en las **cartelas,** recuadros donde aparece la **voz del narrador,** y en los **globos** o **bocadillos,** en los que se presentan los **diálogos** y los **pensamientos de los personajes.**

Para elaborar un cómic

- Prepara el **guión** y **sintetiza** la **información esencial** de cada **viñeta.**
- Además de **dibujar situaciones y personajes,** incluye **líneas** que representen los movimientos, las **onomatopeyas** y las **metáforas visuales.**
- Utiliza el **tamaño** y la **forma de las letras** para indicar aspectos diferentes: si es grande, expresa tono de voz alto; pequeña, tono bajo; ondulada, canto…
- **Evita redundancias** entre el **texto** y la **imagen:** un personaje con los pelos de punta no necesita decir «¡Qué susto!».

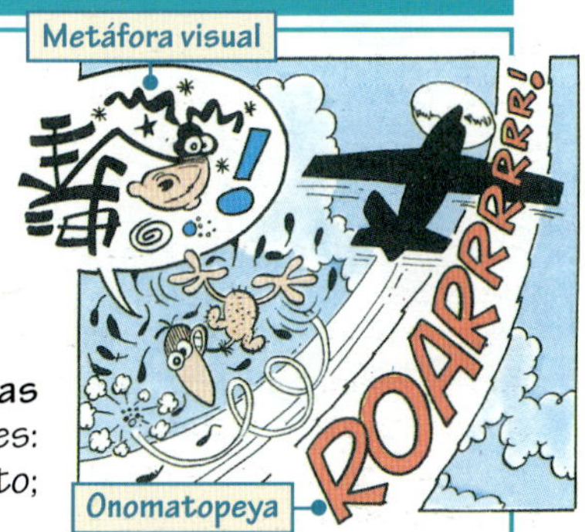

Actividades

3. ¿Qué sucede en esta tira cómica? Explica la actitud de los personajes.
4. Reconoce en la tira los elementos propios de la expresión del cómic.
5. Elabora una tira cómica sobre una historia que te resulte divertida.

Enunciado, oración y texto

Recuerda

- Nos **comunicamos** por medio de **textos,** que pueden ser tanto **orales** como **escritos.**
- Los **textos** se forman **relacionando oraciones** y otras **estructuras gramaticales.**
- Las **oraciones** que componen un texto pueden ser **simples** o **compuestas.**

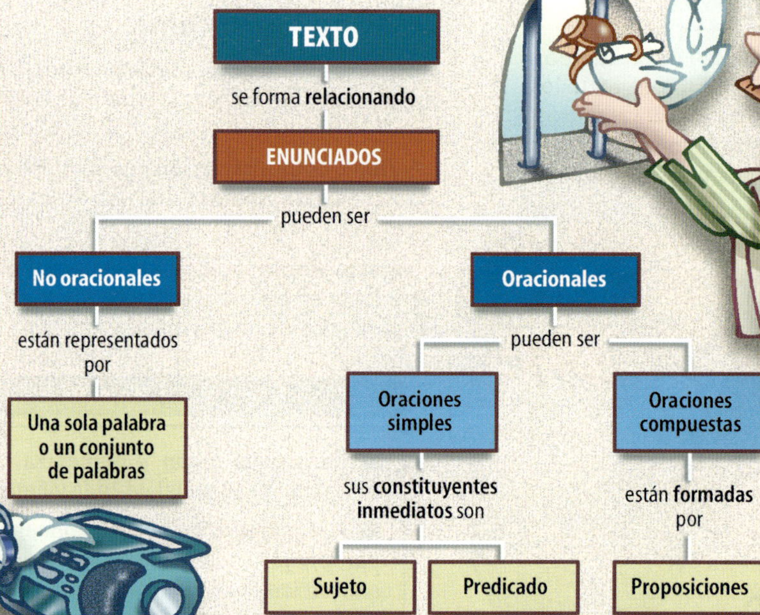

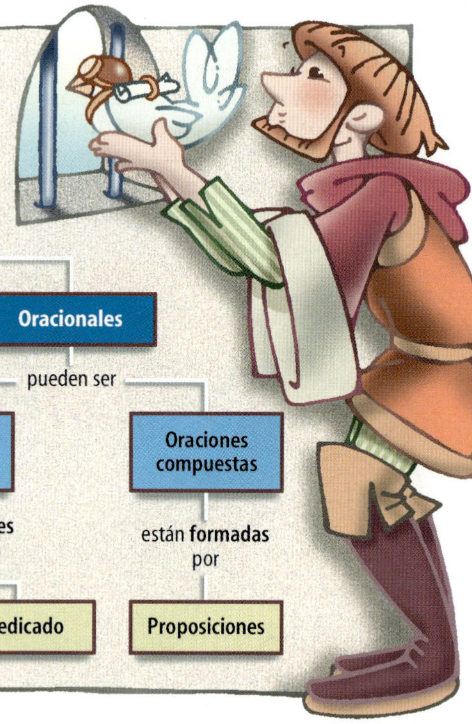

1 Concepto de enunciado

Los **textos** con los que nos comunicamos al hablar o al escribir se forman relacionando **unidades más pequeñas,** que también transmiten un **mensaje completo.** Fíjate en el siguiente diálogo:

—*¿Qué vas a ver en la televisión?* (//)

—*¡Bah!* (//) *Nada.* (//) *Me apetece salir un rato.* (//)

—*¡Qué buena idea!* (//) *Me voy contigo.* (//)

Observa que las secuencias delimitadas por una pausa (//) poseen sentido completo para el receptor. Cada una de ellas constituye un **enunciado.**

> Los **enunciados** son **unidades mínimas de comunicación,** delimitadas por **pausas,** que transmiten un **mensaje completo.**

Los enunciados que hemos marcado en el diálogo anterior presentan distintas formas:

- **Palabra:** *¡Bah!* ➜ Interjección. *Nada.* ➜ Pronombre indefinido.
- **Sintagma:** *¡Qué buena idea!* ➜ Sintagma nominal.
- **Oración:** *¿Qué vas a ver en la televisión?*; *Me voy contigo.* ➜ Oraciones simples; *Me apetece salir un rato.* ➜ Oración compuesta.

De este modo, se diferencian dos tipos de enunciados: los **enunciados no oracionales,** representados por palabras o sintagmas (con o sin preposición), y los **enunciados oracionales,** cuya forma es la de la oración (simple o compuesta).

Todo enunciado **cobra sentido** en una **situación comunicativa** determinada. Así, el sintagma *¡Qué buena idea!*, que en el diálogo anterior transmite la aprobación de uno de los interlocutores, tendría el sentido contrario si este lo pronunciara con cara de disgusto y cortara la conversación.

Forma de los enunciados no oracionales

Los **enunciados no oracionales** pueden estar constituidos por todo tipo de **palabras** y **sintagmas** (excepto el sintagma verbal).

A continuación, hemos destacado en color enunciados que presentan distintas formas:

—*Ha subido 3 €.* (//) *¡Caramba!* (Interjección)

—*No salgas.* (//) *¿Por?* (Preposición)

—*¿Qué te parece?* (//) *Muy bien.* (S Adv) (//) *Muy bonito.* (S Adj)

—*¿Qué tomas?* (//) *Un té con limón.* (SN)

1 Razona por qué un enunciado no oracional no puede adoptar la forma de sintagma verbal.

2 La oración simple

Oraciones impersonales

Existe un grupo de enunciados que se consideran oraciones, aunque **no responden** a la **estructura sujeto-predicado.** Observa:

Actualmente ***hay*** *diversos sistemas de comunicación audiovisual.*

Hace *tiempo de eso.*

Por fin ***ha amanecido.***

En estas tres oraciones, el sujeto no aparece expreso ni se puede recuperar a partir de la desinencia verbal; se trata, por tanto, de **oraciones impersonales.**

Como todo enunciado, las oraciones transmiten un **mensaje completo** y están **delimitadas por pausas** (un **silencio** en el habla y un **punto** en la escritura); pero, además, presentan una estructura peculiar.

La **oración** es un enunciado formado por dos **constituyentes inmediatos:** un **sujeto** y un **predicado,** entre cuyos **núcleos** se establece **concordancia.**

El **sujeto** de una oración puede aparecer **expreso** (*Ese locutor / Él habla muy claro*) o estar **omitido** o **elíptico** (*Hablas muy claro*). En las **oraciones con sujeto omitido,** este se recupera a partir del verbo (*Hablas* → *Tú*).

2.1. Clasificación de las oraciones

Las oraciones se clasifican en función de dos criterios: la **actitud del hablante** ante lo que enuncia y la **estructura sintáctica** que presentan.

Por la **actitud del hablante,** se establecen las **modalidades enunciativa, interrogativa, exclamativa, imperativa, desiderativa** y **dubitativa.**

Modalidades oracionales

Enunciativas	Interrogativas	Exclamativas	Imperativas	Desiderativas	Dubitativas
El emisor **afirma** o **niega** una **idea:** *Ellas (no) oyeron la noticia en la radio.*	El emisor espera una **respuesta:** *¿Quiénes oyeron la noticia en la radio?*	El emisor expresa sus **emociones:** *¡Al fin habían oído la noticia en la radio!*	El emisor expresa un **mandato** o un **ruego:** *Oíd la noticia en la radio.*	El emisor expresa un **deseo:** *Ojalá oigáis la noticia en la radio.*	El emisor expresa **duda:** *Quizá ellas hayan oído la noticia en la radio.*

Por su **estructura sintáctica,** las **oraciones** se clasifican en **activas** y **pasivas, atributivas** y **predicativas,** y **transitivas** e **intransitivas.**

CLASES DE ORACIONES POR SU ESTRUCTURA SINTÁCTICA	
Activas	El **sujeto realiza la acción del verbo:** *Ese dibujante ha creado un cómic muy divertido.*
Pasivas	El **sujeto sufre o padece la acción del verbo.** Pueden ser de dos tipos: ■ **Pasivas puras.** Presentan el **verbo en voz pasiva** y suelen llevar un **complemento agente,** que realiza la acción verbal: *El cómic ha sido dibujado por Ibáñez.* ■ **Pasivas reflejas.** Se forman con la **partícula *se*** y el **verbo en voz activa:** *El cómic se publicó en un conocido diario de difusión nacional.*
Atributivas	Se construyen con los **verbos copulativos *ser, estar*** y ***parecer*** más un **atributo,** y su predicado se denomina **predicado nominal:** *Ibáñez es el creador de ese cómic.*
Predicativas	Se construyen con **verbos no copulativos** (o con *ser, estar* y *parecer* cuando no actúan como copulativos), y su predicado se llama **predicado verbal:** *¿Leíste ese cómic?*
Transitivas	Son oraciones de **predicado verbal** que se construyen **con complemento directo:** *Ese periódico ha publicado varios cómics de Ibáñez.*
Intransitivas	Son oraciones de **predicado verbal** que se construyen **sin complemento directo:** *El cómic consta de varias viñetas.*

Actividades

1. Escribe una oración de cada modalidad y clase mencionadas.
2. Separa el sujeto y el predicado de las oraciones de la ilustración y clasifícalas por su modalidad y por su estructura sintáctica.

3 La oración compuesta

Todas las oraciones que sirven de ejemplo en la página 15 presentan **una sola estructura sujeto-predicado;** son, por tanto, **oraciones simples.** Existen, sin embargo, enunciados oracionales en los que se unen **dos o más estructuras sujeto-predicado;** se trata de las **oraciones compuestas.**

Cada una de las **estructuras sujeto-predicado** que constituyen la **oración compuesta** se denomina **proposición (Prop).**

Fíjate en cómo se enlazan las proposiciones de las siguientes oraciones:

Vi el telediario **y** *me enteré de la noticia.*
Prop — Prop

El presentador permanecía serio **mientras** *explicaba lo sucedido.*
Prop — Prop

Escuché con atención; realmente la situación era grave.
Prop — Prop

Me conecté a Internet; quería conocer datos de última hora.
Prop — Prop

Las proposiciones de los dos primeros ejemplos aparecen enlazadas por medio de **nexos** (*y, mientras*); en cambio, las de los ejemplos tercero y cuarto se unen directamente, sin necesidad de nexos; este tipo de enlace entre proposiciones se conoce como **yuxtaposición.**

Las **proposiciones** que se **unen por yuxtaposición,** es decir, **sin nexos,** se denominan **proposiciones yuxtapuestas.**

El texto de las viñetas incluye tanto oraciones simples como oraciones compuestas. Obsérvalas con atención:

Coordinación y subordinación

Las **proposiciones** se relacionan sintácticamente por **coordinación** o **subordinación:**

- Las **proposiciones coordinadas** están situadas en el **mismo nivel sintáctico:**

Vi las imágenes **y** *me quedé perpleja.*
$Prop_1$ — $Prop_2$

- La **proposición subordinada** cumple una función en otra y se halla en **distinto nivel sintáctico:**

No sabía **quién** *las había grabado.*
Prop Sub Sust

En este ejemplo, la subordinada cumple la función de complemento directo del verbo *saber: No lo sabía.*

Un paciente impaciente

basado en **Gonzalo Suárez**
Cuentos de cine, Castalia

Actividades

3. ¿De cuántas oraciones se compone el texto de las tres viñetas? Clasifícalas en simples y compuestas y, en estas últimas, separa las proposiciones.
4. Señala las oraciones compuestas del texto que se relacionan mediante nexos e indica qué palabra cumple esa función en cada caso.
5. Localiza en los bocadillos una oración formada por dos proposiciones yuxtapuestas y señala las estructuras sujeto-predicado que la componen.

4 El texto

En páginas anteriores hemos visto que el **intercambio verbal** (oral o escrito) entre las personas se realiza por medio de **textos,** que se componen de unidades menores denominadas **enunciados.**

El **texto** es la **unidad comunicativa máxima** y transmite un **mensaje coherente** y **completo.**

De la definición de texto se desprende una de sus propiedades básicas: la **coherencia.** Pero para que un conjunto de enunciados conforme un texto, además de ser coherente, debe presentar otras dos propiedades: **cohesión** y **adecuación.**

Propiedades del texto

Coherencia

Los enunciados que constituyen un texto deben relacionarse entre sí para emitir un **sentido completo único.** Observa:

*El hombre ha creado diversos sistemas de comunicación. Los elefantes tienen colmillos de marfil.

Estas dos oraciones, aunque sintácticamente son correctas, no constituyen un texto porque no hacen referencia a la misma realidad. Las dos juntas no presentan un sentido único; son, pues, incoherentes.

Cohesión

Los enunciados de un texto deben hallarse **bien interrelacionados desde el punto de vista gramatical.** Las dos oraciones del bocadillo hacen alusión a la misma realidad, por lo que son coherentes; pero su emisor no las ha conectado con el nexo adecuado; por lo tanto, no forman un texto.

Para que sus enunciados estuvieran cohesionados podría haber dicho, por ejemplo, *He leído ese cómic porque su autor me gusta mucho.*

Adecuación

Para que un conjunto de enunciados conforme un texto debe **adecuarse a la situación comunicativa** en la que se emite, pues es en ella donde cobra sentido. Así, dos oraciones que pueden parecer incoherentes son significativas en la conversación del dibujo.

Actividades

6 Enlaza entre sí los enunciados del siguiente recuadro para crear un texto. Introduce los cambios que consideres convenientes:

El paraguas está colgado en el perchero. La lluvia arrecia. Las sandalias no son un calzado adecuado.

7 Escribe el texto verbal de estas cuatro viñetas con enunciados adecuados a cada situación comunicativa.

5 La concordancia

En todos los enunciados oracionales se establece una relación de **concordancia** entre el **núcleo del sujeto** y el **núcleo del predicado.**

El **sustantivo** o **pronombre** que funciona como **núcleo del sujeto concuerda** en **número** (singular o plural) y **persona** (primera, segunda o tercera) con el **núcleo del predicado,** el **verbo.**

La concordancia se establece con los **pronombres personales** *yo* (singular) y *nosotros/as* (plural), para la **primera persona;** *tú* (singular) y *vosotros/as* (plural), para la **segunda persona;** y *él, ella, ello* (singular), *ellos/as* (plural), para la **tercera persona.**

Concordancia en tercera persona

También concuerdan en **tercera persona:**

- Los **pronombres** ***usted, ustedes*** que se refieren a la segunda persona: *¿Ustedes son expertos en nuevas tecnologías?*
- Los **pronombres demostrativos, posesivos, numerales** e **indefinidos:** *Nadie parecía interesado en sus propuestas.*
- Todos los **sustantivos:** *Los dos expertos expusieron las ventajas del nuevo producto.*

Los **sustantivos colectivos** con **adyacente preposicional** pueden concordar en **singular** o en **plural:** *Un grupo de expertos apuntó / apuntaron otras ventajas.*

En los enunciados también se establecen relaciones de **concordancia** entre el **adjetivo** y el **sustantivo** al que se refiere.

El **adjetivo concuerda** con el **sustantivo** o **pronombre** al que se refiere en **género** (masculino o femenino) y en **número** (singular o plural).

Los adjetivos mantienen la concordancia con el sustantivo en su función de **adyacentes (Ady)** del núcleo del sintagma nominal y cuando actúan como **atributo (At)** o **complemento predicativo (C Pvo):**

Es práctica esa aplicación, y no **Es práctico esa aplicación.*
At

Dejó preparada la aplicación, y no **Dejó preparado la aplicación.*
C Pvo

Actividades

8 Señala las oraciones que presentan discordancias y escríbelas correctamente:

a) La mitad de los asistentes llegaron tarde a la reunión.
b) Llegó tarde el invitado y su amigo.
c) La mitad de los asistentes llegó tarde.
d) Tremendo fue la respuesta.
e) Aquel grupo no atendieron a las indicaciones.
f) Aquel grupo no atendió tranquilos a las indicaciones.

Expresiones correctas

La preposición *a* se usa erróneamente en expresiones como **a grosso modo,* **a la mayor brevedad posible* o **a lo que se ve.* Las formas correctas son las que se utilizan en las siguientes oraciones:

Lo calculó grosso modo, sin ajustar demasiado.

Estudiaremos su caso con la mayor brevedad posible.

Por lo que se ve, no ha aprendido la lección.

1 Completa estas oraciones con la expresión adecuada:

a) Le remitiremos el pedido que nos ha hecho ________
b) ________, no oyó el mensaje.
c) Las pérdidas en la bolsa, calculadas ________, ascienden a unos 200 millones de euros.
d) Eso fue, sin detalles, ______, lo que sucedió.
e) ¿Podría enviármelo ______?
f) Se enfadó con ella y, ______, también con nosotros.

Aplicación y síntesis

Como los textos literarios, el **cómic crea** su **propia realidad** y **convierte** en **coherente** un **mundo imaginado.** Los personajes de *Blacksad* son animales, pero su conducta y sus relaciones calcan las que se dan entre los personajes humanos protagonistas de un tipo muy habitual de relatos.

Ideas claras

- Los **mensajes audiovisuales combinan** los **códigos verbal, sonoro** y **visual.**
- El **texto verbal** y la **imagen** mantienen relaciones de **redundancia, anclaje, comentario** y **complementariedad.**
- En el **cómic,** el **texto verbal** se incorpora en **cartelas** y en **globos** al **texto visual.**
- El **enunciado** es la **unidad mínima de comunicación,** y el **texto,** la **unidad máxima.**
- Los **enunciados** pueden ser **no oracionales** y **oracionales** (**oración simple** o **compuesta**).
- Para que un conjunto de **enunciados** forme un **texto,** debe presentar **coherencia, cohesión** y **adecuación.**

1. Contesta las siguientes cuestiones:
   - ¿A qué tipo de novelas o de películas te recuerdan estas viñetas de *Blacksad*?
   - Indica quién narra la historia y explica cómo lo has averiguado.
   - ¿Qué sentido tiene la última oración de la primera viñeta? Justifica tu respuesta.
2. ¿En qué viñetas de este cómic se incorporan cartelas? ¿En cuáles aparecen globos o bocadillos? Relaciona tu respuesta con los tipos textuales presentes en ellas.
3. Explica qué relación mantienen el texto y la imagen en la primera viñeta. ¿Y en la segunda?
4. Localiza en el texto verbal del cómic las siguientes estructuras:
   a) Un enunciado que no sea una oración.
   b) Todos los enunciados que sean oraciones simples.
   c) Dos oraciones compuestas.
5. Separa las proposiciones de las oraciones compuestas que has señalado en la actividad 4 e indica si se relacionan por medio de nexos o aparecen yuxtapuestas.
6. Justifica que este cómic constituye un texto desde el punto de vista de la coherencia, la cohesión y la adecuación a la situación comunicativa.
7. Crea la siguiente viñeta de este cómic de modo que el texto y la imagen mantengan una relación de anclaje.

Léxico

Formación del léxico español

El **español** es una **lengua románica,** surgida de la evolución del **latín** en la península ibérica; por lo tanto, la mayor parte de las palabras de nuestro idioma proceden de la lengua hablada por los antiguos romanos.

El **léxico español,** en su mayoría heredado del **latín,** se ha incrementado por **procedimientos lingüísticos** y por la incorporación de **palabras de otras lenguas.**

Para crear nuevas palabras, la lengua dispone de procedimientos como la **derivación,** la **composición** o la **acronimia,** que estudiaste el curso pasado:

amar + *-ble* > *amable* ➜ Derivación

limpia + *botas* > ***limpiabotas*** ➜ Composición

síndrome de inmunodeficiencia adquirida > ***sida*** ➜ Acronimia

Además, el español ha tomado palabras de otras lenguas. Los principales tipos de **préstamos según su origen** son:

EN EL CASTELLANO MEDIEVAL	
Germanismos	De las **lenguas germánicas:** *albergue, casta, sala, tregua.*
Arabismos	Del **árabe:** *alcohol, alféizar, alhelí, cifra, gacela, jarabe, zanahoria.*
Hebraísmos	Del **hebreo:** *cábala, rabino.*
Galicismos	Del **francés:** *bayoneta, corcel, dama, galán, homenaje, mensaje.*
EN EL CASTELLANO CLÁSICO	
Italianismos	Del **italiano:** *batuta, centinela, novela, partitura, piloto, soprano.*
Indigenismos	De las **lenguas americanas:** *canoa, patata, piragua, tomate.*
EN EL CASTELLANO DESDE EL SIGLO XVIII	
Anglicismos	Del **inglés:** *bisté, club, filme, fútbol, mitin, turismo.*

DE OTRAS LENGUAS PENINSULARES	
Vasquismos	Del **vasco** o ***euskera:*** *chatarra, izquierdo, zulo.*
Catalanismos	Del **catalán:** *buque, capicúa, porche, rape.*
Galleguismos	Del **gallego:** *chubasco, corpiño, morriña.*
Lusismos	Del **portugués:** *buzo, mejillón, ostra, sarao.*
DE LENGUAS DE MENOR INFLUENCIA	
Japonés	*Yudo, kimono, kamikaze.*
Turco	*Yogur, zapato.*
Ruso	*Kremlin, zar.*
Alemán	*Káiser, lied.*
Caló	*Chaval, gachó, chungo.*

Junto con el latín, el **árabe** es la lengua que más léxico ha aportado al español. Actualmente, la presencia del **inglés** como lengua de comunicación internacional explica la gran incorporación de anglicismos.

Actividades

1. Todas las palabras de la estera son préstamos. Clasifícalos por su origen.
2. Clasifica estos arabismos según el ámbito de la realidad al que corresponden:

algoritmo tarifa arriate ajorca alférez alcazaba alfanje alcachofa taza arancel alminar guarismo alcalde azotea alfiler berenjena quintal

edificios | **artesanía** | **agricultura** | **ejército** | **matemáticas** | **administración**

3. Escribe palabras que comiencen por las letras *k, y, x,* y comprueba en el diccionario si proceden de otras lenguas.

Uso de las palabras

Accesible / Asequible

Los adjetivos *accesible* y *asequible* presentan significados distintos:

- *Accesible* significa «que tiene acceso», y referido a personas, «de trato fácil»: *Ese actor es muy **accesible** con la prensa.*
- *Asequible* indica «que algo se puede conseguir o adquirir»: *Rebajarán el precio de la vivienda para hacerla más **asequible.***

Ambos se niegan con el prefijo *in-: inaccesible, inasequible.*

1. Explica por qué son o no son correctas estas oraciones:

a) Es inasequible al desaliento; siempre sigue adelante.

b) Es inaccesible; siempre está encerrado en su despacho.

c) El castillo era inaccesible; lo rodeaba un hondo foso.

d) El castillo era inasequible; costaba millones de euros.

e) Con nosotros es muy asequible: siempre nos saluda.

Entre visillos

Descalza se desperezó junto al balcón. Había cesado la música y se oía el tropel de chiquillos que se desbandaban jubilosamente, escapando delante de las máscaras. Natalia levantó un poco el visillo. A los gigantes se les enredaban los faldones al correr. Perseguían a los niños agarrándose la sonriente cabezota para que no se les torciese, y con la otra mano empuñaban un garrote.

Carmen Martín Gaite

Ortografía

Fonética y ortografía

Los **sonidos** de la lengua se representan en la **escritura** mediante **letras** o **grafías.** Además, en algunas palabras, la **sílaba tónica** se indica por medio de **tilde.** Por su parte, las **pausas** y la **entonación** de los enunciados se señalan con los **signos de puntuación.**

La **ortografía** regula el **uso de las letras,** de la **tilde** y de los **signos de puntuación.**

CORRESPONDENCIAS ENTRE SONIDOS Y GRAFÍAS	
Una letra representa un solo sonido	■ Las vocales /a/: a (*ala*); /e/: e (*ese*); /i/: i (*vid*); /o/: o (*toro*); /u/: u (*mus*). ■ Las consonantes /d/: d (*dedo*); /f/: f (*feo*); /l/: l (*lila*); /m/: m (*mamá*); /n/: n (*nene*); /ɲ/: ñ (*ñu*); /p/: p (*pipa*); /s/: s (*soso*); /t/: t (*tío*).
Distintas letras representan el mismo sonido	/b/: b, v, w (*bebé, vía, wolframio*); /k/: c, k (*caco, kiko*); /x/: g, j (*gel, jauja*); /θ/: c, z (*cecina, azor*).
Una letra representa distintos sonidos	/k/ y /θ/: c (*corcel*); /x/ y /g/: g (*gigante*); /y/ y /i/: y (*yoyó, ley*); /r̄/ y /r/: r (*raro*).
Dos letras representan un solo sonido	/ĉ/: ch y /ʎ/: ll (*chollo*); /r̄/: rr (*arroz*); /g/ ante *e, i*: gu (*guía*); /k/ ante *e, i*: qu (*que*).
Una letra para dos sonidos	El grupo /ks/: x (*xilófono, éxito*).
Una letra sin sonido	La letra *h* (*hilo, cohesión*).

Reglas generales de acentuación

En español, la acentuación ortográfica de las palabras sigue unas **normas generales.** Así, se escriben con tilde:

- Las **palabras agudas** acabadas en **vocal, -n** o **-s:** *sofá, bodegón, jamás.*
- Las **palabras llanas** o **graves** que **no** acaban en **vocal, -n** o **-s:** *dátil, cómic, referéndum.*
- Todas las palabras **esdrújulas** y **sobresdrújulas:** *intrépido, permíteselo.*

También es general la norma por la cual todos los **monosílabos** se escriben **sin tilde,** excepto los casos citados en el margen: *mar, fue, por.*

Monosílabos con tilde

Algunos monosílabos llevan tilde para **distinguir la categoría gramatical** de la palabra. Observa:

CON TILDE	SIN TILDE
dé (Verbo *dar*)	**de** (Preposición)
él (Pron. personal)	**el** (Artículo)
más (Adverbio)	**mas** (Conjunción)
mí (Pron. personal)	**mi** (Adj. posesivo)
sé (V. *saber* y *ser*)	**se** (Pron. personal)
sí (Pron. o adverbio)	**si** (Conjunción)
té (Sustantivo)	**te** (Pron. personal)
tú (Pron. personal)	**tu** (Adj. posesivo)

Esta distinción se utiliza en otras palabras que no son necesariamente monosílabas:

- Llevan tilde los **interrogativos** y **exclamativos** para distinguirlos de otros pronombres: *¿Qué lees?; ¡Dónde estará!; ¿Cuánto cuesta?*
- También se escriben con tilde los **pronombres demostrativos** cuando se pueden confundir con adjetivos: *Lo vio aquélla tarde.*

1 Escribe una oración con cada monosílabo del cuadro.

Actividades

1. Explica las relaciones entre sonidos y letras a partir de las palabras resaltadas en azul en el texto de Carmen Martín Gaite. ¿Qué caso no aparece?
2. Copia el cuadro de sonidos y grafías añadiendo nuevos ejemplos extraídos del resto de las palabras de *Entre visillos*. Si falta alguno, añádelo.
3. Clasifica las palabras resaltadas en azul en agudas, llanas o esdrújulas y explica por qué llevan o no tilde. ¿Cuáles no se ajustan a las reglas generales?
4. Copia las siguientes oraciones añadiendo las tildes que sean precisas:
   - ***a)*** ¿A que hora te levantaras? —me pregunto.
   - ***b)*** ¿Quieres algo mas de mi, mi queridisimo amigo?
   - ***c)*** Si tu no te preocupas por ti, ¿quien lo hara?
   - ***d)*** Solo una persona tan audaz como Alvaro se ha atrevido a intentarlo.

El romanticismo (I)

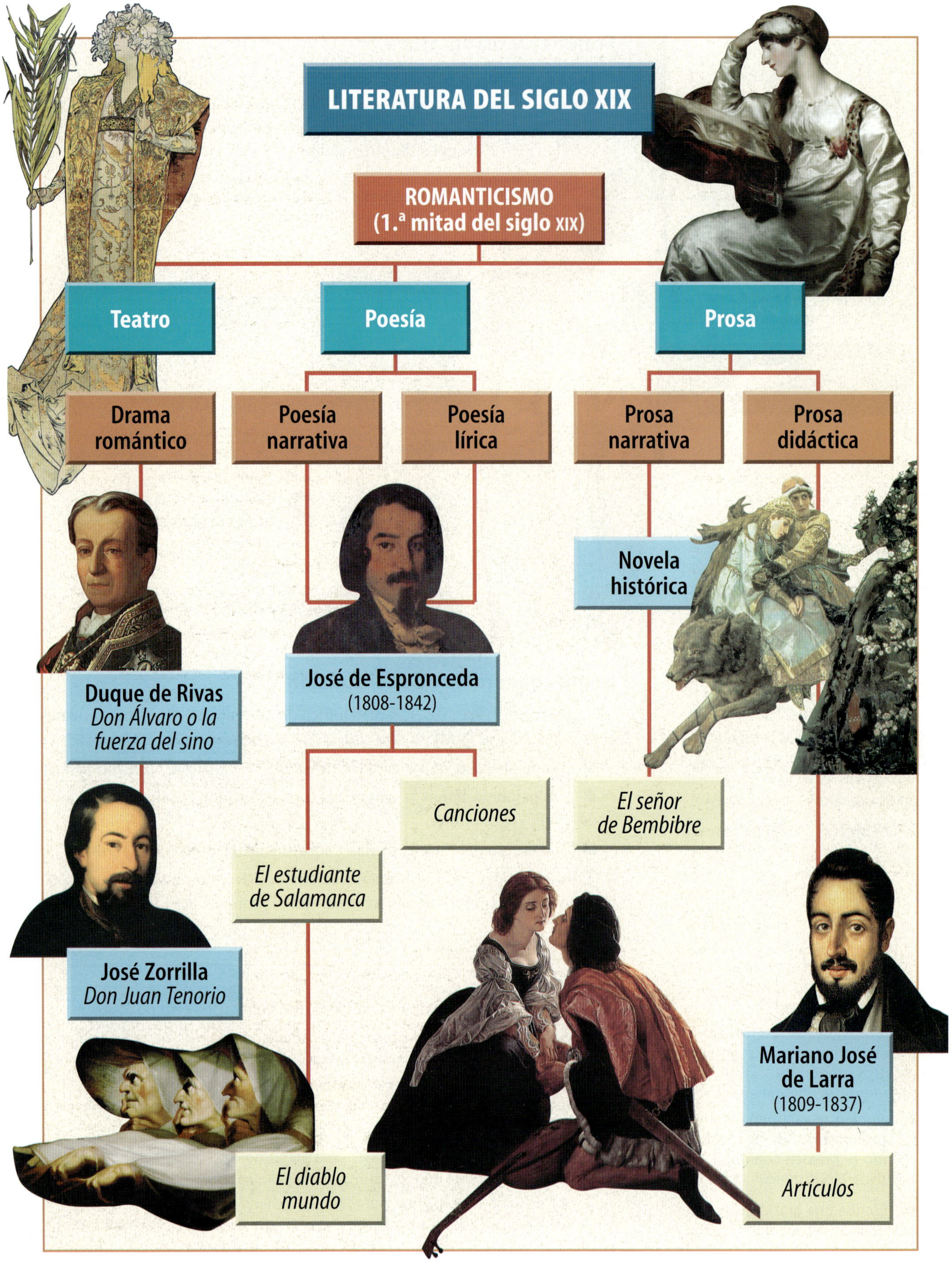

1 El movimiento romántico

> **Recuerda**
>
> - En el **siglo** XVIII se desarrolló la **Ilustración,** cuyo pensamiento se basaba en la **razón.**
> - Los **intelectuales ilustrados** defendieron la **dignidad del hombre,** el **desarrollo científico** y el **progreso social.**
> - La **literatura ilustrada** persiguió un **afán didáctico** y retornó a las **normas clásicas.**

En las últimas décadas del siglo XVIII surgieron en Europa corrientes de pensamiento que propugnaban principios y valores opuestos a los de la Ilustración: frente a la importancia concedida a la razón, se alzaron la **emoción** y el **sentimiento;** frente a la dimensión social, el **individuo,** y frente a las normas, la **libertad de conducta** y **de creación.**

El **romanticismo** se desarrolló en el **siglo** XIX como culminación de las tendencias de **oposición** a los **presupuestos racionalistas de la Ilustración.**

Este movimiento nació en Gran Bretaña y Alemania y pronto se difundió por Europa a través de Francia. Tuvo su reflejo en las artes (pintura, música, literatura...), pero no fue solo una corriente artística: representó una nueva **actitud vital** basada en el **afán de libertad** e **individualidad.**

Características

Libertad

Los románticos reclamaron **libertad** en todos los órdenes:

- **Libertad política,** en defensa de un **Estado liberal** que reconociera los derechos de los ciudadanos.
- **Libertad moral,** frente a las convenciones sociales, lo que los llevó a admirar a **personajes marginados** que vivían de acuerdo con sus propias normas.
- **Libertad artística,** en **oposición** a las **normas** que limitaban la capacidad de creación.

Genio e inspiración

El **artista romántico** admiraba, ante todo, la **capacidad de crear,** de mostrarse **original** y **único.** De ahí que se ensalzara al hombre creativo, al **genio** que es capaz de «sacar de la nada» una obra gracias a la **inspiración.**

Viajero frente a un mar de nubes, por Friedrich.

Individualismo

El romanticismo reivindicó al **ser humano** como **individuo concreto,** y la **exaltación del yo,** de la **subjetividad,** se erigió en la fuente de toda obra creativa.

La literatura se nutrió, así, de **emociones** y de **sentimientos:** el **amor,** el **anhelo de felicidad,** el **fracaso existencial...** Y, con ellos, la **contemplación de la naturaleza salvaje,** que también posee su propio yo, que no se deja dominar.

Los románticos defendieron, así mismo, la **individualidad de los pueblos** que habían mantenido vivo su pasado en **canciones, leyendas** y **tradiciones.** Se reivindicaron, de este modo, las **nacionalidades** y, con ellas, las **lenguas vernáculas** y sus **literaturas.**

Evasión e irracionalismo

Los románticos se **rebelaron** contra la **sociedad** del momento, que coartaba la libertad del individuo. Este rechazo los condujo a la **evasión hacia el pasado** (medieval y legendario), hacia **lugares exóticos,** como las culturas americanas y orientales, y hacia **mundos fantásticos, misteriosos, de ultratumba,** difícilmente explicables por la razón.

Actividades

1. Señala en el siguiente texto rasgos propios del romanticismo:

Anoche salí. Sobrevino súbitamente el deshielo y supe que el río se había salido de madre, [...] que la inundación era completa en mi querido valle. Me dirigí a él cuando rayaba la medianoche, y presencié un espectáculo aterrador. Desde la cumbre de una roca vi, a la claridad de la luna, revolverse los torrentes por los campos, por las praderas y entre los vallados, devorándolo y sumergiéndolo todo; vi desaparecer el valle; vi en su lugar un mar rugiente y espumoso, azotado por el soplo de los huracanes. Después, profundas tinieblas; después, la luna que aparecía de nuevo para arrojar una siniestra claridad sobre aquel soberbio e imponente cuadro. [...] Un extraño temblor y una tentación inexplicable se apoderaron de mí.

Johann Wolfgang VON **GOETHE**
Werther, Salvat

2 El romanticismo en España

El **romanticismo** llegó a **España** de la mano de **intelectuales liberales** que se habían exiliado debido a la represión sufrida durante el reinado de Fernando VII (1814-1833), y que retornaron poco después de 1830.

El **romanticismo** se desarrolló **en España** en **dos fases:** una **primera etapa propiamente romántica** y una **segunda etapa** denominada **posromanticismo.**

Ambas comparten los ideales de libertad e individualismo; pero la primera tiende a una **sonoridad exacerbada,** a la narración y la dramatización, mientras que la segunda se inclina por la **musicalidad tenue** y el **intimismo.**

Manifestaciones

El romanticismo español

El **romanticismo** propiamente dicho se desarrolló en España a partir de la década de 1830. Sus manifestaciones literarias responden a **dos tendencias:**

- **Autores de ideología liberal.** Sin dejar de lado la expresión de sentimientos individuales, estos escritores se centraron en la **crítica social.** Las figuras más destacadas fueron **José de Espronceda,** en poesía; el **duque de Rivas,** en teatro, y **Mariano José de Larra,** en prosa.
- **Autores de ideología tradicional y conservadora.** Estos escritores, cuyo máximo representante fue **José Zorrilla,** retomaron en sus textos los **personajes** y las **historias** de la **tradición española.**

El reo de muerte

Reclinado sobre el suelo
con lenta amarga agonía
pensando en el triste día
que pronto amanecerá
en silencio gime el reo
y el fatal momento espera
en que el sol por vez postrera
en su frente brillará. [...]

Es un joven y la vida
llena de sueños de oro
pasó ya, cuando aún el lloro
de la niñez no enjugó:
el recuerdo es de la infancia,
¡y su madre que le llora
para morir así ahora
con tanto amor le crió! [...]

José de Espronceda

Oriental

Corriendo van por la vega
a las puertas de Granada
hasta cuarenta gomeles[1]
y el capitán que los manda.
Al entrar en la ciudad,
parando su yegua blanca,
le dijo este a una mujer
que entre sus brazos lloraba:
—Enjuga el llanto, cristiana,
no me atormentes así,
que tengo yo, mi sultana,
un nuevo Edén para ti. [...]
—¿Qué me valen tus riquezas,
respondiole la cristiana,
si me quitas a mi padre,
mis amigos y mis damas?
Vuélveme, vuélveme, moro,
a mi padre y a mi patria,
que mis torres de León
valen más que tu Granada.

José Zorrilla

El posromanticismo

En la segunda mitad del siglo, la **influencia de la poesía alemana** se tradujo en una literatura de **expresión de la intimidad** en la que sobresalen **Rosalía de Castro** y **Gustavo Adolfo Bécquer.**

Rima LXVIII

No sé lo que he soñado
en la noche pasada.
Triste, muy triste debió ser el sueño,
pues despierto la angustia me duraba.

Noté al incorporarme
húmeda la almohada
y por primera vez sentí, al notarlo,
de un amargo placer henchirse el alma.

Triste cosa es el sueño
que llanto nos arranca,
mas tengo en mi tristeza una alegría...
¡Sé que aún me quedan lágrimas!

Gustavo Adolfo Bécquer

[1]**gomel:** (o *gomer*) individuo de la tribu berberisca de Gomara.

Actividades

2. ¿Qué pena se llora en cada poema? Indica en cuál de ellos la voz poética habla de sí misma y en cuáles se hace referencia a otros personajes.
3. Justifica la relación de cada texto con una de las manifestaciones del romanticismo en España.

Otros dramas

En esta época destacan otras dos obras: ***El trovador,*** de Antonio García Gutiérrez, y ***Los amantes de Teruel,*** de Juan E. Hartzenbusch.

Ambos dramas plantean un **amor enfrentado a las convenciones sociales:** la **diferencia de clase** entre Macías, el trovador, supuesto hijo de una gitana, y Leonor, prometida a un noble, y la **posición económica** en el caso de los amantes de Teruel: el pobre, aunque noble, Diego Mansilla, e Isabel de Segura, a quien su padre desea casar con un hombre rico.

3 El teatro romántico

El estreno en 1834 de *La conjuración de Venecia*, consagró a su autor, **José Martínez de la Rosa,** y sirvió para divulgar el romanticismo en España.

El **drama romántico** pretendió **conmover al público** con **historias melodramáticas** protagonizadas por **personajes** sobre los que se cierne un **misterio.**

Las obras del teatro romántico presentan **características comunes:**

- El **tema central** es el **amor,** correspondido entre los protagonistas, pero perseguido por motivos sociales. El **desenlace** suele ser **fatal, trágico.**
- Las obras combinan lo **trágico** con lo **cómico,** el **verso** y la **prosa.**
- La búsqueda de musicalidad y de variedad conduce al uso de **versos de diferente medida** (polimetría).
- La acción transcurre en **diversos lugares,** se presentan distintos escenarios, se producen **saltos temporales** y puede haber **acciones secundarias. No se respetan,** pues, las **unidades clásicas.**

Principales dramas románticos

Don Álvaro o la fuerza del sino

El autor de este drama, Ángel de Saavedra, **duque de Rivas,** fue uno de los intelectuales exiliados. La obra, escrita en **prosa** y en **verso,** se estrenó en 1835 y constituyó el mayor éxito del teatro romántico.

Don Álvaro, joven y rico indiano, está enamorado de Leonor, hija del marqués de Calatrava, quien se opone a esa relación. Don Álvaro mata involuntariamente al marqués y huye a Italia; allí lo persigue don Carlos, hermano de Leonor, a quien también da muerte. El protagonista se retira a un convento, cerca del cual vive Leonor convertida en ermitaña. Allí los encuentra don Alfonso, el otro hermano de la joven, que reta a duelo a don Álvaro. Este le causará la muerte no sin que antes don Alfonso mate a su hermana. Don Álvaro, que hasta ese momento desconocía la proximidad de su amada, se arroja desde lo alto de un monte.

***Don Juan Tenorio,* por la CNTC (Teatro Español, Madrid, 2000). Foto: Daniel Alonso.**

Don Juan Tenorio

Don Juan Tenorio, obra de **José Zorrilla,** se estrenó en 1844. Escrito **exclusivamente en verso,** este drama recoge la **tradición literaria del donjuán,** con la variante de que el protagonista, don Juan Tenorio, se redime al final por el amor de una de sus víctimas: doña Inés. El Tenorio de Zorrilla vive innumerables aventuras amorosas, de las que se jacta en el inicio de la obra; sin embargo, no encarna el idealizado apasionamiento amoroso de otros personajes masculinos del romanticismo, que sí está presente en la figura de doña Inés, quien arriesga su salvación eterna para lograr la de su amado.

(DON JUAN, la SOMBRA de DOÑA INÉS.)

DON JUAN.—(De rodillas.)
¡Doña Inés! Sombra querida,
alma de mi corazón,
¡no me quites la razón
si me has de dejar la vida!
Si eres imagen fingida,
solo hija de mi locura,
no aumentes mi desventura
burlando mi loco afán.

SOMBRA.—*Yo soy doña Inés, don Juan,*
que te oyó en su sepultura.

DON JUAN.—*¿Conque vives?*

SOMBRA.— *Para ti;*
mas tengo mi purgatorio
en ese mármol mortuorio
que labraron para mí.
Yo a Dios mi alma ofrecí
en precio de tu alma impura,
y Dios, al ver la ternura
con que te amaba mi afán,
me dijo: «Espera a don Juan
en tu misma sepultura.
Y pues quieres ser tan fiel
a un amor de satanás,
con don Juan te salvarás,
o te perderás con él».

JOSÉ ZORRILLA
Don Juan Tenorio, Cátedra

Actividades

4. El texto de *Don Juan Tenorio* que acabas de leer pertenece a la segunda parte de la obra. ¿Qué siente don Juan por doña Inés? ¿Cómo lo valora ella?
5. Indica en qué versos se hace explícito a qué se arriesga doña Inés por amor.
6. Señala los elementos románticos del fragmento (tema, lugar, personajes…).

José de Espronceda

(1808-1842). Nació en Almendralejo (Badajoz). Su defensa de las ideas liberales lo llevó al exilio en 1827. En Lisboa se enamoró de Teresa Mancha, con la que viajó a Inglaterra y Francia.

En 1833 regresaron a España. Su relación sufrió varias rupturas y, finalmente, ella lo abandonó. En 1839, falleció Teresa, y el poeta murió tres años después.

4 La poesía romántica

Las **primeras manifestaciones** de la **poesía romántica** son de **carácter narrativo.** Esos versos dramatizan **acciones** que dan entrada a verdaderos **diálogos** y **monólogos,** y en ellos es habitual la **descripción de lugares,** con especial atención a los **aspectos sensoriales** (sonidos, colores…).

La **poesía narrativa del romanticismo** recoge como asunto **leyendas, sucesos históricos** e **historias imaginadas.**

En el romanticismo se cultivó también una **poesía lírica,** que alcanzó su pleno desarrollo en el **posromanticismo,** que estudiaremos en la UNIDAD 2.

Aunque en la poesía romántica se emplean variados tipos de versos, se observa cierta predilección por el **octosílabo.** Sus temas son los habituales en la literatura de este período:

- El **amor,** apasionado y opuesto a las normas sociales establecidas.
- El **sentido de la vida** y de la **existencia del hombre en el mundo,** con la presencia de **elementos** y **personajes diabólicos.**
- La **crítica social,** por medio de la exaltación de **personajes marginales.**

En la línea de la poesía narrativa se inscriben las *Leyendas*, de **José Zorrilla,** y *El estudiante de Salamanca* y *El diablo mundo*, de **José de Espronceda,** máximo representante de la poesía romántica y autor también de algunas composiciones de carácter lírico.

Obras de Espronceda

El estudiante de Salamanca

Este extenso poema narra la leyenda del arrogante **Félix de Montemar,** un donjuán que seduce y abandona a Elvira, provocando su muerte. Siguiendo a una misteriosa mujer, don Félix contempla su propio entierro y es conducido a «la mansión sombría». Allí descubre que la dama no es sino el esqueleto de Elvira, con quien Montemar contrae matrimonio antes de morir.

El diablo mundo

En este poema inacabado, al hilo de la historia de un anciano que recupera la juventud, Espronceda incluye numerosas reflexiones personales, crítica política y descripciones de costumbres.

Los piratas, por Max Slevogt.

Canciones

Son poemas en los que el **ideal de libertad** se materializa en **personajes marginales** (el pirata, el reo de muerte, el verdugo, el mendigo, el cosaco), cuya alabanza conlleva la **crítica indirecta de la sociedad.**

Canción del pirata

Con diez cañones por banda,
viento en popa, a toda vela,
no corta el mar sino vuela
un velero bergantín[1]:

Bajel pirata que llaman
por su bravura el Temido,
en todo el mar conocido
del uno al otro confín.

La luna en el mar rïela[2],
en la lona gime el viento,
y alza en blando movimiento
olas de plata y azul;
y ve el capitán pirata,
cantando alegre en la popa,
Asia a un lado, al otro Europa,
y allá a su frente Estambul.

«Veinte presas
hemos hecho
a despecho
del inglés
y han rendido
sus pendones
cien naciones
a mis pies.»

«Navega, velero mío,
sin temor,
que ni enemigo navío,
ni tormenta, ni bonanza
tu rumbo a torcer alcanza,
ni a sujetar tu valor.»

«Que es mi barco mi tesoro,
que es mi Dios la libertad,
mi ley la fuerza y el viento,
mi única patria la mar.»

JOSÉ DE ESPRONCEDA
Poesías líricas, Castalia

Actividades

7. Indica cuál es el ideal de vida del pirata. ¿A qué le concede importancia?
8. ¿Por qué este fragmento de la *Canción del pirata* es representativo de la poesía romántica? Atiende a los aspectos temáticos y formales estudiados.

[1] **bergantín:** buque de dos palos y vela cuadrada o redonda.

[2] **rielar:** brillar con luz trémula.

Mariano José de Larra

(1809-1837). Nació en Madrid, pero siendo niño vivió con su familia en Francia. Tras estudiar Leyes en Valladolid, se dedicó a la política y al periodismo, profesión en la que firmaba con los seudónimos de *El pobrecito hablador* y *Fígaro*.

Se casó en 1829, pero su matrimonio fracasó. Mantuvo una relación amorosa con Dolores Armijo, una mujer casada. El abandono de su amante y las decepciones políticas lo condujeron al suicidio a los veintiocho años.

5 La prosa romántica

En el romanticismo, la **prosa narrativa** alcanzó difusión con la **novela histórica,** que manifestaba el deseo romántico de evadirse del presente y la admiración por tiempos pasados en los que el individuo se guiaba por principios espirituales.

Este tipo de novelas, por lo general ambientadas en la **época medieval,** no aspiraban a reconstruir con exactitud el pasado, sino simplemente a presentar en esos ambientes los conflictos e intereses románticos. El modelo de estas narraciones fue *Ivanhoe*, del inglés **Walter Scott,** y entre los títulos españoles sobresale *El señor de Bembibre*, de **Enrique Gil y Carrasco.**

Sin embargo, el prosista más destacado de este período fue **Mariano José de Larra.** Aunque es también autor de una novela histórica, *El doncel de don Enrique el doliente*, sus obras más valiosas —los ***Artículos***— pertenecen al género de la **prosa didáctica.**

Los ***Artículos*** de **Larra,** publicados en **periódicos** de la época, plantean una **crítica de la sociedad** con la idea de **reformar las costumbres** de los españoles.

En sus *Artículos*, Larra presentó los **hábitos españoles:** en «El castellano viejo» critica las formas de celebrar las fiestas; en «Vuelva usted mañana» refleja la desidia de la Administración que impide negocios beneficiosos para la nación. «Día de Difuntos de 1836» y «La Nochebuena de 1836» encierran **reflexiones pesimistas** sobre el sentido de la existencia.

En estas piezas, el autor recurre a una narración que él mismo protagoniza o en la que aparece como personaje. Los hechos que presenta dan pie a la **reflexión,** y la **opinión** del autor se recoge en la **conclusión del artículo.**

Día de difuntos de 1836

Dirigíanse las gentes por las calles en gran número y larga procesión, serpenteando de unas en otras como largas culebras de infinitos colores: ¡al cementerio, al cementerio! ¡Y para eso salían de las puertas de Madrid!

Vamos claros, dije yo para mí, ¿dónde está el cementerio? ¿Fuera o dentro? Un vértigo espantoso se apoderó de mí y comencé a ver claro. El cementerio está dentro de Madrid. Madrid es el cementerio. Pero vasto cementerio donde cada casa es el nicho de una familia, cada calle el sepulcro de un acontecimiento, cada corazón la urna cineraria[1] de una esperanza o de un deseo.

***Cementerio en el bosque de robles*, por Friedrich.**

Entonces, y en tanto que los que creen vivir acudían a la mansión que presumen de los muertos, yo comencé a pasear con toda la devoción y recogimiento de que soy capaz las calles del grande osario.

—¡Necios! —decía a los transeúntes—. ¿Os movéis para ver muertos? ¿No tenéis espejos por ventura? [...] Miraos, insensatos, a vosotros mismos, y en vuestra frente veréis vuestro propio epitafio.

Mariano José de Larra
Artículos, Porrúa

Actividades

9. Indica quién habla en el texto, a qué receptores se dirige y qué les dice.
10. ¿Con qué frases de este artículo expone Larra su opinión? Explícala.
11. Señala en el texto rasgos propios del romanticismo y de la prosa de Larra.

[1] **cineraria:** funeraria.

El propio **Espronceda** consideraba el «**Canto II**» de ***El diablo mundo*** como un «desahogo de mi corazón». En estos versos, el poeta expresa con emotiva intensidad su **dolor por la muerte** de la que fuera su **amante, Teresa Mancha,** recordando primero los momentos de felicidad, pero sin olvidar el sufrimiento que a ella le produjo ese mismo amor.

¿Quién me dijera, Elisa, vida mía,
cuando en aqueste valle al fresco viento
andábamos cogiendo tiernas flores,
que habría de ver, con largo apartamiento,
venir el triste y solitario día
que diese amargo fin a mis amores?

Garcilaso de la Vega

Canto II. A Teresa

¿Por qué volvéis a la memoria mía,
tristes recuerdos del placer perdido,
a aumentar la ansiedad y la agonía
de este desierto corazón herido?
¡Ay! que de aquellas horas de alegría,
le quedó al corazón solo un gemido,
¡y el llanto que al dolor los ojos niegan,
lágrimas son de hiel que el alma anegan! […]

¿Quién pensara jamás, Teresa mía,
que fuera eterno manantial de llanto
tanto inocente amor, tanta alegría,
tantas delicias y delirio tanto?
¿Quién pensara jamás llegase un día
en que perdido el celestial encanto
y caída la venda de los ojos,
cuanto diera placer causara enojos?

Aún parece, Teresa, que te veo
aérea como dorada mariposa,
ensueño delicioso del deseo,
sobre tallo gentil temprana rosa,
del amor venturoso devaneo,
angélica, purísima y dichosa,
y oigo tu voz dulcísima, y respiro
tu aliento perfumado en tu suspiro.

Y aún miro aquellos ojos que robaron
a los cielos su azul, y las rosadas
tintas sobre la nieve, que envidiaron
las de mayo serenas alboradas;
y aquellas horas dulces que pasaron
tan breves ¡ay! como después lloradas,
horas de confianza y de delicias,
de abandono y de amor y de caricias.

José de Espronceda
El diablo mundo, Castalia

Comentario de texto

Aproximación al contenido del texto

1. Contesta estas cuestiones sobre el fragmento del *Canto a Teresa:*
   - ¿A quién se dirige el yo poético en los ocho primeros versos? ¿Y en los siguientes?
   - ¿Está hablando consigo mismo o con otra persona? Justifica tu respuesta con elementos del texto.
   - ¿En qué estado de ánimo se encuentra el emisor? ¿Cómo se hallaba en el pasado?
   - Razona si esos recuerdos le producen o no felicidad.
2. Deduce algunos datos de los versos de Espronceda:
   - ¿Qué relación existía entre Teresa y la voz poética? Señala los versos que te han permitido averiguarlo.
   - Explica a qué se debe el dolor del emisor. Justifica tu respuesta a partir de elementos textuales.
   - ¿Por qué aparece en el poema por dos veces la interjección *¡ay!*?
3. ¿Espera contestación a sus preguntas la voz poética? Explica los motivos de tu respuesta.

Análisis de la estructura

4. El texto de Espronceda se divide en tres partes. Completa el cuadro:

Recuerdo del pasado	Desde el verso ______ hasta ______
Recuerdo de Teresa	Desde el verso ______ hasta ______
Retrato de la mujer	Desde el verso ______ hasta ______

5. Razona si nos hallamos ante un diálogo o ante un monólogo.

Análisis de las formas de expresión

6. Mide los ocho primeros versos de esta composición e indica el tipo de rima y de estrofa empleadas.
7. El texto presenta numerosos adjetivos. Señálalos y di si son explicativos o especificativos. ¿Cuál es la función de los superlativos?
8. Estos versos de Espronceda son también muy ricos en el empleo de recursos expresivos:
   - Identifica las antítesis con las que se contraponen pasado y presente. ¿Qué otras palabras y expresiones manifiestan ese contraste?
   - La alteración del orden sintáctico habitual es constante *(las de mayo serenas alboradas > las serenas alboradas de mayo).* Localiza otros ejemplos en el texto y escríbelos en el orden esperado.
   - En el retrato de Teresa se incorporan comparaciones, personificaciones y metáforas. Señálalas e indica entre qué elementos se establecen.
   - Busca en el poema un ejemplo de reduplicación. ¿De qué tipo es?

Valoración y relación con el contexto literario

9. ¿Crees que Espronceda consigue transmitir el dolor que siente la voz poética? Expón en un texto breve los motivos de tu respuesta.
10. Relaciona el fragmento del *Canto a Teresa* con su época y con el autor:
    - Señala en el texto rasgos propios del romanticismo.
    - ¿En qué se diferencia este poema de otros textos de Espronceda?
    - Compara los versos de Espronceda con los del poeta renacentista Garcilaso de la Vega que aparecen en la ilustración.

Recursos expresivos

La reduplicación

El término **reduplicación** alude a distintos fenómenos relacionados con la **repetición de palabras:**

Vuélveme, vuélveme, moro.

La reduplicación puede darse entre dos **palabras consecutivas** en un mismo verso, como en el ejemplo anterior; al **principio** y al **final de verso,** o al **final de un verso** y al **principio del siguiente.** Si la palabra no se repite de modo idéntico, sino que ofrece **variaciones,** el recurso se denomina **poliptoton:**

Canta, que llorará cuando tú llores
el alba perlas en la flor temprana.

Con las reduplicaciones se intensifica la **expresividad** de la palabra repetida y se favorece el **ritmo** de los textos, tan del gusto romántico.

Evaluación

Jornada I. Escena VIII

Ábrese la puerta con estrépito, después de varios golpes en ella, y entra el MARQUÉS en bata y gorro, con un espadín desnudo en la mano, y detrás, dos criados mayores con luces.

MARQUÉS.—(Furioso.) *¡Vil seductor!... ¡Hija infame!*

DOÑA LEONOR.—(Arrojándose a los pies de su padre.) *¡Padre! ¡Padre!*

MARQUÉS.—*No soy tu padre... Aparta... Y tú, vil advenedizo...*

DON ÁLVARO.—*Vuestra hija es inocente... Yo soy el culpado... Atravesadme el pecho. [...]*

MARQUÉS.—*¿Tú morir a manos de un caballero? No; morirás a las del verdugo.*

DON ÁLVARO.—*[...] Vuestra hija es inocente..., tan pura como el aliento de los ángeles que rodean el trono del Altísimo. La sospecha a que puede dar origen mi presencia aquí a tales horas concluya con mi muerte, salga envolviendo mi cadáver como si fuera mi mortaja... Sí, debo morir...; pero a vuestras manos.* (Pone una rodilla en tierra.) *Espero resignado el golpe; no lo resistiré; ya me tenéis desarmado.* (Tira la pistola que, al dar en tierra, se dispara y hiere al MARQUÉS, que cae moribundo en los brazos de su hija y de los criados, dando un alarido.)

MARQUÉS.—*Muerto soy... ¡Ay de mí!*

DON ÁLVARO.—*¡Dios mío! ¡Arma funesta! ¡Noche terrible!*

DOÑA LEONOR.—*¡Padre! ¡Padre!*

MARQUÉS.—*Aparta. Sacadme de aquí..., donde muera sin que esta vil me contamine con tal nombre.*

DOÑA LEONOR.—*¡Padre!...*

MARQUÉS.—*Yo te maldigo.*

Duque DE RIVAS
Don Álvaro o la fuerza del sino, Castalia

***El último beso,* por Francesco Hayez.**

1. Contesta las siguientes cuestiones:
   - ¿En qué lugar y momento del día transcurre la escena?
   - Indica qué cree el Marqués que ha ocurrido para mostrarse tan furioso.
   - ¿Se comportarían los personajes hoy día de la misma manera? ¿Por qué?
2. ¿Con qué medios de comunicación audiovisual está relacionado el teatro? Razona tu respuesta.
3. Cita dos enunciados del texto que no constituyan oraciones y dos ejemplos de oraciones simples.
4. Localiza en el fragmento un ejemplo de cada una de las siguientes estructuras gramaticales:
   a) Oración compuesta por coordinación.
   b) Oración compuesta por subordinación.
   c) Dos proposiciones yuxtapuestas.
5. Explica los procedimientos de coherencia, cohesión y adecuación que ofrece el texto.
6. La palabra *pistola* procede del alemán. Escribe otras palabras de su familia léxica y nombra las principales lenguas de las que el español ha recibido préstamos.
7. Señala en el texto rasgos temáticos propios del romanticismo y del teatro romántico.
8. Menciona los principales autores y obras del drama romántico.
9. ¿Qué otros géneros literarios se cultivaron durante el romanticismo? Comenta sus rasgos generales y cita a los autores más representativos.
10. ¿Qué actitud, personaje o hecho del mundo actual calificarías como romántico? Redacta un texto en el que expliques por qué lo consideras así.

2 Maneras de decir

Contenidos de la unidad

El castillo

Ya era de noche cuando K. llegó. La aldea yacía hundida en la nieve. Nada se veía de la colina; bruma y tinieblas la rodeaban; ni el más débil resplandor revelaba el gran castillo. Largo tiempo K. se detuvo sobre el puente de madera que del camino real conducía a la aldea, con los ojos alzados al aparente vacío.

Fue luego en busca de albergue; estaban aún despiertos en la posada; no había cuarto para alquilar; pero el patrón, sorprendido y atónito por un huésped tan tardío, propuso a K. dejarle dormir en la sala sobre un jergón. K. aceptó. Quedaban todavía aldeanos bebiendo su cerveza, pero él, sin querer entablar conversación, se fue al desván en busca de su jergón y se acostó junto a la estufa. El ambiente era tibio, los aldeanos callaban, los miró aún con cansados ojos y entonces se durmió.

Pero al poco rato lo despertaron. Un hombre joven, con traje de ciudad, el rostro de actor, ojos estrechos, las cejas pobladas, aparecía junto a su lecho, acompañado por el mesonero. También los aldeanos seguían allí; algunos habían vuelto sus sillas para ver y oír mejor. El joven se excusó muy cortésmente por haber despertado a K., y luego de haberse presentado como hijo del castellano le habló así: «Esta aldea es propiedad del castillo; quien en ella vive o duerme, en cierto modo vive o duerme en el castillo. Nadie puede hacerlo sin permiso del conde. Pero usted no tiene tal permiso, o por lo menos no lo ha presentado.»

K., incorporándose a medias, se compuso el cabello con la mano, contempló desde abajo a esa gente y dijo: «¿En qué aldea vine a extraviarme? ¿Acaso hay aquí un castillo?».

«Ciertamente», dijo el joven con lentitud, mientras uno que otro de los espectadores meneaba la cabeza mirando a K.; «es el castillo del señor conde de Westwest.»

«Pero ¿hay que tener permiso para dormir aquí?», preguntó K., como si quisiera persuadirse de que no había, acaso, soñado la advertencia anterior.

«Ese permiso hay que tenerlo», fue la respuesta, y se convirtió en grosera burla para K. cuando el joven, extendiendo el brazo, preguntó al hostelero y a los huéspedes: «O ¿acaso no hay que tener permiso?».

«Entonces tendré que procurarme ese permiso», dijo K. bostezando, y apartó de sí la manta como queriendo levantarse.

«Y ¿de quién? », preguntó el joven.

«Del señor conde», dijo K., «no voy a tener más remedio.»

«¿A medianoche, el permiso del señor conde?», exclamó el joven, y retrocedió un paso.

«¿No es posible?», preguntó K. serenamente. «¿Por qué, entonces, me despertó usted?»

En respuesta a lo cual el joven se puso fuera de sí. «¡Modales de vagabundo!», exclamó. «¡Exijo el debido respeto a la autoridad condal! Lo desperté a fin de comunicarle que debe usted abandonar inmediatamente el territorio del condado.»

«Basta de comedias», dijo K., en voz sorprendentemente baja; se acostó, y se cubrió con la manta.

Franz KAFKA
El castillo, Alianza

Análisis del texto

Análisis del contenido

1. Contesta las siguientes cuestiones sobre el relato de Franz Kafka:
   - ¿Quiénes son los protagonistas de este fragmento? Nombra también a los personajes secundarios que aparecen en el texto.
   - Indica adónde llega K. y en qué momento del día se producen los hechos.
   - ¿En qué lugar de la posada y en qué condiciones duerme el personaje?
   - Señala qué viñeta refleja la manera como K. conversa con el joven.

   - ¿Qué le dice el hijo del castellano a K.? ¿Qué decide hacer él?

Ni el más débil resplandor revelaba el gran castillo.

2. Deduce algunos datos más a partir del texto de la página anterior:
   - ¿Por qué crees que se ha perdido K.?
   - Indica qué actitud mantiene K. ante las advertencias del joven y copia las palabras y expresiones que te han permitido deducirlo.
   - ¿A qué se refiere K. con la expresión *basta de comedias* al final del texto?
3. ¿Por qué se llama K. el protagonista? Para responder, piensa en qué momentos nos referimos a alguien como el «señor o la señora X».

Análisis de la estructura

4. Delimita las partes del texto que corresponden a estas formas textuales:

Narración	Desde ______________________ hasta ______________________
Descripción	Desde ______________________ hasta ______________________
Diálogo	Desde ______________________ hasta ______________________

5. Indica en qué persona se expresa el narrador de este pasaje.

Análisis de las formas de expresión

6. ¿Con qué palabras se nombra en el texto al dueño de la posada? Cópialas.
7. Localiza en el texto dos palabras de la familia de *conde* y escribe dos más.
8. Explica el significado de las palabras *castellano* y *procurar* en este texto y di qué otros sentidos pueden tener.
9. Analiza las formas verbales del fragmento de *El castillo* e indica:
   - *a)* Qué verbos introducen las intervenciones de los personajes y en qué tiempo verbal aparecen.
   - *b)* Qué tiempo verbal predomina en la parte descriptiva.
   - *c)* Cuáles prevalecen en los fragmentos narrativos.

Interpretación y valoración

10. ¿Cómo se comporta el hijo del castellano con K.? ¿Se muestra atento con el extranjero extraviado? Piensa en qué casos de tu entorno puede darse una circunstancia similar y redacta un texto en el que expliques cómo sería el trato que deberían recibir las personas que se hallasen en la situación de K.

Formas textuales básicas

1 Combinación de formas textuales

Recuerda

- Una **narración cuenta** una **historia real** o **imaginada.**
- Con la **descripción** se transmite **cómo es algo** o **alguien.**
- En el **diálogo,** dos o más **interlocutores** intercambian información **alternándose** en el **uso de la palabra.**

En el texto de Kafka de la página 32 se cuentan los **hechos** que le suceden al **personaje** K., en un **lugar** y un **tiempo** determinados. Además, se dice **cómo son** la aldea y el joven que llega al albergue y se reproduce su **conversación** con K.; incluye, pues, **narración, descripción** y **diálogo.**

La **narración**, la **descripción** y el **diálogo** son las **formas textuales básicas** y pueden aparecer **solas** o **combinadas entre sí** en un **mismo texto.**

1.1. Combinación en textos narrativos

En los **textos narrativos,** la **narración** se utiliza para **presentar los hechos** que hacen avanzar la **acción:** así, sabemos que K. llega a una aldea y pide alojamiento en una posada **(planteamiento),** que al poco de quedarse dormido lo despierta un joven que le trae una extraña reclamación **(nudo),** y, si el texto siguiera, conoceríamos el final de la historia **(desenlace).**

La voz que cuenta lo que sucede en una narración es el **narrador;** este se detiene a veces en la **descripción** de **personajes** (el joven), de **lugares** (la aldea), de **objetos,** etc. En otras ocasiones, cede la palabra a los personajes y, de este modo, se incorpora el **diálogo.**

PEREGRINA.—*Una historia verdadera que parece un cuento. [...] ¿Queréis oírla?*

NIÑOS.—*Cuenta, cuenta...* (Se sientan en el suelo frente a ella.)

PEREGRINA.—*Una vez era un pueblo pequeño, con vacas de color miel y pomarada de flor blanca entre los campos. Una aldea, tranquila como un rebaño a la orilla del río.*

FALÍN.—*¿Como esta?*

PEREGRINA.—*Como esta. [...] En aquella aldea vivía una muchacha de alma tan hermosa que no parecía de este mundo. Un día la muchacha desapareció en el remanso. [...] Fue inútil que el pueblo entero la llamara a gritos desde arriba. Estaba como dormida, en un sueño de niebla, paseando por los jardines de musgo sus cabellos flotantes. [...] Así pasaron los días y los años... Ya todos empezaron a olvidarla. Solo la Madre, con los ojos fijos, la esperaba todavía... y por fin el milagro se hizo. Una noche de fuegos y canciones, la bella durmiente del río fue encontrada, más hermosa que nunca...*

Alejandro CASONA
La dama del alba, Cátedra

1.2. Combinación en textos dialogados

En los textos dialogados, como los teatrales, el **diálogo** es la forma textual predominante y corresponde al **intercambio verbal** entre los personajes. Las palabras de estos pueden adoptar otras dos formas: el **monólogo,** cuando un personaje se dirige a sí mismo o al público, y el **aparte,** que es la emisión en voz alta de un personaje para que sea oída por el público, pero no por el resto de los personajes en escena.

En el diálogo teatral, aunque no existe narrador, pueden aparecer **fragmentos narrativos** en boca de los **personajes.** Su finalidad es informar de situaciones anteriores a la historia representada, que el público necesita conocer para entender lo que sucede.

La **descripción,** por su parte, se incorpora también a través de las palabras de los **personajes,** y en las **acotaciones,** que ofrecen indicaciones para llevar a cabo la puesta en escena de la obra.

Actividades

1. Diferencia en el texto de Casona la parte que corresponde a una narración.
2. ¿En qué parte o partes se incorpora una descripción?
3. Completa el texto de Casona con la descripción de la muchacha.

Textos no literarios

Las formas textuales básicas aparecen también en la lengua oral, y en cómics y en textos periodísticos y científicos, como este:

La grajilla

Nosotras, las grajillas, somos muy sociables, por eso vamos juntas a casi todas partes. Y, a diferencia de otros primos nuestros, no somos muy camperas, sino más bien «urbanitas». [...]

Así que, si queréis conocerme, nada más fácil que irse a la ciudad más cercana y apostarse ante el castillo, iglesia o catedral más próxima. Me reconoceréis fácilmente: el córvido más pequeño de Europa —no mucho más grande que las palomas de la plaza— es fácil de identificar. Soy también el único entre mis primos con ojos color gris perla, casi blancos.

«Malditos cuervos», *El cárabo* n.º 29

1 ¿Qué forma textual predomina en el texto? Añade una historia narrada por la grajilla.

2 Características lingüísticas

La presencia combinada de narración, descripción y diálogo en un determinado texto es reconocible no solo por su contenido, sino también porque cada una de estas formas manifiesta **peculiaridades lingüísticas.**

La **narración**, la **descripción** y el **diálogo** presentan unos **rasgos lingüísticos propios** que permiten **delimitar** su **presencia** en los **textos.**

En general, las características de cada forma textual se mantienen independientemente del tipo de texto en el que aparezcan:

RASGOS LINGÜÍSTICOS DE LAS FORMAS TEXTUALES	
Narración	■ Uso de **verbos de acción,** que permiten contar los hechos, en **presente** y, sobre todo, en **pretérito perfecto simple:** *Largo tiempo K. se detuvo sobre el puente; Fue luego en busca de albergue.* ■ Predominio de **oraciones enunciativas:** *Pero al poco rato lo despertaron.*
Descripción	■ Empleo de **verbos de estado,** que permiten decir cómo es lo que se describe, sobre todo en **pretérito imperfecto** y en **presente de indicativo:** *La aldea yacía hundida en la nieve; bruma y tinieblas la rodeaban.* ■ Abundancia de **sustantivos** acompañados de **adjetivos** y de **otros complementos** para calificar lo descrito: *hombre joven con traje de ciudad.*
Diálogo	■ En los **textos narrativos,** introducción de las **intervenciones de los personajes** por medio de **verbos de lengua** o **de pensamiento:** *Le habló así; preguntó K.; exclamó el joven.* Sus palabras se presentan en **estilo directo** por medio de **rayas** o de **comillas:** *«Ese permiso hay que tenerlo».* ■ En los **textos teatrales, presentación directa** de las intervenciones de los personajes, precedidas por su **nombre:** **FALÍN.**—*¿Como esta?* ■ **Referencias** al **emisor** y al **receptor** por medio de **pronombres personales:** *Usted no tiene tal permiso;* y a la **situación,** a través de **demostrativos** y **adverbios:** *Esta aldea es propiedad del castillo; ¿Acaso hay aquí un castillo?*

Ponce entraba allí como Pedro por su casa, dirigiéndose al comedor, donde comúnmente encontraba a su novia. Llegó aquella tarde a eso de las cuatro, y pasó, atusándose el pelo después de haber colgado la capa y hongo en la percha del recibimiento. Era un joven raquítico y linfático[1], de esos que tienen novia como podrían tener un paraguas, con ribetes de escritor, crítico gratuito, siempre atareado, quejoso de que no le leía nadie (aquí no se lee), abogadillo, buen muchacho, orejas grandes, lentes sin cordón, bizcando un poco los ojos, mucha rodillera en los pantalones, poca sal en la mollera, y en el bolsillo obra de[2] seis reales, cuando más. [...]

Lo mismo fue entrar Ponce en el comedor que soltarle Abelarda esta indirecta:

—Si no trae usted las entradas para el beneficio[3] de la Pellegrini, no vuelva usted a poner los pies aquí.

—Calma, hija, calma; déjame sentar, tomar aliento... He venido a escape. Me pasan cosas muy gordas, pero muy gordas.

Benito PÉREZ GALDÓS
Miau, Hernando

[1] **linfático:** falto de energía.
[2] **obra de:** locución que indica una cantidad aproximada.
[3] **beneficio:** obra de teatro u otro espectáculo cuya recaudación se destina a alguna persona o institución.

Actividades

4 Completa el cuadro de arriba con nuevos ejemplos del fragmento de Kafka.

5 Distingue en el texto de Galdós las partes que correspondan a:
a) Narración. *b)* Descripción. *c)* Diálogo.

6 Localiza en cada una de ellas ejemplos de las características lingüísticas que se han señalado en esta página.

El resumen

En el ordenador...

Configurar página

El procesador de textos te permite **configurar** la **página** en la que vas a trabajar, es decir, establecer en ella los siguientes elementos:

- Los **márgenes** (superior, inferior, izquierdo y derecho).
- El espacio dedicado al **encabezamiento** y al **pie de página.**
- La **orientación** y el **tamaño de papel.**

Para ello, debes pinchar en el menú **Archivo,** seleccionar **Configurar página** y elegir ahí la opción correspondiente.

Si en un **texto narrativo** como el de Kafka señalamos los **elementos esenciales de la historia,** el resultado será un **resumen** del mismo. Igualmente, si extraemos las **ideas fundamentales** de la **exposición** sobre las formas textuales básicas de las páginas 34 y 35, obtendremos también su **resumen.**

El **resumen** es una **síntesis** de los **contenidos esenciales de un texto** y puede realizarse a partir de textos tanto **narrativos** como **expositivo-argumentativos.**

Antes de redactar el resumen de un texto, has de **seleccionar** siempre **lo esencial;** sin embargo, debes proceder de manera diferente en función de si el texto es expositivo-argumentativo o narrativo.

Para resumir

Un texto expositivo-argumentativo

- **Selecciona** las **ideas principales** de cada uno de los **párrafos.**
- **Desecha** las **ideas secundarias** y los **ejemplos.**
- **Revisa** las **ideas que has escogido** para comprobar que no has olvidado ninguna información **esencial** del texto.

Un texto narrativo

- Selecciona los **datos esenciales** de los **personajes principales** (nombre, grupo social, etcétera).
- Elige solo los **hechos de la historia** que llevan de la **situación inicial** a la **final.**
- Ten en cuenta la **información** que **se deduce** de los **diálogos,** pero no reproduzcas las palabras de los personajes ni hagas indicaciones del tipo «le dijo que...».

Al **redactar el resumen,** debes utilizar tus **propias palabras,** no copiar el texto original. El resultado debe ser un texto personal, que recoja de forma clara y ordenada los aspectos básicos del documento que se resume. Puedes practicar con estos dos:

Como decía, llegué a casa tarde, bordeando la medianoche. Al introducir el llavín en la cerradura noté que la puerta no estaba cerrada. Lo atribuí a un descuido mío, pero bastó para intranquilizarme. Abrí con lentitud: en el comedor había luz. Cerré la puerta de golpe y empecé a bajar las escaleras.

—No corra, Miranda, no tiene de qué asustarse.

Me volví. Era el comisario Vázquez.

Eduardo Mendoza
La verdad sobre el caso Savolta, Seix Barral

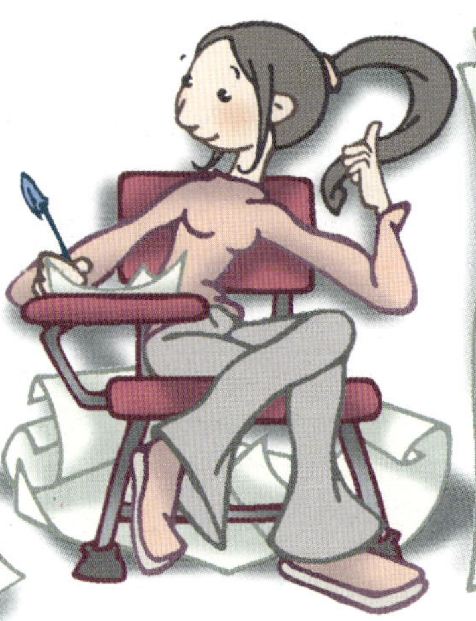

El fútbol femenino conoce una primera época dorada a finales del siglo XIX, cuando las jugadoras vestidas con pantalones holgados se enfrentaban bajo la mirada de miles de espectadores. Doce mil personas asistieron al partido Francia-Inglaterra en el estadio Pershing, en París. [...]

El juego desaparece casi totalmente hacia 1930, pero se reanuda en 1960. Reims gana un torneo mundial en 1979. En esa fecha se cuentan en Francia dieciocho mil licencias femeninas, mientras que en Dinamarca son veintisiete mil.

Alfred Wahl
Historia del fútbol, del juego al deporte, Ediciones B

Actividades

1. Indica a qué forma textual (narrativa o expositiva) corresponden los dos textos de esta página. Justifica tu respuesta.
2. Selecciona la información esencial de cada uno y redacta su resumen.

Expresión

El currículum vitae y la carta de presentación

Para acceder a un **puesto de trabajo**, es habitual que las empresas requieran del solicitante un documento que se denomina **currículum vitae.**

El **currículum vitae** es un **texto expositivo** que **resume** la **trayectoria vital** y **profesional** de una persona.

Al elaborar tu currículum, además de cuidar esmeradamente la **presentación**, debes tener en cuenta algunas cuestiones sobre su **contenido**:

Para elaborar un currículum vitae

- Organiza tu currículum vitae en los siguientes **apartados: Datos personales, Experiencia laboral, Estudios** e **Idiomas**, como muestra el ejemplo.
- En **Experiencia laboral** enumera los **trabajos** que has desempeñado, empezando por los más recientes.
- En **Estudios** alude primero a los actuales y después a los ya realizados, indicando la **fecha** y el **centro** en que los cursaste. Incluye la **titulación académica** y los **cursos complementarios.**
- Especifica qué **idiomas** conoces y qué **nivel** (básico, medio, alto), tanto **hablado** como **escrito**, has alcanzado en cada uno.
- Habla de ti mismo en **tercera persona**, e incluso, **evita los verbos.**

La carta de presentación

El currículum puede acompañarse de una **carta de presentación** de la persona que solicita el puesto de trabajo. Se trata de un **escrito formal,** en el que deben figurar los **datos** que se muestran en el ejemplo, incluidas las **fórmulas de cortesía** (saludo y despedida).

Datos del remitente

Gema Piñeiro Álvarez
Buganvilla, 13
36600 Pontevedra

Destinatario y empresa

Piscina La Luz
Avenida de Montero Ríos, 12
36600 Pontevedra

Lugar y fecha — Pontevedra, 10 de junio de 2003

Muy Sr. / Sra. mío / a: — **Saludo**

Me dirijo a usted en respuesta a su anuncio publicado en *La Voz de Galicia,* el día 5 de junio, con referencia *Soc.*, en el que se solicitan socorristas para desempeñar tareas de vigilancia en distintas piscinas durante el verano. Me gustaría que tomaran en consideración mi candidatura, por lo que les adjunto mi currículum vitae, en el que puede comprobarse que mi formación y experiencia profesional son adecuadas para dicho puesto.

A la espera de sus noticias, les saluda atentamente,

Despedida y firma — G. Piñeiro

CURRÍCULUM VITAE

DATOS PERSONALES

Apellidos: Piñeiro Álvarez
Nombre: Gema
Dirección: Buganvilla, 13. 36600 Pontevedra
Tel.: 986772003 **Móvil:** 645688999
e-mail: gelopez@sd.es
Fecha de nacimiento: 22-5-1984

EXPERIENCIA LABORAL

Julio de 2002: socorrista en la piscina de San Xenxo.

ESTUDIOS

En la actualidad, 1.º de Enfermería en la Universidad de Vigo.
Junio de 2002: Título de Bachiller en el IES Valle-Inclán (Pontevedra).

Formación complementaria

Febrero de 2000: Curso de socorrista de la CRE.
Manejo del entorno Windows a nivel de usuario.

IDIOMAS

Bilingüe gallego / castellano. Inglés: nivel medio hablado y escrito.

Actividades

3. Redacta tu currículum y una carta de presentación para solicitar un puesto de trabajo en el que estés muy interesado.
4. Imagina que tu cantante favorito desea solicitar un puesto de trabajo en la radio. Elabora su currículum y la carta que envía a la emisora.

Procedimientos de coherencia y cohesión

Recuerda

- Se denomina **enunciado** la **unidad mínima de comunicación** que transmite un **mensaje completo** en una **situación determinada.**
- El **texto** es la **unidad comunicativa máxima** y transmite un **mensaje completo.**
- Las **propiedades textuales básicas** son la **coherencia,** la **cohesión** y la **adecuación.**

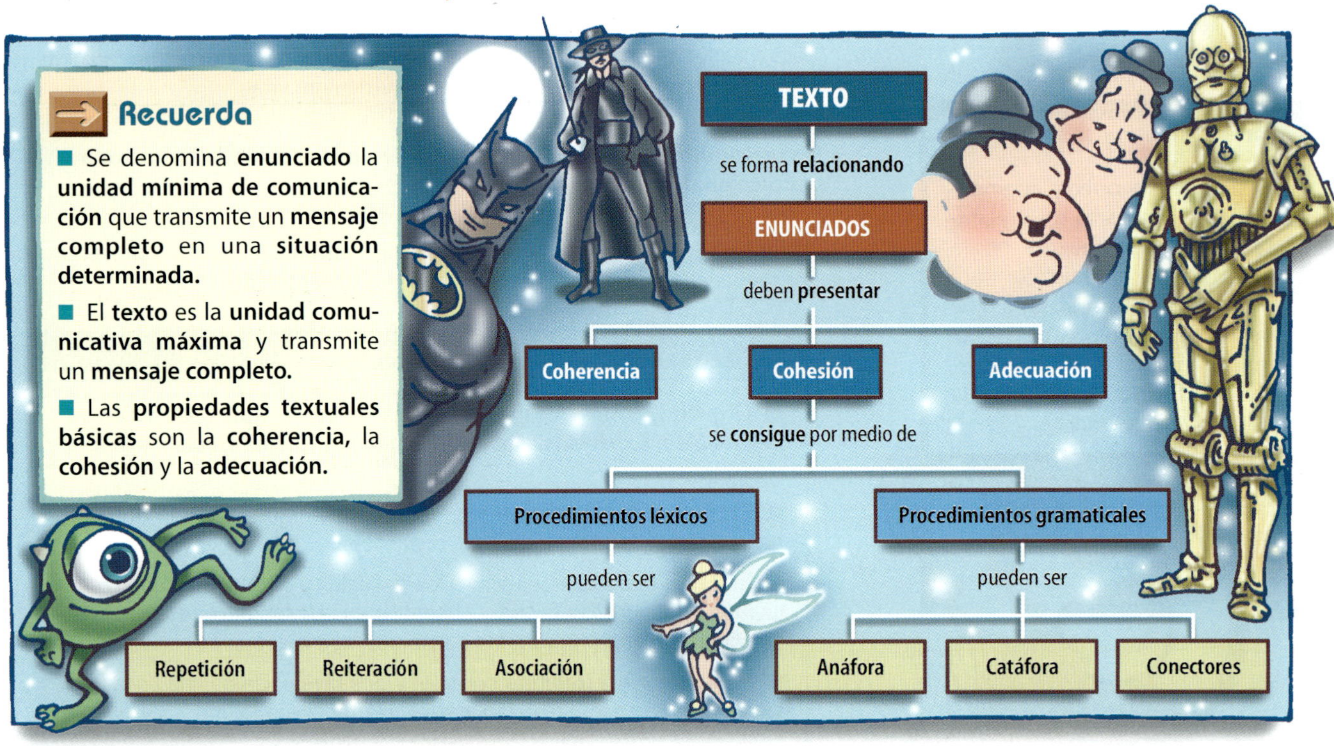

1 Coherencia y cohesión textuales

Conocimiento del mundo y marco

Para que un **grupo de enunciados** resulte **coherente,** debe responder a nuestro **conocimiento del mundo.** Observa:

**Compré el relato de Kafka en la panadería y la dependienta me recomendó otro libro del autor.*

Estos enunciados no son coherentes, pues contradicen nuestro conocimiento del mundo (dónde se compran los libros).

Algunos tipos de discurso, como el literario, establecen sus propias **reglas de coherencia.** Así, un texto puede ser coherente en un determinado **marco de discurso,** aunque no se corresponda con nuestro conocimiento de la realidad. Por ejemplo, en algunos textos literarios, como los cuentos o las fábulas, resulta coherente que los animales hablen.

Tal y como vimos en la UNIDAD 1, un **enunciado** o un **conjunto de enunciados** constituye un **texto** si resulta **adecuado, coherente** y se encuentra **cohesionado.**

La **coherencia** es la **propiedad** por la cual los **enunciados** que forman un texto transmiten un **sentido completo único,** es decir, se refieren a la **misma realidad.**

Para que un texto presente **coherencia,** sus enunciados han de centrarse en un **tema.** Los textos se construyen aportando **nueva información** en **cada enunciado,** pero una sucesión de enunciados dejará de ser coherente si en ellos no se hace referencia a un tema común:

**Compré el relato de Kafka en la librería «Buenas Letras» y la dependienta me dijo que comiera caracoles.*

Además de resultar coherentes, los **enunciados** de un texto deben estar **conectados** o **cohesionados** entre sí. Así, dos enunciados coherentes pueden no constituir un texto si su relación gramatical es incorrecta:

**Pregunté por el relato de Kafka, pero la librera me lo vendió.*

Se denomina **cohesión** la **propiedad** por la cual los **enunciados** de un texto **se relacionan correctamente** desde un punto de vista **léxico** y **gramatical.**

La cohesión se pone de manifiesto en los textos por medio de diversos **procedimientos,** que pueden ser **léxicos,** si atienden a las palabras y sus significados, o **gramaticales,** si se emplean **recursos morfosintácticos.** Estudiaremos unos y otros en las páginas siguientes de esta unidad.

2 Procedimientos léxicos

Se trata de mecanismos que proporcionan una **continuidad de sentido** al texto a partir de los **significados** de las **palabras.**

Los principales **procedimientos** para otorgar **cohesión léxica** a un texto son la **repetición,** la **reiteración** y la **asociación.**

Tipos de procedimientos léxicos

Repetición

Se trata de la **reproducción exacta** de la **misma palabra** o **expresión** en distintos lugares del texto:

Nadie puede dormir sin permiso del conde. Y usted no tiene tal permiso.

Los **términos** que expresan **significados opuestos** se denominan **palabras antónimas.**

Reiteración

El **sentido de un término se repite** por medio de **palabras** o **expresiones diferentes:**

- **Sinónimos:** *El patrón propuso a K. dormir en un jergón. Este preguntó al hostelero si había más huéspedes.*
- **Hiperónimos:** *El mesonero le ofreció pan, queso y salchichas. K. devoró esos alimentos.*

Asociación

Las **palabras** que aparecen en el texto mantienen un **vínculo de sentido.** Este puede establecerse de distinta manera:

- Por **oposición** o **complementariedad:** *Aquel joven no era ni alto ni bajo, y traía en la mano el papel que días antes se había llevado.*
- Por hacer referencia al **mismo campo de la realidad:** *K. había atravesado montes, llanuras, valles, bosques intrincados y páramos desiertos.*

Sinonimia e hiperonimia

Las **palabras sinónimas** presentan **forma distinta** y **significados semejantes** o **idénticos.** Aunque existen **sinónimos absolutos** *(Esa palabra es llana o grave),* es más habitual la **sinonimia parcial** en un determinado contexto:

El patrón / posadero / mesonero hizo pasar a K.

El patrón / capitán / marinero hizo virar el barco.

Los **hiperónimos** son palabras que **designan una clase** a la que pertenecen otros términos. Así, *barco* es el hiperónimo de *velero, fragata, carabela...*

Observa cómo se lleva a cabo la cohesión léxica en el siguiente texto:

Habían llegado al borde de un circo, o anfiteatro, esculpido en la ladera. Estaba cubierto de azules flores de montaña que colgaban en profusión hasta el dosel del bosque. El aire estaba cargado de mariposas que se elevaban, volaban y volvían a las flores.

Más allá del circo aparecía la cima cuadrada de la montaña y pronto se encontraron en ella.

Habían sospechado desde un principio que estaban en una isla: mientras trepaban por las rosadas piedras, con el mar a ambos lados y el alto aire cristalino, un instinto les había dicho que se encontraban rodeados por el mar. Pero era mejor no decir la última palabra hasta pisar la propia cumbre y ver el redondo horizonte del agua. [...]

Su forma venía a ser la de un barco: el extremo donde se encontraban se erguía encorvado y detrás de ellos descendía el arduo camino hacia la orilla. A un lado y otro, rocas, riscos, copas de árboles y una fuerte pendiente.

William Golding
El señor de las moscas, Alianza

Actividades

1. Indica qué tipo de procedimiento léxico cohesiona las palabras destacadas en azul en el texto. ¿Cuál sería su hiperónimo?
2. Señala ahora el vínculo que mantienen las palabras marcadas en rojo y localiza en el texto otras relacionadas con ellas de la misma manera.
3. Analiza los restantes procedimientos léxicos de cohesión presentes en el fragmento y di a qué palabras afectan.

3 Procedimientos gramaticales: anáfora y catáfora

Además de por mecanismos léxicos, la cohesión de un texto se lleva a cabo por procedimientos que **repiten** elementos ya dichos o **anticipan** otros que se van a mencionar; se trata de la **anáfora** y la **catáfora.**

La **anáfora** consiste en la inclusión de **palabras** que aluden a **elementos ya citados,** y la **catáfora,** en la incorporación de **términos** que **adelantan otros que se van a mencionar.**

Esta aldea es propiedad del castillo; quien en ella vive o duerme…

En el ejemplo anterior, el pronombre *ella* es un **elemento anafórico,** pues se refiere a una realidad mencionada anteriormente en el texto: *esta aldea*. Sin embargo, en este otro enunciado, el adverbio *así* hace referencia a la oración que le sigue: se trata de un **elemento catafórico:**

Le habló así: «Esta aldea es propiedad del castillo».

Los procedimientos de anáfora y catáfora se llevan a cabo por medio de **distintas clases de palabras.** A continuación tienes algunas:

PROCEDIMIENTOS ANAFÓRICOS Y CATAFÓRICOS	
Pronombres personales	*Ese permiso hay que tenerlo.*
Pronombres demostrativos	*Era este, que venía de la ciudad, un hombre joven.*
Pronombres indefinidos	*Los aldeanos seguían allí; algunos volvían sus sillas para oír mejor.*
Pronombres relativos	*K. se detuvo sobre el puente de madera que conducía a la aldea.*
Pronombres y determinantes posesivos	*Quedaban todavía aldeanos tomando su cerveza.* *Su hijo, el del conde, despertó a K.*
Adverbios	*¿En qué aldea vine a extraviarme? ¿Acaso hay aquí un castillo?*

Adverbios anafóricos y catafóricos

No todos los adverbios pueden actuar como elementos de cohesión en un texto. Solo cumplen esta función aquellos adverbios que **cambian de referente** dependiendo de quién habla. Observa algunos ejemplos:

Aquí, en mi casa, hace calor.

Salimos al jardín. Allí hacía frío.

Cenamos a las diez y después me puse a leer.

Actividades

4. En el cuadro anterior se han destacado en color los elementos anafóricos y catafóricos y las palabras a las que hacen referencia. Distingue unos de otros.

5. Las siguientes oraciones se han extraído de *El amante,* una novela de Marguerite Duras. Señala los elementos que contribuyen a su cohesión:

   a) Dice que en París lo compró todo: sus conocimientos, sus ideas.
   b) Fue imprudente, fue inconsecuente, irresponsable. Era todo eso.
   c) El padre tenía inmuebles que vendió con la intención de comprar terrenos.
   d) Pregunto si recordaré la casa. Me dice: mírala bien. La miro.
   e) Esa mujer de determinada foto es mi madre. La reconozco mejor ahí que en fotos más recientes.
   f) Nuestra madre no previó aquello en que nos hemos convertido.

6. Indica qué elementos de la actividad 5 son anafóricos y cuáles catafóricos.

7. Localiza elementos anafóricos y catafóricos en el texto de la página 39.

8. Describe la localidad donde has nacido y señala los procedimientos léxicos y gramaticales de cohesión que has empleado en tu redacción.

4 Procedimientos gramaticales: conectores

Palabras que funcionan como conectores

Pueden actuar como **conectores** las siguientes clases de palabras:

- **Conjunciones:** *porque, y…*
- **Locuciones conjuntivas:** *por tanto, o sea…*
- **Adverbios:** *entonces, también…*
- **Locuciones adverbiales:** *en primer lugar, en fin…*

El tema de un texto se desarrolla por medio de diferentes enunciados que mantienen diversas **relaciones** entre sí; por ejemplo, un enunciado puede ampliar, explicar, corregir, etc., lo dicho en el anterior. A veces, esas relaciones aparecen **implícitas,** de forma que el receptor debe deducirlas:

Hace frío. Me refugiaré en la posada —dijo K.

Otras veces, las relaciones entre los enunciados se ofrecen de forma **explícita,** es decir, se indica en qué sentido deben ser interpretadas:

*Hace frío, **así que** me refugiaré en la posada —dijo K.*

***Como** hace frío, me refugiaré en la posada —dijo K.*

***Si** hace frío, me refugiaré en la posada —dijo K.*

Las palabras *así que*, *como* y *si* de los ejemplos anteriores funcionan como **conectores de discurso.**

Los **conectores de discurso** son **palabras** o **expresiones** que hacen **explícitas** las **relaciones** que existen entre los **contenidos de un texto.**

El empleo de **conectores** constituye un **procedimiento gramatical** para otorgar cohesión a un texto.

© **Joaquín Salvador Lavado (Quino).** ***Todo Mafalda,*** **Editorial Lumen, 1992.**

Actividades

9 Localiza los conectores de la tira e indica de qué clase de palabras se trata.

10 Completa el siguiente texto con todos los conectores del recuadro (puedes utilizarlos más de una vez) y señala después qué relación expresan:

efectivamente cuando pero porque y para que realmente

____ recibí el aviso de mi tío ____ fuese a verlo, yo no pude imaginar cuál sería el motivo, ____ no tardé en saberlo. ____ resultará difícil de creer para cuantos le conocían: acaso por primera vez en su vida había sentido miedo ____ precisó compañía. ____ se espantó de algo que le había ocurrido al cruzar por delante de un espejo: se miró ____ se vio sin manos.

____ acudí a su llamada me sorprendió oírle decir que me llamaba ____ le acompañase, a él, que tenía lacayos ____ que no necesitaba de nadie ____ era un hombre decidido y audaz.

Juan Eduardo Zúñiga
Cuentos españoles contemporáneos, Bruño

11 Escribe tú un texto utilizando todos los conectores de la actividad 10.

5 El orden en la oración

El **orden lógico** de aparición de los **constituyentes de la oración** es **sujeto, verbo** y **complementos:** *El joven se excusó muy cortésmente;* sin embargo, ese orden se modifica con mucha frecuencia:

- En numerosas **oraciones interrogativas:** *¿Era hermoso ese joven?*
- Si se desea **destacar** o **enfatizar** algún elemento de la oración, para lo cual se coloca al principio de la misma: *Al poco rato llegó un joven.*

El **orden** en que aparecen las **palabras** en una **oración** afecta a su **coherencia** y puede modificar su **sentido.**

Observa cómo afecta a la coherencia el orden de las palabras:

Incoherente	Coherente
Hay trajecitos para niños de lana. En esta expresión, el complemento *de lana* parece referirse a *niños.*	*Hay trajecitos de lana para niños.* La oración tiene sentido al modificar el orden de los elementos.

Para evitar ambigüedades y conseguir que nuestros escritos resulten lo más precisos posible, conviene tener en cuenta algunas consideraciones:

El orden oracional

→ Los **complementos siguen** habitualmente al **elemento complementado:**

El campo estaba cubierto por flores de montaña presenta un significado distinto a *El campo estaba cubierto por montañas de flores.*

→ El **pronombre relativo** debe situarse junto a su **antecedente:**

**Un senderista con el que se encontró mi hermana que después se perdió* no deja claro si se perdió el senderista o mi hermana.

Expresiones correctas

Para indicar que algo se hace por determinadas **razones** o **motivos,** se emplean expresiones como *en función de, básandose en, sobre la base de:*

Basándonos en *los datos del plano, debemos seguir por aquí.*

Sobre la base de *ese croquis, deberíamos cavar en este punto.*

Sin embargo, en estos casos, es frecuente el empleo de la locución *en base a.* Se trata de un uso censurado por la norma culta que debe evitarse:

****~~En base a~~*** *los datos reunidos, creo que debe ser por aquí.*

1 Completa con la expresión adecuada:

a) Se realizó la propuesta ________ una modificación de las condiciones de compra.

b) __________ de estos resultados, cotizaremos en bolsa.

c) ________ en lo que ya sabemos, podemos deducir que el resultado es negativo.

Actividades

12 Ordena las oraciones del siguiente texto para que resulte coherente:

Por escrito gallina una

Con lo que pasa es nosotras exaltante. Rápidamente del posesionado mundo hemos nos, ¡hurra! Era un inofensivo aparentemente cohete lanzado Cañaveral americanos Cabo por los desde. Razones se desconocidas por órbita de la desvió, y probablemente algo al rozar invisible la tierra devolvió a. Cresta nos cayó en la ¡paf!, y mutación golpe entramos de. Rápidamente la multiplicar aprendiendo de tabla estamos, dotadas muy literatura para la somos de historia, química menos un poco, desastre ahora hasta deportes, no importa pero: de será gallinas cosmos el, carajo qué.

Julio Cortázar
La vuelta al día en ochenta mundos, Siglo XXI

Aplicación y síntesis

Los **procedimientos** de **coherencia** y **cohesión** de un texto permiten enlazar la información que este ofrece a medida que lo vamos leyendo: le otorgan **unidad** y hacen posible su **comprensión.**

Volví a mi mesa e intenté abstraerme de la murga, pero no pude, así que me puse una chaqueta y bajé a la calle dispuesto a interrumpir la música. Atravesé la calzada y por fin vi al hombre atezado con un sombrero viejo y un bigotito blanco muy recortado, un hombre de piel curtida y expresión amable, con sus ojos rasgados y sonrientes, un poco ensoñados o absortos mientras le daba al manubrio con la mano derecha y marcaba el ritmo sobre el pavimento con el pie contrario, el izquierdo, ambos pies calzados con zapatos de rejilla de empeine blanco y marrón el resto, invadiéndolos los pantalones algo anchos y largos. Estaba tocando un pasodoble en la esquina de mi casa. Saqué un billete del bolsillo y con él en la mano le dije:

—Le doy esto si se va a la esquina de más arriba. Yo vivo ahí y estoy trabajando en casa. Con la música no hay quien pueda. ¿De acuerdo?

—De acuerdo.

Javier Marías
Corazón tan blanco, Anagrama

Ideas claras

- La **narración,** la **descripción** y el **diálogo** son **formas básicas** que aparecen en **textos narrativos** y **dialogados.**
- La **narración** se caracteriza por la presencia de una **voz** que **cuenta** los **hechos** —el **narrador**— y por el predominio de **verbos de acción.**
- En la **descripción** abundan **sustantivos, adjetivos** y **verbos de estado.**
- El **diálogo** ofrece directamente las **palabras de los participantes,** presentadas en ocasiones por un narrador.
- Un **texto** es **coherente** si desarrolla un **mismo tema** y responde al **mundo conocido** o al del **marco del discurso.**
- La **cohesión** se logra por **procedimientos léxicos** (repeticiones) y **gramaticales** (anáfora, catáfora y conectores).

1. Contesta las siguientes cuestiones:
   - Indica qué acciones lleva a cabo el protagonista del texto anterior y por qué lo hace.
   - ¿Qué instrumento toca el hombre de la calle? Señala las palabras del fragmento que permiten deducirlo:
     a) Un armonio. **b)** Un organillo. **c)** Un clavicordio.
   - Explica a qué se refiere el protagonista del texto con la expresión *Con la música no hay quien pueda.* ¿Estás de acuerdo?
2. Delimita en el fragmento las siguientes formas textuales y señala los rasgos propios de cada una:

Narración	Desde ____________ hasta ____________
Descripción	Desde ____________ hasta ____________
Diálogo	Desde ____________ hasta ____________

3. Indica de qué modo se consigue la coherencia en este fragmento de la novela *Corazón tan blanco.*
4. Identifica los procedimientos léxicos de cohesión que aparecen en el fragmento y ejemplifícalos con palabras del mismo.
5. ¿Qué procedimientos gramaticales del texto son anafóricos? Clasifícalos según la clase de palabra de que se trate.
6. Señala los conectores que aparecen en el fragmento e indica qué clase de palabra es cada uno.
7. Continúa la intervención del músico; imagina que se trata de un escritor frustrado que narra su vida al protagonista.

Léxico

Voces patrimoniales y cultismos

Como vimos en la UNIDAD 1, la mayoría de las **palabras del español** procede del **latín.** Algunas han evolucionado a lo largo de los siglos y presentan una forma distinta a la original; son las **voces patrimoniales:**

filius > hijo **vetulus** > viejo **lupus** > lobo

Las **voces patrimoniales** son **palabras** procedentes del latín que **han evolucionado** siguiendo las **normas fonéticas del castellano.**

Otras palabras latinas, que permanecieron en ámbitos más cultos o restringidos, han conservado en nuestro idioma una forma casi igual a la que poseían en la lengua original; se trata de los **cultismos:**

frigidus > frígido **seculare** > secular **signus** > signo

Los **cultismos** son **palabras** procedentes del **latín** que **apenas** han sufrido **transformaciones** en su paso al español.

A lo largo de su historia, el español ha tomado prestadas del latín y del griego palabras que también mantienen su forma original y se consideran cultismos. Entre ellas se cuentan numerosos **términos científicos** (*bacteria, célula, glándula*) y muchas palabras creadas a partir de **formantes griegos** y **latinos,** que constituyen **prefijos** o **sufijos** en español:

FORMANTES DE ORIGEN GRIEGO		FORMANTES DE ORIGEN LATINO	
antropo-: hombre	**-fobia:** miedo	**aero-:** aire	**minus-:** menos
auto-: mismo	**foto-:** luz	**bi-:** dos	**omni-:** todo
céfalo-: cabeza	**-logía:** estudio	**-cida:** el que mata	**pluri-:** muchos
demo-: pueblo	**-manía:** locura	**-fero:** que produce	**retro-:** hacia atrás
dermo- o **-dermo:** piel	**pan-:** todos	**-forme:** con forma de	**semi-:** medio
fago- o **-fago:** que come	**podo-** o **-podo:** pie	**maxi-:** grande	**uni-:** uno

Actividades

1. Indica a qué voces patrimoniales han dado lugar estas palabras latinas:

mater pater homine mulier lacte nocte vita lingua auru

2. Fíjate en el ejemplo y di qué palabras corresponden a las definiciones. Ten en cuenta los formantes que se incluyen en el cuadro de arriba:
   - *a)* Estudio de la vida → biología.
   - *b)* Que come hombres.
   - *c)* Miedo a la luz.
   - *d)* Con dos cabezas.
   - *e)* Con muchos empleos.
   - *f)* De todos los europeos.
   - *g)* Medio nuevo.
   - *h)* Que produce petróleo.

3. Señala los formantes de las siguientes palabras y explica qué significan:

omnipresente **automóvil** **retrovisor** **insecticida** **acuífero**

4. Escribe cultismos que contengan los formantes griegos y latinos de la izquierda.

Uso de las palabras

Contemplar

El verbo *contemplar* ofrece varios significados:

- «Poner la atención en algo»: *Contemplé absorto el paisaje.*
- «Ser complaciente con alguien»: *Está muy mimado; en su casa le contemplan demasiado.*
- «Considerar», como en la oración del bocadillo. En esta última acepción equivale a «pensar algo con cuidado». No debe usarse como sinónimo de *tener en cuenta, examinar* o *establecer,* y su sujeto ha de ser personal: **El libro no ~~contempla~~ las repercusiones del problema.*

1. Corrige los errores que observes en estas oraciones:
   - *a)* Los empleados contemplaron la posibilidad de adquirir la empresa.
   - *b)* ¿Han contemplado los presupuestos el aumento salarial?
   - *c)* No se aceptaron ninguna de las medidas contempladas.
   - *d)* ¿Contemplarás la posibilidad de estudiar una carrera?

Ortografía

Cuentos del reino secreto

Cuando la primera sequía, un viejo que andaba con las vacas dijo haber visto, al fulgor de los relámpagos, la figura espectral del alemán, vagando en torno a la torre. Todo el mundo lo tomó a broma y se burlaban de él cordialmente, aunque le hacían repetir una y otra vez el relato de su visión.

José M.ª MERINO

Homófonos con *b / v*

En español existen diversas palabras que presentan un **significado distinto** según se escriban con ***b*** o con ***v***. Como estas dos letras se pronuncian igual, debes recordar la grafía de tales términos para no cometer errores:

CON *B*	CON *V*	CON *B*	CON V
basta (zafia)	*vasta* (extensa)	*baso* (verbo *basar*)	*vaso* (recipiente)
basar (verbo)	*vasar* (mueble para vasos)	*bello* (hermoso)	*vello* (pelo corto)
bacilo (microbio)	*vacilo* (verbo *vacilar*)	*bienes* (posesiones)	*vienes* (verbo *venir*)
barón (título nobiliario)	*varón* (de sexo masculino)	*botar* (dar botes)	*votar* (emitir el voto)

Acentuación de diptongos y triptongos

Un **diptongo** es la combinación de **dos vocales** en **una sola sílaba:**

a-ca-ri-ciar po-bla-ción lue-go al-féi-zar huér-fa-no rey

Las palabras con diptongo se acentúan según las **reglas generales,** aunque debes tener en cuenta estas normas al colocar la tilde:

- En los **diptongos** formados por una **vocal abierta** *(a, e, o)* y una **vocal cerrada** *(i, u)*, la tilde se sitúa sobre la **abierta:** *ración*.
- En los **diptongos** compuestos por dos **vocales cerradas,** la tilde se coloca sobre la **segunda:** *lingüístico*.

Los **triptongos** son combinaciones de **tres vocales** en **una sola sílaba** y también se acentúan según las **reglas generales.** En estas palabras, la tilde recae siempre sobre la **vocal abierta,** que es la central: *limpiáis*.

Diptongos y *h* intercalada

Recuerda que la letra *h* no representa ningún sonido; por tanto, su presencia entre dos vocales no impide que estas formen un diptongo y se acentúen según las reglas que has estudiado:

prohi-bir ahu-ma-do ca-ca-hué

1 Separa en sílabas las palabras del recuadro y añade tilde en las que sea necesario:

buhonero desahucio prohijar alcahueta cohibido truhan nahuatl prehistoria buhardilla

Actividades

1. Subraya en el texto de José M.ª Merino un homófono con *b / v*.
2. Localiza en ese mismo texto las palabras con diptongo, explica por qué llevan o no tilde y razona si la forma verbal *hacían* contiene un diptongo.
3. Averigua qué palabras del siguiente recuadro constituyen homófonos y construye oraciones tanto con las formas con *b* como con los términos con *v*.

   vasca tubo bote revelar bovina vacía acervo cabo sabia

4. Copia las siguientes palabras añadiendo tilde en las que corresponda:

   muerdago dialogo averiguais huesped | maniatico atestigüeis murcielago buey | pantagruelico liais ecuanime kaiser | desprecieis dieciseis zaguan Uruguay | tuetano dialisis despues donjuan

5. Escribe la segunda persona de plural del futuro simple de indicativo de:

colgar	romper	decir	rehusar	apaciguar	ceder	roer	subir

El romanticismo (II)

LITERATURA DEL SIGLO XIX

POSROMANTICISMO (2.ª mitad del siglo XIX)

- **Poesía**
  - **Rosalía de Castro** (1837-1885)
    - *Cantares gallegos*
    - *Follas novas*
    - *En las orillas del Sar*
  - **Gustavo Adolfo Bécquer** (1836-1870)
    - *Rimas*
- **Prosa narrativa**
  - **Gustavo Adolfo Bécquer** (1836-1870)
    - *Leyendas*

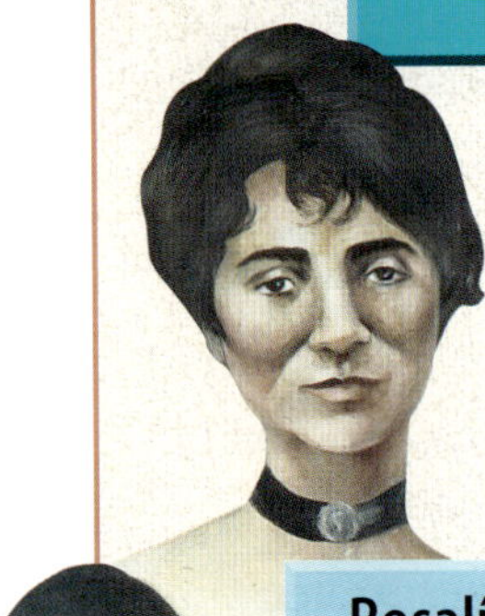

1 El posromanticismo

> **Recuerda**
> - El **movimiento romántico** se desarrolló en **Europa** durante el **siglo XIX.**
> - Los **románticos** defendieron el **individualismo,** la **libertad** y el **irracionalismo.**
> - Los **artistas románticos** proclamaron la **libertad formal** más absoluta y reivindicaron el **genio** y la **inspiración.**

En la **segunda mitad del siglo XIX** llegó a España la influencia de la **poesía alemana,** representada por autores como **Heinrich Heine** (1797-1856), cuyas composiciones imitaban el ritmo y los recursos de la **lírica popular.** Esta concepción, alejada de la denuncia y la ornamentación del romanticismo español del momento, culminó en la tendencia que se conoce como **posromanticismo.**

En el **posromanticismo** se cultivó una **poesía intimista,** basada en la expresión de **emociones** y **sentimientos personales** y en el **reflejo de la naturaleza.**

Los máximos representantes de este tipo de poesía fueron **Gustavo Adolfo Bécquer,** cuya producción estudiaremos en las páginas siguientes, y **Rosalía de Castro.** Esta autora, además de contribuir al desarrollo de la poesía posromántica en castellano, desempeñó un papel fundamental en el **resurgimiento de la literatura gallega.**

Rosalía de Castro

La autora

Rosalía nació en 1837 en Santiago de Compostela. De personalidad melancólica, quizá por su nacimiento ilegítimo, que la hacía sentirse rechazada, se movió desde muy joven en ambientes literarios. En Madrid conoció a Eulogio Florentino Sanz, introductor de Heine en España, y a Bécquer. Tras su matrimonio con Manuel Murguía, regresó a Galicia. Murió en 1885 en Padrón (A Coruña).

Cantares gallegos

En este primer libro, escrito en **gallego,** la autora utiliza **formas populares** para evocar las **costumbres** de su **tierra.** En **temas sociales** como la **emigración** se advierte un **tono reivindicativo.**

Airiños, airiños, aires
airiños da miña terra;
airiños, airiños, aires,
airiños, levaime a ela[1].

Follas novas

Compuesto también en **gallego,** este libro refleja **emociones personales** (sobre todo el **dolor** de existir). Incluye, además, un grupo de poemas dedicados a la **evocación de su tierra.**

Amanecer, por Caspar David Friedrich.

Poema 27

Cenicientas las aguas, los desnudos
árboles y los montes cenicientos;
parda la bruma que los vela y pardas
las nubes que atraviesan por el cielo:
triste, en la tierra, el color gris domina,
¡el color de los viejos! [...]

Yo desde mi ventana,
que azotan los airados elementos,
regocijada y pensativa escucho
el discorde concierto
simpático a mi alma...
¡Oh, mi amigo el invierno!,
mil y mil veces bienvenido seas,
mi sombrío y adusto compañero.
¿No eres acaso el precursor dichoso
del tibio mayo y del abril risueño?

¡Ah, si el invierno triste de la vida,
como tú de las flores y los céfiros,
también precursor fuera de la hermosa
y eterna primavera de mis sueños...!

Rosalía de Castro
«En las orillas del Sar», en *Poesía,* Alianza

En las orillas del Sar

Rosalía escribió este último libro de poemas en **castellano.** En este conjunto poético, el **paisaje,** con el que el yo lírico comparte sus **sentimientos personales,** y el empleo de un **ritmo entrecortado** por medio de versos de distinta extensión, son un reflejo del **atormentado sentir** de la autora, centrado en los sentimientos de **soledad** y **muerte.**

Actividades

1. ¿Qué emoción plasma Rosalía en el poema *Airiños, airiños, aires*? Indica cómo consigue dotar de musicalidad al texto.
2. Explica por qué en el segundo texto la voz poética se siente identificada con el invierno y por qué lo alaba. ¿Qué espera de esta estación del año?
3. Identifica en el *Poema 27* rasgos propios de la poesía de Rosalía de Castro.

[1] ***Airiños... ela:*** *Airiños, airiños, aires / airiños, ¡ay!, de mi tierra; / airiños, airiños, aires, / airiños, llevadme a ella.*

2 Gustavo Adolfo Bécquer

Gustavo A. Bécquer

(1836-1870). Nació en Sevilla. Sus apellidos eran Domínguez Bastida, pero adoptó el de un antepasado flamenco. Huérfano desde niño, se educó con su madrina, que disponía de una gran biblioteca. Se instaló en Madrid para desarrollar sus aficiones literarias y desempeñó diversos oficios, entre ellos el de periodista.

Aunque no muy extensa, la **producción lírica de Bécquer** se erige en el **punto de partida** de la **poesía española moderna.**

2.1. Rimas

Bajo el título de *Rimas* se reúnen setenta y nueve composiciones, muchas de las cuales no se editaron en vida del autor. Para Bécquer, la poesía «brota del alma como una chispa eléctrica, que hiere el sentimiento con una sola palabra y huye». Con esta afirmación, se distancia de la poesía sonora y ornamental y manifiesta su pretensión de **sugerir emociones.**

Las ***Rimas*** se caracterizan por su **brevedad, intimismo y musicalidad.**

En estas composiciones, Bécquer construye **monólogos** y **diálogos** dirigidos a un **tú,** que por lo general es una **mujer.** Estilísticamente se caracterizan por el empleo de **ritmos variados,** de un **lenguaje común** y por el uso de **metáforas tomadas de la naturaleza.**

Las *Rimas* fueron publicadas un año después de la muerte del poeta por un grupo de amigos suyos. Estos agruparon las composiciones en función de los temas tratados.

Temas de las «Rimas»

La poesía y la creación

Una serie de rimas se dedica al **misterio de la creación poética.** Para Bécquer, la existencia de la poesía es anterior a su propia escritura. La poesía se identifica con lo **femenino,** y el **poeta** es quien se encarga de **transmitirla.**

El amor

Otras de estas composiciones se centran en la **historia amorosa,** desde la **ilusión** del encuentro hasta el **desamor** y la **separación definitiva** del ser amado, que sume al poeta en la **soledad.**

El dolor existencial

Algunos poemas de las *Rimas* se dedican al **sentimiento dolorido de la existencia** y a la **reflexión sobre la muerte.**

I

Mientras haya unos ojos que reflejen
los ojos que los miran;
mientras responda el labio suspirando
al labio que suspira;
mientras sentirse puedan en un beso
dos almas confundidas;
mientras exista una mujer hermosa
habrá poesía.

XXXVIII

Los suspiros son aire y van al aire.
Las lágrimas son agua y van al mar.
Dime, mujer: cuando el amor se olvida,
¿sabes tú adónde va?

LXV

Llegó la noche y no encontré un asilo
¡y tuve sed!... Mis lágrimas bebí.
¡Y tuve hambre!... ¡Los hinchados ojos
cerré para morir!

¡Estaba en un desierto! Aunque a mi oído
de las turbas llegaba el ronco hervir,
yo era huérfano y pobre... ¡El mundo estaba
desierto para mí!

Gustavo Adolfo Bécquer
Rimas y Leyendas, Espasa Calpe

Actividades

4. Indica el tema de cada rima y adscríbela al grupo correspondiente.
5. Señala en los tres textos los recursos propios de la poesía de Bécquer.

Cartas desde mi celda

Como periodista, Bécquer escribió artículos sobre temas diversos. Durante su estancia en el monasterio de Veruela para reponerse de una enfermedad, el poeta mantuvo la actividad periodística publicando cartas que **describen** los **lugares** en los que se encuentra y las **tradiciones locales,** narran **leyendas** u ofrecen **datos autobiográficos;** son las ***Cartas desde mi celda,*** que fueron apareciendo en el periódico *El contemporáneo* a lo largo de 1864.

2.2. Leyendas

A imitación de las **leyendas populares** (relatos fantásticos basados en la realidad y mantenidos por la tradición), Bécquer compuso sus *Leyendas*, una serie de **narraciones en prosa,** ambientadas en **distintos lugares de España** y situadas en **épocas remotas** o en el **pasado inmediato** del autor.

En las ***Leyendas*** es constante la presencia del **mundo sobrenatural** (misterios, fantasmas, milagros…) y de **personajes** situados en dos bandos: el **bien** y el **mal.**

Estos relatos, publicados en diarios de la época, abordan temas diversos:

- El **amor,** que conduce a un **desenlace trágico:** *El monte de las Ánimas*, *Los ojos verdes*, *La corza blanca*…
- La **música** como expresión de la **perfección artística:** *El* Miserere[1], *Maese Pérez el organista*…
- La **religión,** relacionada con el **amor** en algunos relatos: *La rosa de pasión*, *La promesa*, *La cruz del diablo*…

En algunas leyendas aparece el propio Bécquer para introducir el relato y confirmar que escribe la leyenda porque la ha oído o descubierto.

El Miserere

Hace algunos meses que, visitando la célebre abadía de Fitero y ocupándome en revolver algunos volúmenes en su abandonada biblioteca, descubrí en uno de sus rincones dos o tres cuadernos de música bastante antiguos, cubiertos de polvo y hasta comenzados a roer por los ratones.

Era un Miserere. *[…]*

—¿Sabéis qué es esto? —pregunté a un viejecito que me acompañaba. […]

El anciano me contó entonces la leyenda que voy a referiros. […]

Es el caso que en lo más fragoso de esas cordilleras de montañas que limitan el horizonte del valle, en el fondo del cual se halla la abadía, hubo hace ya muchos años, ¡qué digo muchos años!, muchos siglos, un monasterio famoso; monasterio que, a lo que parece, edificó a sus expensas un señor con los bienes que había de legar a su hijo, al cual desheredó al morir, en pena de sus maldades. Hasta aquí todo fue bueno; pero es el caso que este hijo, que por lo que se verá más adelante debió de ser de la piel del diablo, si no era el mismo diablo en persona, sabedor de que sus bienes estaban en poder de los religiosos, y de que su castillo se había transformado en iglesia, reunió a unos cuantos bandoleros, camaradas suyos en la vida de perdición que había emprendido al abandonar la casa de sus padres, y una noche de Jueves Santo, en que los monjes se hallaban en el coro, y en el punto y hora en que iban a comenzar o habían comenzado el Miserere, *pusieron fuego al monasterio, entraron a saco en la iglesia, y a este quiero, a aquel no, se dice que no dejaron fraile con vida. […]*

Lo que mantiene más viva su memoria es que todos los años, tal noche como en la que se consumó, se ven brillar luces a través de las rotas ventanas de la iglesia; se oye como una especie de música extraña y unos cantos lúgubres y aterradores, que se perciben a intervalos en las ráfagas del aire. Son los monjes, los cuales, muertos tal vez sin hallarse preparados para presentarse en el tribunal de Dios limpios de toda culpa, vienen aún al Purgatorio a impetrar[2] su misericordia cantando el Miserere.

***Abadía gótica*, por Carl Gustav Carus.**

Actividades

6. ¿Quién es el narrador en los primeros párrafos? ¿En qué persona narra?
7. Contesta estas cuestiones sobre la leyenda que se relata:
   - Quién la narra.
   - En qué época transcurre.
   - En qué lugar se sitúa.
8. Redacta un resumen de la leyenda del *Miserere.*
9. Localiza en el texto rasgos propios de las leyendas de Bécquer.

[1] ***Miserere:*** canto solemne del Salmo 50, que empieza por esta palabra.

[2] **impetrar:** solicitar con ahínco.

La *Rima XXV* ofrece una **valoración personal del amor.** En sus versos, el yo poético señala cuánto está dispuesto a entregar a cambio de la **aproximación** —física, mental y emotiva— al **ser amado.**

Rima XXV

Cuando en la noche te envuelven
las alas de tul del sueño,
y tus tendidas pestañas
semejan arcos de ébano,
por escuchar los latidos
de tu corazón inquieto
y reclinar tu dormida
cabeza sobre mi pecho,
diera, alma mía,
cuanto poseo:
¡la luz, el aire
y el pensamiento!

Cuando se clavan tus ojos
en un invisible objeto
y tus labios ilumina
de una sonrisa el reflejo,
por leer sobre tu frente
el callado pensamiento
que pasa como la nube
del mar sobre el ancho espejo,
diera, alma mía,
cuanto deseo:
¡la fama, el oro,
la gloria, el genio!

Cuando enmudece tu lengua,
y se apresura tu aliento,
y tus mejillas se encienden,
y entornas tus ojos negros,
por ver entre tus pestañas
brillar con húmedo fuego
la ardiente chispa que brota
del volcán de los deseos,
diera, alma mía,
por cuanto espero,
¡la fe, el espíritu,
la tierra, el cielo!

Gustavo Adolfo Bécquer
Rimas y Leyendas, Espasa Calpe

Comentario de texto

Aproximación al contenido del texto

1 Contesta las siguientes cuestiones sobre la *Rima XXV:*

- ¿A quién se dirige la persona que habla en el poema? Escribe las palabras del texto con las que nombra a su receptor.
- Señala qué rasgos físicos de ese receptor se describen. ¿Qué otro tipo de rasgos se citan? Copia las palabras que aluden a todos ellos.
- Indica los siguientes datos referidos al emisor:

  a) Qué posee. ***c)*** Qué espera.
  b) Qué desea. ***d)*** A cambio de qué lo ofrece.

2 Deduce algunos datos a partir del texto de Bécquer:

- ¿En qué actitudes se muestra al receptor? ¿Qué acciones realiza?
- ¿Qué desea conseguir el emisor al escribir el poema a esa persona?

3 ¿Cuál es el tema de la *Rima XXV* de Bécquer? Razona tu respuesta.

Análisis de la estructura

4 Esta rima de Bécquer puede dividirse en tres partes. Completa el cuadro con cada una de ellas e indica qué criterio has seguido en tu división:

Primera parte	Versos ________________
Segunda parte	Versos ________________
Tercera parte	Versos ________________

5 ¿Existe descripción en el poema? ¿Es un retrato? Razona tus respuestas.

Análisis de las formas de expresión

6 Realiza el análisis métrico de la primera estrofa:

- Mide los versos. ¿Qué nombre reciben según su medida?
- Indica la distribución de la rima y di de qué tipo se trata.
- ¿Conoces el nombre de este tipo de poema? Comenta qué diferencias presenta respecto del modelo tradicional.

7 Fíjate en el tiempo de las formas verbales y explica si aportan:

a) Inmediatez. ***b)*** Permanencia. ***c)*** Fugacidad. ***d)*** Persistencia.

8 Esta rima de Bécquer es muy rica en recursos expresivos:

- Señala los versos entre los que se establece paralelismo, un recurso habitual en la poesía del autor. ¿En cuáles hay también anáfora?
- La repetición afecta, así mismo, al uso de las conjunciones. Indica los casos de polisíndeton.
- Localiza metáforas y comparaciones en los versos de Bécquer y di entre qué términos se establecen.
- El hipérbaton es otro de los recursos preferidos de este poeta. Busca ejemplos en la *Rima XXV,* escribe las frases en orden lógico y comprueba si se modifica la medida de los versos o la rima.

Valoración y relación con el contexto literario

9 El poeta exalta al receptor del texto colocándolo «por encima de todo». ¿Te parece adecuado o lo consideras una exageración? Explica tu opinión.

10 Relaciona esta rima con la poesía de su autor y con la época en la que se escribió:

- Indica qué características de la obra de Bécquer observas en el texto.
- A partir de esta composición establece semejanzas y diferencias entre la creación de este autor y la de Rosalía de Castro.

Recursos expresivos

El hipérbaton

El **hipérbaton** consiste en la **alteración del orden lógico** de las palabras en la oración:

De las turbas llegaba el ronco hervir.

El complemento marcado en la oración anterior debería acompañar, lógicamente, al término al que se refiere:

Llegaba el ronco hervir de las turbas.

Este recurso se emplea tanto en **prosa** como en **verso,** bien sea para aportar **expresividad,** o bien por **necesidades métricas.**

Evaluación

El árbol de los cuervos, por Caspar David Friedrich.

Poema 10

Moría el sol, y las marchitas hojas
de los robles, a impulso de la brisa,
en silenciosos y revueltos giros
sobre el fango caían:
ellas, que tan hermosas y tan puras
en el abril vinieran a la vida.

Ya era el otoño caprichoso y bello.
¡Cuán bella y caprichosa es la alegría!
Pues en la tumba de las muertas hojas
vieron solo esperanzas y sonrisas.

Extinguiose[1] *la luz: llegó la noche*
como la muerte y el dolor, sombría;
estalló el trueno, el río desbordose
arrastrando en sus aguas a las víctimas;
y murieron dichosas y contentas…
¡Cuán bella y caprichosa es la alegría!

Rosalía de Castro
En las orillas del Sar, Castalia

[1]**extinguir:** hacer que cesen o se acaben del todo ciertas cosas que desaparecen gradualmente.

1. Contesta las siguientes cuestiones:
- ¿A qué alude el pronombre *ellas* del verso 5?
- ¿Quiénes son las *víctimas*?
- ¿A qué se refieren las palabras *abril* y *otoño* en el poema, además de a las estaciones del año?

2. Delimita las partes descriptivas y narrativas del texto de Rosalía.

3. Señala cuál es el tema que otorga coherencia a este poema e indica qué información aporta cada grupo de versos.

4. Localiza en el texto los siguientes procedimientos de cohesión y copia los ejemplos correspondientes a cada uno de ellos:

a) Repetición.
b) Asociación en la realidad.
c) Asociación por oposición.
d) Reiteración.
e) Anáfora.
f) Conectores.

5. A partir del poema, escribe tú ejemplos de los procedimientos de cohesión que no se han nombrado en la actividad 4.

6. El verbo *extinguir* se tomó del latín en 1580. ¿Se trata de un cultismo o de una voz patrimonial? Razona tu respuesta.

7. Localiza rasgos propios del posromanticismo en el texto. ¿En qué se diferencia este de la poesía propiamente romántica? Cita las obras de Rosalía de Castro e indica sus características.

8. Redacta un resumen de la exposición sobre las *Rimas* que figura en la página 48.

9. ¿Cuáles son los rasgos de las *Leyendas* de Bécquer?

10. Construye un texto adecuado, coherente y cohesionado a partir de las palabras del cuadro. Puedes elegir el tema y modificar el género y el número de los términos:

SUSTANTIVOS	ADJETIVOS
hojas, robles, esperanzas, sonrisas, flores, luz, dolor, alegría	*marchitas, silenciosos, hermosas, puras, sombría, caprichosa*

3 Estamos en el aire

Contenidos de la unidad

Ironman

Para: Larry King

Referencia: Derechos para una entrevista en exclusiva de una hora como primicia mundial por la publicación de las codiciadísimas memorias de nuestro futuro campeón de los *Ironmen*, Beauregard Brewster, en el año de su preparación para conquistar el «Triatlón Memorial Yukon Jack» que se celebrará en el distrito de Washington Este, estado de Washington, EE UU.

10 de octubre

Querido Larry:

Cada mañana, a las cuatro y media, me despierto con el sonido de tu voz en la radio. Siempre me quedo en la cama, en éxtasis, hasta las cinco (momento en que mi dolorido cuerpo se arrastra fuera del lecho para otra jornada más de interminables entrenamientos) escuchando a hombres sabios y a idiotas pasados de moda opinar sobre temas de lo más variado, desde el agujero en la capa de ozono (que ya ocupa una superficie mayor que la de los Estados Unidos), a los antidepresivos (algunos pierden el culo por ellos; otros los aborrecen), pasando por el racismo (hueles a la legua a los que tienen prejuicios raciales), por los mejores métodos para librarse uno mismo del colesterol y la celulitis (no existe ninguno) y por especulaciones sobre el lugar al que habrá ido a parar realmente Elvis Presley.

Lo que más me gusta de ti es que sabes escuchar. Sueles hacer entrevistas a políticos, a estrellas del cine y de la música y, en general, a cualquier tipo de héroe o villano. Y a escritores. Cuando, al fin, te conceda el privilegio de estrechar mi sudorosa mano entre los micrófonos de tu estudio, me convertiré en uno de ellos. Será una entrevista sobre mi trayectoria profesional, Larry, y, con el objeto de que vayas preparándola como se merece, he decidido ir plasmando mis memorias al mismo ritmo en que los acontecimientos de mi vida se vayan sucediendo.

Estoy al tanto de los innumerables comentarios según los cuales ya no te preocupas lo suficiente por tu salud (ya tuviste un buen aviso con tu ataque al corazón), y quizás por eso no sepas que un triatleta (llamado también *Ironman*) es un lunático que nada, corre y monta en bicicleta, y que quiere y puede recorrer de ese modo enormes distancias a gran velocidad, a costa de un inmenso esfuerzo físico. Eso es lo que soy, Larry, y tú serás testigo privilegiado de todo lo que rodeará mi viaje al otro lado de los límites físicos humanos, en mi intento por acabar con vida esa extravagante y maravillosa prueba llamada «Triatlón Memorial Yukon Jack» que tiene lugar en el distrito de Washington Este. Y no solo con vida, sino por delante, y con ventaja, de todos los demás participantes menores de edad.

Chris CRUTCHER
Ironman, el triatleta, Alfaguara

Análisis del texto

Análisis del contenido

1 Contesta estas cuestiones sobre el fragmento de *Ironman:*
- ¿A quién va dirigida la carta? Explica en qué consiste exactamente la profesión de ese destinatario y dónde la ejerce.
- ¿Quién es el emisor de la carta? Expón el motivo por el que la envía.
- Señala cuáles de las viñetas no corresponden a una prueba de triatlón.

Lo que más me gusta de ti, Larry, es que sabes escuchar.

2 Deduce algunos datos más a partir del texto de la página anterior.
- ¿Qué actividades propias de la radio se mencionan en el fragmento? Explica qué actitud mantiene el emisor ante algunas de ellas.
- ¿Por qué el emisor elige a Larry King como destinatario y no a otro locutor?
- Selecciona los adjetivos del recuadro que te sirvan para caracterizar a Beauregard Brewster y copia las frases del texto que confirmen tu elección:

indolente humilde crítico arrogante esforzado vanidoso atento

3 ¿Por qué a Beauregard le atrae la radio? ¿Qué le ofrece este medio?

Análisis de la estructura

4 Diferencia en el texto de la página anterior la solicitud y la carta personal.

5 Completa el cuadro con las partes en las que B. Brewster estructura su carta:

Confidencias del emisor	Desde ______ hasta ______
Apelación al destinatario	Desde ______ hasta ______
Motivos del emisor	Desde ______ hasta ______

Análisis de las formas de expresión

6 ¿Qué significa la palabra *éxtasis*? Consulta el diccionario y construye una oración con el adjetivo *extático* y otra con *estático.*

7 Indica qué significado aporta el prefijo *tri-* a *triatleta* y escribe otros términos que contengan esa partícula.

8 Sustituye en el texto la palabra *estudio* por una expresión sinónima. ¿Qué otros significados tiene este término? Construye oraciones con ellos.

9 Localiza pares de palabras o expresiones antónimas en la carta.

Interpretación y valoración

10 Por grupos, debatid en clase sobre estas cuestiones: «¿Es lo mismo el ejercicio físico que el deporte de élite?»; «¿merece la pena un inmenso esfuerzo físico para ganar una carrera?»; «¿se pueden compaginar estudios, entrenamientos de alto nivel y relaciones sociales, sin que alguno de estos aspectos sufra menoscabo?». Después, realizad una puesta en común con las conclusiones.

La radio

Comienzos de la radio

- En 1875, **Alexander Graham Bell** inventó el **teléfono.**
- En 1901, **Guglielmo Marconi** creó la **radiotelegrafía sin hilos.**
- En 1909, la **combinación** de estos dos inventos permitió **transmitir** la voz **humana** a **gran distancia** sin necesidad de conductores. Había nacido la **radio.**

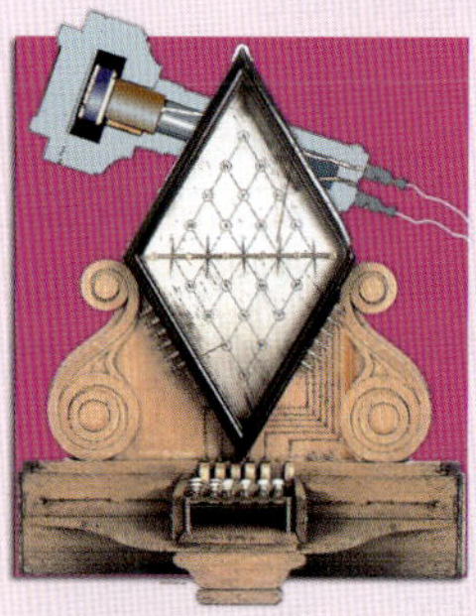

Primeras emisiones

- En 1908, se realizaron las **primeras transmisiones privadas** en **EE UU.**
- En 1920, se iniciaron las **primeras transmisiones públicas** en **Gran Bretaña.**
- En 1924, **Radio Castilla,** de la Compañía Ibérica de Telecomunicación, llevó a cabo las **primeras emisiones radiofónicas** en **España.**

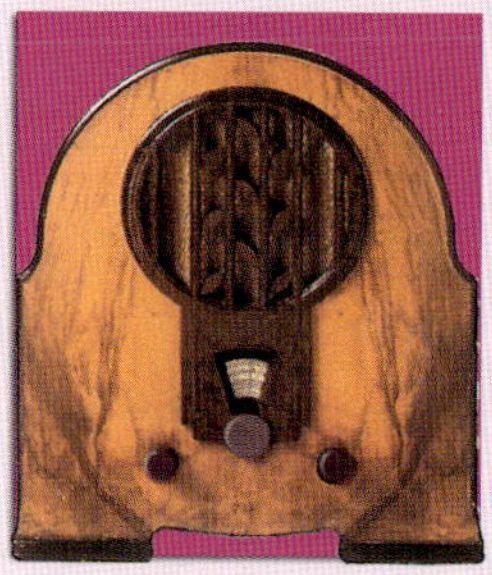

1 Características de la radio

Recuerda

- Los **mensajes audiovisuales** se construyen mediante la **combinación de códigos: verbal** (palabra), **sonoro** (música y sonidos) y **visual** (imágenes).
- La **emisión** y **recepción** de **mensajes audiovisuales** se produce de forma **simultánea.**
- La **entrevista** es un **género periodístico** por el cual se dan a conocer las **ideas** y **opiniones** de un **personaje** a través de un **diálogo** con el **entrevistador.**

En la carta de la página 54, el triatleta B. Brewster se dirige a alguien a quien conoce por el **sonido** de su voz, pues lo escucha por la **radio.**

La **radio** es un medio de **transmisión auditiva** a través del cual se difunden **mensajes diversos** que **combinan** el **código verbal** y **elementos sonoros.**

En la radio predomina la **transmisión en directo;** aunque se emiten programas grabados, lo habitual es que la audiencia escuche directamente al locutor. Esos receptores tienen **mayor contacto con el emisor** que en otros medios, bien sea a través de llamadas telefónicas, del correo electrónico o de un chat, que les permiten opinar, preguntar, concursar, etcétera.

La radio emplea una **tecnología ligera** y **rápida,** que hace posible **transmitir con inmediatez** lo que sucede. Sus **mensajes** son **fugaces,** por lo que si se producen interferencias, la información no se comprende.

Los mensajes que se reciben a través de la radio se construyen por medio de la **combinación** de distintos **elementos de carácter auditivo:**

Palabra

Las **palabras** de los **locutores** o de las **personas que intervienen** en los **programas** constituyen la **base** de la radio. En sus intervenciones predomina el **estilo coloquial.**

Efectos sonoros

En las emisiones radiofónicas se incluyen **sonidos,** bien grabados de la **realidad** (la lluvia, el motor de un coche…), bien creados de **forma artificial** por un equipo técnico. En la transmisión se intenta evitar los **ruidos** (toses, golpes en el micrófono…) y se recurre al **silencio** para marcar la transición de un programa a otro, crear ambiente…

Música

Puede aparecer **sola,** con lo que cobra todo el **protagonismo** (en algunos programas musicales, por ejemplo), o usarse de **fondo,** como **acompañante de la palabra.**

Actividades

1. Explica el sentido de la viñeta de Antonio Fraguas, *Forges.*
2. Escucha en la radio un programa informativo y otro deportivo. ¿Cómo se utilizan en cada uno de ellos los elementos sonoros?
3. Piensa ahora en una conversación o en otro acto comunicativo oral: ¿cómo se usan en ellos los elementos sonoros que has apreciado en la radio?
4. Averigua qué progresos técnicos se están produciendo en el campo de la radiodifusión en la actualidad.

2 La entrevista y la tertulia

Tipos de entrevistas

Según su finalidad, se distinguen dos **tipos de entrevistas:**

- **Entrevista objetiva.** Pretende informar al público de lo que opina un **experto** sobre un **tema de actualidad.**
- **Entrevista perfil.** Persigue ofrecer el **retrato de un personaje.** En este caso es el **entrevistado** quien está **de actualidad.**

1 Pon un ejemplo de una entrevista objetiva y de otra perfil que hayas escuchado por la radio.

A través de la radio se difunden **distintos tipos de mensajes:** noticias, opiniones, información cultural y deportiva, música, publicidad... Dos de los géneros más habituales en la programación de las distintas emisoras son la **entrevista** y la **tertulia,** que tienen como base el **diálogo.**

La **entrevista radiofónica** consiste en un **diálogo** en el que el **entrevistado** responde a una **serie de preguntas** planteadas por el **presentador.**

En la radio, el entrevistador puede partir de un guión previo, pero ha de estar atento para introducir los cambios necesarios según se desarrolle la conversación. La **inmediatez** de este medio **impide** realizar **correcciones** posteriores, que sí son posibles en las entrevistas de la prensa escrita.

Las entrevistas de la radio suelen ser breves y se incluyen en otros programas como **testimonio** (en informativos, programas deportivos, etc.) o **entretenimiento** (en los magacines, por ejemplo). Las entrevistas extensas, destinadas al **retrato** de personajes, suelen interrumpirse con **ráfagas musicales** e **intervenciones** de otras personas que aportan vivacidad al diálogo.

En las **tertulias radiofónicas, varias personas** intercambian **opiniones** sobre **variados asuntos** para que los **oyentes** puedan llegar a **conocerlos mejor.**

Los **tertulianos** suelen adoptar un **tono coloquial,** y sus intervenciones se suceden con rapidez, llegando, incluso, a solaparse. El **presentador** actúa como **moderador,** aunque, a veces, se limita a presentar a los contertulios, introducir el tema y, quizá, regular los turnos de palabra.

Combinación de géneros

En algunos programas de la radio **se combinan** la **tertulia** y la **entrevista:** los contertulios actúan como entrevistadores de un personaje destacado, cuyas respuestas comentan, y este llega a convertirse en un tertuliano más.

En algunas tertulias y entrevistas se incorporan **llamadas de los oyentes** que interrogan al entrevistado o a los contertulios sobre algún aspecto del tema tratado.

Actividades

5 Grabad una tertulia radiofónica y analizad los temas que se tratan. Observad cómo se comportan el moderador y los contertulios para imitarlos.

6 Organizad una tertulia radiofónica en el aula sobre los temas a los que se alude en las fotografías y carteles de esta página. Para ello, tened en cuenta:
- Aspectos que vais a tratar.
- Opiniones.
- Llamadas de «oyentes».

7 En el desarrollo de la tertulia, algunos de los alumnos participantes adoptarán el papel de los personajes de las fotografías y serán entrevistados por el que haga de moderador; después, manteniendo ese papel, se incorporarán como otros tertulianos.

Esquemas

En el ordenador...

Encabezado y pie de página

El **encabezado** y el **pie de página** son espacios en blanco que aparecen, respectivamente, en la parte **superior** e **inferior** de un escrito. Pueden contener **información visual** (gráficos, logotipos) y **textual** (títulos, numeración de las páginas, autor, notas, etcétera).

Para crear estos dos espacios, debes desplegar el menú **Ver** y seleccionar la opción **Encabezado y pie de página.** Aparecerá entonces una **barra de herramientas** que permite insertar automáticamente datos como la fecha, la página, el nombre del archivo...

Los programas radiofónicos no se improvisan; su desarrollo se prepara a partir de unas **ideas previas** que pueden organizarse por medio de un **esquema.**

El **esquema** consiste en la **representación** de la **información esencial** de un **texto** organizada **de forma jerárquica.**

Además de los **contenidos** más relevantes, el esquema muestra las **relaciones** entre ellos y la forma en que se **estructuran.** Constituye, pues, una herramienta útil para **memorizar información** y sirve de **guía en la redacción** y **revisión** de escritos.

Un tipo especial de esquema, que resulta muy apropiado para la elaboración de textos académicos como trabajos o exámenes, es el **mapa conceptual.**

El **mapa conceptual** facilita la **visión gráfica** de los contenidos y permite **incorporar más elementos** que en los esquemas de llaves o numéricos.

Atiende a las pautas y fíjate en cómo hemos elaborado un mapa conceptual sobre la literatura romántica, que has estudiado en las UNIDADES 1 y 2.

Para elaborar mapas conceptuales

- Presenta el **tema** en el **centro** de la página.
- Sitúa **alrededor** de este los **contenidos principales;** los **secundarios** deben aparecen **más alejados.**
- Formula las **ideas** solo por medio de **palabras clave.**
- Indica las **conexiones** mediante **signos gráficos.**

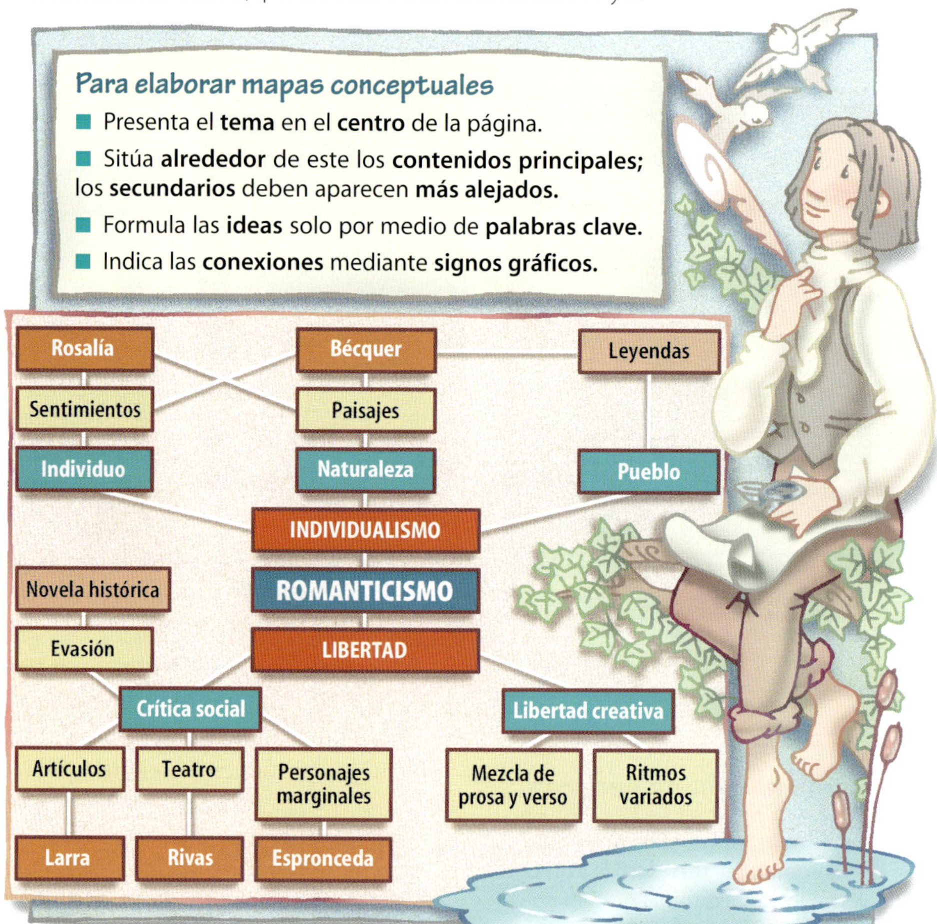

La radio

1. La radio, medio auditivo
   - 1.1. Características
   - 1.2. El mensaje radiofónico
     - 1.2.1. Palabra
     - 1.2.2. Efectos sonoros
     - 1.2.3. Música
2. Programas radiofónicos
   - 2.1. Informativos
   - 2.2. Musicales
   - 2.3. Deportivos
   - 2.4. Tertulias
   - 2.5. Entrevistas
     - 2.5.1. Tipos

Actividades

1. Transforma en mapa conceptual el esquema sobre la radio del margen.
2. Crea el esquema numérico del mapa conceptual sobre el romanticismo.
3. Elabora un mapa conceptual sobre las ventajas y desventajas de la vida urbana.

Jordi González

—Fui el tartaja de la clase hasta los 13 años. Me llamaban «Jordi Gon… Gon… Gon…».

—…¡zález! ¡Qué crueles pueden llegar a ser los niños!

—Sí… Pero los Reyes me trajeron un casete grabador enorme. […] Mi madre me dijo que practicara con él en mi habitación a solas. Y me encerré con el cacharro y pasaba días enteros haciendo experimentos con mi voz y al final auténticos programas de radio. […]

—El fracaso es parte del éxito.

—Y un día mis amigas de clase me dijeron que habían oído por la radio que buscaban jóvenes para hacerles pruebas de voz y que yo lo hacía muy bien. […] En Radio Barcelona se maravillaron de que un chaval tuviera mi ritmo radiofónico, porque no sabían la de horas que me había pasado yo ya ante el micrófono.

La Vanguardia, 12 de enero de 2003

Expresión

Elaboración de entrevistas

La **elaboración de entrevistas** se basa en un **proceso previo de documentación** en el que se recopilan datos sobre el entrevistado, opiniones diversas sobre él, etc. Conviene que la **información** reunida sea **amplia** y **variada**, pues el desarrollo de la entrevista puede obligar a introducir cambios en el plan inicial.

Para realizar entrevistas

- Decide el **tipo de entrevista** (perfil u objetiva) dependiendo de la clase de información que pretendas transmitir.
- Prepara una **presentación breve del entrevistado** (tanto si se trata de su descripción física como de sus datos profesionales).
- Elabora una **batería de preguntas**; incluye **preguntas cerradas**, para presentar datos concretos, y **preguntas abiertas**, para que el entrevistado se exprese con libertad.
- **Agrupa** las **preguntas** por **temas**: si se cambia de asunto continuamente, se pierde el sentido de la entrevista.

La forma de una entrevista está condicionada, en parte, por el medio a través del cual se transmite: si se trata de una **entrevista radiofónica**, conviene elaborar **preguntas breves** y **claras**, para que los oyentes sigan la conversación con facilidad, y emplear un **estilo coloquial**, accesible para una audiencia numerosa y diversa.

Actividades

4 Lee la entrevista a Jordi González que figura en el margen e indica:
- Si se trata de una entrevista perfil u objetiva.
- A qué parte de la estructura de la entrevista pertenece el fragmento.
- Qué tipo de intervenciones realiza el periodista.

5 Por parejas, elegid uno de los personajes (reales y ficticios) de las fotografías. Recopilad documentación sobre su «biografía» y preparad el guión para hacerle una entrevista con los siguientes contenidos:
- Presentación del personaje.
- Bloque de preguntas, fundamentalmente cerradas, para conocer más datos sobre él.
- Serie de preguntas abiertas para conocerle mejor.
- Conclusión con referencias a la personalidad del entrevistado.

Álex Ubago.

Laura Gómez.

Máximo Decio Meridio, *Gladiator.*

Inés Alcántara.

6 Realizad la entrevista adoptando las personalidades de un locutor de radio y del personaje entrevistado.

Las proposiciones coordinadas

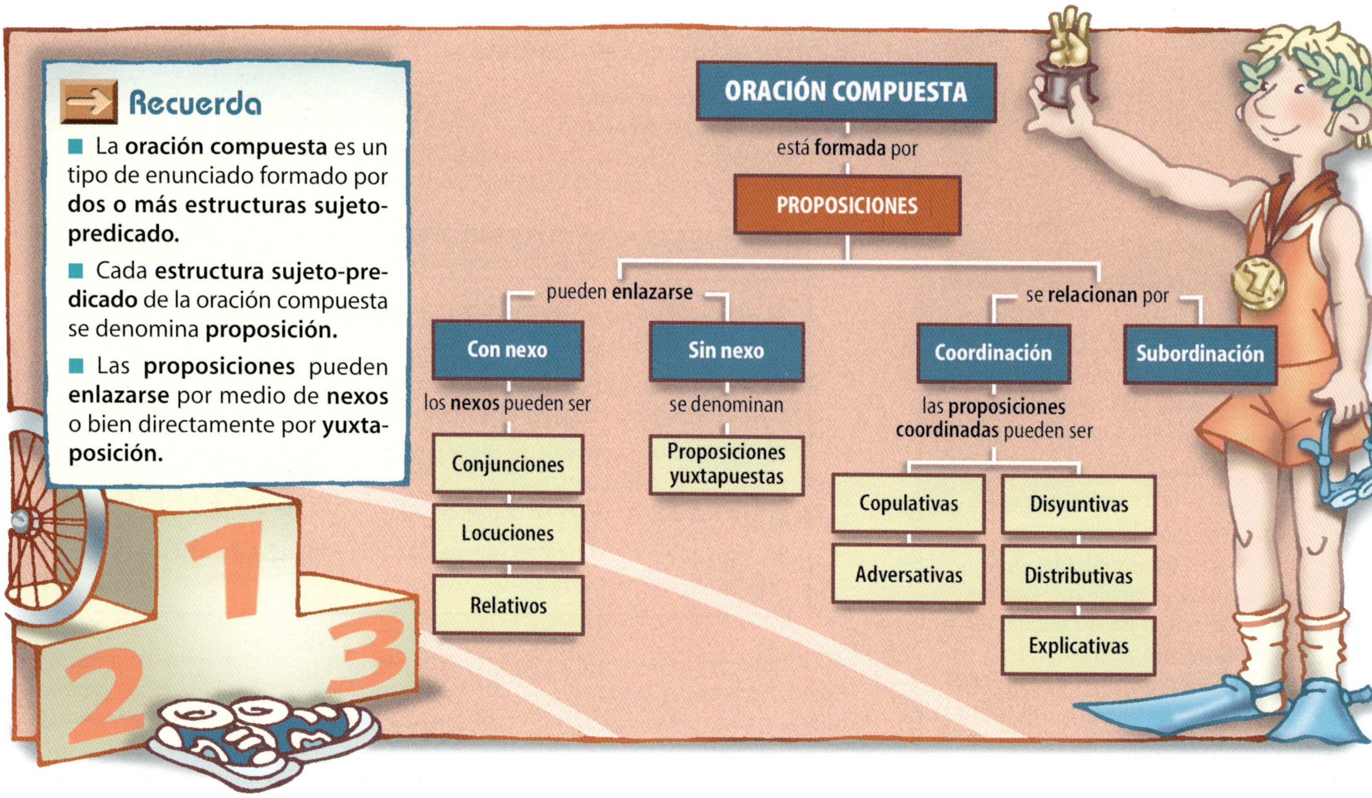

Recuerda

- La **oración compuesta** es un tipo de enunciado formado por **dos o más estructuras sujeto-predicado.**
- Cada **estructura sujeto-predicado** de la oración compuesta se denomina **proposición.**
- Las **proposiciones** pueden **enlazarse** por medio de **nexos** o bien directamente por **yuxtaposición.**

1 La coordinación

Fíjate en los siguientes enunciados:

Larry y Beauregard por fin se conocieron.

Larry trabaja en la radio y Beauregard es un gran triatleta.

En el primer ejemplo, los sustantivos *Larry* y *Beauregard* se sitúan en el mismo nivel sintáctico, pues ambos cumplen la función de sujeto en la oración. En el segundo enunciado, las dos estructuras subrayadas se hallan igualmente en el mismo nivel sintáctico, aunque en este caso se trata de proposiciones. Todos estos elementos están **coordinados.**

La **coordinación** es un tipo de **relación sintáctica** que permite enlazar elementos que se hallan en el **mismo nivel sintáctico** y **no dependen unos de otros.**

Cuando dos o más elementos aparecen coordinados, pueden mantener entre sí distintos tipos de **relaciones semánticas:**

- **Adición.** Los elementos se **suman:** *Los trilatletas nadan, corren y montan en bicicleta.*
- **Restricción.** El segundo elemento ofrece alguna **reserva** con respecto al primero: *Larry se cuida, pero no lo suficiente.*
- **Exclusión.** Los elementos se presentan como **incompatibles;** si se elige uno, se rechaza el otro: *Adoran los antidepresivos o los aborrecen.*
- **Distribución.** Los elementos presentan **alternancia:** *Beauregard tan pronto corre como monta en bicicleta.*
- **Explicación.** El segundo elemento **explica** al primero: *Larry sabe escuchar, es decir, es un buen entrevistador.*

Coordinación sin nexos

La **coordinación** entre elementos se puede establecer también **sin nexos:**

En la radio conoció a deportistas, actores, escritores, políticos...

Entrevistó al chico; le interesaba su vida.

En las dos oraciones anteriores aparecen coordinados los sintagmas nominales destacados en azul y las dos proposiciones subrayadas. Tales elementos se unen directamente, sin necesidad de nexos. En estos casos se habla de **sintagmas** o de **proposiciones coordinadas yuxtapuestas.**

2 Los nexos coordinantes

En los ejemplos de los distintos tipos de relaciones semánticas de la página 60, los elementos coordinados se enlazan por medio de las partículas *y*, *pero*, *o*, *es decir*; todos ellos son **nexos coordinantes.**

Funcionan como **nexos coordinantes** las **conjunciones** y las **locuciones conjuntivas,** que pueden enlazar **sintagmas, proposiciones** o **párrafos.**

Locuciones conjuntivas

Las **locuciones conjuntivas** son **combinaciones fijas** de palabras que **actúan** como una **conjunción:**

Realicé la entrevista; sin embargo, el resultado no me convenció.

Realicé la entrevista, pero el resultado no me convenció.

Observa que la expresión *sin embargo* cumple la misma función que la conjunción *pero;* se trata, pues, de una locución conjuntiva.

Otros ejemplos de este tipo de locuciones son *a pesar de que, después de que, ya que, con tal de que, tan pronto como…*

2.1. Sintagmas coordinados

En la oración simple, los **nexos coordinantes** enlazan **sintagmas del mismo tipo,** introducidos o no por preposición. Obsérvalo en los ejemplos:

SN + **SN** → *El locutor y el entrevistado conversaban distendidamente.*

S Adj + **S Adj** → *La entrevista fue muy larga, pero bastante interesante.*

S Adv + **S Adv** → *Los triatletas entrenaban por aquí y por allá.*

2.2. Proposiciones coordinadas

Cuando dos o más **proposiciones** independientes se unen por medio de nexos coordinantes, forman una **oración compuesta:**

Prop$_1$ → *Encendí la radio* + **Prop$_2$** → *Escuché con interés la tertulia*

Encendí la radio y escuché con interés la tertulia.

2.3. Párrafos coordinados

Los nexos coordinantes pueden enlazar también las diferentes ideas que aparecen en distintos **párrafos** de un texto. En ese caso, el nexo aparece al comienzo del párrafo o de los párrafos enlazados:

Párrafo 1 *Lo que más me gusta de ti es que sabes escuchar. Sueles hacer entrevistas a políticos, a estrellas del cine y de la música y, en general, a cualquier tipo de héroe o villano. Y a escritores.*

Párrafo 2 *Pero estoy preocupado por tu salud, Larry. Creo que no te cuidas lo suficiente y eso no es bueno para ti…*

El juez abrió la puerta de cobre que cerraba la cueva de la roca y bajó a las profundidades de las prisiones. Echó un último vistazo al cuadrado del cielo que, con estrellas blancas y saltarinas, se recortaba en su marco. Aún percibía el suave silbido del viento entre los árboles y los chillidos estridentes de los monos; pero, en la primera profundidad, ya no eran más que un susurro débil y remoto, y en la segunda, reinaba un silencio como bajo la superficie del mar, frío e inmóvil.

Stefan Zweig
Los ojos del hermano eterno, El Acantilado

Actividades

1. Busca en tu libro de texto ejemplos de coordinación de distintos tipos de sintagmas, de proposiciones y de párrafos.
2. Localiza nexos coordinantes en las siguientes oraciones, indica si se trata de conjunciones o locuciones conjuntivas y señala qué elementos enlazan:
   a) Los animales, ya sean domésticos, ya sean salvajes, benefician a la humanidad.
   b) O bien te compras un piso, o bien lo alquilas; pero no puedes seguir así.
   c) Ni los unos ni los otros han hecho nunca nada por conocerse bien.
   d) Cuando llegues y lo veas, me dirás si la razón la tenía tu hermana o yo.
3. Señala los nexos coordinantes que aparecen en el texto de Stefan Zweig e indica qué elementos unen en cada caso.

3 Clases de coordinadas

Las **proposiciones coordinadas** se **clasifican** según el tipo de **relaciones semánticas** que se establecen entre ellas.

3.1. Coordinadas copulativas

La **coordinación copulativa** expresa **suma** o **adición** entre las **proposiciones.**

Las **proposiciones coordinadas copulativas** se unen por medio de los **nexos y** (***e*** ante *i* / *hi*) en las oraciones afirmativas y ***ni*** en las negativas:

Beauregard corría por la mañana ***y*** *nadaba por la tarde.*

Si se enlazan más de dos proposiciones, el nexo aparece solo ante la última: *El locutor entrevistaba, ejercía de moderador* ***y*** *elegía la música del programa.* Sin embargo, la conjunción *ni* puede aparecer delante de cada elemento coordinado: ***Ni*** *te alimentas correctamente* ***ni*** *haces ejercicio físico.*

Análisis

(SO: Beauregard)

(Beauregard corría por la mañana) **y** *(nadaba por la tarde).*

Beauregard	corría	por la mañana	y	nadaba	por la tarde
N (Sust)	N (V)	CCT (Prep + SN)		N (V)	CCT (Prep + SN)
S (SN)	P (SV)			P (SV)	
Prop$_1$			Nx	Prop$_2$	

Proposiciones sin verbo

Cuando dos proposiciones coordinadas tienen la **misma forma verbal,** resulta habitual **elidir la segunda:**

Luis ***entrevista*** *a María y ella* ***entrevista*** *a otro compañero.*

Luis ***entrevista*** *a María y ella, a otro compañero.*

Observa que, en la segunda proposición, la **ausencia del verbo** se indica por medio de una **coma,** que se expresa como una **pausa** en la **lengua oral.**

Al realizar el **análisis sintáctico** debes **recuperar la forma verbal.**

3.2. Coordinadas adversativas

En la **coordinación adversativa,** una de las **proposiciones** enlazadas expresa una **restricción del significado de la otra.**

Las **proposiciones coordinadas adversativas** se enlazan por medio de los nexos ***pero, aunque, sino*** (o ***sino que***), ***sin embargo, no obstante,*** entre otros: *Beauregard aprecia a Larry,* ***aunque*** *no lo conoce.*

Análisis

(Me gustaba el programa), **pero** *(me venció el sueño).*

Me	gustaba	el	programa	pero	me	venció	el	sueño
CI (SN)	N (V)	D (Art)	N (Sust)		CD (SN)	N (V)	D (Art)	N (Sust)
P (SV)		S (SN)			P (SV)		S (SN)	
Prop$_1$				Nx	Prop$_2$			

Actividades

4 Localiza las proposiciones que aparecen en las siguientes oraciones y realiza su análisis sintáctico, indicando de qué tipo de coordinadas se trata:

a) Trabajaban y luchaban por un mundo mejor.

b) Aquello no era una tertulia, sino que parecía una jaula de grillos.

c) En martes, ni te cases ni te embarques.

d) En mi pueblo hay treinta habitantes y todos son amigos míos.

e) Comenzaron a buscarlo, pero no lo encontraron.

5 Identifica las proposiciones coordinadas del texto del margen y analízalas.

3.3. Coordinadas disyuntivas

La **coordinación disyuntiva** indica **exclusión** o **elección** entre **proposiciones.**

Los nexos que unen las **proposiciones coordinadas disyuntivas** son la conjunción ***o*** (***u*** ante *o* / *ho*) y la locución conjuntiva ***o bien:***

*Prepara mejor la prueba **u** organiza tus entrenamientos de otra forma.*

Los nexos disyuntivos pueden repetirse: *O haces ejercicio o tendrás problemas de salud; O (bien) compites este año o bien te preparas para el siguiente.*

3.4. Coordinadas distributivas

La **coordinación distributiva** presenta **acciones alternas** o **correlativas.**

Las **proposiciones distributivas** se enlazan por **yuxtaposición,** y la alternancia se expresa por medio de **fórmulas correlativas** que cumplen una función en la proposición: ***tan pronto… como, unas veces… otras veces, bien… bien.*** Algunas (*ora… ora, ya… ya*) han caído en desuso:

Tan pronto se animaba como se sumía en la desesperación.

Ya salía el sol, ya se ocultaba tras las nubes.

3.5. Coordinadas explicativas

En la **coordinación explicativa,** una proposición **aclara** el significado de la otra.

Las **proposiciones coordinadas explicativas** se unen por medio de los nexos ***esto es, es decir*** y ***o sea,*** que aparecen entre comas.

Análisis

(El triatleta llegó en segunda posición), esto es, (ganó la plata).

El	triatleta	llegó	en segunda posición	esto es	ganó	la plata
D (Art)	N (Sust)	N (V)	CCM (Prep + SN)		N (V)	CD (SN)
S (SN)		P (SV)			P (SV) (SO: Él)	
Prop$_1$				Nx	Prop$_2$	

Actividades

6 Localiza las proposiciones coordinadas de estas oraciones y analízalas:

a) Unos irían al campo; otros, a la playa.

b) Estas proposiciones son coordinadas, esto es, se sitúan en el mismo nivel sintáctico.

c) ¡O te das prisa o nos vamos sin ti!

d) Al final de la representación patearon, es decir, rechazaron la obra.

e) Me ha costado cien céntimos, o sea, he pagado un euro.

f) La señora ni vende el piso ni lo alquila.

g) Conocía las respuestas; sin embargo, no pronunció una sola palabra.

7 Indica qué tipo de coordinadas son las proposiciones de la actividad 6.

8 Enlaza las acciones que «realizan» los dos atletas de la ilustración y construye oraciones compuestas que contengan distintos tipos de coordinadas. Debes usar todos los nexos que conoces.

4 Restricciones semánticas

Los elementos que se enlazan por **coordinación** deben mantener entre sí algún tipo de **relación semántica;** si no existe ninguna vinculación de significado entre ellos, el enunciado carece de sentido. Obsérvalo en estas oraciones:

**Compró una moto y leyó en voz alta el cuento.*

**¿Eres extremeño o fontanero?* **Viajamos en avión, pero bajó la bolsa.*

La **coordinación de elementos** en una oración **está limitada** por determinadas **restricciones semánticas,** es decir, por **relaciones de significado.**

Dichas restricciones dependen del **tipo de coordinación** de que se trate. Fíjate en los ejemplos de la ilustración:

Restricciones de coordinación

- No es posible la **coordinación copulativa:**
  - → Entre **elementos** que se excluyen: **Leímos aquella novela breve y extensa.*
  - → Si **uno** de ellos **incluye al otro:** **He comido cocido madrileño y garbanzos.*
- No es posible la **coordinación disyuntiva** entre elementos **no excluyentes:** **¿Ha venido de Extremadura o de Cáceres?*
- No es posible la **coordinación adversativa:**
  - → Cuando los **elementos deben sumarse:** **Acabó el programa, pero me fui a la cama.*
  - → Si **no existe restricción** entre ellos: **Traigo el chocolate, pero me como las pastas.*
- No es posible la **coordinación explicativa** si en vez de establecer una explicación se **enlazan elementos:** **Terminó la clase, o sea, salí pitando, o sea, llegué a casa en un santiamén.*

Para evitar estas incorrecciones, ten en cuenta qué **tipo de elementos** enlazas (sintagmas, proposiciones o párrafos), así como el **sentido** de cada uno y, a continuación, elige el **nexo adecuado al tipo de coordinación** que desees establecer entre ellos.

Expresiones correctas

La locución *cara a* puede usarse con dos sentidos:

- «En dirección a», como en el ejemplo del bocadillo.
- «Con vistas a»: *Compramos prendas de abrigo* **cara al** *invierno.*

La variante *de cara a* se emplea con el valor de «para»:

**Han contratado a una nueva figura ~~de cara a~~ la nueva temporada.*

En este caso es preferible el empleo de *para, ante* o *con vistas a.*

1 Señala los usos erróneos de estas oraciones y corrígelos:

a) Haz la fotografía de cara al glaciar.

b) De cara a esa entrevista de trabajo, ¿qué debo saber?

c) De niños se nos castigaba de cara a la pared.

Actividades

9 Indica qué elementos aparecen coordinados en cada una de las siguientes oraciones:

a) Ha sonado el timbre, o sea, se acabó la clase.

b) Hizo muy bien el examen, pero no contestó las preguntas.

c) He comido en el avión o en el aeropuerto.

d) Fui a casa, o sea, salí corriendo.

e) Estuvimos en la playa y nos bañamos en el mar.

f) Me he comprado tres coches y un Seat.

g) ¿Está en su dormitorio o en su cama?

10 Señala qué tipo de coordinación se establece en las oraciones de la actividad 9 y si esta es posible dados los elementos enlazados. En caso contrario, determina qué restricción semántica impide su coordinación y corrígela.

Aplicación y síntesis

La **coordinación** facilita la **presentación acumulada** de **datos;** por ello, este tipo de relación sintáctica entre proposiciones es habitual en el **retrato inicial** de las **entrevistas.** En la siguiente, la periodista Carmen Rigalt entrevista al escritor vasco Bernardo Atxaga.

Bernardo Atxaga

Por **Carmen Rigalt**

Es como ese aldeano de los cuentos que acoge a la gente perdida y se empeña en darle posada, comida y conversación. Bernardo Atxaga, el aldeano de este cuento, no ha aparecido en el bosque así como así. Ha habido que ir a buscarlo expresamente, ponerlo en el cuento, o sea, en la entrevista, y darle facilidades para interpretar con libertad su papel.

El escritor Bernardo Atxaga.

P.—¿Cómo debo llamarlo?

R.—Bernardo se ha convertido en algo más que un seudónimo: ya es mi verdadero nombre. Aunque aquí, en Asteasu, sigo siendo Josetxo, el nombre de la infancia, como en Bilbao soy Joseba, el nombre que me decían mis amigos de la facultad de Económicas. [...]

P.—¿Cómo surgió Bernardo?

R.—Bernardo se llamaba uno de mis compañeros de la facultad. A él le pedí prestada la máquina de escribir y el nombre. La máquina se la devolví, pero el nombre me lo he quedado para siempre.

La Revista de *El Mundo*, n.º 40
(Adaptación)

Ideas claras

- La **radio** se sirve de la **palabra,** la **música,** el **silencio** y los **efectos sonoros** para construir sus **mensajes.**
- La **entrevista** y la **tertulia radiofónicas** son dos géneros cuya base es el **diálogo.**
- Las **entrevistas** se clasifican en **perfil** u **objetivas.** Suelen iniciarse con un **retrato del entrevistado** y continúan con una **batería** de **preguntas** y **respuestas.**
- Funcionan como **nexos coordinantes** las **conjunciones** y las **locuciones conjuntivas.**
- Con los **nexos coordinantes** se pueden **enlazar sintagmas, proposiciones** y **párrafos.**
- Según la **relación semántica** que mantienen, las **proposiciones coordinadas** se clasifican en **copulativas, disyuntivas, adversativas, distributivas** y **explicativas.**

1. Contesta las siguientes cuestiones:
   - ¿Cuál es el verdadero nombre de pila de Bernardo Atxaga?
   - Indica qué género literario cultiva este escritor vasco.
   - ¿Por qué crees que algunos escritores utilizan un seudónimo para publicar sus libros?
2. Divide el texto en dos partes y explica, a continuación, a qué elementos de la entrevista corresponden:

1.ª parte	Desde ____________ hasta ____________. En ella ____________
2.ª parte	Desde ____________ hasta ____________. Corresponde a ____________

3. ¿A qué otra conjunción equivale *aunque* en la siguiente respuesta de Atxaga?

   Aunque aquí, en Asteasu, sigo siendo Josetxo, el nombre de la infancia.

4. Localiza en el texto de la entrevista conjunciones que coordinen sintagmas, con o sin preposición, e indica de qué tipo de coordinación se trata.
5. Analiza sintácticamente las siguientes oraciones:
   a) Ese aldeano acoge a la gente perdida y le da posada, comida y conversación.
   b) Le devolví la máquina, pero me he quedado el nombre para siempre.
6. Razona si la coordinación por medio de la locución *o sea* que aparece en el texto es o no correcta.
7. Prepara una batería de preguntas para realizar una entrevista radiofónica a un escritor o escritora que conozcas.

Léxico

Los neologismos

Las lenguas necesitan incrementar su vocabulario para nombrar **nuevas realidades** o **ideas;** para ello, incorporan al idioma palabras nuevas que reciben el nombre de **neologismos.**

Se denominan **neologismos** las **palabras** que se incorporan a una **lengua.**

La **incorporación de neologismos** se lleva a cabo de dos maneras:

- Tomando **palabras de otras lenguas,** es decir, **préstamos.** Así, por ejemplo, debido a la difusión de la informática se han incorporado términos como *computadora, hardware, software, Internet, URL, e-mail*..., que se toman prestados junto con la realidad que designan.
- Creando **palabras nuevas** a partir de los diferentes **procedimientos** que la lengua brinda: la **derivación,** la **composición** y la **acronimia.** Observa:

Derivación

A la **base léxica** o **raíz** de una palabra **se añaden prefijos** y / o **sufijos** para crear una palabra nueva: *impresora, disquetera, filmar, insano, encabezamiento.*

Composición

El término nuevo surge de la **unión** de **dos o más palabras** que ya existen. Pueden escribirse **juntas:** *videojuego;* unidas por **guión:** *hispano-árabe,* o **separadas:** *fibra óptica.*

Acronimia

La palabra nueva se forma a partir de las **letras** o de las **sílabas iniciales** de otras palabras: *OCU (Organización de Consumidores y Usuarios).*

Además de por los procedimientos citados, se pueden crear palabras nuevas mediante la **gramaticalización** de **interjecciones** y **onomatopeyas:** *aupar, chistar, berrear, chispa.*

Actividades

1. Indica qué palabras se usan en la lengua coloquial para referirse a:
   - ***a)*** Un conductor de autobús.
   - ***b)*** Quien disfruta conduciendo motos.
   - ***c)*** Una persona que come mucho.
   - ***d)*** El / Un niño que llora por cualquier motivo.
   - ***e)*** Una riña o disputa.
   - ***f)*** Quien cambia de bando.
2. ¿Por qué procedimiento se han creado las palabras de la actividad 1?
3. Añade diferentes palabras a los formantes *audio* y *video* para crear términos compuestos.
4. Averigua a partir de qué vocablos se han formado los acrónimos del siguiente recuadro:

   RDSI IVA láser IRPF opa CEPYME PIB OMS radar sida

5. ¿Qué acrónimos relacionados con los medios audiovisuales conoces?
6. ¿Qué significados tienen las palabras *aupar, berrear, chistar* y *chispa*?
7. Escribe otros ejemplos de interjecciones u onomatopeyas que se hayan convertido en palabras.

Uso de las palabras

Evidenciar / Poner en evidencia

Las expresiones *evidenciar* y *poner en evidencia* tienen significados distintos:

- *Evidenciar* significa «hacer evidente», «mostrar que algo es cierto y claro», como sucede en la oración del bocadillo.
- *Poner en evidencia* significa «poner en ridículo». En este último sentido también aparece con los verbos *dejar* y *quedar: Con su victoria por 17 a 0 puso en evidencia al equipo contrario.*

1. ¿En cuáles de los siguientes casos es incorrecto el empleo de la expresión *poner en evidencia*? Corrígelos:
   - ***a)*** Ese premio pone en evidencia su calidad como actor.
   - ***b)*** Se puso en evidencia cuando se conoció públicamente que su obra era un plagio.
   - ***c)*** ¿No temes ponerte en evidencia ante tus amigos?
   - ***d)*** En la conferencia de ayer, el profesor puso en evidencia sus amplios conocimientos.

Ortografía

Las doce sillas

Por la calzada corría un agua clara primaveral. Había un ininterrumpido tintineo y repiqueteo producido por las gotas diamantinas que caían de los tejados. Los gorriones picoteaban en el estiércol. El sol se posaba en todos los tejados. Los dorados percherones hacían resonar con fuerza sus cascos por la desnuda calzada y, con la cabeza gacha, escuchaban gustosos su propio ruido.

ILF & PETROV

Homófonos con *g / j*

En español solo existen **dos pares de palabras** que **se diferencian** en la escritura por el empleo de las **consonantes g / j.**

Observa en el cuadro que estos homófonos se pronuncian igual, pero presentan significados distintos:

CON *G*	CON *J*
ingerir (introducir por la boca comida, bebida o medicamentos)	***injerir*** (introducir una cosa en otra; entremeterse; injertar)
gira (excursión o viaje; forma del verbo *girar*)	***jira*** (merienda campestre; trozo de tela)

Acentuación de hiatos

El **hiato** se produce cuando **dos vocales** que aparecen **juntas** en una palabra **se pronuncian** en **sílabas diferentes:**

tra-er *Ra-úl* *me-an-dro* *ar-pí-a* *po-e-ti-sa* *sa-lí-a-mos*

La acentuación ortográfica de las palabras con hiato depende de las vocales que se combinen:

- Si el hiato está formado por dos **vocales abiertas** (*a, e, o*) o por dos **vocales iguales,** sigue las **reglas generales** de acentuación: *ca-er* (aguda), *ne-ón* (aguda), *te-a-tro* (llana), *bó-er* (llana), *ca-ó-ti-co* (esdrújula), *zo-ó-lo-go* (esdrújula).
- Si se combinan una **vocal abierta átona** y una **vocal cerrada** (*i, u*) **tónica,** o viceversa, esta última se acentúa siempre: *ca-í-da, re-í-a, ba-úl*.

Hiatos con *h* intercalada

La presencia de la **letra *h*** entre vocales **no impide** que se produzca un **hiato;** por tanto, estos casos siguen las normas de acentuación de hiatos que se han indicado en la columna central:

bo-hí-o *bú-ho* *ve-hí-cu-lo*
va-ho *al-co-hó-li-co* *re-hén*

I Explica por qué llevan o no tilde las palabras que sirven de ejemplo.

II Separa en sílabas las siguientes palabras y añade tilde a aquellas que lo necesiten:

tahur	*zanahoria*	*mahonesa*
azahar	*almohadon*	*ahito*
retahila	*barahunda*	*ahinco*

Actividades

1. Construye oraciones con los diferentes significados de los pares de homófonos con *g / j*.
2. Escribe palabras de las familias léxicas de *ingerir* e *injerir*.
3. Señala qué palabras del texto del Ilf & Petrov contienen hiato y justifica por qué llevan o no tilde.
4. Copia las siguientes palabras añadiendo tilde en las que sea necesario:

¡aupa!	anchoa	ajetreo	increible	alinear
cocear	laud	dean	heroe	vease
paraiso	solea	distraido	loismo	gentio

5. Copia el siguiente texto añadiendo tilde a las palabras que lo necesiten:

El otoño

¿Quien andaba de noche por la tierra? Oiamos canciones que nadie habia cantado, se alejaba una sombra que una vez fue la nuestra, no volvian los pasos que fueron nuestros pasos. ¿Quien venia de alla, donde nunca estuvimos? ¿Que pajaros volaban si se habian volado?

LUIS FERIA
Obra poética y cuentos, Pre-Textos

El realismo (I)

LITERATURA DEL SIGLO XIX

NOVELA REALISTA (2.ª mitad del siglo XIX)

- **Inicios del realismo**
  - **Fernán Caballero**
    - *La gaviota* (1849)
- **Grandes narradores realistas**
  - **Benito Pérez Galdós** (1843-1920)
    - *Doña Perfecta* (1876)
    - *Fortunata y Jacinta* (1886-1887)
    - *Misericordia* (1897)
  - **José M.ª de Pereda**
    - *Sotileza* (1885)
    - *Peñas arriba* (1895)
  - **Juan Valera**
    - *Pepita Jiménez* (1874)
    - *Juanita la Larga* (1895)

1 El movimiento realista

> **Recuerda**
>
> - El **romanticismo** se desarrolló en Europa en el **siglo XIX** e inauguró una **nueva concepción del arte** centrada en el **individuo.**
> - La **principal manifestación** de la **narrativa romántica** fue la **novela histórica.**
> - El **posromanticismo** supuso una **continuación** del **movimiento romántico** en la **segunda mitad del siglo XIX.**

En la **segunda mitad del siglo XIX,** el desarrollo de la **Revolución industrial** determinó el ascenso de la **burguesía.** Esta clase social, interesada por su momento histórico y satisfecha de sí misma, volcó su atención sobre la **realidad,** lo que artísticamente se tradujo en el **realismo.**

El **realismo** fue un **movimiento artístico** que se propuso **representar la realidad** de acuerdo con los **intereses de la sociedad burguesa.**

La forma de pensamiento dominante en la época fue el **positivismo,** cuyos métodos se basaban en la experimentación y la observación objetiva. El **desarrollo científico** dio lugar a un **progreso técnico** que se reflejó en el **auge de la industria** y repercutió en las **formas de vida,** con adelantos como el **ferrocarril** o la **luz eléctrica.** Se desarrolló, así, una creciente **fe en el progreso,** que se creía que iba a conducir a una mejora moral. La sociedad se sentía a gusto con su tiempo y los adelantos que aportaba.

El **autor realista** se convirtió en un **cronista del presente** y del **pasado inmediato,** a los que dedicó todas las páginas de sus obras.

Características del realismo

El huérfano, por Walter Langley.

La estética realista

Con su acercamiento al presente, el autor realista abandonó el yo romántico individual, que cedió el paso al **yo social.** A la evasión en el espacio y el tiempo, le sucedió la **presentación de la vida cotidiana** en el **campo** y la **ciudad.** La exposición de emociones y sentimientos se vio sustituida por el **análisis de ambientes** y **grupos sociales,** y su influjo en el carácter de los **personajes.**

La aspiración estética del realismo fue el **anhelo de objetividad,** de **reflejar** la **realidad** de la forma más **imparcial** posible, en contraposición a las fantasías románticas. Ello no impidió, sin embargo, que los escritores se interesaran por mostrar el **mundo íntimo** y la **psicología de los individuos.**

Antoñona abrió la puerta del despacho, empujó a don Luis para que entrase y al tiempo lo anunció, diciendo:

—Niña, aquí tienes al señor don Luis que viene a despedirse de ti. [...]

Al llegar a este punto no podemos menos de hacer notar el carácter de autenticidad que tiene la presente historia, admirándonos de la escrupulosa exactitud de la persona que la compuso. Porque si algo de fingido, como en una novela hubiera, no cabe duda en que una entrevista tan importante y trascendente como la de Pepita y don Luis se hubiera dispuesto por medios menos vulgares que los aquí empleados.

Tal vez nuestros héroes, yendo a una nueva expedición campestre, hubieran sido sorprendidos por deshecha y pavorosa tempestad, teniendo que refugiarse en las ruinas de algún antiguo castillo o torre moruna, donde por fuerza había de ser fama que aparecían espectros o cosas por el estilo. Tal vez nuestros héroes hubieran caído en poder de alguna partida de bandoleros. [...] Creemos, sin embargo, que en vez de censurar al autor porque no apela a tales enredos, conviene darle gracias por la mucha conciencia que tiene, sacrificando a la fidelidad del relato el portentoso efecto que haría si se atreviese a abordarla con lances y episodios sacados de su fantasía.

Juan Valera
Pepita Jiménez, Alianza

Enamoramiento, por Marcus Stone.

Actividades

1. Extrae del texto de Juan Valera las diferencias que, según el autor, existen entre la obra romántica y la realista.

2 La novela realista

La **novela** fue el **género literario más cultivado** por los autores realistas, pues les permitía contar un fragmento de la vida de los **personajes** y reflejar, al tiempo, la **sociedad** en la que vivían.

La **novela realista conjugó** la presentación de **lo individual** y **lo social,** una de las **aspiraciones del arte de la época.**

Origen del realismo

El realismo nació en **Francia** en la **primera mitad del siglo XIX.** Su precursor fue **Stendhal** con las novelas *El rojo y el negro* y *La cartuja de Parma.* La narrativa realista se consolidó con la vasta obra de **Honoré de Balzac,** autor de *La comedia humana,* un conjunto de novelas que presentan la sociedad francesa con sus costumbres y sus vicios.

El realismo francés alcanzó la cima con **Gustave Flaubert** y su novela *Madame Bovary.* La protagonista, Emma Bovary, casada con un mediocre médico de pueblo al que no ama y madre de una niña, se ve abocada al adulterio. Su personalidad y las influencias sociales la arrastran a la perdición.

En los años treinta, se desarrolló en **Inglaterra** la novela de signo social con **Charles Dickens,** autor, entre otras, de *Oliver Twist, David Copperfield* y *Grandes esperanzas.*

El realismo llegó a **Rusia** con dos grandes narradores: **Fiódor Dostoievski,** autor de la célebre *Crimen y castigo,* y **León Tolstoi,** en cuya producción destacan *Guerra y paz* y *Ana Karenina.*

Características de las novelas realistas

- Reflejan la **realidad** enlazando los **aspectos históricos** (fechas, acontecimientos...) con elementos de **ficción,** lo cual contribuye a la verosimilitud de la obra.
- Se sitúan en la **época contemporánea,** en **lugares reales** que el autor conoce y reproduce por medio de **documentadas descripciones.**
- Los personajes son **individuos normales,** descritos en su exterior, interior y **entorno social,** y se expresan de acuerdo con su procedencia, educación, etc., en diálogos presentados en **estilo directo.**
- Resulta habitual la presencia de un **narrador omnisciente,** que informa tanto de los detalles históricos como de los pensamientos, deseos, motivos, etc., de los personajes, e **interviene en la historia** a través de **opiniones** y **comentarios.**

María, dirigida en su tocador por los consejos de su patrona, se presentó malísimamente pergeñada[1]. Un vestido de foulard[2] demasiado corto, y matizado de los más extravagantes colores; un peinado sin gracia, adornado con cintas encarnadas muy tiesas; una mantilla de tul blanco y azulado guarnecida[3] de encaje catalán, que la hacía parecer más morena: tal era el adorno de su persona, que necesariamente debía causar, y causó, mal efecto. [...]

—¡Cuánto tenemos que agradeceros vuestra bondad en venir a satisfacer el deseo que teníamos de oíros! —dijo la condesa a María—. ¡El duque os ha celebrado tanto! [...]

Rita, para estar más cerca de ella, había dejado su puesto ordinario y colocándose junto a Eloísa:

—¡Jesús! —dijo al ver a María—; si es más negra que una morcilla extremeña.

—Ya estoy —decía [María] *en sus adentros, y dándose cuenta de sus observaciones—. La condesa es buena y desea que me luzca. Las jóvenes elegantes se burlan de mí y de mi compostura, que debe ser espantosa. Para los extranjeros, que me están echando el lente[4] con desdén, soy una doña Simplicia de aldea; para los viejos soy cero.*

Fernán CABALLERO
La gaviota, Orbis

[1]**pergeñado:** ataviado, vestido.
[2]**foulard:** tejido de seda ligera.
[3]**guarnecer:** adornar.
[4]**echar el lente:** aquí, mirar con atención, examinar con detenimiento.

Actividades

2. ¿A qué crees que ha acudido María a la reunión? Explica qué impresión provoca entre los asistentes y por qué.
3. Indica a qué grupo social hace referencia este texto de Fernán Caballero.
4. ¿Qué rasgos de la novela realista aparecen en el fragmento de *La gaviota?*

3 El realismo en España

El folletín

En el siglo XIX se llamó **novelas de folletín** a las que se publicaban **por entregas** en los periódicos, con **gran éxito de público.**

Este procedimiento, muy habitual en la época, fue utilizado por los **autores realistas** para dar a conocer algunas de sus novelas.

La primera novela española que presenta **características realistas,** aunque todavía conserve rasgos románticos, es *La gaviota,* publicada en 1849 por Cecilia Böhl de Faber, más conocida como **Fernán Caballero.**

El **realismo** se desarrolló en **España desde 1870** con las novelas de **José M.ª de Pereda, Juan Valera** y **Benito Pérez Galdós,** que reflejan la **vida** y las **tierras españolas.**

3.1. José M.ª de Pereda

El santanderino José M.ª de Pereda compuso **novelas realistas** ambientadas en **Cantabria,** que presentan como tema central la **exaltación** e **idealización** de las **costumbres del pueblo** frente a las urbanas. Entre ellas destacan *Sotileza* (1885), donde retrata la forma de vida de los pescadores, y *Peñas arriba* (1895), centrada en los habitantes de la montaña.

La fiesta del Prao-Concejo

El valle, vestido de verano, era hasta hermoso; la gente, animada y alegre; la comunicación con los pueblos de la comarca, más fácil y agradable; los panoramas, mucho más interesantes por la abundancia de luz y limpieza de los horizontes; la temperatura, hasta calurosa en los sitios bajos; las fiestas y romerías, abundantes..., y la más solemne y original de las primeras [...]: la del reparto de la hierba del Prao-Concejo en agosto, que dura ocho días seguidos; la verdadera fiesta del trabajo.

En el campo, por Ferroni.

Todo el pueblo concurre a aquella vasta y empingorotada[1] pradera, vestido de gala para la designación de partidores, bajo la presidencia del regidor competente; y es de ver cómo aquellos funcionarios, después de decirles el regidor, descubriéndose la cabeza: «hablen los partidores», con una varita en la mano y sin hacer jota de geometría ni de problemas de triangulación[2], van demarcando con equidad[3] admirable las hazas o suertes correspondientes a todo el vecindario.

José M.ª de Pereda
Peñas arriba, Orbis

3.2. Juan Valera

Las obras del cordobés Juan Valera transcurren en **Andalucía,** cuyos **espacios rurales** se reproducen de **forma idílica.** Estas novelas tratan con frecuencia de **asuntos amorosos,** sobre todo de las relaciones entre un hombre mayor y una joven, y conceden especial importancia a la **caracterización de los personajes.** Las más destacadas son *Pepita Jiménez* (1874) y *Juanita la Larga* (1895), protagonizadas ambas por **mujeres.**

Actividades

5. ¿Qué describe Pereda en el fragmento de *Peñas arriba* y cómo lo hace?
6. Indica quiénes acuden al Prao-Concejo y a qué van allí.
7. Explica cuál es la misión de los partidores y en qué se apoyan para actuar.
8. ¿Aparece la opinión del narrador en el texto? Señala qué tipo de narrador es.
9. Identifica rasgos propios del realismo en el texto de Pereda.

[1] **empingorotado:** colocado en lo alto.
[2] **triangulación:** división en triángulos.
[3] **equidad:** cualidad de juzgar con imparcialidad.

Benito Pérez Galdós

(1843-1920). Nació en Las Palmas de Gran Canaria. Se trasladó muy joven a Madrid, ciudad que convertiría en el asunto de su literatura.

Periodista y diputado, participó activamente en la sociedad de su tiempo, pero ante todo se consideraba un escritor que, al reflejar los hechos del pasado inmediato y del presente, contribuía a la educación moral de sus lectores.

En 1912, sus detractores impidieron que le fuera concedido el premio Nobel de Literatura. Ese mismo año se quedó ciego y, desde entonces, su vida transcurrió entre apuros económicos y ataques de enemigos políticos y literarios.

4 Benito Pérez Galdós

La **producción novelística de Galdós** es un reflejo de la **sociedad de su época.** Aunque en sus obras aparecen representantes de distintos grupos sociales, dedicó especial atención a los personajes, costumbres, lugares y ambientes de **Madrid,** que plasmó con riguroso afán de **documentación.**

Las **novelas de Galdós** destacan por la **caracterización de los personajes** y por la integración de la **vida cotidiana** en los **hechos históricos** de la época.

El autor combina en sus relatos diferentes **técnicas narrativas:** el uso del **narrador omnisciente,** el **diálogo** en **estilo directo** y el **monólogo.** El **lenguaje** se adecua al carácter, origen y educación del personaje: desde el habla popular madrileña hasta los cuidados discursos académicos o políticos.

4.1. Episodios nacionales

Se trata de cuarenta y seis relatos con los que Galdós pretendía explicar la época en la que vivió. Constituyen novelizaciones de **acontecimientos históricos del siglo XIX,** tratados desde el punto de vista de **personajes anónimos** que participaron o fueron testigos de esos hechos. Entre los títulos más destacados cabe citar *Trafalgar, La batalla de los Arapiles, Un voluntario realista, Mendizábal, Narváez, O'Donell, La primera república...*

4.2. Novelas de la primera época

Las primeras novelas de Galdós —*Doña Perfecta, Gloria, La familia de León Roch...*— reciben el nombre de **novelas de tesis** porque se someten a la ideología del autor: enfrentan a **personajes de mentalidad conservadora** con **otros de ideas progresistas** que Galdós comparte y defiende.

La desavenencia sigue creciendo

Bien sé que eres un buen muchacho —dijo doña Perfecta [...]—. Pero, hijo, de pensar las cosas a manifestarlas así con cierto desparpajo, hay una distancia. [...] Bien sé que tus ideas son... no te enfades; si te enfadas me callo... Me guardaré muy bien de vituperarte[1] porque creas que no nos crió Dios a su imagen y semejanza, sino que descendemos de los micos; ni porque niegues la existencia del alma, asegurando que esta es una droga como los papelillos de magnesia o de ruibarbo que se venden en la botica...

—¡Señora, por Dios!... —exclamó Pepe con disgusto—. Veo que tengo muy mala reputación en Orbajosa[2].

Pues decía que no te vituperaré por esas ideas... Además de que no tengo derecho a ello; si me pusiera a disputar contigo, tú, con tu talentazo descomunal, me confudirías mil veces...; no, nada de eso. Lo que digo es que estos pobres y menguados habitantes de Orbajosa son piadosos y buenos cristianos, si bien ninguno de ellos sabe filosofía alemana; por lo tanto, no debes despreciar públicamente sus creencias.

—Querida tía —dijo el ingeniero con gravedad—. Ni yo he despreciado las creencias de nadie, ni tengo las ideas que usted me atribuye.

Benito Pérez Galdós
Doña Perfecta, Cátedra

[1]**vituperar:** criticar, reprender a alguien.
[2]**Orbajosa:** localidad imaginaria donde transcurre la novela.

Actividades

10. Explica de qué acusa doña Perfecta a Pepe, su sobrino, y qué destaca de él.
11. ¿A qué orientación científica se alude en el fragmento? Señala qué concepciones contrasta Galdós a través del enfrentamiento de los dos personajes.

4.3. Novelas contemporáneas

En las llamadas **novelas contemporáneas,** Galdós plasmó la **realidad madrileña** del momento, reflejo de la del resto de España: retrató tanto sus **lugares** (calles, barrios, etc.) como a sus **habitantes** (comerciantes, cesantes[1], burgueses, etc.). *La desheredada, Lo prohibido, Miau* y *Fortunata y Jacinta* son las novelas más representativas de esta época.

Fortunata y Jacinta

Argumento

Publicada en dos partes, en 1886 y en 1887, esta novela presenta el amor por el mismo hombre de dos mujeres pertenecientes a distintos grupos sociales: **Jacinta,** representante de la **burguesía comercial,** y **Fortunata,** una hermosa **mujer del pueblo.**

Juan Santa Cruz vive una aventura amorosa con Fortunata, pero contrae matrimonio con Jacinta. Sin embargo, la primera, aunque se casa con otro hombre (el frágil y enfermizo Maxi Rubín), no renuncia a su amor por Juan y tiene un hijo de él. Antes de morir, Fortunata cede el niño a Jacinta, que es estéril, quien lo adopta junto con su marido.

[Fortunata] *atravesó la Puerta del Sol por frente a la casa de Cordero, y ya la tenéis subiendo por la calle de Correos hacia la plazuela de Pontejos. Ya llegaba, y a medida que veía más cerca el objeto de su viaje, parecía como que se le iba acabando la cuerda epiléptica que la impulsaba a la febril marcha. Vio el portal de la casa de Santa Cruz, y sus miradas se internaron por aquella cavidad ancha, de estucadas paredes, y alumbrada por mecheros de gas. [...]*

«No se me quedará en el cuerpo nada, nada. Ella es la que me hace desgraciada, robándome a mi marido... Porque es mi marido: yo he tenido un hijo suyo y ella no. Vamos a ver: ¿quién tiene más cerebro? Entrañas por entrañas, ¿cuáles valen más?» Estos enormes disparates nacidos del trastorno que en su cerebro reinara, persistieron cuando estaba parada y atónita delante del portal de Santa Cruz.

4.4. Novelas espiritualistas

Estas novelas, influidas por el realismo ruso, se centran en el **mundo interior** de sus personajes y en **valores** como la caridad, encarnados en individuos de enorme **grandeza moral** pese a su condición humilde.

Así ocurre con *Misericordia*, que presenta la generosidad de Benigna (Nina), que mantiene a su señora (doña Paca), sin que esta lo sepa, mediante las limosnas que recoge en la parroquia de San Sebastián. Ni siquiera cuando Nina es expulsada de la casa, tras la mejora de la situación económica de la familia, pierde la criada el afectuoso interés por su ama:

> *Debe decirse que el ingrato proceder de doña Paca no despertaba en Nina odio ni mala voluntad, y que la conformidad de esta con la ingratitud no le quitaba las ganas de ver a la infeliz señora, a quien entrañablemente quería como compañera de amarguras en tantos años. [...]*
>
> *—¡Pobre señora mía! —dijo al ciego en cuanto se reunió con él—. La quiero como hermana, porque juntas hemos pasado muchas penas. Yo era todo para ella, y ella todo para mí. Me perdonaba mis faltas, y yo le perdonaba las suyas... ¡Qué triste va, quizás pensando en lo mal que se ha portado con la Nina!*

Anciana con rosario, **por Paul Cézanne.**

Actividades

12. ¿Hacia dónde se dirige Fortunata y con qué fin lo hace? ¿Por dónde pasa?
13. ¿Cómo aparecen los pensamientos de Fortunata? Explica cómo se incluye al lector en el texto y qué efecto se consigue con ello.
14. Describe los sentimientos de Nina. ¿Cuáles cree ella que tiene doña Paca?
15. ¿Se aprecian las opiniones del narrador en ambos textos? Indica de qué tipo de narrador se trata.

[1] **cesante:** funcionario que ha perdido su empleo.

Los cuarenta y seis ***Episodios nacionales*** aparecen agrupados en **cuatro series de diez narraciones y otra de seis.** *Luchana,* del que vas a leer un fragmento, pertenece a la tercera serie. En este relato se narra uno de los episodios de la **guerra carlista:** las tropas liberales, al mando del general Espartero, logran atravesar el puente de Luchana y levantar el sitio de las tropas carlistas a la ciudad de Bilbao. Al hilo de estos acontecimientos, Galdós refleja el influjo de la política en la vida cotidiana y en los hábitos y costumbres de las personas.

Luchana

—Como usted comprende —añadió con gravedad don José María —, teniendo en cuenta todas las partes del individuo, no hemos reparado principalmente en su alcurnia, que es altísima, ni en su lucida riqueza, sino en sus virtudes, las cuales son tantas, al decir de la fama, que no hay lenguas que puedan elogiarlo como se merece. Su edad es de veintiséis años, su presencia gallardísima, su rostro hermoso, espejo de un alma noble, sus acciones señoriles, su lenguaje comedido y muy galán… En fin, que parece haber venido al mundo adrede para emparejar con esta sin par niña, cuyos méritos conoce usted. Hace días que María y yo, por medio de una discretísima correspondencia, venimos tratando de este matrimonio. […]

—Según esto —dijo Fernando sin ocultar su asombro—, ¿no conocen ustedes al candidato?

—Le conocemos y no le conocemos. El año 21 o 22, con ocasión del destierro de don Beltrán de Urdaneta… ¿No ha oído usted nombrar a don Beltrán de Urdaneta?

—¡Yo qué he de oír nombrar a ese señor!

—Pues es en estas tierras más conocido que la ruda[1]. Decía que con motivo de su destierro por trapisondas[2] políticas, residió aquí la familia como unos ocho meses. Rodriguito era entonces un chiquillo precioso: diez u once años todo lo más. Demetria tenía seis, si mal no recuerdo. Las dos familias intimaron: el niño y la niña no se separaban en todo el día, fraternizando en sus juegos infantiles.

Recuerdo que en aquella Navidad les hice un Nacimiento en la misma habitación donde usted mora. Lo que yo gozaba con ellos no es fácil imaginarlo. Desde entonces me dio el corazón que aquellos dos seres tan graciosos y angelicales habían de juntarse, con el tiempo, en santa coyunda[3]. […] Verdad que desde entonces no hemos vuelto a verlos. […]

—Y Demetria, ¿tampoco ha vuelto a ver a don Rodrigo desde que jugaban juntos y usted les hacía los Belenes?

—No han vuelto a verse, no, señor.

—¿Y se ha enterado de que quieren ustedes casarla?

—Se lo hemos dicho, naturalmente; y como es tan discreta y sesuda, nos ha contestado que agradecía mucho el interés que tomábamos por ella; que, en efecto, tiene noticia de las virtudes y méritos del señor don Rodrigo, y que accederá a ser su esposa, si, después de tratarle en esta edad del discernimiento[4] le encuentra digno de concederle, con su mano, su corazón.

Benito Pérez Galdós
Obras completas II. Episodios nacionales, Aguilar

[1]**ruda:** planta perenne. En esta expresión, ser muy conocido.
[2]**trapisonda:** embrollo, enredo.
[3]**coyunda:** matrimonio, unión conyugal.
[4]**discernimiento:** capacidad de razonar.

Comentario de texto

Aproximación al contenido del texto

1. Contesta las siguientes cuestiones sobre el texto de Galdós:
   - ¿Quiénes son los interlocutores del diálogo?
   - Indica sobre qué tema hablan y a qué personajes hacen referencia.
   - ¿Quiénes están preparando el matrimonio? Explica de qué modo lo han acordado.
2. Deduce algunos datos a partir del fragmento de *Luchana:*
   - ¿Cuántos años han transcurrido desde que se conocieron Rodriguito y Demetria hasta el momento del diálogo? Localiza aquellos datos del texto que te permiten deducirlo.
   - ¿Qué características de don Rodrigo lo convierten en un buen candidato para casarse con Demetria?

     a) Carácter y físico. *b)* Posición social. *c)* Dinero. *d)* Todas ellas.
3. ¿Quién tiene la última palabra respecto al matrimonio? ¿Crees que se trata de un matrimonio por amor? Justifica tu respuesta.

Análisis de la estructura

4. En el fragmento de *Luchana* aparecen dos narradores. ¿Quiénes son? Completa el cuadro con las partes correspondientes e indica qué tipo de información aporta el relato enmarcado al lector:

Narración principal	Desde ____________ hasta ____________
Narración enmarcada	Desde ____________ hasta ____________

5. El texto incorpora la descripción de Rodrigo y Demetria. Razona si son o no dos retratos.

Análisis de las formas de expresión

6. Localiza expresiones en el texto que revelen que se trata de una conversación informal.
7. Las voces de los personajes que intervienen en el diálogo se presentan en estilo directo, pero en el fragmento hay también estilo indirecto. Explica en qué momentos se recurre a cada uno de estos procedimientos.
8. En el texto se observa el uso de algunos recursos expresivos:
   - Señala varios casos de hipérbole y comenta qué valores añaden.
   - Localiza una metáfora. ¿Qué terminos se identifican entre sí? Indica si se trata de una metáfora original o si aparece con frecuencia en los textos.
   - Di qué metonimias hay en el texto y explica en qué consisten.

Valoración y relación con el contexto literario

9. La técnica narrativa básica empleada en este fragmento de *Luchana* es el diálogo. ¿Crees que con este empleo se vivifica y aligera la narración o se hace más dificultosa? Razona tu respuesta.
10. Relaciona este pasaje de *Luchana* con el realismo y con la producción novelística de su autor:
    - La expresión «el año 21 o 22» hace alusión a 1821 y 1822. ¿Cómo se relaciona la aparición de este dato con los rasgos de la novela realista?
    - Localiza en el fragmento de Galdós otras características propias de la novela realista.
    - ¿Qué rasgos del estilo del autor observas en el texto? Sitúalo en el contexto de su producción novelística.

Técnicas narrativas

La narración enmarcada

Se llama **narración enmarcada** el relato, que, como **historia completa** e **independiente,** se incluye dentro de otro con el que guarda relación. Este último se conoce como **relato marco.**

La narración enmarcada suele utilizarse como un procedimiento para **introducir información relevante** en una historia, pero en algunas obras constituye la **técnica** que **vertebra todo el relato.** Es el caso de *El conde Lucanor,* de don Juan Manuel, *Las mil y una noches* y el *Decamerón,* de Giovanni Boccaccio.

Evaluación

El café, por Voelkel.

Las tertulias de los cafés

¿De qué hablaban aquellos hombres durante tantas y tantas horas? El español es el ser más charlatán que existe sobre la tierra, y cuando no tiene asunto de conversación, habla de sí mismo; dicho se está que ha de hablar mal. En nuestros cafés se habla de cuanto cae bajo la ley de la palabra humana desde el gran día de Babel, en que Dios hizo las opiniones. Óyense en tales sitios vulgaridades groseras y también conceptos ingeniosos, discretos y oportunos. Porque no solo van al café los perdidos y maldicientes; también van personas ilustradas y de buena conducta. Hay tertulias de militares, de ingenieros; las de empleados y estudiantes son las que más abundan, y los provincianos forasteros llenan los huecos que aquellos dejan. En un café se oyen las cosas más necias y también las más sublimes. [...] El café es como una gran feria en la cual se cambian infinitos productos del pensamiento humano. Claro que dominan las baratijas; pero entre ellas corren, a veces sin que se las vea, joyas de inestimable precio.

Benito Pérez Galdós
Fortunata y Jacinta, Orbis

1. Contesta las siguientes cuestiones:
- ¿Qué opina de los españoles el narrador del fragmento de *Fortunata y Jacinta*?
- ¿Qué significado tiene la expresión *desde el gran día de Babel, en que Dios hizo las opiniones*?
- ¿Crees que el narrador está a favor o en contra de las tertulias en los cafés? ¿Por qué?

2. ¿En qué consiste una tertulia? Indica qué rasgos caracterizan las tertulias radiofónicas.

3. Señala los nexos coordinantes en estas oraciones y di cuáles unen sintagmas y cuáles proposiciones:
- ***a)*** ¿De qué hablaban aquellos hombres durante tantas y tantas horas?
- ***b)*** Al café van personas ilustradas y de buena conducta.
- ***c)*** En un café se oyen las cosas más necias y también las más sublimes.
- ***d)*** Al café van los perdidos y maldicientes.
- ***e)*** Dominan las baratijas; pero entre ellas corren, a veces, joyas de inestimable precio.

4. Analiza las oraciones de la actividad 3.

5. ¿Qué tipos de proposiciones coordinadas no aparecen en el fragmento de *Fortunata y Jacinta*? Escribe un ejemplo de cada una de ellas.

6. Las palabras *café* y *cafeína* se han incorporado como neologismos al español en distintos momentos. Completa el recuadro con un neologismo más reciente creado a partir de la segunda:

café → *cafeína* → ____________________

7. Explica por qué la novela fue el género preferido del realismo y señala sus rasgos en este período.

8. ¿En qué grupo de novelas de Galdós se incluye *Fortunata y Jacinta*? Comenta sus características.

9. Menciona los nombres de otros escritores españoles del realismo y cita sus obras principales.

10. Realiza un mapa conceptual con los datos del movimiento realista estudiados en la unidad.

4 Pantalla plana

Contenidos de la unidad

COMUNICACIÓN

La televisión

1. Características de la televisión
2. El documental

TÉCNICAS DE TRABAJO

Lectura de imágenes

Expresión: Elaboración de descripciones a partir de imágenes

LENGUA

Las proposiciones adjetivas

1. La subordinación adjetiva
2. Los nexos relativos
3. Las proposiciones de relativo
4. Clases de proposiciones adjetivas
5. **Norma:** Uso de los nexos relativos

Léxico: Préstamos (I): los calcos

Ortografía: Homófonos con *ll / y*. El punto y la coma

LITERATURA

El realismo (II)

1. Realismo y naturalismo
2. Clarín y *La Regenta*
3. Otros narradores naturalistas

Comentario de texto: *La «amiga» de Ana Ozores*

Quiero trabajar en la televisión

¿Cuál de los cuatro estará más intimidado? Yo, seguro, en vista de que acabo de pasarme la noche en blanco esperando la hora de esta entrevista. Pero ninguno parece lo que se dice a gusto. Nos miramos como pasmarotes, sentados en dos sofás que están uno enfrente de otro, sin intentar siquiera trabar conocimiento.

Si tenemos que esperar todavía dos horas antes de la entrevista con el director de producción, habrá que hablar de algo.

—¿No le parece que esta entrevista tiene toda la pinta de una inocentada?

—A ver si acierto, Marco. Usted no ha trabajado nunca en televisión, ni en ninguna otra cosa, por cierto, y no entiende por qué lo han llamado para esta serie misteriosa que se estrenará en otoño.

—Sí que he trabajado ya para esta cadena. Escribí los diálogos en francés de *Los señores de la galaxia*, unos dibujos animados japoneses. Y presenté varias sinopsis para *Dos polis en el infierno*, pero no se quedaron con ninguna.

—Mire, Marco, ¿para qué vamos a negar la evidencia? Si una cadena reúne en la misma habitación a un guionista joven y animoso dispuesto a trabajar gratis, a una escritora a caño libre de novelas rosa, a un hombre muerto de cansancio que no tiene donde vivir y a un venido a menos viejo como yo, a la fuerza tiene que haber algo turbio en el invento.

Durante la hora siguiente me dio tiempo a contarle que nací delante de un televisor. Y no es una figura retórica: la primera imagen que realmente recuerdo no es el seno materno, sino algo brillante y cuadrado que me atraía de forma irresistible. La tele era mi canguro, mis tardes sin colegio, mis atónitos ojos de niño descubriendo el mundo en movimiento. La tele era el amigo con el que nunca te peleas, el que siempre tiene una buena idea a punto desde por la mañana hasta por la noche. La tele era toda una gavilla de héroes que me enseñaron en qué consistía el entusiasmo. Las primeras emociones, pero también los primeros ascos. Fui ese chaval que se hace adulto de golpe y porrazo al cambiar de cadena. Recordé las imágenes prohibidas, vistas de noche por la rendija de una puerta; de la misma forma, habría podido Louis hablarme de sus noches de aventuras, con una linterna y un libro bajo las sábanas. Terminé diciendo que, en nombre de todo aquello, si se me presentaba una oportunidad de estar detrás de la carta de ajuste, haría todo lo posible para no traicionar a aquel chiquillo abandonado a su propio albedrío ante la pantalla de luz azulada.

Louis Stanick me miró, turbado. Podría haber dicho muchas cosas, pero prefirió sonreír.

Tonino BENACQUISTA
Saga, Lengua de Trapo (Adaptación)

La primera imagen que realmente recuerdo es algo brillante y cuadrado que me atraía de forma irresistible.

Análisis del texto

Análisis del contenido

1 Contesta estas cuestiones sobre el texto de Tonino Benacquista:

- ¿Cuántas personas están esperando para ser entrevistadas? Indica en qué situación anímica se encuentran.
- Dos de ellas entablan una conversación: ¿quiénes son los interlocutores?
- ¿Con qué fin se va a realizar la entrevista? ¿Quién será el entrevistador?
- Explica qué le cuenta Marco a su interlocutor y cómo reacciona este.

2 Deduce algunos datos más a partir del texto de la página anterior:

- ¿Cuál de las descripciones de los entrevistados del sexto párrafo se refiere a Marco? Explica por qué lo has deducido.
- ¿A qué tipo de programas de televisión se hace referencia en el fragmento?
- Señala cuál o cuáles de estas viñetas representan las aspiraciones de Marco.

3 ¿De qué dos maneras han descubierto el mundo los interlocutores del texto? Di qué tienen en común ambas formas de conocimiento y qué las distingue.

Análisis de la estructura

4 En el texto se diferencian tres partes. Señálalas en el cuadro:

Pensamientos del protagonista	Desde ________________ hasta ________________
Diálogo con otro personaje	Desde ________________ hasta ________________
Narración en estilo indirecto	Desde ________________ hasta ________________

5 ¿En qué persona se narra este texto? ¿Ante qué tipo de narrador nos hallamos?

Análisis de las formas de expresión

6 Sustituye en el texto las palabras y expresiones del recuadro por otras sinónimas:

pasmarotes trabar cadena sinopsis a caño libre venido a menos gavilla

7 Explica qué proceso ha seguido el término *canguro* para adquirir el significado con el que se emplea en el fragmento de Tonino Benacquista.

8 Indica el sentido de las siguientes expresiones relacionadas con *carta:*

a) Me han dado *carta blanca* para reformar mi habitación.
b) Seamos sinceros, pongamos *las cartas boca arriba.*
c) Es una persona honesta *a carta cabal.*
d) No nos decidíamos, así que *tomé cartas en el asunto:* nos volvimos.

Interpretación y valoración

9 Escribe un texto expositivo-argumentativo en el que manifiestes tu opinión sobre las ventajas y perjuicios que encierra el hecho de «crecer ante un televisor».

La televisión

Comienzos de la TV

- Basándose en descubrimientos anteriores, en 1926 el ingeniero y físico británico **John Logie Baird** consiguió transmitir imágenes a través de un monitor. Se emitían 12,5 imágenes por segundo con una definición de 30 líneas, por lo que la nitidez de la recepción era muy escasa.

Primeras emisiones

- En **1929,** Baird inició una **emisión regular** desde los estudios de la **BBC.**
- En las **décadas de 1930** y de **1940,** la televisión incorporó la **tecnología electrónica** y el medio **se expandió.**
- La **generalización** a todo el mundo tuvo lugar en los años **cincuenta.**
- En **España,** la difusión generalizada se produjo en **1956.**

1 Características de la televisión

Recuerda

- Los **medios audiovisuales** se caracterizan por la **simultaneidad** en la **emisión** y en la **recepción** de sus mensajes.
- Las **imágenes** y **sonidos** que transmiten estos medios ofrecen una **representación de la realidad** desde el **punto de vista** de **quien la capta.**
- La **radio** es un **medio audiovisual** en cuyos **mensajes** se **combinan** la **palabra** y otros **elementos sonoros.**

Marco, el protagonista del texto de la página 78, explica la influencia que tuvo en su vida la **televisión,** el **medio de comunicación** de **mayor presencia en la actualidad.**

La **televisión** es un **medio audiovisual** que elabora sus **mensajes** mediante la **combinación** de **elementos visuales** y **sonoros.**

El telespectador recibe de forma simultánea y sucesiva las **imágenes** y los **elementos sonoros,** que se interrelacionan en el mensaje televisivo con el objetivo de **entretener, informar** y **crear opinión:**

- **Imágenes.** La televisión emplea tanto imágenes **fijas** (un mapa del tiempo, un gráfico de la bolsa, fotografías con voz en *off*...) como en **movimiento** (vídeos, películas). Pueden extraerse de la **realidad,** ser creadas por **animación** o generadas por medio del **ordenador.**
- **Elementos sonoros.** Las **palabras** concretan, amplían o anclan los contenidos visuales; la **música** los refuerza o modifica; los **efectos sonoros** (incluidos los **ruidos**) contribuyen a crear ambiente, y el **silencio** centra la atención en el componente visual.

© Joaquín Salvador Lavado (Quino). *Todo Mafalda,* Editorial Lumen, 1992.

Actividades

1. Ejemplifica las diferentes formas de relación entre la imagen y el texto verbal (complementariedad, anclaje...) con situaciones tomadas de la televisión.
2. Explica qué ventajas y desventajas ofrece la televisión frente a la radio.
3. ¿Crees que la televisión es un instrumento educativo? ¿En qué sentido? Responde a partir de lo que se afirma en este texto:

La mayor iniciativa educativa en marcha ahora en Estados Unidos no tiene lugar en las aulas, sino en casa, frente al televisor y bajo la jurisdicción no de directores de escuelas y educadores, sino bajo una cadena de ejecutivos y entretenedores. No quiero decir que la situación es el resultado de una conspiración, ni siquiera que los que controlan la televisión desean esta responsabilidad. Solo quiero decir que, así como el alfabeto y la imprenta, la televisión ha adquirido, junto con su poder para controlar el tiempo, la atención y los hábitos de conocimiento de la juventud, el poder para controlar su educación.

Neil Postman
Divertirse hasta morir, La Tempestad

2 El documental

A través de la **televisión** se difunden programas con contenido, forma y finalidades muy diversos: **de entretenimiento,** como series, películas, concursos, magacines…; **de opinión,** en debates, tertulias, entrevistas…; e **informativos,** como los telediarios y los **documentales.**

El **documental** es un **género informativo,** de **transmisión audiovisual,** que trata asuntos de **interés permanente** o de **actualidad informativa.**

Tipos de documentales

Documentales de actualidad

Parten de una **noticia** destacada que da pie a una **investigación profunda** y van más allá del hecho mismo. Su testimonio ha de ser válido tiempo después. Algunos programas de televisión, como *Línea 900* y *Documentos TV*, están especializados en este tipo de documentales.

Documentales sobre temas de interés permanente

Suelen ocuparse de **temas científicos, históricos, técnicos, culturales, etnográficos…** Se elaboran con rigor para que sean válidos mucho tiempo después. Así ocurre en documentales sobre naturaleza, medio ambiente, viajes, aventuras, pueblos de la tierra, grandes acontecimientos históricos, arte, etc. Ejemplos de ellos son los documentales de *National Geographic, Al filo de lo imposible, Un país en la mochila, Mundos perdidos, El escarabajo verde…*

Los documentales presentan la **realidad** de forma **objetiva,** después de un riguroso proceso de **investigación.** Sin embargo, algunos autores, como Jacques Cousteau, en *Mundo submarino*, o Félix Rodríguez de la Fuente, en sus documentales sobre la fauna ibérica, han aportado una perspectiva personal.

La **duración** de estas filmaciones oscila entre 30 y 60 minutos. Suelen emitirse **capítulos** agrupados en **series,** como las de *National Geographic*, *Otros pueblos* o *Viajar*, que muestran diferentes países, regiones…

Combinación de códigos

En los documentales, la **imagen** se combina con **elementos sonoros** (sonidos, música, ruidos) y con el **texto verbal.** Además de las palabras de los protagonistas, es muy habitual la presencia de una **voz** —**directa** o **en** ***off***— que va conectando las imágenes y dotándolas de sentido, ya sea describiendo o relatando lo que sucede.

En algunos tipos de documentales se emplea la **reconstrucción dramática** de los hechos; por ejemplo, los ensayos de un concierto en un documental sobre un grupo de música.

Actividades

4. Localiza una programación semanal de televisión, observa en qué cadenas se incluyen documentales y comenta los siguientes aspectos:
   - Qué tema trata cada uno.
   - Cuál es su duración.
   - A qué hora se emite.
5. Señala cuáles de esos documentales son de interés permanente y cuáles son de actualidad informativa.
6. Debatid en clase sobre el interés y la finalidad de los documentales.

Lectura de imágenes

En el ordenador...

Numeración de páginas y de líneas

El procesador de textos ofrece dos posibilidades para **numerar** las **páginas** de un escrito:

- Seleccionar en el menú **Ver** la opción **Encabezado y pie de página.**
- Elegir en el menú **Insertar** la opción **Números de página.** En la ventana que se abre a continuación, podrás determinar la **posición** (en la parte superior o inferior de la página) y la **alineación** (izquierda, central o derecha) del número.

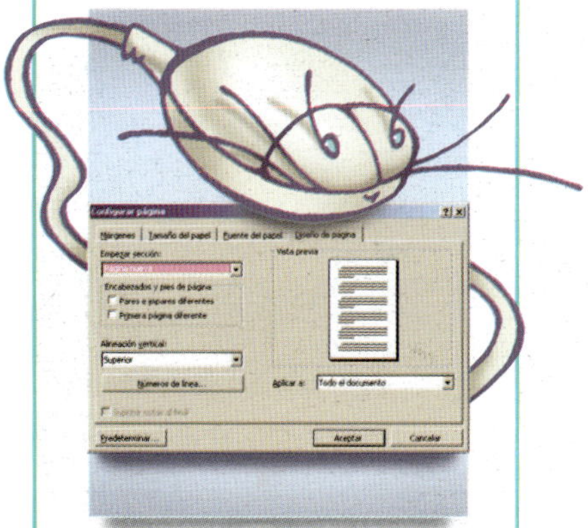

Para **numerar las líneas** de un texto, debes seleccionarlo primero con el cursor. Después, en el menú **Archivo,** elige la opción **Configurar página** y, en esta, pincha la pestaña **Diseño de página** y marca **Números de línea.** Puedes escoger entre numerar todo el documento o solo una parte.

Los documentales ofrecen información por medio de elementos sonoros y, sobre todo, de **imágenes** que parecen transportar al telespectador a la realidad misma.

Leer una imagen consiste en **analizarla** para lograr **captar su significado** e **interpretar** el **mensaje** que transmite.

Al leer una imagen debes tener en cuenta los aspectos que se indican:

1. Grado de semejanza con la realidad. La imagen es más **icónica** cuanto más se parece a la realidad que reproduce y más **abstracta** a medida que la semejanza va disminuyendo.

2. Denotación / connotación. En una **lectura objetiva,** la **denotación** es todo aquello que se percibe a través de la imagen. Si se realiza una **lectura subjetiva,** la **connotación** es lo que la imagen sugiere a cada receptor, bien sea por recuerdo, por evocación, etcétera.

3. Simplicidad / complejidad en la composición. Las llamadas **imágenes simples** requieren poca atención y tiempo para su comprensión; en cambio, las **imágenes complejas** resultan más difíciles de interpretar, por lo que su análisis exige mayor tiempo y dedicación.

4. Originalidad. La **imagen** es **original** si no ha sido creada anteriormente y no responde a modelos de imágenes previas. Si no contiene elementos novedosos, la **imagen** es **no original.**

***Relatividad,* por M. C. Escher.** © 2003 Cordon Art-Holland. Todos los derechos reservados.

Actividades

1. ¿Qué representa la imagen del anuncio? Señala qué elementos te han permitido averiguarlo y determina si el grado de iconicidad es alto o bajo.
2. En la publicidad se asocian determinados valores con el producto anunciado. ¿Qué connotaciones observas en el anuncio anterior?
3. Aplica al análisis del cuadro de Escher todos los aspectos de la lectura de imágenes mencionados.
4. Analiza las imágenes de la página 81 teniendo en cuenta los criterios indicados arriba.

Mina de oro de Sierra Pelada (Brasil), por Sebastião Salgado.

Descripción de la imagen

La mina al aire libre es un trajín de seres que se afanan en el enorme hueco abierto en las entrañas de la tierra. Como un ejército de hormigas, los hombres suben las escalas, cargadas las espaldas con los productos del sudor. Un hilo sutil enlaza cada paso en un ritmo único, un solo corazón: aquel que late en el esfuerzo injusto, inacabable.

Expresión

Elaboración de descripciones a partir de imágenes

En los documentales, la descripción se realiza tanto por medio de la **palabra** como de las **imágenes**, que, fijas o en movimiento, constituyen una **fuente** para la elaboración de textos de diverso tipo, especialmente de **descripciones**.

Para describir a partir de imágenes

- Elige una **lectura denotativa** o **connotativa** y **analiza** los aspectos de la **imagen** señalados en la página anterior.
- Antes de redactar, **selecciona** aquellos rasgos que permiten ofrecer una **visión global** y decide un **orden de presentación** (físico, lógico, temporal).
- Si tu **descripción** va a ser **objetiva**, evita las valoraciones; si es **subjetiva**, utiliza **recursos** del **lenguaje figurado**.
- Emplea en tu descripción **sustantivos**, **adjetivos calificativos** con distintas funciones, **proposiciones de relativo**, **adyacentes con preposición** y **verbos de estado** (sobre todo en presente).
- **Redacta sin buscar** una **excesiva originalidad**: céntrate en que tu texto mantenga una **conexión relevante** con la **imagen** descrita.

Actividades

5. Observa la fotografía del margen y lee el texto que la acompaña:
   - ¿Qué aspectos de la imagen se han seleccionado para describir? Indica en qué orden se presentan.
   - Analiza los procedimientos lingüísticos empleados en la descripción.
   - ¿Se trata de una descripción objetiva o subjetiva?
6. Realiza el análisis de estas otras dos fotografías teniendo en cuenta los criterios indicados en la página anterior:

Refugiados en Etiopía, por Sebastião Salgado.

São Paulo, por Sebastião Salgado.

7. Elige una de las fotografías de la actividad 6 y redacta una descripción objetiva a partir de ella.
8. Elabora una descripción subjetiva de la otra imagen.

Las proposiciones adjetivas

Recuerda

- Las **proposiciones subordinadas** cumplen una **función** en **otras proposiciones,** por lo que ambas se hallan en **distinto nivel sintáctico.**
- Las **proposiciones subordinadas** pueden ser **adjetivas, sustantivas** y **adverbiales.**
- En el **sintagma nominal,** los **adjetivos calificativos** funcionan como **adyacentes del núcleo,** que es un **sustantivo.**

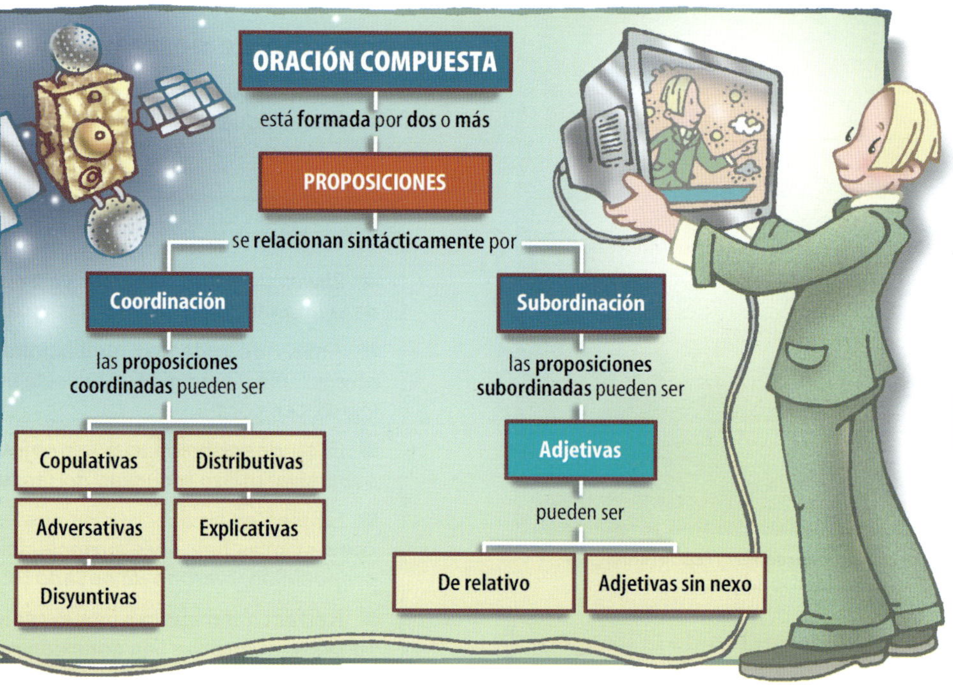

1 La subordinación adjetiva

Fíjate en las palabras que aparecen destacadas en color en las siguientes oraciones:

Han llamado a Marco para una serie ***misteriosa.***

Los aspirantes, ***temerosos de la entrevista,*** *estaban callados.*

En los dos casos se trata de **sintagmas adjetivales** que funcionan como **adyacentes** de los sustantivos a los que acompañan (*serie* y *aspirantes*, respectivamente). En su lugar, podrían aparecer dos proposiciones subordinadas adjetivas. Obsérvalo:

Han llamado a Marco para una serie ***que encierra un misterio.***

Los aspirantes, ***que temían la entrevista,*** *estaban callados.*

Se trata, ahora, de dos oraciones compuestas; cada una de ellas contiene una **proposición subordinada adjetiva** que, como los sintagmas adjetivales anteriores, modifica a un sustantivo.

> En la oración compuesta, las **proposiciones subordinadas adjetivas** desempeñan la **función** de **adyacente del sustantivo,** propia del sintagma adjetival.

El **sustantivo** (o **pronombre**) al que modifica la **proposición adjetiva** recibe el nombre de **antecedente:** en los ejemplos anteriores, *serie* es el antecedente de la proposición *que encierra un misterio*, y *aspirantes* es el antecedente de la proposición *que temían la entrevista*.

> Se denomina **antecedente** el **sustantivo** al que **se refiere** una **proposición subordinada adjetiva.**

Antecedente y proposición adjetiva

El **antececente** no forma parte de la **proposición adjetiva,** aunque suele situarse **próximo** a ella:

Marco le contó una ***historia*** *que le provocó una sonrisa benevolente.*

Observa que la proposición adjetiva subrayada aparece junto a su antecedente *(historia).*

A la hora de localizar el antecedente de una proposición adjetiva, recuerda que puede llevar una serie de complementos que se sitúen entre él y la subordinada:

Marco le contó una ***historia*** *interesante y muy personal que le provocó una sonrisa benevolente.*

2 Los nexos relativos

Las **proposiciones subordinadas adjetivas** suelen introducirse en la oración compuesta por medio de los **nexos relativos.**

Funcionan como **nexos relativos** los **pronombres,** los **determinantes** y los **adverbios relativos.**

Estos nexos realizan, además, **otra función en la proposición adjetiva.** Si tal función lo requiere, pueden ir introducidos por una preposición:

Finalmente, llegó la persona que nos iba a hacer la entrevista.

El director, a quien esperábamos con impaciencia, nos saludó cortésmente.

Reconocimiento del relativo *que*

El **pronombre relativo *que*** presenta la misma forma que la **conjunción *que*.** Para reconocerlo, puede sustituirse por otro pronombre relativo:

El director, que tardó mucho, nos entrevistó por fin.

El director, el cual tardó mucho, nos entrevistó por fin.

Observa que esta sustitución no es posible cuando se trata de la conjunción: *Sabía que el director tardaría.* → **Sabía ~~el cual~~ el director tardaría.*

2.1. Pronombres relativos

Los **pronombres relativos** presentan las siguientes formas:

Que (el que, la que, lo que; las que, los que)	*La primera imagen que recuerdo es la televisión.*
Cual, cuales (el / la / lo cual; los / las cuales)	*Eran los héroes de los cuales aprendí el entusiasmo.*
Quien, quienes	*Para mí fue ese amigo con quien nunca te peleas.*

2.2. Determinantes relativos

Los **determinantes relativos** son ***cuyo, cuya, cuyos*** y ***cuyas:***

Escribí un guión cuyos personajes eran japoneses.

Estos relativos aparecen junto a un sustantivo, al que modifican (en el ejemplo, *personajes*), por lo que se trata de **determinantes.** Indican una relación de posesión entre ese sustantivo y el antecedente de la proposición adjetiva (en la oración anterior, los *personajes* pertenecen al *guión*).

2.3. Adverbios relativos

Los **adverbios relativos** ofrecen las formas del siguiente cuadro:

Donde	*No nos movimos de los sofás donde estábamos sentados.*
Como	*Ninguno de los cuatro sabía la forma como nos entrevistarían.*
Cuando	*Estaba cansado en el instante cuando llegó el productor.*

Para que los **adverbios** *donde, como* y *cuando* funcionen como **nexos relativos,** la proposición adjetiva debe tener como **antecedente** un sustantivo que indique **lugar, modo** o **tiempo.** Observa:

Estaba donde lo entrevistaron.
Adverbio (Nx de lugar)

Estaba en el lugar donde lo entrevistaron.
Adverbio (Nx relativo)

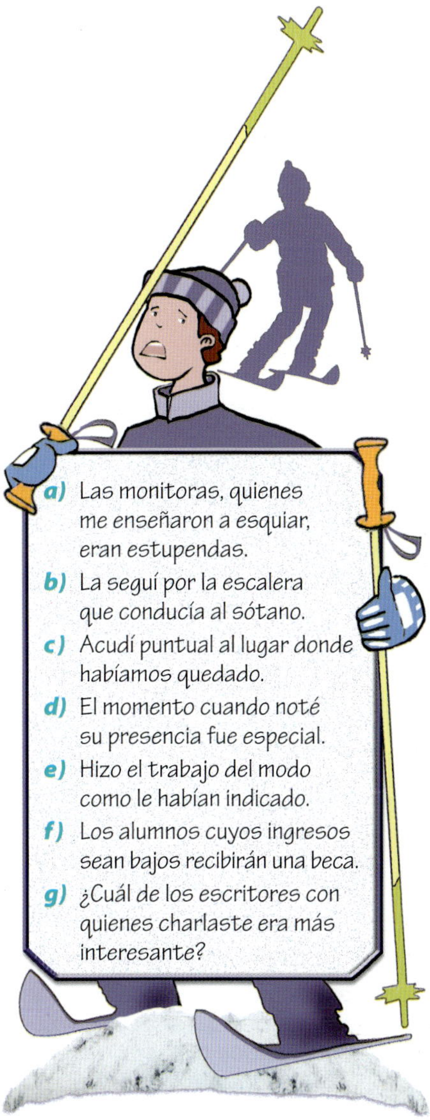

Actividades

1. Escribe oraciones compuestas que incluyan proposiciones subordinadas adjetivas con todos los nexos relativos que se han mencionado.
2. Localiza los nexos relativos de las oraciones de la ilustración de la izquierda y señala las proposiciones subordinadas adjetivas que aparecen en ellas. Indica el antecedente de cada una.

3 Las proposiciones de relativo

Adjetivas sin nexo

Algunas **proposiciones adjetivas se unen de forma directa** al antecedente al que se refieren. En estas proposiciones, el núcleo del predicado puede ser un verbo en **participio** o en **gerundio:**

Las sinopsis escritas por Marco no tuvieron aceptación.

Marco, aparentando tranquilidad, contestó todas las preguntas.

Estas proposiciones pueden ser sustituidas por otras introducidas por un nexo relativo: *Las sinopsis que fueron escritas por Marco no tuvieron aceptación; Marco, que aparentaba tranquilidad, contestó todas las preguntas.*

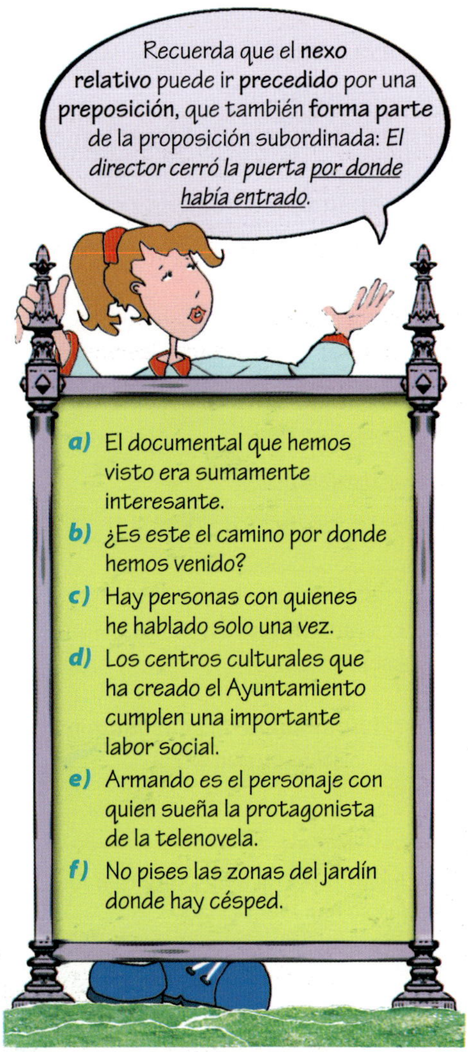

Se denominan **proposiciones de relativo** las **subordinadas adjetivas** que se **introducen** en la **oración compuesta** por medio de los **nexos relativos.**

El **núcleo** del **predicado** de las **proposiciones de relativo** puede ser tanto una **forma verbal personal** como un **infinitivo:**

Los personajes que veía en la tele eran héroes. No había un sitio donde charlar.

La función de las proposiciones de relativo es la de **adyacente** de un **sustantivo** o un **pronombre** (el antecedente); por tanto, forman parte del sintagma nominal al que este pertenece. Obsérvalo en el análisis:

Análisis

Las emociones que ofrecía la tele eran indescriptibles.

- *que*: Nx
- *Las*: D (Art); *emociones*: N (Sust); *que ofrecía la tele*: Ady (PS Adj) → S (SN)
- *eran*: N (V); *indescriptibles*: At (S Adj) → P (SV)

Fíjate en que la proposición de relativo (*que ofrecía la tele*) se inicia con el nexo. Al analizarla, debes determinar la **función** que dicho nexo realiza en la proposición; para ello, sustituye el relativo por su antecedente:

que ofrecía la tele ➜ *emociones ofrecía la tele* ➜ *La tele las ofrecía.*
CD

En este caso, el relativo *que* funciona como complemento directo en la proposición. Así, el análisis completo de la oración es el siguiente:

Análisis

Las emociones que ofrecía la tele eran indescriptibles.

- *que*: Nx; CD (Pron Relat); *ofrecía*: N (V) → P (SV); *la*: D (Art); *tele*: N (Sust) → S (SN)
- *Las*: D (Art); *emociones*: N (Sust); *que ofrecía la tele*: Ady (PS Adj) → S (SN)
- *eran*: N (V); *indescriptibles*: At (S Adj) → P (SV)

Observa que el **nexo relativo** puede desempeñar en la proposición subordinada una **función distinta** de la que realiza el **antecedente:** *emociones* es el núcleo del sujeto de la oración, mientras que el relativo *que* funciona como complemento directo en el predicado de la subordinada.

Como algunas funciones sintácticas se introducen con preposición, si el nexo es un **adverbio relativo,** al sustituirlo por el antecedente debes anteponer la preposición (cuando el nexo no va introducido ya por una):

Nos gustaba la cadena donde trabajaríamos. ➜ *en la cadena trabajaríamos.*
CCL

Actividades

3. Realiza el análisis sintáctico completo de las oraciones de la ilustración.
4. Redacta una breve descripción sobre lo que ves desde tu ventana en la que emplees al menos tres nexos relativos diferentes. Después, señala en tu texto las proposiciones que introducen y di qué función realizan en ellas.

4 Clases de proposiciones adjetivas

Como las **subordinadas adjetivas** equivalen a un sintagma adjetival, admiten la misma clasificación que los adjetivos calificativos; así, se distingue entre **proposiciones adjetivas explicativas** y **especificativas,** según la forma en que modifican al antecedente.

Adjetivos explicativos y especificativos

Los **adjetivos calificativos** pueden usarse como **explicativos** o **especificativos:**

- **Explicativos.** Aportan **información** sobre el **sustantivo** al que acompañan, **sin limitar** su **significado:** *¡Qué buena noticia me diste!*
- **Especificativos. Restringen** la extensión del **significado del sustantivo** al que modifican: *Encárgate de las noticias deportivas*. En este caso, el adjetivo *deportivas* limita el significado del sustantivo *noticias* y lo diferencia de otros tipos (culturales, económicas, de sociedad…).

Las **proposiciones subordinadas adjetivas explicativas** se limitan a **ampliar** la **información** sobre el **antecedente.**

Las **proposiciones adjetivas explicativas** se escriben **entre comas:**

Los entrevistados, que esperaban en la sala, estaban intimidados.

En la oración anterior se entiende que todos los entrevistados esperaban en la sala y todos se encontraban intimidados.

Las **proposiciones subordinadas adjetivas especificativas delimitan** o **seleccionan** rasgos del significado del **antecedente.**

En la escritura, las **proposiciones adjetivas especificativas** se presentan **sin comas.** Observa la diferencia de significado con las explicativas:

Los entrevistados que esperaban en la sala estaban intimidados.

En este caso se interpreta que solo se hallaban intimidados los entrevistados de la sala, aunque no indica si había más en otros lugares.

Actividades

5 Localiza proposiciones subordinadas adjetivas en las siguientes oraciones:

a) Han tirado la casa donde nacieron mis abuelos.
b) La lluvia torrencial, que provocó la crecida del río, duró varios días.
c) Amenábar, al que entrevistaron ayer, quizá dirija una película en EE UU.
d) Esa es la única explicación que dar.
e) Sus familiares, a quienes no veía en años, acudieron a su cumpleaños.
f) Aquella historia, propagada de boca en boca, se convirtió en leyenda.
g) Ese tejido, cuya procedencia es China, deslumbró por su delicadeza.
h) Prepararon con mucho cuidado el recibimiento que le darían.
i) Caminábamos por la ladera donde había menos pendiente.
j) En los tiempos cuando no había televisión disfrutábamos con la radio.

6 Clasifica las proposiciones de la actividad 5 en explicativas y especificativas.

7 Realiza el análisis completo de las oraciones de la actividad 5.

8 Escribe un breve relato a partir de lo que observas en las viñetas, de modo que todas las oraciones contengan una proposición adjetiva.

5 Uso de los nexos relativos

En el uso de los **nexos relativos** que introducen **subordinadas adjetivas** se cometen algunas incorrecciones que deben evitarse:

- Los relativos ***quien, quienes*** no pueden referirse a un **antecedente** que no designe seres humanos, ni siquiera si se trata de un nombre colectivo de personas: *_Recibió a la prensa, con ~~quien~~ departió un rato._ En este caso, debe usarse *que*, precedido del artículo correspondiente: *Recibió a la prensa, con **la que** departió un rato.*
- El relativo ***que***, referido a un antecedente que necesita preposición, debe ir precedido también por preposición. Así, es incorrecta la oración *_Vi el edificio ~~que~~ habíamos quedado_; lo correcto es *Vi el edificio **en el que** habíamos quedado* (*Habíamos quedado **en el edificio***).

Los **errores más habituales** se refieren al **uso de *cuyo*:**

Uso del relativo *cuyo*

→ Es **incorrecto** el uso de ***cuyo* sin valor posesivo:** *_Estuve en una fiesta, en ~~cuya fiesta~~ conocí a Juan._ En esos casos debe emplearse **otro relativo:** *Estuve en una fiesta, en **la que** conocí a Juan.*

→ También es **incorrecto** utilizar la forma ***que su* en lugar** de ***cuyo*** para indicar posesión: *_Compré un pastel ~~que su~~ sabor era delicioso._ Lo correcto es *Compré un pastel **cuyo** sabor era delicioso.*

→ El determinante ***cuyo* concuerda** con el **sustantivo** al que modifica; pero si ese sustantivo se encuentra **coordinado con** otro, concuerda **solo** con el **primero:** *Es la pareja a **cuya** hija y sobrinos conocí ayer.*

Expresiones correctas

La expresión *cuando menos* significa «por lo menos», «al menos», como puedes observar en la oración del bocadillo. Es incorrecto en este caso sustituirla por *cuanto menos:*

*_Debes repasar ese tema, ~~cuanto menos~~, una vez._

Del mismo modo, es inapropiado utilizar *cuanto más* en lugar de *cuando más,* que significa «a lo sumo»:

*El viaje nos llevará **cuando más** tres horas.*

*_Te esperaré ~~cuanto más~~ diez minutos._

1 Corrige el uso de *cuanto menos* y *cuanto más* donde sea necesario:

a) ¿Te habrá costado 30 €, cuanto menos?

b) Cuanto menos deporte practico, peor me siento.

c) Cuanto más me preocupo, peor me sale todo.

d) La película durará, cuanto más, dos horas y media.

Actividades

9 Indica en cuáles de las siguientes oraciones está mal usado el nexo relativo, explica por qué y cópialas correctamente:

a) Dormirán en la tienda que su amigo compró.
b) En un lugar de La Mancha, de cuyo nombre no quiero acordarme…
c) Hablé con la asociación de padres, con quien tengo buena relación.
d) Tienen una casa en una isla en cuyas playa y piscina nos bañábamos.
e) A las cinco hubo una asamblea, en cuya asamblea se rechazó el acuerdo.
f) El Gobierno, con quien habló, prometió el incremento de las pensiones.
g) Conocí a una pianista que su profesora espera mucho de ella.

10 Completa las siguientes oraciones con *que su* o *cuyo,* según corresponda. Ten en cuenta la concordancia:

a) Hemos visto una película ________ director ganó un Oscar.
b) Esta es la historia ________ hermano me contó.
c) Tiene un perro ________ pelo es muy corto.
d) Recogió los juguetes ________ hija había dejado en el suelo.
e) ¿No recibió el telegrama ________ padre le envió?
f) Ese es el hombre ________ mujer es senadora.
g) Te presentaré a un amigo ________ padre es ingeniero y te ayudará.

Aplicación y síntesis

Los **nexos relativos** contribuyen a la **organización del discurso,** pues marcan las **conexiones** que existen entre los **elementos nuevos** y otros **ya enunciados;** de este modo ayudan a **evitar repeticiones.**

Tomó la palabra el jefe de relaciones públicas Camps O'Shea para recordar a los periodistas el motivo del encuentro, bajo la brusca iluminación de los focos de las distintas cadenas de televisión que grababan el clamoroso evento de la presentación pública del nuevo fichaje.

—Ha estudiado un curso intensivo de castellano, pero aún no se atreve a mantener una conversación y mucho menos con vosotros, que sois terribles, de lo que no hay.

Alguna risa pagó la broma distensora[1] del relaciones públicas y entre las risas empezaron a brotar las primeras preguntas.

—¿Conoce usted la significación social y nacional del club por el que ha fichado?

—¿Mantendrá el promedio de treinta goles anuales que ha conseguido en el fútbol inglés?

Manuel Vázquez Montalbán
El delantero centro fue asesinado al atardecer, Planeta (Adaptación)

[1]**distensor:** que relaja o disminuye la tensión.

Ideas claras

- La **televisión** es un **medio audiovisual** en el que se combinan **imágenes fijas** y en **movimiento** con **elementos sonoros** y **texto verbal.**
- Los **documentales** son **textos audiovisuales** que abordan **temas de interés más allá** de la **inmediata noticia.**
- Las **subordinadas adjetivas** funcionan como **adyacentes** del **sustantivo.**
- Las **adjetivas** introducidas por un **nexo relativo** presentan el **verbo en forma personal** o en **infinitivo** y se denominan **proposiciones de relativo.**
- Los **relativos** cumplen una **función** en la **proposición.**
- Las **subordinadas adjetivas** pueden enlazarse **sin nexo;** en este caso, el verbo aparece en **gerundio** o en **participio.**

1. Contesta las siguientes cuestiones:
   - ¿De qué tipo de institución es relaciones públicas Camps O'Shea?
   - Indica dónde jugaba antes el *nuevo fichaje.*
   - ¿En qué tipo de acto comunicativo tiene lugar la conversación?
     a) Tertulia. ***b)*** Debate. ***c)*** Documental. ***d)*** Rueda de prensa.
2. Imagina que se grabara un documental sobre la vida del jugador al que alude el texto. ¿De qué tipo sería? Describe una posible secuencia.
3. Localiza los nexos relativos que aparecen en el fragmento y di de qué tipo es cada uno.
4. Separa las siguientes oraciones en simples y compuestas y señala cuáles de estas últimas incluyen proposiciones adjetivas:
   a) Ha estudiado un curso intensivo de castellano que aún no le permite mantener una conversación.
   b) No se atreve con vosotros, que sois terribles.
   c) ¿Mantendrá el promedio de treinta goles anuales que ha conseguido en el fútbol inglés?
   d) El delantero centro fue asesinado al atardecer.
5. Analiza sintácticamente las oraciones ***a), c)*** y ***d).*** Localiza el antecedente de las proposiciones adjetivas y di si son explicativas o especificativas.
6. Razona si el uso del relativo en la oración del recuadro es correcto o no:

   Había distintas cadenas de televisión cuyas cámaras grababan el evento.

7. Redacta un retrato del *nuevo fichaje* a partir de la imagen de arriba.

Léxico

Préstamos (I): los calcos

Los **préstamos** son **palabras** que se **incorporan** a **una lengua** procedentes de **otro idioma.** La **integración** de esos vocablos en la lengua que los acoge se realiza de formas diversas: una de ellas es el **calco semántico.**

El **calco semántico** consiste en la **adopción** del **significado** de un **término extranjero** para una **palabra que ya existe** en una lengua.

Para la incorporación de ese significado nuevo, la lengua se sirve de diversos procedimientos. Fíjate en el siguiente cuadro:

PROCEDIMIENTOS Y EJEMPLOS
Se **amplía el significado** de una palabra que ya existe en la lengua para acoger el nuevo sentido tomado del idioma extranjero. Así, el término *ratón,* que alude a un roedor, ha adoptado el sentido de la palabra inglesa *mouse:* «aparato manual conectado a un ordenador».
Se crea un **término nuevo** para ese sentido a partir de **palabras** que **ya existen.** Por ejemplo, la palabra *baloncesto (balón + cesto)* es un calco del término inglés *basketball.*
Se crea un **compuesto** formado por **más de una palabra** para expresar el nuevo significado. Es el caso de la expresión *luna de miel,* que constituye un calco de la expresión inglesa *honeymoon.*

Algunos **calcos** son innecesarios, pues la lengua posee **otras palabras** con ese **mismo sentido;** por ejemplo, el término *agresivo* ha ampliado su significado («que tiende a la violencia») con el de «dinámico, audaz», como traducción del inglés *aggressive: Es un ejecutivo agresivo.* Se trata de un calco innecesario, pues ya existen los vocablos *audaz* y *dinámico.*

Actividades

1. Indica qué calcos han surgido a partir de los términos ingleses del recuadro:

trainer goalkeeper handball open offside final four linier corner

2. ¿A qué ámbito de la realidad se refieren los calcos de la actividad 1? ¿Por qué crees que aparecen tantos en esta parcela?

3. Señala de qué expresiones inglesas procede cada uno de estos calcos:

a) cazatalentos
b) ciencia ficción
c) fin de semana
d) cabeza rapada
e) perrito caliente
f) gente guapa
g) red
h) tiempo completo
i) aire acondicionado

4. La columna central contiene calcos innecesarios. Relaciona cada uno con la palabra de la que procede y el vocablo español que ya tenía ese sentido:

domestic flight	chequeo	proponer
alarm clock	amor a primera vista	despertador
identity papers	papeles de identidad	absorbente
unusual	vuelo doméstico	insólito
privacy	inusual	documentación
nomine	reloj de alarma	intimidad
possessive	posesivo	flechazo
check-up	privacidad	reconocimiento médico
love at first sight	nominar	vuelo nacional

Uso de las palabras

Detentar / Desempeñar

El verbo *detentar* significa «poseer u ocupar sin derecho». Así, si decimos que *Esa actriz detenta la presidencia de la Asociación de Teatro,* estamos indicando que ha accedido al cargo de forma ilegítima.

Si lo que queremos expresar es simplemente que ocupa el cargo, debemos utilizar, como en la oración del bocadillo, el verbo *desempeñar,* que significa «cumplir las obligaciones propias de un cargo».

1. Indica en qué oraciones se emplea *detentar* de forma incorrecta y corrige los errores:

a) En la historia de este país han detentado el poder numerosos dictadores.
b) ¿Qué equipo detenta el título de campeón este año?
c) ¿Hasta cuándo piensas detentar la cátedra que ganaste en las oposiciones?

Ortografía

Según nos aproximábamos a la provincia de Sevilla, el paisaje adquiría tonos más secos y calientes. La comarca se desenvolvía ondulante, como un mar de olas inmensas, petrificadas hasta los últimos confines del horizonte. Era una tierra rojiza, sangrienta, que infinitas hileras de olivos rayaban de verde gris.

Armando PALACIO VALDÉS

Homófonos con *ll* / *y*

Las letras **ll** e **y** representan sonidos diferentes; sin embargo, debido al **yeísmo,** esos sonidos se igualan en la pronunciación de muchos hablantes. Por ello, es necesario prestar atención a algunos pares de palabras que ofrecen significados diferentes según se escriban con *ll* o *y*:

CON *LL*	CON *Y*
arrollo (verbo *arrollar*)	**arroyo** (riachuelo)
callado (verbo *callar*)	**cayado** (tipo de bastón)
halla (verbo *hallar*)	**haya** (verbo *haber;* árbol)
pollo (ave)	**poyo** (asiento de piedra)
valla (empalizada de madera)	**vaya** (forma del verbo *ir*)

El punto y la coma

El **punto** **.** indica una pausa al final de un enunciado. Existen tres tipos de punto: el **punto y seguido** separa enunciados en un párrafo, el **punto y aparte** separa párrafos, y el **punto final** señala el final de un texto.

La **coma** **,** indica una pausa breve dentro de un enunciado y se utiliza con fines diversos, como los siguientes:

- Separar los miembros de una **enumeración,** salvo el último, si va introducido por conjunción: *Tomaron té, café, pastas y picatostes.*
- Señalar la **omisión de un verbo:** *La huerta era hermosa; la casa, no.*
- Aislar el **vocativo** del resto del enunciado: *Mañana, chicos, no os veo.*
- Separar las **aclaraciones** e **incisos,** entre ellos las **proposiciones adjetivas explicativas:** *Su compañero de pupitre, con quien apenas había intercambiado unas palabras, era un muchachote serio y callado.*
- Introducir los **nexos coordinantes adversativos:** *Le hubiera gustado hablar, pero no llegó a intervenir.*

Usos incorrectos del punto

No debes **escribir punto** en los siguientes casos:

- **Después** de los **signos de interrogación** y de **exclamación de cierre,** de las **abreviaturas** y de los **puntos suspensivos.**
- **Detrás** de los **títulos** de **obras, capítulos, artículos...,** cuando aparecen **solos en una línea.**
- En los números que representan los **años:** 2004, y no *2.004.

Además, la normativa internacional recomienda **no usar** el **punto** para **separar** las **cifras;** es preferible dejar espacios en blanco: 50 232 425. Sí se puede utilizar, en cambio, para separar las horas de los minutos: *Son las 12.30.*

1 Corrige los errores de puntuación del siguiente texto:

—¿Qué deseaba?.

—El señor de los anillos, *ya se lo he dicho a Vd..*

—¡Ah, perdone!. No me había dado cuenta de que… . Aquí tiene el primer tomo

—¿Cuánto cuesta?

—Ocho euros con doce céntimos, o sea, 1.351, 05 ptas..

Actividades

1 Localiza las palabras con *ll* e *y* del texto de Palacio Valdés. ¿Encuentras algún homófono entre ellas? ¿Entre qué palabras se produce la homofonía?

2 Explica el uso del punto en el texto. ¿Qué normas de uso de la coma observas?

3 Fíjate en la primera coma del pasaje del margen y deduce tú otra norma de uso de este signo relacionada con la localización de las proposiciones en la oración compuesta.

4 Señala homófonos de las palabras del recuadro e indica su significado. A continuación, construye un texto que incluya, al menos, cinco de ellos:

olla rallo rallón malla hulla gallo callo llanta pulla hollada

5 Copia el siguiente texto con la acentuación y la puntuación correctas:

Ahora tenemos algunos animales en nuestra granja que se llama la Vigna la Viña; esta hacia el bosque de Castello mas o menos a un kilometro de aqui Mi madre va dos o tres veces a la Viña por semana pero no hace ya migas con los bichos los cuida la guardesa

El realismo (II)

LITERATURA DEL REALISMO
(2.ª mitad del siglo XIX)

NOVELA REALISTA - NATURALISTA

Leopoldo Alas, *Clarín*
(1852-1901)

La Regenta
(1884-1885)

Emilia Pardo Bazán
(1851-1921)

Los pazos de Ulloa
(1886)

Vicente Blasco Ibáñez
(1867-1928)

La barraca
(1898)

1 Realismo y naturalismo

Recuerda

- En la **segunda mitad del XIX** se desarrolló el **realismo,** que pretendió **reflejar la realidad** a través del **arte.**
- El **género preferido** por los **autores realistas** fue la **novela,** pues permitía conjugar la **perspectiva individual** con la **social** e **histórica.**
- Estas **novelas** incorporan un **narrador omnisciente** que interviene con **comentarios.**

En las décadas finales del **siglo XIX,** el realismo evolucionó hacia el **naturalismo,** corriente artística impulsada por el autor francés **Émile Zola.**

El **naturalismo** llevó al **extremo** los **presupuestos del realismo** y se propuso **aplicar** a la **literatura** los **principios científicos** de la época.

Para Zola, el **hombre** es el **resultado** de la **herencia genética** y las **circunstancias sociales** en las que **nace** y se **forma.** La familia y el ambiente en el que se educa condicionan tanto al individuo que este está determinado a ser como es. En novelas como *Teresa Raquin* o *La taberna,* Zola se propuso mostrar lo que veía hasta en sus **aspectos más sórdidos,** comportándose ante los personajes y la historia como un científico.

Los **escritores españoles** de la época —Emilia Pardo Bazán, Galdós, Clarín y Vicente Blasco Ibáñez— **rechazaron** el **determinismo genético** de Zola, pero **incorporaron** a sus novelas algunas **técnicas naturalistas.**

Características del naturalismo

Día de mercado, por Paul Fischer.

Técnicas narrativas

Las novelas naturalistas llevaron al límite las **técnicas de observación** del realismo. Los escritores aspiraron a presentar la realidad con el **método científico,** de modo que convirtieron el relato en el «microscopio» que les permitía **analizar** la **conducta de los individuos** a la luz de la **sociedad** y la **familia,** que **determinan** su **comportamiento.** En estos relatos **se atenúa** el **peso de la historia** narrada **en beneficio** de la **descripción,** que, en ocasiones, se detiene en **aspectos descarnados** y **crueles.**

Narrador

La novela naturalista incorpora un **narrador objetivo,** que intenta ser **impersonal,** frente al narrador del realismo, que participa con sus comentarios en la historia.

Temas y personajes

El narrador presenta los **aspectos** más **sórdidos** de la realidad, así como **personajes con taras,** sin sentimientos, dominados por su **fisiología,** cuyo **lenguaje,** en ocasiones **áspero** y **sórdido,** refleja el **ambiente** en el que viven.

Julián pertenecía a la falange[1] de los pacatos[2] que tienen la virtud espantadiza con repulgos[3] de monja y pudores de doncella intacta. No habiéndose descosido jamás de las faldas de su madre sino para asistir a cátedra, en el Seminario, sabía de la vida lo que enseñan los libros piadosos. [...] Ignoraba cuándo pudo venirle la vocación; tal vez su madre, ama de llaves de los señores De la Lage, mujer que pasaba por beatona, lo empujó suavemente, desde la más tierna edad, hacia la Iglesia, y él se dejó llevar de buen grado. Lo cierto es que de niño jugaba a cantar misa, y de grande no paró hasta conseguirlo. [...]

Julián, por su compostura y sus hábitos de pulcritud —aprendidos de su madre, que le sahumaba[4] toda la ropa con espliego— cogió la fama de seminarista pollo[5], máxime cuando averiguaron que se lavaba mucho manos y cara.

Emilia PARDO BAZÁN
Los pazos de Ulloa, Alianza

[1]**falange:** conjunto de personas.
[2]**pacato:** escrupuloso en exceso.
[3]**repulgo:** inquietud de conciencia.
[4]**sahumar:** perfumar, aromatizar.
[5]**pollo:** aquí, raro.

Actividades

1. ¿Qué oficio tiene Julián? Explica qué le llevó a esa vocación.
2. ¿Qué rasgos caracterizan al protagonista de *Los pazos de Ulloa*? ¿Cuáles aparecen marcados desde su infancia?
3. ¿Contiene el texto un retrato de Julián? Justifica tu respuesta.
4. ¿Por qué crees que son frecuentes los retratos en las novelas naturalistas?

2 Clarín y *La Regenta*

Leopoldo Alas

(1852-1901). Nació en Zamora y, en 1863, se instaló en Oviedo, donde estudió la carrera de Derecho. Después se trasladó a Madrid para realizar el doctorado, y allí comenzó su actividad periodística.

Fue catedrático de Derecho en la Universidad de Zaragoza y, posteriormente, en Oviedo, ciudad donde desarrolló su labor literaria y en la que ambientó algunas de sus obras.

Sus ideas republicanas lo llevaron a denunciar en sus obras las injusticias sociales, situándose siempre al lado de los más débiles.

Clarín, seudónimo de Leopoldo Alas, fue conocido en su época sobre todo por sus **artículos de crítica literaria.** Autor también de célebres **cuentos** (*Pipá; Adiós, Cordera...*), su paso a la historia de la literatura se debe a ***La Regenta,*** una de las mejores novelas en lengua española.

Ambientada en la ciudad de **Vetusta,** ***La Regenta*** presenta el **conflicto** de dos **personajes (Ana Ozores** y **Fermín de Pas)** dominados por el **anhelo amoroso** en un **ambiente hostil.**

Tras el nombre de Vetusta se esconde la ciudad de Oviedo y sus habitantes: una **sociedad burguesa,** llena de **hipocresía** y **convencionalismos.** El **pormenorizado análisis de la sociedad,** de la que se ofrecen diversos ambientes (iglesia, aristocracia, pequeña burguesía, trabajadores...), y el **detallado estudio de los personajes** convierten esta novela en un magnífico ejemplo del naturalismo en España.

La Regenta

Argumento

La regenta, **Ana Ozores,** es una mujer joven casada con don **Víctor Quintanar,** antiguo regente de la Audiencia y mucho mayor que ella. Insatisfecha con su vida en **Vetusta** y con su matrimonio, busca sentido a su existencia: se vuelca en la **religión,** ayudada por **Fermín de Pas,** joven y ambicioso canónigo de la catedral que se enamora de ella. Después se refugia en la pasión que cree sentir por **Álvaro Mesía,** un donjuán provinciano. De Pas, celoso, denuncia a Ana ante don Víctor, que muere en un duelo con Álvaro. La ciudad, a la que se suma Fermín de Pas, vuelve la espalda a la Regenta.

La heroica ciudad dormía la siesta. El viento sur, caliente y perezoso, empujaba las nubes blanquecinas que se rasgaban al correr hacia el norte. En las calles no había más ruido que el rumor estridente de los remolinos de polvo, trapos, pajas y papeles, que iban de arroyo en arroyo, de acera en acera, de esquina en esquina, revolando y persiguiéndose, como mariposas que se buscan y huyen y que el aire envuelve en sus pliegues invisibles. [...]

Vetusta, la muy noble y leal ciudad, corte en lejano siglo, hacía la digestión del cocido y de la olla podrida[1]*, y descansaba oyendo entre sueños el monótono y familiar zumbido de la campana de coro, que retumbaba allá en lo alto de la esbelta torre en la Santa Basílica.*

Actividades

5. ¿A qué momento del día se hace referencia en el pasaje de *La Regenta*?
6. Indica qué acciones se citan en el texto y quién las realiza.
7. ¿Con qué expresiones aparece personificada la ciudad de Vetusta?
8. El fragmento corresponde al inicio de la novela. ¿Por qué crees que comienza con esta descripción? Piensa en la personificación y en la información que tienes sobre la novela, y razona si se trata solo de la indicación del lugar.

[1] **olla podrida:** plato de carne, tocino, legumbres, hortalizas, jamón y aves cocidos; en la época constituía una comida principal.

Emilia Pardo Bazán

(1851-1921). Nació en A Coruña, en una familia de pensamiento progresista. Recibió una cuidada educación y conoció a los pensadores más destacados del momento. Viajó por toda Europa, lo que le permitió conocer las novedades literarias de su tiempo, y participó activamente en la vida literaria y cultural española.

Escribió para diversos periódicos y creó su propia revista *(Nuevo Teatro Crítico),* además de fundar la *Biblioteca de la mujer* y actuar como consejera de Instrucción Pública. Fue nombrada catedrática de Literaturas Neolatinas.

Vicente Blasco Ibáñez

(1867-1928). Nació en Valencia. De espíritu inquieto y emprendedor, pronto se adhirió al movimiento republicano. Fue diputado y fundó y editó el periódico antimonárquico *El Pueblo.*

Como consecuencia de sus ideas políticas, fue encarcelado y debió partir al exilio en varias ocasiones.

Algunas de sus novelas fueron llevadas al cine, como *Los cuatro jinetes del Apocalipsis,* centrada en la Primera Guerra Mundial, que le procuró fama y prosperidad.

3 Otros narradores naturalistas

La **escritora gallega Emilia Pardo Bazán** ha sido considerada la introductora del naturalismo en España, tendencia que analizó en su obra *La cuestión palpitante* y alguna de cuyas características incorporó a sus novelas.

Las **novelas** de **Pardo Bazán** contienen un estudio detallado del **mundo rural gallego,** cuya **decadente nobleza** mantiene su poder entre los campesinos.

Su obra más conocida, *Los pazos de Ulloa* (1886), y su continuación, *La madre naturaleza* (1887), ofrecen el declive de esa nobleza. Los ojos de dos personajes venidos de fuera —Julián, el capellán, en la primera, y Gabriel, el tío de la protagonista, en la segunda— permiten observar la decadencia social, moral y física de los Ulloa, señores feudales de un mundo en extinción.

Perucho

Convenía no despertase la chiquilla, no fuese a alborotar la casa lloriqueando. Perucho la tomó como quien toma un muñeco de cristal muy rompedizo y precioso; sus palmas, llenas de callos, y sus brazos, hechos a disparar certeras pedradas y a descargar puñetazos en el testuz de los bueyes, adquirieron de golpe delicadeza exquisita, y la «nené», envuelta en el pañolón de calceta, ni gruñó siquiera al trocar la cama por los brazos de su precoz raptor. […]

Dando las gracias, por Arthur Hugmes.

En el claustro se paró obra de diez segundos para meditar. ¿Dónde escondería su tesoro? ¿En el pajar, en el herbeiro, *en el hórreo, en el establo? Optó por el hórreo —el lugar menos frecuentado y más oscuro—; bajaría la escalera, se escurriría por el claustro, se colaría por las cuadras, salvaría la era, y después nada más sencillo que ocultarse en el escondrijo. Dicho y hecho.*

Emilia Pardo Bazán
Los pazos de Ulloa, Alianza

El **valenciano Vicente Blasco Ibáñez** está considerado el **escritor español** que más directamente siguió los principios del **naturalismo.**

Las **novelas naturalistas** de **Blasco Ibáñez** presentan el **mundo valenciano** en tres ámbitos socioeconómicos: el **comercio** (en *Arroz y tartana,* 1894), la **agricultura** (en *La barraca,* 1898) y la **pesca** (en *Cañas y barro,* 1902).

Los **personajes** de estos relatos están dominados por **fuerzas primitivas** que **determinan** su **conducta.** Predominan los **ambientes violentos,** descritos con **detallismo,** sin omitir los **aspectos crudos** y hasta **desagradables.**

Actividades

9. ¿Qué ha hecho Perucho? Explica para qué se dirige al hórreo.
10. Indica cómo es Perucho y cómo se muestra lo que siente por la chiquilla.

La ciudad de **Vetusta** está dominada por la **hipocresía,** las **habladurías** y los **chismes.** Uno de los personajes en el que mejor se observan estas conductas colectivas es **Visitación,** para quien el mayor placer consiste en conocer las intimidades y secretos de sus convecinos. El siguiente fragmento muestra la forma de ser de esta insigne vetustense.

La «amiga» de Ana Ozores

Visitación encogía los hombros. No se explicaba aquello. ¡Qué mujer era Ana! Ella estaba segura de que Álvaro le parecía retebién; Álvaro seguía su persecución con gran maña, lo había notado, ella le ayudaba, también sin querer…, y nada. Mesía, preocupado, triste, bilioso, daba a entender, a su pesar, que no adelantaba un paso. ¿Andaría el Magistral en el ajo? Visita se impuso la obligación de espiar la capilla del Magistral; se enteró bien de las tardes que se sentaba en el confesonario, y se daba una vuelta por allí mirando por entre las rejas con disimulo, para ver si estaba la otra. Después averiguó que la habían visto confesando por la mañana a las siete. «¡Hola!, allí había gato.» […] Ella, Visita, no quería renunciar al placer de ver a su amiga caer donde ella había caído; por lo menos verla padecer en la tentación. Nunca se le había ocurrido que aquel espectáculo era fuente de placeres secretos intensos, vivos como pasión fuerte, pero ya que los había descubierto, quería gozar aquellos sabores picantes de la nueva golosina. Cuando observaba a Mesía en acecho, cazando, o preparando las redes por lo menos, en el coto[1] de Quintanar, Visitación sentía la garganta apretada, la boca seca, candelillas en los ojos, fuego en las mejillas, asperezas en los labios. «Él dirá lo que quiera, pero está chiflado», pensaba con un secreto dolor que tenía en el fondo una voluptuosidad como la que produce una esencia muy fuerte; aquellos pinchazos que sentía en el orgullo, y en algo más guardado, más de las entrañas, los necesitaba ya como el vicioso el vicio que le mata, que le lastima al gozarlo; era el único placer intenso que Visitación se permitía en aquella vida tan gastada, tan vulgar, de emociones repetidas. El dulce no la empalagaba, pero ya le sabía poco a dulce; aquella nueva pasioncilla era cosa más vehemente[2]. Quería ver a la Regenta, a la impecable, en brazos de don Álvaro; y también le gustaba ver a don Álvaro humillado ahora, por más que deseara su victoria, no por él, sino por la caída de la otra.

Leopoldo ALAS, CLARÍN
La Regenta, Alianza

[1]**coto:** terreno marcado con unos límites para reservar su uso.
[2]**vehemente:** apasionado, impetuoso.

Comentario de texto

Aproximación al contenido del texto

1. Contesta las siguientes cuestiones sobre el fragmento de *La Regenta:*
   - ¿Qué relación existe entre Ana Ozores y Visitación?
   - Indica qué siente Álvaro Mesía por la Regenta y señala la frase del texto que lo muestra.
   - ¿Qué siente Ana por don Álvaro? ¿Qué frases permiten descubrirlo?
2. Amplía la información a partir del texto de Clarín:
   - Explica qué sentimientos alberga Visita hacia don Álvaro. ¿Y hacia Ana Ozores?
   - ¿En qué consiste la *victoria* de Álvaro Mesía? ¿Por qué desea Visita ese triunfo?
   - Explica a qué achaca Visita el fracaso de Álvaro Mesía.
   - ¿Qué rasgos del recuadro caracterizan a Visitación? Distingue entre los que se refieren a su forma de vida y los que reflejan su mentalidad:

entrometida	*envidiosa*	*perseverante*	*disoluta*	*afectuosa*
intrigante	*orgullosa*	*rencorosa*	*vulgar*	*desagradecida*

3. ¿Crees que los rasgos que caracterizan a Visitación le corresponden por su forma de ser o por la sociedad en que vive? Razona tu respuesta.

Análisis de la estructura

4. Indica en qué líneas del pasaje se informa de estas cuestiones:

Los hechos que suceden	Desde ________ hasta ________
Los sentimientos e intenciones de Visita	Desde ________ hasta ________

5. Justifica por qué el fragmento de *La Regenta* es un texto narrativo y explica qué tipo de narrador aparece en él.

Análisis de las formas de expresión

6. En este fragmento de *La Regenta* «oímos» varias veces la voz de Visitación, el personaje sobre el que centra su atención el narrador:
   - Localiza en el texto un ejemplo de discurso en estilo directo y explica por qué lo es.
   - Identifica otro ejemplo en estilo indirecto. ¿Qué rasgos lingüísticos muestran la voz del narrador?
   - Señala ahora ejemplos de estilo indirecto libre. A continuación, transfórmalos a estilo directo e indirecto.
7. ¿Qué imagen utiliza el narrador para presentar el asedio de don Álvaro a la Regenta?
8. Localiza en el texto los siguientes recursos y explica su función:
   a) Metáforas. ***b)*** Comparaciones. ***c)*** Expresiones coloquiales.

Valoración y relación con el contexto literario

9. ¿Crees que Clarín consigue transmitir el carácter de Visitación en el texto de la página anterior? Razona tu respuesta.
10. Relaciona este fragmento con lo que sabes acerca de *La Regenta.* Para ello, atiende a los siguientes aspectos:
    - Quiénes son los personajes, cómo aparecen caracterizados y en qué ambiente se mueven.
    - En qué tema se centra este episodio de la novela.

Técnicas narrativas

El estilo indirecto libre

En **estilo directo,** las **palabras** o **pensamientos** de un **personaje** se reproducen de **forma exacta:**

¿Dónde escondere mi tesoro?

En **estilo indirecto,** el **narrador reproduce** con **sus palabras** la **voz del personaje,** por lo que introduce algunas modificaciones en la expresión (tiempos verbales, posesivos, pronombres personales…):

Perucho meditaba sobre dónde escondería su tesoro.

La **combinación** de **ambos estilos** da lugar al **estilo indirecto libre,** que reproduce las palabras o pensamientos del personaje mezclando su forma de expresión con modificaciones del estilo indirecto:

En el claustro se paró obra de diez segundos para meditar. ¿Dónde escondería su tesoro?

Evaluación

El Tribunal de las Aguas

Era jueves, y según una costumbre que databa de cinco siglos, el Tribunal de las Aguas iba a reunirse en la puerta de los Apóstoles de la Catedral de Valencia.

El reloj de la torre llamada el Miguelete señalaba poco más de las diez, y los huertanos juntábanse en corrillos o tomaban asiento en los bordes del tazón de la fuente que adorna la plaza. […]

Toda la huerta que tenía agravios que vengar estaba allí, gesticulante y ceñuda, hablando de sus derechos, impaciente por soltar ante los síndicos[1] *o jueces de las siete acequias el interminable rosario de sus quejas.*

El alguacil del tribunal, que llevaba más de cincuenta años de lucha con esta tropa insolente y agresiva, colocaba a la sombra de la portada ojival las piezas de un sofá de viejo damasco, y tendía después una verja baja, cerrando el espacio de acera que había de servir de sala de audiencia. […]

Terminó el alguacil de arreglar el tribunal y plantose a la entrada de la verja, esperando a los jueces.

Iban llegando, solemnes, con una majestad de labriegos ricos, vestidos de negro, con blancas alpargatas y pañuelo de seda bajo el ancho sombrero. […]

La gente labradora miraba con respeto a estos jueces salidos de su clase, cuyas deliberaciones no admitían apelación.

Vicente Blasco Ibáñez
La barraca, Orbis

[1] **síndico:** persona elegida por una comunidad o corporación para cuidar de sus intereses.

Puerta de los Apóstoles de la catedral de Valencia. Delante de ella están reunidos los miembros del Tribunal de las Aguas. La ceremonia se celebra todavía en la actualidad.

1. Contesta las siguientes cuestiones:
- ¿Cuál es la función del Tribunal de las Aguas, según el texto?
- Explica de qué tipo de tribunal se trata.
- ¿Quiénes forman ese tribunal? Indica a quiénes se enfrentan.

2. Si se realizara un documental sobre el Tribunal de las Aguas, ¿de qué tipo sería? Justifica tu respuesta.

3. Localiza los nexos relativos y señala las proposiciones adjetivas de las siguientes oraciones:

a) Aquella era una costumbre que databa de cinco siglos.
b) Los huertanos tomaban asiento en los bordes del tazón de la fuente que adornaba la plaza.
c) Toda la huerta, que tenía agravios, estaba allí.
d) La huerta tenía agravios que vengar.
e) El alguacil, quien llevaba cincuenta años de lucha, colocaba un sofá de viejo damasco.

4. ¿Qué función realiza el nexo en cada una de las proposiciones de la actividad 3?

5. Realiza el análisis sintáctico de las siguientes oraciones compuestas:

a) El alguacil arregló el tribunal y plantose a la entrada de la verja.
b) La gente labradora miraba con respeto a estos jueces salidos de su clase, cuyas deliberaciones no admitían apelación.
c) El alguacil cerraba con una verja baja el espacio de acera que servía de sala de audiencia.

6. ¿Qué calcos pertenecientes al ámbito del deporte están relacionados con la palabra *juez*?

7. Indica qué rasgos de la obra de Vicente Blasco Ibáñez aparecen en este fragmento de *La barraca*.

8. ¿A qué tendencia literaria se adscribe este autor? Expón las características de ese movimiento.

9. ¿Qué otros autores y obras de esa orientación literaria conoces? Explica cuanto sepas sobre ellos.

10. Describe la puerta de los Apóstoles de la catedral de Valencia a partir de la imagen con la que se ha ilustado el texto.

5 ¡Luces, cámara y... acción!

Contenidos de la unidad

COMUNICACIÓN

El cine

1. Características del cine
2. El filme y el corto

TÉCNICAS DE TRABAJO

Planos y ángulos

Expresión: Narración desde distintas perspectivas

LENGUA

Las proposiciones sustantivas (I)

1. La subordinación sustantiva
2. Nexos de las sustantivas
3. Funciones de las sustantivas
4. Sustantivación de adjetivas
5. **Norma:** El dequeísmo

Léxico: Préstamos (II): xenismos y adaptaciones

Ortografía: Escritura de grupos consonánticos. Los dos puntos

LITERATURA

El modernismo

1. Características del modernismo
2. Rubén Darío

Comentario de texto: *Marina*

Cuentos de cine

Al anochecer, antes de volverse a casa, Mercedes y su amiga se juntaban para dar una vuelta. Desembocaban en las calles del centro, se alistaban a su complicado abejeo[1], sorteando motocicletas, camiones, cieguecitos; se entretejían en el incierto fluir de la gente, como si se echaran en una crepitante hoguera a formar parte de su resplandor. [...] La gente se echaba a estas calles con los ojos expectantes, abiertos como puertas por ver si les entraba alguna imagen nueva con que amasar su sueño aquel día. En los miles de pares de ojos se detenía el reflejo chillón, insistente, de los letreros luminosos, y parecían lágrimas verdes, rojas, azules, a punto de resbalar. [...]

Lo mejor era los sábados por la tarde, y algún día entre semana, cuando iban al cine. Allí mismo, atravesando la calle había un cine; y otro pegando con la oficina, pared por medio. Parecía mentira lo cerca que estaba, lo fácil que era ir. A Mercedes le hubiera gustado tener que preparar un largo viaje y ponerse un vestido completamente distinto, despedirse de todos como si nunca fuera a volver. Se extasiaba con las películas en tecnicolor[2], de caballos rojizos vadeando ríos, de persecuciones y galopadas, de lejanas montañas tan verdaderas, de carros trashumantes avanzando torpemente a la luz de la luna. Historias de tiros, de indígenas, de cabarés, de naufragios, de mujeres fascinantes que cantan con collares de flores, de hombres duros y arrojados, de muerte y contrabando, de barcos piratas, de amores inconmensurables.

Cuando el más alto escapaba de todos los peligros y llegaba, por fin, a besar a la muchacha, se encendían las luces bruscamente, empezaba a chillar una gramola[3], y era que las echaban. Estaban en un local mal iluminado, que olía a ozonopino[4], donde se paseaban como fantasmas dos o tres niños arrendados, que pregonaban chicles y patatas fritas.

—¿Vamos? —le decía su amiga, levantándose.

Mercedes sentía una sorda irritación que se le enconaba al no saber contra quién dirigirla. Miraba con ojos rencorosos la pantalla, que era solo una sábana estirada, y se revolvía contra aquella estampada y fría blancura igual que un toro engañado al embestir, ávido de sangre.

—¡El viejo, qué bien trabaja! Es el que hacía de comisario de policía en *La noche de asfalto*. ¿Te acuerdas?

—Sí, ya me acuerdo.

Salían poniéndose los abrigos al frío, a la calle, a la luz, a la rueda de siempre.

Carmen Martín Gaite
«La oficina», en *Cuentos de cine*, Castalia

[1] **abejeo:** hecho de bullir o moverse un enjambre de abejas y el ruido que produce.

[2] **tecnicolor:** procedimiento que permite reproducir en la pantalla cinematográfica los colores de los objetos.

[3] **gramola:** modalidad de gramófono sin micrófono exterior.

[4] **ozonopino:** un tipo de ambientador.

Se extasiaba con películas en tecnicolor, historias de tiros, de indígenas, de cabarés, de mujeres fascinantes que cantan con collares de flores…

Análisis del texto

Análisis del contenido

1 Contesta estas cuestiones sobre el texto de Carmen Martín Gaite:

- ¿Qué hacen de forma rutinaria Mercedes y su amiga? Explica cómo actúa la gente en la calle.
- ¿Qué es lo que más les gusta hacer a las dos jóvenes?
- ¿Cómo se siente la protagonista al terminar la película? ¿Por qué?

2 Deduce algunos datos más a partir del fragmento de la página anterior:

- ¿Dónde trabaja Mercedes? Explica por qué le hubiera gustado *preparar un viaje, ponerse un vestido completamente distinto* y *despedirse de todos.*
- ¿Cuáles de estos rasgos se asocian en el texto al héroe de una película?

apostura arrojo gallardía severidad firmeza apocamiento temor

- Indica a qué géneros cinematográficos se hace referencia en el fragmento.
- ¿Cómo es la sala de cine a la que van Mercedes y su amiga? Señala qué diferencias presenta con las actuales.

3 ¿Con qué finalidad se va al cine? Dedúcelo a partir de las actitudes que muestran las dos amigas al finalizar la película.

Análisis de la estructura

4 Divide el texto en tres partes atendiendo a su contenido.

5 El fragmento que has leído constituye una narración. Justifícalo e indica en qué momentos se incorpora la descripción y en cuáles el estilo directo.

Análisis de las formas de expresión

6 Averigua el significado de *trashumar* y explica el sentido de *carros trashumantes.* ¿A cuál o cuáles de las viñetas aplicarías el término *trashumancia*?

7 Explica el sentido de los adjetivos en las siguientes expresiones del texto:

a) Hombres duros y arrojados.
b) Amores inconmensurables.
c) Niños arrendados.
d) Sorda irritación.

8 ¿En qué oración está bien utilizado el verbo *vadear*? Argumenta por qué:

a) *Vadeó* el bosque buscando fresas.
b) *Vadeó* el río, que venía crecido.

9 Localiza comparaciones en el texto y di si se trata o no de símiles. ¿Encuentras alguna metáfora? Explícala.

Interpretación y valoración

10 La vida de Mercedes se anima solo con el cine. Escribe un breve texto en el que expongas tus opiniones sobre los siguientes aspectos: ¿cómo consigue el cine ese efecto sobre las personas?; ¿pueden lograrlo también las novelas?; ¿en qué se diferencian estas de las películas?; ¿el cine es un arte?

El cine

Comienzos del cine

- En 1895, los **hermanos Lumière** realizaron la **primera proyección pública** en París. Sus películas de **cine mudo** contaban historias de la **vida cotidiana.**
- El francés **George Méliès** rodó **historias inventadas** como *El caso Dreyfus* (1899) y *Viaje a la Luna* (1902). Fue el **primer director** de cine.
- La **primera película española** al estilo de los Lumière fue *Salida de misa de doce del Pilar de Zaragoza* (1896); en el **cine mudo** destaca *La aldea maldita,* de **Florián Rey** (1929).

Innovaciones en el cine

- A principios del siglo XX, **David Griffith** creó el **lenguaje cinematográfico:** dividió el filme en **secuencias,** las **escenas** en **planos,** experimentó con los **ángulos de cámara…**
- En esos años se fundaron las **grandes productoras** en **EE UU** (Paramount, Fox, Metro Goldwyn Mayer, Warner Brother, Universal…).
- El **cine sonoro** se inició con la película estadounidense ***El cantor de jazz*** (1927).
- En **1935** se incorporó el **color** en *La feria de la vanidad.*

1 Características del cine

Mercedes y su amiga, las protagonistas del texto de la página 100, se entretienen y evaden de la realidad con historias que para ellas son más interesantes que las de la vida real: las de las películas que ven en el **cine.**

El **cine** es un **medio** de **transmisión audiovisual** cuyos **mensajes combinan elementos visuales** y **sonoros** (palabra, música y efectos sonoros).

A diferencia de la radio y de la televisión, el cine no se transmite en directo: las **imágenes** y los **sonidos** se graban previamente en una **película** y se proyectan después en una **sala especial** equipada con una **gran pantalla** y potentes **altavoces.** El cine es un **espectáculo público.**

El filme que el espectador contempla es el resultado de un **proceso** que se inicia con la **producción** y termina con la **exhibición** en una sala. A partir de un **guión** elaborado por un **guionista,** el **director** coordina la filmación. El **productor** asume todos los gastos hasta el final del rodaje.

Una vez filmadas todas las escenas, estas se envían al **montador,** quien selecciona y organiza las tomas[1] hasta lograr el producto final. El filme ya está listo para su **distribución** y **exhibición** en salas comerciales.

Recuerda

- La **radio** es un medio de **transmisión auditiva** cuyos **mensajes** combinan el **código verbal** y **elementos sonoros.**
- La **televisión** es un medio de **transmisión audiovisual** cuyos mensajes combinan el **código verbal** con **elementos visuales** y **sonoros.**
- Las **imágenes televisivas** se graban de la **realidad** o se crean **artificialmente.**

[1] **toma:** fragmento de película comprendido entre el arranque y el paro de la cámara.

Actividades

1 Rellena esta encuesta y confronta tus respuestas con las de tus compañeros:

1. ¿Con qué frecuencia vas al cine?
☐ Más de una vez por semana. ☐ Una vez por semana. ☐ Una vez al mes.

2. ¿Qué películas prefieres?
☐ De terror. ☐ De amor. ☐ De aventuras. ☐ De ciencia ficción. ☐ Otras.

3. Puntúa del 1 al 4 estas actividades según tus preferencias:
☐ Ver la televisión. ☐ Escuchar la radio. ☐ Ir al cine. ☐ Leer un libro.

4. ¿Qué es el cine para ti?
☐ Un pasatiempo. ☐ Transmisión de cultura. ☐ Una evasión. ☐ Un arte.

2 El filme y el corto

El **filme** es la **película cinematográfica** que se **exhibe** en las **salas.** Si su **duración** es **inferior** a **treinta minutos,** se habla de **cortometraje** (o **corto**).

En una **película,** el espectador contempla la **narración** de una **historia,** cuya ordenación se prepara en el **montaje.** En este proceso se seleccionan las tomas y se elige el **tiempo fílmico,** es decir, el **orden de presentación de los hechos.** Para ello, existen distintos **tipos de montaje,** que suelen combinarse en el mismo filme. Obsérvalo en estos fotogramas de *Las dos torres:*

Tipos de montaje

Montaje continuo

Se **respeta** el **tiempo real** en el que transcurre la acción. En esta escena, la cámara sigue a Gollum, que guía a los hobbits Frodo y Sam hacia el reino de Mordor, donde van a cumplir su misión: destruir el anillo y acabar con su poder maléfico.

Montaje discontinuo o elíptico

Se producen **saltos en el tiempo, elipsis narrativas:**

- Si el salto se produce **hacia atrás,** constituye un ***flash-back:*** el caballero Aragorn recuerda su historia de amor con la elfa Arwen, que ocurre en la primera parte de la trilogía *(La compañía del anillo).*
- Cuando el salto se produce **hacia adelante,** se trata de un ***flash-forward:*** ocurriría si se adelantasen, por ejemplo, hechos que sucederán en la tercera parte.

Montaje perspectivista

Una misma acción se ofrece desde el **punto de vista** de **distintos personajes:** dentro de la fortaleza de Helm, las mujeres y los niños, aterrorizados, escuchan cómo se acerca el ejército de 10 000 orcos para luchar contra ellos. La misma escena es contemplada por Aragorn, el elfo Legolas y el enano Gimli, ávidos de entrar en combate contra las fuerzas de Saruman y Sauron.

Montaje alterno

Se presentan de **forma alterna** distintas **secuencias** que ocurren **simultáneamente,** aunque en **lugares diferentes:** mientras el rey de Rohan y sus súbditos se refugian en el abismo de Helm para protegerse de las fuerzas de Mordor, Aragorn, a quien creen muerto, se ha salvado de una caída y de las aguas del río y se dirige hacia allí para encontrarse con ellos.

La historia del abismo de Helm y de la batalla contra los orcos se alterna también con la de Sam y Frodo, y con la de Pippin y Merry, los otros dos hobbits, que permanecen atrapados en el bosque de Fangorn, cuyo árboles (ents) participarán en la batalla final.

Actividades

2. ¿Has visto *La compañía del anillo*? Si es así, pon ejemplos de los distintos tipos de montaje a partir de ella; si no, hazlo a partir de la última película que hayas visto. Si falta alguno, imagina cómo podría haberse incluido.
3. ¿Qué tipos de montaje podrían aparecer en una película del oeste? ¿Y en una de ciencia ficción? Justifica tu respuesta.
4. ¿Te parece posible rodar una película con un montaje continuo? Si conoces alguna que haya sido rodada así, indícala.

Planos y ángulos

Al contemplar una película, además de atender al argumento de la **historia** y al tipo de **montaje**, podemos **analizar** sus **imágenes.** Para ello, hay que tener en cuenta los **planos** y la **angulación** o **punto de vista.**

El **plano** es el **encuadre** desde el que se **toma** la **imagen.** Los **tipos de planos** se relacionan con el **tamaño** de la **figura humana** que se ofrece al filmar.

Tipos de planos

Planos lejanos

- **Plano general (PG).** Apenas se distingue a los personajes.
- **Plano de conjunto (PC).** Los personajes aparecen de **cuerpo entero.**

Planos medios

- **Plano americano (PA).** El personaje aparece **desde las rodillas.**
- **Plano medio (PM).** El personaje aparece **desde la cintura.**

Planos próximos

- **Primer plano (PP).** El personaje aparece desde los **hombros.**
- **Plano detalle (PD).** Se muestra una **parte pequeña** de la figura.

El **ángulo** es el **punto de vista físico** desde el que **se registra** la **escena.**

Tipos de ángulos

Normal. La cámara se sitúa a la **altura de los ojos del personaje.**

Picado. La escena se registra **de arriba hacia abajo.**

Contrapicado. La escena se filma **de abajo hacia arriba.**

Aberrante. La cámara se inclina **lateralmente.**

En el ordenador...

Símbolos e imágenes

Para **incluir** elementos visuales en un documento, elige en el menú **Insertar** estas opciones:

- **Símbolos.** Son elementos tipográficos (fuentes especiales, flechas, cuadratines, pictogramas, números…), cuyo tamaño (cuerpo), estilo y color puede ser modificado:

þ & → ■ ♣ ✔ ✄ ☎ ③

- **Imágenes.** Desde esta opción puedes incluir **Gráficos** e **Imágenes prediseñadas.** Si deseas incluir una **imagen propia,** has de archivarla previamente; si se trata de una imagen escaneada, debes seleccionar **Desde escáner.**

Actividades

1. Indica el tipo de plano de cada uno de los cuatro fotogramas anteriores.
2. Analiza el plano y el ángulo desde el que están filmados los fotogramas de las páginas 103 y 105.

Entrevista con el vampiro

SINOPSIS

Louis du Pointe du Lac relata su vida al reportero Daniel Malloy: desesperado tras la muerte de su mujer y su hija, conoce al vampiro Lestat de Lioncourt, que lo vampiriza. Él hace lo mismo con la pequeña Claudia, que, tras matar aparentemente a Lestat, huye con Louis a París, donde conocen a Armand, un viejo vampiro que dirige el «Teatro de vampiros». Claudia es destruida, y Louis acaba con los vampiros del teatro y vuelve a EE UU.

REPARTO

Brad Pitt: Louis du Pointe du Lac
Tom Cruise: Lestat de Lioncourt
Christian Slater: Daniel Malloy
Kirsten Dunst: Claudia
Antonio Banderas: Armand

Expresión

Narración desde distintas perspectivas

Del mismo modo que las **imágenes cinematográficas** pueden filmarse desde distintos **ángulos**, los hechos de una narración se pueden ofrecer desde **diferentes** perspectivas o **puntos** de vista.

Un **punto de vista** es la **forma concreta** en que **se perciben** y **se presentan** unos **acontecimientos** determinados.

Si los hechos se presentan a través de **una sola voz**, nos hallamos ante un **punto de vista único**. En cambio, cuando **varios narradores** cuentan los mismos sucesos, se trata de un **punto de vista múltiple**.

Para **narrar** desde **distintas perspectivas**

- Decide si ofrecerás tu narración desde un **punto de vista único** o desde un **punto de vista múltiple.**
- Si el **punto de vista** es **único**, el **narrador** puede ser **omnisciente.**
- Si incluyes **narradores múltiples**, cada uno debe contar lo que conoce por sí mismo, no lo que sienten y piensan otros personajes.
- Tanto si el narrador es único como si son múltiples, pueden contar los hechos en **primera** o en **tercera persona.**

Actividades

3 Los siguientes fotogramas pertenecen al filme *Entrevista con el vampiro* (1994), dirigido por Neil Jordan. Lee atentamente la sinopsis, fíjate en el primer fotograma e indica qué tipo de montaje predomina en la película.

4 Narra la historia que ilustran los fotogramas desde el punto de vista de cada uno de los tres personajes que se repiten.

Las proposiciones sustantivas (I)

Recuerda

- Las **proposiciones coordinadas** se sitúan en el **mismo nivel sintáctico.**
- Las **proposiciones** enlazadas por **subordinación** se hallan en **distinto nivel sintáctico.**
- Las **proposiciones adjetivas funcionan** como **adyacentes** de un **sustantivo.**

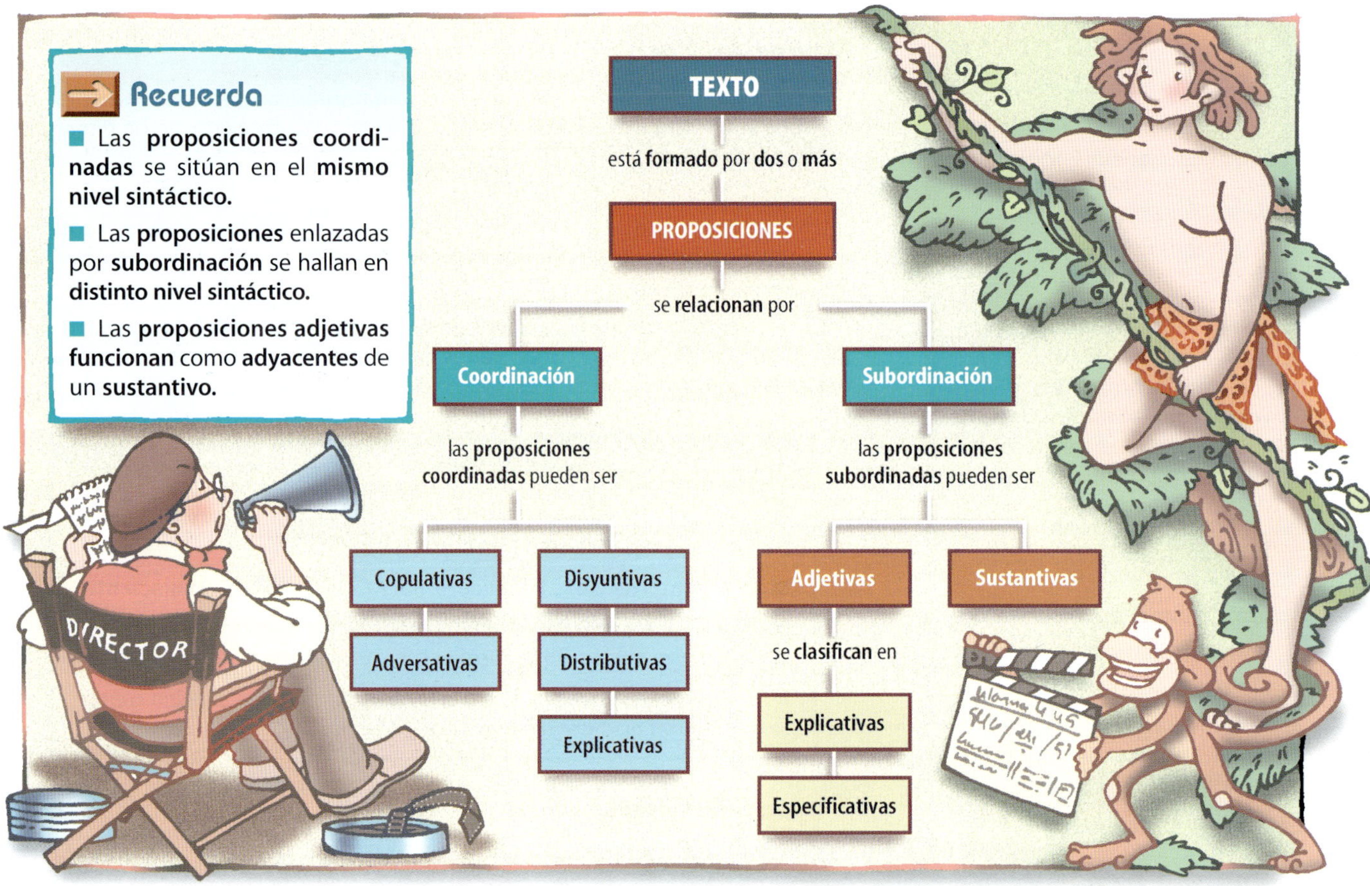

1 La subordinación sustantiva

Fíjate en las estructuras destacadas en las siguientes oraciones:

O_1 ➜ *Mercedes y su amiga admiraban los filmes en tecnicolor.*

O_2 ➜ *Mercedes y su amiga admiraban que los filmes fueran en tecnicolor.*

En el primer caso, la expresión subrayada es un **sintagma nominal** incluido en el predicado de una oración simple; en el segundo, se trata de una **proposición subordinada** que forma parte de una oración compuesta. Ambos elementos funcionan como complemento directo, pues pueden sustituirse por el pronombre personal átono *lo:*

O_1 y O_2 ➜ *Mercedes y su amiga lo admiraban.*

Como puedes observar, el **sintagma nominal** de la O_1 y la **proposición** de la O_2 resultan **equivalentes,** es decir, esta última funciona como un sintagma nominal: se trata de una **proposición subordinada sustantiva.**

En la **oración compuesta,** las **proposiciones subordinadas sustantivas** desempeñan las **funciones propias del sintagma nominal.**

Al realizar las mismas funciones, las **proposiciones sustantivas** pueden **sustituirse** por un **sintagma nominal** equivalente:

El director explicó que la base de su montaje era un flash-back.

El director explicó la base de su montaje en flash-back.

Conmutación de las sustantivas

Las **proposiciones sustantivas** cumplen las funciones propias del sintagma nominal; por lo tanto, pueden **conmutarse** por un **sintagma nominal equivalente,** como aparece en los ejemplos de la columna central, y por los **pronombres *esto*** y ***eso:***

Mercedes y su amiga admiraban esto.

El director explicó eso.

2 Nexos de las sustantivas

Sustantivas de infinitivo

Las **proposiciones subordinadas sustantivas** pueden presentar como núcleo del predicado un verbo en **infinitivo.** En estos casos, se introducen habitualmente **sin nexo** en la oración compuesta:

Quiero ir al cine. → *Quiero eso.*

Quise ver esa escena. → *Quise eso.*

En otras ocasiones, las sustantivas de infinitivo se introducen **con nexo:**

No sé si ir al cine. → *No sé eso.*

Me dijo dónde ir. → *Me dijo eso.*

Las **proposiciones subordinadas sustantivas** pueden incluirse directamente en la oración compuesta o **introducirse** por medio de **nexos.**

Funcionan como **nexos** de las **proposiciones subordinadas sustantivas** las **conjunciones *que*** y ***si,*** y los **pronombres** y los **adverbios interrogativos.**

En la subordinada sustantiva, las **conjunciones *que*** y ***si*** desempeñan únicamente la función de nexo:

Era imposible que Mercedes y su amiga llegaran tarde al cine.

No tenía claro si llegaría a la primera sesión.

Los **pronombres interrogativos** presentan las siguientes formas:

PRONOMBRES INTERROGATIVOS	
qué	*Mercedes no sabe qué sucede en la pantalla.* → *Mercedes no sabe eso.*
quién, quiénes	*Me dijo quién protagonizaba el filme.* → *Me dijo eso.*
cuál, cuáles	*Preguntó cuáles eran mis actores preferidos.* → *Preguntó eso.*
cuánto / a / os / as	*No sabíamos cuánto duraría la proyección.* → *No sabíamos eso.*

Por su parte, los **adverbios interrogativos** ofrecen estas otras formas:

ADVERBIOS INTERROGATIVOS	
dónde	*Ignoraban dónde ponían esa película.* → *Ignoraban eso.*
cómo	*Cómo lo averiguó es un misterio.* → *Eso es un misterio.*
cuándo	*Le explicó cuándo rodarían el filme.* → *Le explicó eso.*
cuánto	*Dudaba de cuánto valía la entrada.* → *Dudaba de eso.*

Además de como nexos, los **pronombres** y **adverbios interrogativos** realizan **otra función** dentro de la **proposición sustantiva:** los pronombres cumplen **funciones** propias del sintagma nominal, y los adverbios, del sintagma adverbial. Unos y otros pueden ir **introducidos por preposición:**

Análisis

(SO: Él / Ella) Nx
Me dijo quién protagonizaba el filme.
N (V) CD (SN)
S (Pron Int) P (SV)
CI (Pron) N (V) CD (PS Sust)
P (SV)

(SO: Yo) Nx (SO: Él / Ella)
No sé dónde lo averiguó.
CCL (Adv Int) CD N (V)
CC Neg N (V) CD (PS Sust)
P (SV)

Actividades

1. Localiza los nexos que introducen subordinadas sustantivas en las oraciones de la ilustración del margen y di qué clase de palabra es cada uno.
2. Subraya las proposiciones subordinadas sustantivas. ¿Alguna de ellas se introduce sin nexo? Explica de qué tipo de sustantiva se trata.

3 Funciones de las sustantivas

Sujeto de las sustantivas

Como cualquier proposición, las **subordinadas sustantivas** están constituidas por un **sujeto** y un **predicado;** sin embargo, el **sujeto no aparece** si se trata de una construcción **impersonal:**

El invitado preguntó <u>qué había en la habitación</u>.

No debes confundir el sujeto de la oración compuesta *(el invitado)* con el de la subordinada sustantiva, que no existe en el ejemplo.

En algunas **sustantivas de infinitivo,** el sujeto es el **mismo** que el de la **oración compuesta:**

(SO: Yo) ↓ *Prefiero* (SO: Yo) ↓ *<u>ver esa película doblada</u>.*

Como el **sintagma nominal,** las **proposiciones sustantivas** pueden realizar en la oración compuesta las **funciones** que figuran en el cuadro. En el cumplimiento de algunas de ellas deben ir **precedidas** de **preposición:**

FUNCIONES Y EJEMPLOS	
Sujeto	*A Mercedes le gustaba <u>que la llevaran al cine</u>.*
Aposición	*¡Qué bien trabaja ese actor, <u>el que hacía de comisario</u>!*
Complemento directo	*Los espectadores sabían <u>que el héroe triunfaría</u>.*
Complemento indirecto	*Entregó la entrada **a** <u>quien estaba en la puerta</u>.*
Complemento de régimen	*Su amiga la convencía **de** <u>que el filme había terminado</u>.*
Complemento agente	*La película fue presentada **por** <u>quien la había producido</u>.*
Atributo	*Ver aquellas historias era <u>transportarse a otro mundo</u>.*
Complemento del núcleo de un SN, un S Adj o un S Adv	*Les atraía la idea **de** <u>echarse a la calle</u>; Me siento feliz **de** <u>contemplar las imágenes</u>; Los protagonistas estaban cerca **de** <u>lograr su objetivo</u>.*

La función de la subordinada sustantiva se determina en el análisis de la oración compuesta en la que se incluye. Para ello, sigue estos pasos:

- **Separa** el **sujeto** y el **predicado** de la **oración compuesta;** observa que la proposición subordinada (en azul) aparece en uno de esos dos constituyentes y que se inicia en el nexo, si este aparece:

  Los espectadores [S (SN)] *sabían **que el héroe triunfaría.*** [P (SV)]

- **Comprueba** que es una **sustantiva** por medio de la **conmutación:**

  *Los espectadores sabían **que el héroe triunfaría.***
  *Los espectadores sabían **eso.***

- **Establece la función de la sustantiva** aplicando las pruebas de reconocimiento que conoces:

  *Los espectadores sabían **que el héroe triunfaría.*** [CD (PS Sust)] ➜ ***lo*** *sabían.* [CD (Pron)]

En el ejemplo, la subordinada sustantiva funciona como **complemento directo** de la oración compuesta, pues admite la **sustitución** por el **pronombre *lo*.** Observa ahora el análisis completo:

Análisis

Los espectadores sabían que el héroe triunfaría.

- *Los*: D (Art); *espectadores*: N (Sust) → S (SN)
- *sabían*: N (V)
- *que*: Nx
- *el*: D (Art); *héroe*: N (Sust) → S (SN)
- *triunfaría*: N (V) → P (SV)
- *que el héroe triunfaría*: CD (PS Sust)
- *sabían que el héroe triunfaría*: P (SV)

Actividades

3. Localiza las proposiciones subordinadas sustantivas de las oraciones de la ilustración del margen e indica su función.
4. Realiza el análisis sintáctico completo de las oraciones de la actividad 3.

4 Sustantivación de adjetivas

Proceso de sustantivación

La **sustantivación** de una **proposición adjetiva** sigue el mismo procedimiento que la de un **adjetivo** en **función** de **adyacente** de un **sustantivo:** si el sustantivo desaparece, el adjetivo se convierte en el núcleo del sintagma nominal:

*Los **actores famosos** son perseguidos por la prensa.* ➜ *Los **famosos** son perseguidos por la prensa.*

*Los **actores que logran la fama** son perseguidos por la prensa.* ➜ ***Los que logran la fama** son perseguidos por la prensa.*

Las **proposiciones adjetivas** se refieren siempre a un **antecedente.** Si ese antecedente **desaparece,** la subordinada adjetiva se convierte en una **proposición subordinada sustantiva:**

*Vio las **películas** que se proyectaban.* (PS Adj) — *Vio las que se proyectaban.* (PS Sust)

Las **proposiciones adjetivas sustantivadas** realizan en la oración compuesta las **funciones propias de las subordinadas sustantivas.**

Los **nexos** que introducen las proposiciones adjetivas sustantivadas son:

- El **pronombre relativo *que*** precedido por un **artículo** (*el, la, los, las*):

  Los que actúan bien son admirados por sus fans.
  S (PS Sust)

- Los **pronombres relativos *quien*** y ***quienes:***

  Les dieron el papel a quienes mejor habían interpretado la escena.
  CI (Prep + PS Sust)

- Los pronombres **relativos *cuanto, cuanta, cuantos*** y ***cuantas:***

  Todas ellas, cuantas conociste, eran actrices.
  Ap (PS Sust)

Actividades

5 Convierte en sustantivas las proposiciones subordinadas adjetivas de las siguientes oraciones. Utiliza distintos nexos cuando sea posible:

a) Me presentó al amigo que conoció en el viaje a Estambul.
b) El libro que me interesaba no estaba en la biblioteca.
c) Hizo el trabajo que le habían encomendado.
d) Convocó a los vecinos que tenían problemas de goteras.
e) Le gustan las películas que tienen muchos efectos especiales.
f) Estuvimos en el museo que han abierto en mi ciudad.

6 ¿Qué funciones realizan las sustantivas resultantes de la actividad 5?

7 Distingue en estas oraciones los nexos que enlazan subordinadas adjetivas de los que introducen sustantivas y realiza su análisis sintáctico completo:

a) Ahorro todo el dinero que me dan los domingos.
b) ¿Sabes lo que vamos a ver en el museo?
c) Precisamente estuvimos en el lugar donde sucedieron los hechos.
d) Desconozco por dónde tirar después de este lío.
e) Quienes lo deseen pueden apuntarse a la excursión.

8 Observa la primera viñeta y escribe una oración similar para las otras tres. ¿De qué tipo son las proposiciones que has escrito? Transfórmalas en adjetivas.

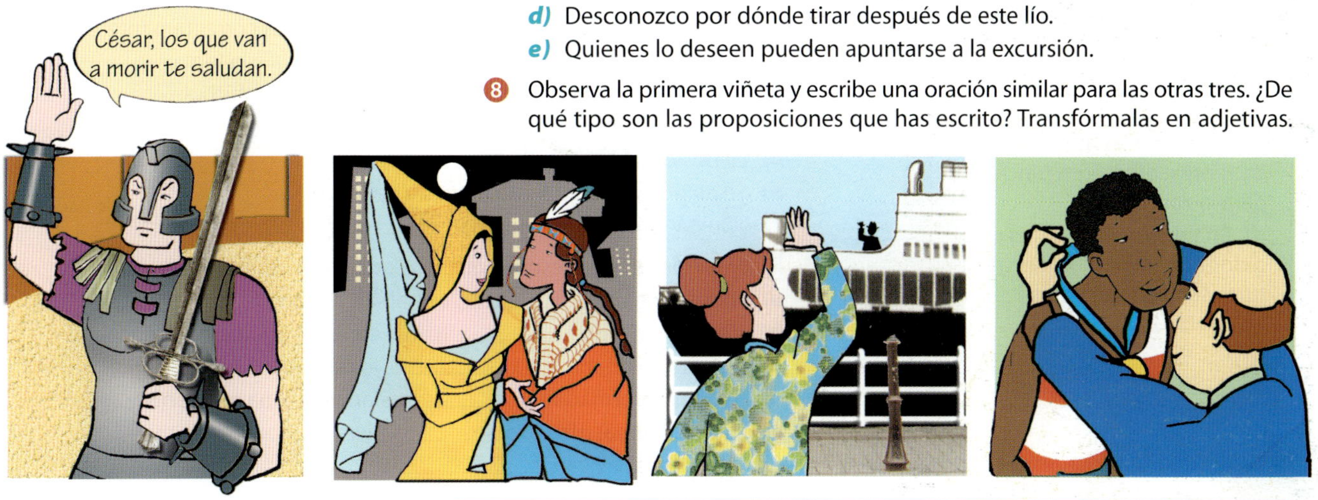

5 El dequeísmo

En las **proposiciones sustantivas,** la **preposición *de*** debe preceder a la **conjunción *que*** cuando la subordinada realiza las siguientes funciones:

- **Complemento de régimen** de un **verbo** que **exige** la **preposición *de*,** como *informar, ocuparse, cuidar, dudar,* etc.: *Se ocupó de que todo estuviera preparado.*
- **Complemento** del **núcleo** de un **sintagma nominal, adjetival** o **adverbial:** *Estaba contenta de que todo hubiera salido bien.*

Sin embargo, en otras ocasiones, la combinación de ambas partículas no resulta correcta y da lugar al fenómeno denominado **dequeísmo.**

El **dequeísmo** consiste en utilizar la **preposición *de*** ante la conjunción ***que*** cuando su **presencia no resulta obligada.**

Casos de dequeísmo

Es incorrecto anteponer la preposición ***de*** a una **proposición sustantiva** introducida por ***que*** si esta depende de un **verbo:**

➜ **De pensamiento** *(pensar, creer, opinar...): *Pensó ~~de que~~ no habría atasco.*

➜ **De habla** *(decir, declarar, comunicar...): *Os comunico ~~de que~~ me caso.*

➜ **De percepción** *(ver, escuchar, oír...): *¿Has escuchado ~~de que~~ inauguran un nuevo cine?*

Para **comprobar** si el empleo de la preposición *de* ante la conjunción *que* es correcto o no, **convierte** la **proposición** en **interrogativa:** si la preposición se mantiene, su uso es correcto:

Tu hermano se ocupa de que vengamos. ➜ *¿De qué se ocupa tu hermano?*
**Creo de que la solución del ejercicio no es correcta.* ➜ **¿~~De~~ qué crees?*

Actividades

9 Señala en qué oraciones hay dequeísmo y cópialas correctamente:

a) Pienso de que se le da demasiada importancia a la fama.
b) Confesó de que nunca había ido a un estadio de fútbol.
c) Su deseo de que disfrutáramos era evidente.
d) Es posible de que no lo supieran.
e) Se alegró mucho de que fuerais a verlo.
f) ¿Quién os dijo de que podíais estar aquí?

10 Fíjate en los verbos y escribe *que* o *de que* según corresponda:

a) Todos opinaban ________ se habían hecho grandes esfuerzos.
b) ¿Os han avisado ________ iban a cortar el agua a las ocho?
c) Nuestro hermano creía ________ los sábados había colegio.
d) ¿Os han informado ________ mañana hay una reunión?
e) ¡Enhorabuena! ¡He oído ________ vas a ser padre!
f) Tengo muchas ganas ________ vengas conmigo al cine.

Expresiones correctas

La locución ***en función de*** significa «de acuerdo con» y se construye con la **preposición *de,*** como se observa en el ejemplo del bocadillo.

Es incorrecto el empleo de esta locución con la preposición *a:*

**Cobrará ~~en función al~~ papel que le asignen en el reparto.*

La variante plural ***en funciones*** se utiliza para indicar que una persona desempeña temporalmente el cargo de otra, y también puede ir precedida por *de:*

Lleva tres meses como director en funciones.

Ha permanecido tres meses en funciones de director.

1 Corrige los errores que observes en estas oraciones:

a) ¿No estabas en funciones de subdirector general?
b) Deberíamos juzgar la prueba en función a las capacidades individuales.
c) Este verano he trabajado de representante en funciones para la zona sur.
d) En función a los datos recogidos, las películas de aventuras son las más vistas.

Aplicación y síntesis

El **cine,** como cualquier medio de comunicación, se basa en ciertos **principios** que el **espectador debe conocer** para entenderlo. En el siguiente texto, **Gabriel García Márquez** muestra la reacción de los **habitantes de Macondo** ante las **primeras películas** que se proyectaban en el pueblo.

Se indignaron con las imágenes vivas que el próspero comerciante don Bruno Crespi proyectaba en el teatro con taquillas de boca de león, porque un personaje muerto y sepultado en una película, y por cuya desgracia se derramaron lágrimas de aflicción, reapareció vivo y convertido en árabe en la película siguiente. El público que pagaba dos centavos para compartir las vicisitudes de los personajes, no pudo soportar aquella burla inaudita y rompió la silletería. El alcalde, a instancias de don Bruno Crespi, explicó mediante un bando que el cine era una máquina de ilusión que no merecía los desbordamientos pasionales del público. Ante la desalentadora explicación, muchos estimaron que habían sido víctimas de un nuevo y aparatoso asunto de gitanos, de modo que optaron por no volver al cine, considerando que ya tenían bastante con sus propias penas para llorar por fingidas desventuras de seres imaginarios.

Gabriel García Márquez
Cien años de soledad, Sudamericana

Ideas claras

- El **cine** es un **medio audiovisual** cuyos **mensajes** se reciben de forma **mediada,** después de su elaboración, y **comunitaria.**
- El **filme** es una narración resultado del **montaje,** que puede ser **continuo, discontinuo, alterno** o **perspectivista.**
- En las **tomas de imágenes** se emplean **diferentes tipos de planos** y de **ángulos.**
- Las **proposiciones sustantivas** desempeñan **funciones** propias del **sintagma nominal: sujeto, atributo, complemento directo, indirecto, de régimen, agente, complemento del sustantivo, adjetivo** o **adverbio.**
- Los **nexos** de las **sustantivas** son las **conjunciones *que*** y ***si,*** y los **interrogativos.**
- Las **subordinadas adjetivas se sustantivan** si **desaparece** el **antecedente.**

1. Contesta las siguientes cuestiones:
   - ¿En qué lugar ven las películas los habitantes de Macondo? ¿Por qué se dice que tiene *taquillas de boca de león*? Explica a qué se debe la indignación de los asistentes.
   - Indica con qué motivo publica un bando el alcalde del pueblo.
   - ¿Qué sentimientos provoca el cine entre el público, según el texto, y qué solución adoptan finalmente?
2. Explica el significado de la oración *el cine era una máquina de ilusión* teniendo en cuenta los rasgos que caracterizan este medio.
3. Señala las proposiciones subordinadas de las siguientes oraciones y distingue las adjetivas de las sustantivas:
   a) Se indignaron con las imágenes que don Bruno Crespi proyectaba.
   b) Que un personaje muerto reapareciera vivo les encolerizaba.
   c) El público que pagaba dos centavos no pudo soportar aquella burla.
   d) Muchos estimaron que habían sido víctimas de un nuevo timo.
4. Di qué nexos introducen las subordinadas sustantivas de la actividad 3 y analiza sintácticamente las oraciones correspondientes.
5. Transforma en proposiciones sustantivas las subordinadas adjetivas que aparecen en la actividad 3.
6. Indica si la oración del siguiente recuadro contiene o no dequeísmo y razona tu respuesta:

   El alcalde les informó de que el cine era una máquina de ilusión.

7. Escribe el relato de Gabriel García Márquez desde el punto de vista de don Bruno Crespi.

Léxico

Préstamos (II): xenismos y adaptaciones

Además del **calco semántico,** la lengua ofrece otros **procedimientos** para **incorporar préstamos:** los **xenismos** y las **adaptaciones.**

Se denominan **xenismos** (o **extranjerismos**) los **préstamos** que **mantienen** su **forma original** en la lengua a la que se incorporan.

Por ejemplo, los términos *pizza* o *paparazzi* se han incluido en español con la misma forma que presentan en italiano, su lengua original. De igual manera, *casting* o *snack* conservan la forma del inglés, que es la lengua de la que proceden. Estas cuatro palabras son, pues, xenismos.

Se conocen como **adaptaciones** los **préstamos** que han **acomodado** su **pronunciación** y su **ortografía** a las de la **lengua a la que se incorporan.**

Así, los vocablos ingleses *football, aerobics* y *cutter* se han modificado y han dado como resultado las palabras españolas *fútbol, aeróbic* y *cúter.* De la misma manera, los términos franceses *chalet, carnet* y *bouillabaisse* se han adaptado al español con las formas *chalé, carné* y *bullabesa.*

Algunos **préstamos** son **innecesarios,** pues la lengua que los adopta dispone ya de un término con ese mismo sentido; **otros se integran** de tal forma en el idioma que dan lugar a la creación de **nuevas palabras:**

stress (del inglés) → *estrés* → *estresado, estresar, estresante…*

Uso de las palabras

Inocuo / Inicuo

Los adjetivos ***inocuo*** e ***inicuo*** presentan una forma similar, pero sus significados son muy distintos:

- *Inocuo / a* significa «que no es nocivo, que no hace daño»: *El agua es un líquido* ***inocuo.***
- *Inicuo / a* quiere decir «injusto, que no se ajusta a la ética»: *Robó a una anciana; su conducta es* ***inicua.***

1 Sustituye las expresiones subrayadas en estas oraciones por *inocuo* o *inicuo:*

a) Este virus es inofensivo.

b) Es poco ético abandonar a los animales de compañía.

c) Su comportamiento me parece inmoral.

d) Tómate esta medicina, no es perjudicial.

La expresión «fuera de juego» en el fútbol pasó un pequeño calvario hasta llegar a ser lo que es hoy. Del inglés nos llegó *off side,* pero los españoles lo entendieron como *orsay* y así se dijo hasta que se impuso *fuera de juego.*

Fernando Lázaro Carreter
El País, 3 de diciembre de 2001

Actividades

1 Di cuáles de estos préstamos son xenismos y cuáles adaptaciones:

travelín	bufé	escáner	fular	playback
eslogan	overbooking	zapeo	dossier	derbi
esmoquin	beis	boom	chaqué	story board
software	sirimiri	buqué	capo	slip

2 Relaciona cada préstamo con su término español correspondiente:

interviú, link, dribbling, remake, paillettes, playboy, hall, sénior, fan, mailing, souvenir

vestíbulo, lentejuelas, finta, vínculo, recuerdo, entrevista, donjuán, experto, nueva versión, hincha, envío por correo

3 Localiza palabras formadas a partir de estos préstamos:

a) yogur ***b)*** fútbol ***c)*** zapeo ***d)*** film ***e)*** escáner

4 Indica qué préstamo corresponde a cada uno de los siguientes objetos:

5 Señala los préstamos citados en el texto de Fernando Lázaro Carreter e indica de qué tipo es cada uno.

Ortografía

> **Bartleby, el escribiente**
>
> *Mientras reflexionaba de este modo, el órgano comenzó a sonar, y sentí como un terremoto: todo vibraba justo debajo de mis pies. Entonces oí la invocación: «¡Acógelos en tu seno!».*
>
> Herman Melville

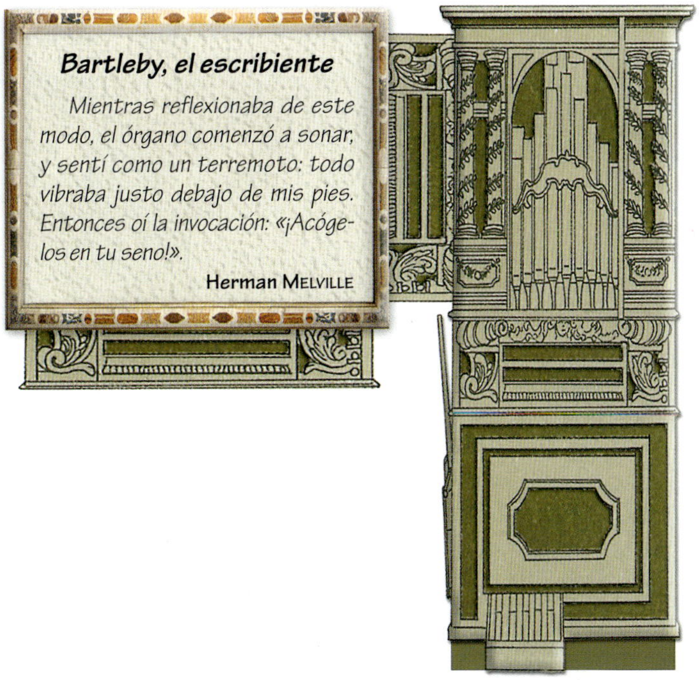

Escritura de grupos consonánticos

Numerosas palabras españolas contienen **grupos consonánticos.** Algunos admiten **alternancia** en la **escritura,** aunque la Real Academia Española recomienda el uso de una de las formas. En los siguientes pares de palabras, prefiere la primera:

ALTERNANCIAS EN GRUPOS CONSONÁNTICOS	
ps- / s-	*psicólogo / sicólogo; psicosis / sicosis*
mn- / n-	*mnemotecnia / nemotecnia*
gn- / n-	*gnomo / nomo*
-bs- / -s-	*oscuro / obscuro; sustantivo / substantivo*
-nn- / -n-	*inocuidad / innocuidad*
-pt- / -t-	*septiembre / setiembre; séptimo / sétimo*
-st- / -s-	*posdata / postdata; posdorsal / postdorsal*
-ns- / -s-	*transmutar / trasmutar; trascender / transcender*

Las **dos consonantes** de un grupo pueden **separarse** con un **guión** al **final de línea** en los siguientes casos:

- Si la primera forma parte de un **prefijo:** *sub-ra-yar, en-no-ble-cer.*
- En los **grupos *-mn-, -cc-, -ct-, -gm-, -gn-, -bv-*** y ***-pt-*** en interior de palabra: *him-no, ac-ción, rec-to, dog-ma, dig-no, ob-vio, ap-ta.*

No deben separarse los grupos que pertenecen a la misma sílaba ni los dígrafos (*ll, rr* y *ch*): *gno-mo, ca-ble, cu-tre; ce-pi-llo, ca-rre-ta, bi-cho.*

Los dos puntos

Los **dos puntos** **:** marcan una pausa en el discurso para llamar la atención sobre lo que sigue. Se emplean con las siguientes finalidades:

- Incorporar una **cita textual:** *Llegó y dijo: «¡Qué forma de llover!».*
- Introducir o cerrar una **enumeración:** *Tendremos tiempo variable: lluvia, sol, nubes…; Soleado, claro y templado: así es un día agradable.*
- Presentar **ejemplos:** *Un fenómeno meteorológico: la lluvia, por ejemplo.*
- Introducir una **conclusión** o un **resumen:** *El viento hacía girar la nieve en derredor, sin dejarnos avanzar: era una gran ventisca.*

Actividades

1. Localiza en el texto de Herman Melville palabras que contengan grupos consonánticos y sepáralas en sílabas.
2. ¿Con qué valor se emplean los dos puntos en ese mismo texto?
3. Separa en sílabas las palabras que aparecen en el recuadro:

   monstruo amnesia psicológico subdirector absentismo adviento aptitud deshacer posguerra advertencia inhibición inscribir aspecto

4. Escribe ejemplos de los distintos casos de uso de los dos puntos.

Dos puntos y mayúsculas

Se escriben **dos puntos** tras las **fórmulas** de **saludo** o **cortesía** que encabezan las **cartas:**

Querida prima:
Hace tiempo que te espero…

Y después de los verbos *certifico / a, solicito / a…*, en los **textos jurídicos** y **administrativos:**

CERTIFICA:
Que don Ángel López…

En ambos casos, la palabra que sigue a los dos puntos se escribe en **línea aparte** y con **mayúscula.**

1. Copia el texto realizando las correcciones pertinentes:

D. José María Dope Rodríguez, con DNI 345678 y domiciliado en c/ Sansiro 12 Cartagena

EXPONE

que el doce de diciembre recibió en su domicilio una notificación de multa a su nombre por una infracción cometida con el vehículo matrícula Mu-2345-AC

que dicho vehículo fue de su propiedad pero que lo vendió hace dos años Lo que notificó a la DGT

Por lo que SOLICITA

se anule la sanción…

El modernismo

- **LITERATURA DE FIN DE SIGLO**
  - **MODERNISMO**
    - **Modernismo hispanoamericano**
      - **Rubén Darío** (1867-1916)
        - *Azul* (1888)
        - *Prosas profanas* (1896)
        - *Cantos de vida y esperanza* (1905)
    - **Modernismo español**
      - **Antonio Machado**
      - **Manuel Machado**
      - **Ramón M.ª del Valle-Inclán**
      - **Juan Ramón Jiménez**

1 Características del modernismo

> **Recuerda**
>
> - En el **siglo XIX**, el **romanticismo** concedió **libertad total** al artista.
> - Los **movimientos** literarios de la **segunda mitad del siglo** XIX fueron el **posromanticismo** y el **realismo.**
> - El **posromanticismo** reavivó el interés por la **poesía lírica.**

A finales del siglo XIX, los hombres perdieron la confianza en el progreso, que no resolvía los problemas, y en la ciencia, incapaz de ofrecer verdades absolutas. Se produjo, así, una **crisis general** que tuvo su **reflejo artístico y cultural.** En este contexto surgió el **modernismo.**

El **modernismo** se desarrolló en **todo el ámbito hispánico** a **finales del siglo** XIX y **principios del** XX.

El modernismo no fue solo una corriente literaria: representó una **actitud vital** de los **artistas** que **reaccionaron** ante el **utilitarismo burgués**. El movimiento nació en **Hispanoamérica,** donde a este rechazo se sumó el sentimiento **antiimperialista,** pues varios países del continente luchaban por su independencia, primero de España y después del influjo estadounidense.

El modernismo literario

Influencias

Los escritores modernistas recibieron **diversas influencias,** entre ellas las de dos **corrientes poéticas francesas:**

- El **parnasianismo,** que perseguía la **expresión de la belleza** y la **perfección formal.**
- El **simbolismo,** que pretendía **sugerir** por medio de **símbolos** la **verdadera realidad oculta** tras las cosas.

Bajo la flor que cuelga de la rama, por John William Godward.

Características

Los modernistas reivindicaron la **belleza** en todas sus formas: la **recreación de lugares** y **objetos hermosos** y la **presentación de sensaciones** y **emociones intensas** fueron sus **temas esenciales.**

Frente a la vulgaridad, defendieron **lo aristocrático** (simbolizado en la figura del **cisne**), y su rechazo de la realidad en la que vivían los llevó a la **evasión en el espacio y el tiempo:** hacia **épocas pasadas** (el mundo clásico, y sus **mitos,** el medieval, el renacentista, el dieciochesco, y también el pasado hispanoamericano) y hacia **tierras lejanas** y **exóticas.**

Renovación del lenguaje poético

La búsqueda de la **belleza** llevó a los modernistas a **renovar** el **lenguaje literario:**

- Incorporaron **cultismos** y **palabras** elegidas por su **sonoridad** y por su capacidad de **sugerir sensaciones** (táctiles, olfativas, auditivas, etcétera).
- Buscaron la **musicalidad,** a la que contribuyó el empleo de diversos **recursos rítmicos,** como la anáfora, el paralelismo, la aliteración…
- Recuperaron las **estrofas clásicas** modificando el tipo o el número de versos, y junto con ellas, cultivaron el **verso libre.** Los metros preferidos fueron el **eneasílabo,** el **dodecasílabo** y el **alejandrino.**

Era un aire suave…

Era un aire suave, de pausados giros;
el hada armonía ritmaba sus vuelos,
e iban frases vagas y tenues suspiros
entre los sollozos de los violoncelos.

Sobre la terraza, junto a los ramajes,
diríase un trémolo de liras eolias
cuando acariciaban los sedosos trajes
sobre el tallo erguidas, las blancas magnolias. […]

Cerca, coronado con hojas de viña,
reía en su máscara Término barbudo,
y, como un efebo que fuese una niña,
mostraba una Diana su mármol desnudo.

Rubén Darío
Prosas profanas, Castalia

Actividades

1. Indica qué se describe en el poema de Rubén Darío.
2. Mide sus versos y explica qué cambios se producen en la estrofa.
3. Localiza en el texto adjetivos y sustantivos referidos a sensaciones.
4. Señala otros rasgos modernistas en el poema.

2 Rubén Darío

Rubén Darío

(1867-1916). Nació en Metapa, un pueblo de Nicaragua (hoy Ciudad Darío). Su verdadero nombre era Félix Rubén García Sarmiento. Se inició muy joven como poeta de corte romántico (*Epístolas y poemas,* 1885) y combinó su actividad literaria con la práctica del periodismo.

Viajó a Chile y a Argentina, países en los que conoció las nuevas tendencias literarias europeas.

Realizó numerosos viajes como diplomático por América y por Europa, incluidas dos visitas a España en las que conoció a autores como Valle-Inclán y Juan Ramón Jiménez. Murió en León (Nicaragua).

Rubén Darío está considerado el **iniciador del modernismo literario,** movimiento que difundió por América y Europa, incluida España.

La **literatura de Rubén Darío** persiguió la **novedad formal** por medio de la **ruptura** con **planteamientos estéticos anteriores.**

La producción del nicaragüense refleja las **influencias parnasiana** y **simbolista,** así como su fe en la **superioridad de los poetas,** a los que consideraba seres conectados con la divinidad y con las fuerzas de la naturaleza, capaces de **interpretar el mundo** por medio de la palabra.

2.1. Azul... y Prosas profanas

El primer libro de Darío que refleja los temas y las novedades modernistas es *Azul...*, publicado en 1888. En la obra se combinan el **verso** y la **prosa:** incluye **cuentos breves** y algunos **poemas,** en los que se recrea un mundo de hadas, princesas, seres mitológicos, palacios, cisnes... Todo ello presentado con una **adjetivación** y unas **imagénes sorprendentes.**

Prosas profanas

Publicada en 1896, *Prosas profanas* destacó por sus **innovaciones métricas** y **verbales.** En la obra se incorporan **poemas de evasión exótica** y **aristocrática** como los de *Azul...*, aunque aparecen también **temas sociales** y **españoles.** Pero, por encima de todos ellos, el tema predominante es el **erotismo.**

De invierno

En invernales horas, mirad a Carolina.
Medio apelotonada, descansa en el sillón,
envuelta con su abrigo de marta cibelina
y no lejos del fuego que brilla en el salón.

El fino angora[1] blanco junto a ella se reclina,
rozando con su hocico la falda de Alençón[2],
no lejos de las jarras de porcelana china
que medio oculta un biombo de seda del Japón.

Con sus sutiles filtros la invade un dulce sueño;
entro, sin hacer ruido; dejo mi abrigo gris;
voy a besar su rostro, rosado y halagüeño

como una rosa roja que fuera flor de lis.
Abre los ojos; mírame con su mirar risueño,
y en tanto cae la nieve del cielo de París.

Rubén Darío
Prosas profanas, Castalia

Actividades

5. ¿Qué se describe en el poema de Darío? Enumera los elementos que se seleccionan para la descripción.
6. Indica qué aspectos de la composición reflejan el exotismo.
7. Localiza los elementos sensoriales aludidos en el poema *De invierno.*
8. Realiza su análisis métrico y di de qué tipo de poema se trata. ¿Qué verso se utiliza habitualmente en este modelo? ¿Cuál emplea Darío?

[1] **angora:** aquí se refiere a una raza de gatos.

[2] **Alençón:** encaje fabricado en la localidad francesa del mismo nombre.

El modernismo español

A **fines del siglo** XIX y **principios del** XX, el **modernismo** influyó en autores españoles como **Antonio** y **Manuel Machado, Juan Ramón Jiménez** y **Valle-Inclán:**

Velada sevillana

Llovió la guitarra
sus notas en medio
de la copla (noche
de mayo). Los nervios
sacudió un terrible
estremecimiento…

La noche y la copla
su verdad dijeron.
Hablaron de sangre,
de amor y de celos;
de dichas perdidas,
de adioses eternos,
de penas y de suerte
negra… y de ojos negros.

Manuel Machado
Antología, Espasa Calpe

El modernismo español, **más intimista** que el de Darío, tuvo **escasa duración:** pronto estos escritores derivaron hacia otras tendencias.

2.2. Cantos de vida y esperanza

Esta obra, publicada en 1905, significó un **cambio** en el **planteamiento literario** de Rubén Darío, como él mismo manifiesta en el siguiente poema:

De otoño

Yo sé que hay quienes dicen: ¿por qué no canta ahora
con aquella locura armoniosa de antaño?
Esos no ven la obra profunda de la hora,
la labor del minuto y el prodigio del año.

Yo, pobre árbol, produje, al amor de la brisa,
cuando empecé a crecer, un vago y dulce son.
Pasó ya el tiempo de la juvenil sonrisa:
¡dejad al huracán mover mi corazón!

En ***Cantos de vida y esperanza,*** Darío abordó **nuevos motivos temáticos** y empleó un **tono más personal, íntimo** y **reflexivo.**

Desde el punto de vista estilístico, en esta obra Darío **atenúa** la búsqueda de una **belleza externa,** ornamentada, aunque no prescinde de las innovaciones formales. Temáticamente, se centra en dos líneas fundamentales:

- Las **preocupaciones filosóficas,** reflejadas en temas como el **paso del tiempo,** la **pérdida de la juventud** y el **sentido de la existencia.**
- El **mundo hispánico,** cuya cultura reafirma. El poeta sugiere la unión **de los pueblos americanos** frente al imperialismo estadounidense.

Actividades

9. Lee el poema *Lo fatal* e indica qué seres son dichosos y quiénes padecen más, según el texto. ¿Por qué motivo?

***Paisaje con árbol*, por Joaquim Mir.**

Lo fatal

Dichoso el árbol que es apenas sensitivo,
y más la piedra dura, porque esa ya no siente,
pues no hay dolor más grande que el dolor de ser vivo,
ni mayor pesadumbre que la vida consciente.

Ser, y no saber nada, y ser sin rumbo cierto,
y el temor de haber sido y un futuro terror…
Y el espanto seguro de estar mañana muerto,
y sufrir por la vida y por la sombra y por

lo que no conocemos y apenas sospechamos,
y la carne que tienta con sus frescos racimos
y la tumba que aguarda con sus fúnebres ramos,
¡y no saber adónde vamos,
ni de dónde venimos!…

Rubén Darío
Cantos de vida y esperanza, Espasa Calpe

10. La vida consciente es *Ser, y no saber nada…* ¿Qué más añade Darío?
11. ¿A qué sentimientos aluden numerosos sustantivos de la composición?
12. ¿De qué se habla en los versos 10 y 11? ¿Qué procedimiento de contraste se utiliza y qué efecto provoca el polisíndeton?
13. Mide los versos del poema y señala la rima. ¿Qué estrofas aparecen? ¿Qué novedades métricas presentan respecto a las formas clásicas?
14. Explica los cambios en el estilo de Darío en contraste con los otros poemas.

Las **últimas composiciones** de **Rubén Darío** presentan una **combinación de temas** que refleja la **evolución personal** del autor. En el siguiente poema, perteneciente a *Cantos de vida y esperanza,* la evocación del mar se une a la expresión de la **emotividad personal,** a la presentación del **pasado histórico** y a la **mitología.**

Marina

Mar armonioso,
mar maravilloso,
tu salada fragancia,
tus colores y músicas sonoras
me dan la sensación divina de mi infancia
en que suaves las horas
venían en un paso de danza reposada
a dejarme un ensueño o regalo de hada.

Mar armonioso,
mar maravilloso,
de arcadas[1] de diamante que se rompen en vuelos
rítmicos que denuncian algún ímpetu oculto,
espejo de mis vagas ciudades de los cielos,
blanco y azul tumulto
de donde brota un canto
inextinguible;
mar paternal, mar santo,
mi alma siente la influencia de tu alma invisible.

Velas de los Colones
y velas de los Vascos
hostigadas por odios de ciclones
ante la hostilidad de los peñascos;
o galeras de oro,
velas purpúreas[2] de bajeles
que saludaron el mugir del toro
celeste[3], con Europa sobre el lomo
que salpicaba la revuelta espuma.
¡Magnífico y sonoro
se oye en las aguas como
un tropel de tropeles,
tropel de los tropeles de tritones!
Brazos salen de la onda, suenan vagas canciones,
brillan piedras preciosas,
mientras en las revueltas extensiones
Venus y el Sol hacen nacer mil rosas.

Rubén Darío
Cantos de vida y esperanza, Espasa Calpe

[1] **arcada:** conjunto de arcos.
[2] **purpúreo:** de color púrpura, rojo próximo al morado.
[3] **toro celeste:** Zeus; aquí *celeste* significa «del cielo».

Comentario de texto

Aproximación al contenido del texto

1 Contesta las siguientes cuestiones sobre el poema *Marina:*
- ¿A quién se dirige la persona que habla en estos versos?
- ¿Cómo se denomina el mar en el texto? ¿Qué adjetivos se le aplican?
- Di a qué peligros del mar se alude en la composición.
- ¿A qué se refiere la expresión *canto inextinguible*?
- ¿Qué sensaciones provoca el mar en la voz poética?

2 Amplía la información a partir de esta composición de Rubén Darío:
- ¿A qué figuras históricas se refieren los sustantivos Colones y Vascos de los versos 19 y 20?
- El poema contiene alusiones a los cinco personajes mitológicos del recuadro. Localízalas, busca en una enciclopedia de quiénes se trata e intenta explicar el significado de su presencia en *Marina:*

Zeus *Europa* *tritones* *Venus* *Sol*

3 Identifica el tema del texto entre los siguientes:

a) Alabanza del mar.
b) El mar, paso de navegantes.
c) Agitación del mar.
d) El mar, espacio mitológico.

Análisis de la estructura

4 Teniendo en cuenta su contenido, el texto de Darío se divide en dos partes; señálalas y di de qué trata cada una:

Primera parte	Desde el verso ____ hasta el verso ____. En ella se ____________
Segunda parte	Desde el verso ____ hasta el verso ____. En ella se ____________

5 ¿Contiene descripción el poema? Razona tu respuesta.

Análisis de las formas de expresión

6 Mide los ocho primeros versos de *Marina,* señala su rima e indica si constituyen o no una estrofa.

7 Esta composición presenta una gran riqueza de adjetivos:
- Localízalos y clasifícalos según el elemento sensorial al que hacen referencia.
- ¿Encuentras algún epíteto? Cópialo y explica por qué lo es.

8 En el texto, Rubén Darío incorpora numerosos recursos expresivos:
- Ten en cuenta la repetición de sonidos e identifica los recursos que contribuyen al ritmo del poema.
- Señala las personificaciones, metonimias y metáforas, y explícalas.
- Localiza en el poema un ejemplo de sinestesia, indica qué sentidos se relacionan y qué sensación se sugiere con este recurso.

Valoración y relación con el contexto literario

9 En el poema se ofrecen diversas imágenes del mar. Indica si todas son tratadas por igual o si se destaca alguna.

10 Relaciona el poema *Marina* con la producción de Rubén Darío y con el modernismo literario:
- Identifica en esta composición temas y aspectos formales característicos del autor y de la obra a la que pertenece.
- Argumenta por qué *Marina* constituye un buen ejemplo de texto modernista.

Recursos expresivos

La sinestesia

La **sinestesia** consiste en atribuir **sensaciones** propias de un **sentido** —gusto, tacto, olfato, vista, oído— a lo que se percibe a través de otro:

Yo, pobre árbol, produje, al amor
de la brisa,
cuando empecé a crecer, un vago
y dulce son.

En el ejemplo de Darío, la palabra *dulce* alude al sentido del gusto, y *son,* al del oído.

Este recurso fue uno de los preferidos por los **autores modernistas,** que se sirvieron de la **sinestesia** para **sugerir sensaciones** en los poemas.

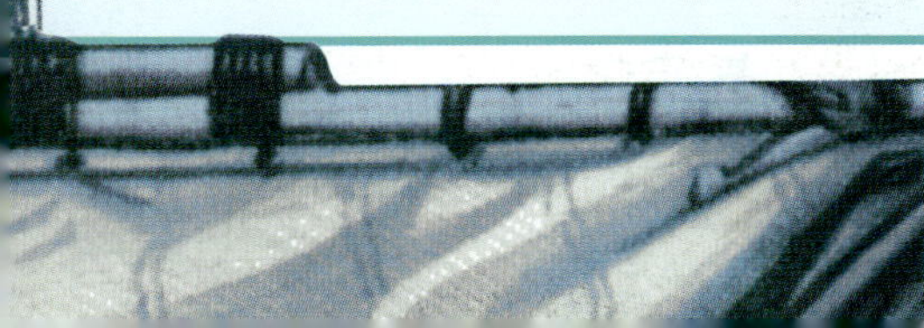

Evaluación

Visión

Tras de la misteriosa selva extraña
vi que se levantaba al firmamento
horadada y labrada una montaña
que tenía en la sombra su cimiento.
Y en aquella montaña estaba el nido
del trueno, del relámpago y del viento.

Y tras sus arcos negros el rugido
se oía del león. Y cual oscura
catedral de algún dios desconocido
aquella fabulosa arquitectura
formada de prodigios y visiones,
visión monumental me dio pavura. [...]

Y yo grité en la sombra: —¿En qué lugares
vaga hoy el alma mía? De improviso
surgió ante mí, ceñida de azahares
y de rosas blanquísimas, Estela,
la que suele surgir en mis cantares.
Y díjome con voz de Filomela[1]:

—No temas: es el reino de la lira
de Dante[2]; y la paloma que revuela
en la luz es Beatrice[3]. Aquí conspira
todo el supremo amor y alto deseo.
Aquí llega el que adora y el que admira.

Rubén Darío
en *Poesías completas,* FCE

[1]**Filomela:** ruiseñor. Simboliza al enamorado.
[2]**Dante:** escritor italiano autor de la *Divina comedia.*
[3]**Beatrice:** enamorada de Dante.

***Polifemo y Galatea,* por Gustave Moreau.**

1. Contesta las siguientes cuestiones:
- ¿Qué contempla la persona que habla en el poema?
- Indica quiénes pueden habitar en ese lugar y por qué llega hasta allí el emisor de *Visión.*
- ¿Qué representan los personajes citados?

2. ¿Qué tipos de planos elegirías si tuvieras que rodar la escena que se presenta en este texto?

3. Localiza en el texto dos proposiciones adjetivas y sustantívalas. ¿Qué nexos las introducen?

4. Señala las proposiciones subordinadas sustantivas incluidas en las siguientes oraciones y di con qué tipo de nexo se introduce cada una:
- ***a)*** Vi que se levantaba al firmamento una gran montaña.
- ***b)*** Me pregunté por dónde vaga hoy mi alma.
- ***c)*** De improviso surgió ante mí Estela, la que aparece en mis cantares.
- ***d)*** Es Beatrice, de quien Dante está enamorado.
- ***e)*** Llega hasta aquí el que admira.

5. Analiza sintácticamente todas las oraciones de la actividad 4 e indica qué función realiza en ellas cada proposición.

6. Fíjate en la procedencia de la palabra del recuadro y explica si se trata de un xenismo o de una adaptación. Razona tu respuesta:

azahar < *al-azhär* (del árabe)

7. Mide los doce primeros versos del poema de Rubén Darío y señala la rima. ¿Qué rasgos del modernismo observas respecto a la métrica?

8. Identifica en el poema otras características formales y temáticas propias de este movimiento.

9. Explica cuanto sepas sobre la producción literaria de Rubén Darío.

10. Narra en tercera persona y a través de un *flashback* el descubrimiento de la montaña por parte del emisor poético y cómo se produce la entrada a ese lugar.

6 Todo tiene explicación

Contenidos de la unidad

El mundo de la seguridad

Si busco una fórmula práctica para definir la época de antes de la Primera Guerra Mundial, la época en la que crecí y me crié, confío en haber encontrado la más concisa al decir que fue la edad de oro de la seguridad.

Dicho sentimiento de seguridad era la posesión más deseable de millones de personas, el ideal común de vida. Solo con esta seguridad valía la pena vivir, y círculos cada vez más amplios codiciaban su parte de este bien precioso. Solo aquel que podía mirar al futuro sin preocupaciones gozaba con buen ánimo del presente.

El siglo XIX, con su idealismo liberal, estaba convencido de ir por el camino recto e infalible[1] hacia «el mejor de los mundos». Se miraba con desprecio a las épocas anteriores, con sus guerras, hambrunas y revueltas, como a un tiempo en el que la humanidad aún era menor de edad y no lo bastante ilustrada. Ahora, en cambio, superar definitivamente los últimos restos de maldad y violencia solo era cuestión de unas décadas, y esa fe en el «progreso» ininterrumpido e imparable tenía para aquel siglo la fuerza de una verdadera religión. En efecto, hacia finales de aquel siglo pacífico, el progreso general se fue haciendo cada vez más visible, rápido y variado. De noche, en vez de luces mortecinas, alumbraban las calles lámparas eléctricas, las tiendas de las capitales llevaban su nuevo brillo seductor hasta los suburbios, uno podía hablar a distancia con quien quisiera gracias al teléfono, el hombre podía recorrer grandes trechos a nuevas velocidades en coches sin caballos y volaba por los aires, realizando así el sueño de Ícaro. El confort salió de las casas señoriales para entrar en las burguesas, ya no hacía falta ir a buscar agua a las fuentes o los pozos, ni encender fuego en los hogares a duras penas; la higiene se extendía, la suciedad desaparecía. Las personas se hicieron más bellas, más fuertes, más sanas, desde que el deporte aceró sus cuerpos. ¿Es de extrañar, pues, que aquel siglo se deleitara con sus propias conquistas y considerara cada época terminada como un mero peldaño hacia otra mejor?

Para los hombres de hoy, que hace tiempo excluimos del vocabulario la palabra «seguridad» como un fantasma, nos resulta fácil reírnos de la ilusión optimista de aquella generación para la cual el progreso técnico debía ir seguido necesariamente de un progreso moral igual de veloz. Nosotros, que en el nuevo siglo hemos aprendido a no sorprendernos ante cualquier nuevo brote de bestialidad colectiva, nosotros, que todos los días esperábamos una atrocidad peor que la del día anterior, somos bastante más escépticos respecto a la posibilidad de educar moralmente al hombre. Tuvimos que dar la razón a Freud cuando afirmaba ver en nuestra cultura y nuestra civilización tan solo una capa muy fina que en cualquier momento podía ser perforada por las fuerzas destructoras del infierno…

Stefan Zweig
El mundo de ayer, El Acantilado (Adaptación)

[1]**infalible:** que no puede equivocarse o no está sujeto a error.

Los hombres de hoy hace tiempo excluimos del vocabulario la palabra «seguridad» como un fantasma.

Análisis del texto

Análisis del contenido

1 Contesta estas cuestiones sobre el texto de Stefan Zweig:

- ¿En qué época se centra el autor? Señala a qué años se refiere.
- ¿Qué consideraba más importante la gente de esa época? ¿Por qué?
- Expón las razones que esgrimían para mirar con desprecio épocas anteriores.
- ¿Cómo califica el autor al siglo XIX? ¿Y a las gentes que vivían en él?

2 Amplía la información a partir del texto:

- Las siguientes viñetas representan algunos de los progresos técnicos citados en el texto, pero en una de ellas se ha colado un error. Indica en cuál y explica qué han supuesto individual y colectivamente estos inventos.

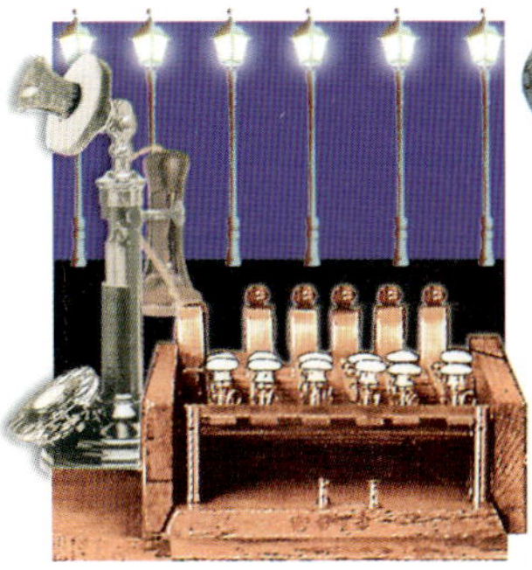

- ¿A quiénes hace referencia Zweig con la expresión los *hombres de hoy*?

3 Según el autor del texto, ¿en qué difieren las creencias de los hombres del siglo XIX y las de los *hombres de hoy*? Explica por qué.

Análisis de la estructura

4 En el texto de Zweig se diferencian tres partes. Señálalas en el cuadro:

Introducción	Desde ____________	hasta ____________
Desarrollo de las ideas	Desde ____________	hasta ____________
Conclusión	Desde ____________	hasta ____________

5 ¿Se trata de la narración de la vida del autor o de una explicación histórica? Extrae frases del texto que confirmen tu respuesta.

Análisis de las formas de expresión

6 ¿Qué significa el verbo *acerar* en la oración *El deporte aceró sus cuerpos*?

7 ¿Por cuáles de estos términos puedes sustituir la palabra *concisa* en el texto?

breve   sucinta   extensa   escueta   prolija   pormenorizada   detallada

8 Consulta el significado del adjetivo *escéptico* en el diccionario y di en cuáles de las siguientes oraciones está mal utilizado:

a) Dicen que la unión hace la fuerza; pero yo soy *escéptico*.
b) Siempre cree tener razón: es un *escéptico*.
c) Soy *escéptico* con respecto a esas estadísticas.

9 Localiza en el fragmento algún ejemplo de repetición, de símil y de metáfora.

Interpretación y valoración

10 Escribe un texto en el que expliques cómo es posible educar moralmente a las personas.

Estructuras expositivas

> **Recuerda**
> - La **exposición** ofrece como contenido la **explicación** de un **tema.**
> - Las **exposiciones** se dirigen a **expertos** o a **personas no especializadas.**
> - Las **exposiciones** para **personas no especializadas** tienen **carácter divulgativo.**

1 El texto expositivo

El texto de Stefan Zweig de la página 122 pretende explicar cuál era el ideal de vida a finales del siglo XIX; es, pues, un **texto expositivo.**

La **finalidad** de los **textos expositivos** es **explicar** un **tema, transmitir** unos **conocimientos.** No tratan de convencer o persuadir, sino de **informar.**

Son textos expositivos las **explicaciones de clase,** las **conferencias,** los **artículos especializados,** las respuestas de los **exámenes,** los **manuales,** los **tratados científicos,** los **ensayos...,** aunque en muchos de ellos la **exposición** se combina con la **argumentación.**

Dado que su objetivo es informar, la **claridad** y el **orden** son esenciales en los textos expositivos, cuyos contenidos —ideas, conocimientos...— se presentan por medio de distintos **procedimientos.** Obsérvalos:

Enumeración

Se enuncian **rasgos, cualidades, datos** o **hechos** que se hallan **relacionados** entre sí:

a) *Un buen saco de dormir forma parte de las condiciones básicas para la vida al aire libre. La principal función es conseguir que el calor irradiado por nuestro cuerpo no se pierda más deprisa de lo que se genera. Al mismo tiempo, el saco debe permitir la expulsión del vapor de agua, para evitar que se condense en su interior.*

Problema / solución

Se presenta un **problema** o una **dificultad** a los que se da **respuesta:**

b) *¿Cómo «confiar» en los datos de fabricantes y comercios? Comprobar al tacto la ausencia de partes duras es un indicativo solo superficial de su calidad; la capacidad de recuperación de dos sacos tras haberse ejercido presión sobre ellos es el mejor indicativo: el que más rápido lo haga será el que proporcionará mejores resultados.*

Texto I

La madera acepta bien la mayoría de las pinturas y lacas, un acabado protector para superficies que sufren desgaste o no tienen mucho valor. Los barnices sintéticos, que se utilizan de forma parecida a las pinturas para madera, son otra opción para proteger este material.

Texto II

Si la madera no absorbe ni reacciona por igual ante una pintura, ¿cómo pintar la madera? Se deberán seguir varios pasos: lijar la madera, aplicar tapaporos, dar una mano de pintura y, una vez seca la pintura, pasar un papel de lija fino.

Manual práctico del bricolaje, El País-Aguilar (Adaptación)

Comparación

Se **confrontan dos entidades** o dos **fenómenos** para establecer **semejanzas** y **diferencias** entre ellos:

c) *Puede existir gran diferencia térmica entre dos sacos con igual construcción. En general, el plumón de oca es más caliente que el de pato.*

Causa / efecto

Se ofrecen las **conexiones** de **causa / efecto** que se dan **entre fenómenos:**

d) *El desarrollo en la investigación de nuevas fibras, la forma de enlazar unas con otras y sus posteriores tratamientos han hecho alcanzar a las fibras de poliéster y/o polipropileno unos resultados muy superiores a los de hace unos años.*

José A. Laperal
Acampada. Materiales y técnicas
Desnivel (Adaptación)

Actividades

1. ¿Qué elementos se enumeran en el texto ***a)***?
2. Explica el «problema» planteado en el texto ***b).*** ¿Qué solución se ofrece?
3. ¿Entre qué terminos se establece la comparación en el texto ***c)***?
4. Indica las causas que se conectan en el texto ***d)*** y el efecto que producen.
5. Identifica los procedimientos expositivos empleados en los textos I y II.

2 Estructura del texto expositivo

Sea cual sea el procedimiento de presentación empleado, los textos expositivos suelen seguir una **estructura bastante fija,** que facilita la comprensión de su información al receptor.

Los **textos expositivos** constan habitualmente de **tres partes: introducción, cuerpo expositivo** y **conclusión.**

Cada una de estas tres partes cumple una finalidad en el texto expositivo.

Partes de la exposición

Introducción

En ella se **presenta** el **tema** y se anuncia el **punto de vista** desde el que se va a tratar. Así, en el párrafo inicial del texto de la página 122, Stefan Zweig sitúa su tema en la época anterior a la Primera Guerra Mundial y señala que va a hablar de ella como de la edad de oro de la seguridad.

Cuerpo expositivo

Esta parte corresponde a los **párrafos** en los que se **desarrollan** las **ideas.** Para que estas sean comprendidas e interpretadas por el receptor, se utilizan distintos **recursos:**

- **Ejemplificaciones.** Los ejemplos sirven para **concretar** en la **experiencia** las **ideas abstractas,** haciéndolas **más comprensibles.** En su texto, Zweig explica lo que el progreso significó para las personas de finales del siglo XIX a partir de avances como el alumbrado, el agua corriente, la mejora de las comunicaciones, etcétera.
- **Analogías.** El autor conecta lo que está explicando con **otras realidades** para hacerlo más inteligible. El empleo de **comparaciones** y **metáforas** es el procedimiento habitual. Para que entendamos la importancia del progreso, Zweig la equipara a la fuerza de una religión.
- **Citas de autoridad.** Se incluyen **citas de otros autores** y **referencias a otras obras,** que otorgan **autoridad** a lo que se dice. Zweig, por ejemplo, recurre a Freud para sostener su afirmación.

Conclusión

Suele consistir en el **resumen final** de las **principales ideas** expuestas.

El océano

El océano es un medio opaco, sacudido por tormentas y hostil a la investigación humana. Nuestros conocimientos sobre él han avanzado desde la época de Anaximandro[1]*, pero aún no hemos logrado más que hurgar en la corteza de su secreto. [...]*

El gran oceanógrafo del siglo XIX*, sir Wyviller Thompson, rememora en su obra* Los abismos del mar, *cómo era el océano de su infancia: «Recuerdo que de muchacho participé de una curiosa noción popular, según la cual, a medida que aumentaba la profundidad, el agua del mar se hacía cada vez más densa a causa del aumento de la presión, de manera que todos los objetos y cuerpos perdidos en el océano flotaban a diferentes niveles, según su peso específico: arriba, los esqueletos humanos; en medio, las anclas, las balas y los cañones; debajo, las piezas de oro que transportaban los numerosos galeones españoles hundidos. Todo ello formaba una especie de «falso fondo», bajo el cual se extendía la capa de agua más profunda y más densa que el mismo oro fundido».*

Hoy aquella curiosa noción puede hacernos sonreír, pero persistió hasta nuestro propio siglo, y hubo quien afirmó que el Titanic *fue a posarse sobre aquel falso fondo.*

NATIONAL GEOGRAPHIC
Los reinos del mar, RBA

Actividades

6. ¿Qué tema se explica en el texto de *National Geographic*? Indica desde qué punto de vista se va a tratar.
7. Señala qué párrafos del texto corresponden a las siguientes partes y explica el contenido de cada uno de ellos:
   a) Presentación. *b)* Cuerpo expositivo. *c)* Conclusión.
8. ¿Qué recursos se utilizan en el cuerpo expositivo de este texto para hacer más comprensibles las ideas al lector?

[1] **Anaximandro:** filósofo griego del siglo VI a. C. Fue el primero en trazar un mapa geográfico del mundo entonces conocido.

Lectura y anotaciones

En el ordenador...

Las fuentes

Las **fuentes** son las distintas **familias tipográficas de letras:** Arial, Comic Sans Ms, Courier, Times New Roman, etc. El procesador de textos te ofrece un amplio repertorio de fuentes para que puedas utilizar la más adecuada a cada tipo de escrito.

Si seleccionas en el menú **Formato** la opción **Fuente,** además de cambiar la familia tipográfica, puedes modificar estos otros aspectos de la letra:

- El **estilo de letra:** *cursiva,* **negrita,** ***cursiva negrita...***
- El **cuerpo** o **tamaño** de la letra: 10
- Los **efectos sobre la letra:** subrayado, VERSALITA, ~~tachado~~, subíndice$_1$ y superíndice^2.
- **El color de la letra.**

En la mayoría de los casos, los cambios pueden realizarse desde los **botones** de la **barra de herramientas** de **Formato:**

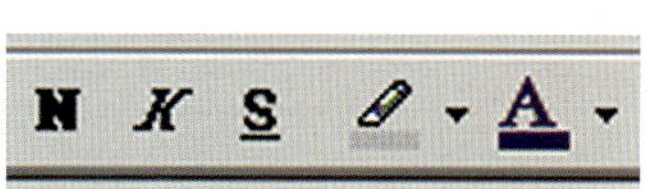

Para realizar cualquier cambio sobre las letras, debes **seleccionar previamente el texto** que vas a modificar, aunque en algunos casos basta con situar el cursor sobre la palabra.

Los **textos expositivos** tienen **carácter informativo** y se emplean habitualmente como **fuente de documentación** para realizar trabajos, exposiciones orales, etc. Por ello, exigen una **lectura detenida,** durante la cual el receptor debe ir realizando **anotaciones** que le permitan entender el contenido después de la lectura.

Las **notas** tomadas a partir de un **texto expositivo** deben incluir las **ideas principales,** relacionadas con las **secundarias,** e incorporar las **explicaciones** necesarias para su comprensión.

Las notas son **escritos personales** que no requieren una redacción muy elaborada. En ellas se pueden emplear **abreviaturas** y **símbolos propios,** siempre que no dificulten la comprensión posterior y permitan reproducir y manejar de manera exacta los términos y palabras clave del escrito leído.

La toma de notas de un texto expositivo te resultará más fácil si delimitas primero su **estructura** y sigues las pautas que se ofrecen a continuación.

Para tomar notas

- En la **introducción** debes incluir el **enfoque** que pretendes dar a los **contenidos** de tu escrito, especialmente si tu intención consiste en contrastar textos de diversos autores sobre el mismo tema.
- En el **cuerpo expositivo** anota las **ideas principales** de cada bloque (marcado con epígrafes o subepígrafes), recoge la **información secundaria** precisa para comprender lo que se dice tras la lectura, y apunta **ejemplos** y **comparaciones.**
- Anota la **conclusión** para saber que esa es la **idea** o **postura** que defienden los **autores.**

Debéis saber que existen dos categorías de libélulas que vamos a aprender a distinguir con facilidad.

Primero están las libélulas pequeñas y delgadas, llamadas en lenguaje pretencioso ***zigópteros,*** *y en lenguaje llano,* ***caballitos del diablo.***

Y a continuación, las grandes libélulas, que pertenecen a la familia de los ***anisópteros.*** *Lo que las distingue de sus primos, los caballitos, es que cuando se posan permanecen con sus cuatro alas de gran tamaño abiertas y bien desplegadas.*

El Cárabo, 28. Especial charcas

Actividades

1. Imagina que tienes que realizar un trabajo sobre las libélulas. ¿Qué notas tomarías a partir del texto que aparece en la ilustración?
2. Indica qué deficiencias observas en las notas tomadas por la entomóloga.

Expresión

La instancia

En la vida diaria manejamos distintos tipos de **textos expositivos:** manuales, obras de consulta, folletos, explicaciones de clase… También contienen párrafos expositivos los textos con los que los **ciudadanos** se dirigen a la **Administración.** Estos documentos reciben el nombre de **instancias.**

La **instancia** es un tipo de **texto** mediante el cual los **ciudadanos** dirigen sus **solicitudes** a la **Administración.**

Mediante una instancia puedes solicitar, por ejemplo, una beca de estudios, una plaza en un instituto, la admisión en una entidad deportiva o cultural, etc. Por ello, conviene que sepas presentar correctamente este tipo de documentos.

Para presentar una instancia

- Una vez establecido el **motivo de tu solicitud,** averigua a qué **organismo** debes dirigirte y si este posee o no un **modelo de instancia.**
- Sea cual sea el formato, deben aparecer estos **contenidos: Identificación del emisor, Exposición** de las razones por las que se presenta la instancia, **Solicitud, Lugar** y **Fecha, Firma** y la **Autoridad** a la que va dirigida.
- En la **Exposición** debes **ordenar** las **razones** que establecen que tu petición está justificada. Este apartado se inicia con la palabra **EXPONE.**
- En la **Solicitud** has de expresar tu **petición** con **exactitud** y **claridad.** Este apartado se presenta con la palabra **SOLICITA.**
- Después de mencionar el **Lugar** y la **Fecha, firma** el documento.

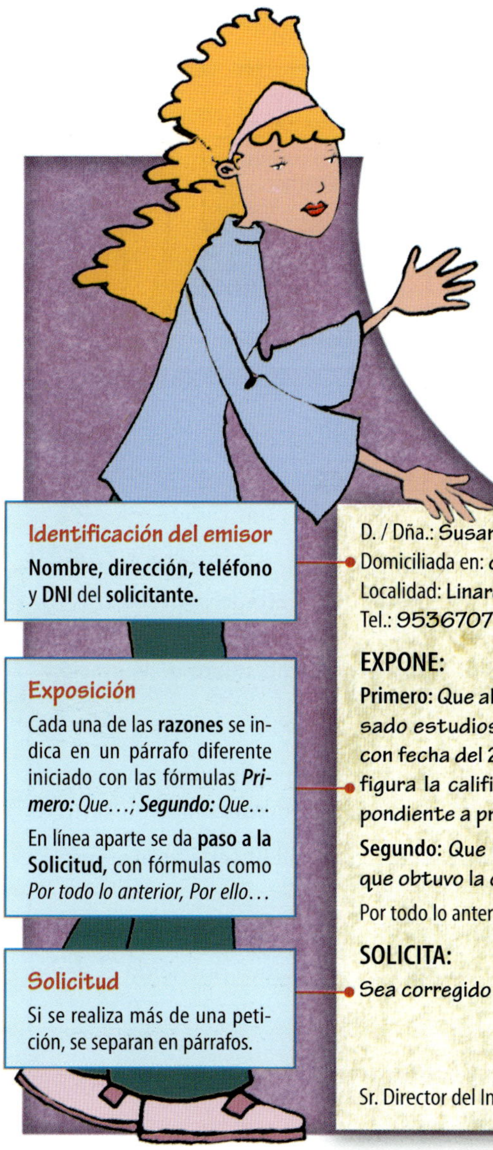

Identificación del emisor
Nombre, dirección, teléfono y **DNI** del **solicitante.**

Exposición
Cada una de las **razones** se indica en un párrafo diferente iniciado con las fórmulas ***Primero:*** *Que…;* ***Segundo:*** *Que…*

En línea aparte se da **paso a la Solicitud,** con fórmulas como *Por todo lo anterior, Por ello…*

Solicitud
Si se realiza más de una petición, se separan en párrafos.

D. / Dña.: Susana Hernández de la Cava
Domiciliada en: c. Góngora n.º: 7 CP: 23700
Localidad: Linares, Jaén
Tel.: 953670718 DNI: 41 987 082

EXPONE:

Primero: Que al recibir el expediente académico de haber cursado estudios de Bachillerato en ese Instituto, solicitado con fecha del 23 de marzo de 2002, comprueba que en él no figura la calificación de la asignatura de Filosofía correspondiente a primero de Bachillerato.

Segundo: Que la abajo firmante cursó dicha materia, en la que obtuvo la calificación de 7.

Por todo lo anterior,

SOLICITA:

Sea corregido el error y se le expida un nuevo expediente.

Linares, 3 de junio de 2002 — **Lugar y fecha**
Susana Hernández — **Firma**
Sr. Director del Instituto Huarte de San Juan de Linares, Jaén. — **Autoridad**

Documentos adjuntos
Si acompañas la instancia de **documentos** que acrediten alguna de tus afirmaciones de la Exposición, incorpora una **relación** de los mismos entre la Solicitud y la Fecha:

Esta solicitud se acompaña de los siguientes documentos:
- Impreso formalizado de matrícula del curso 1999-2000
- Boletín de calificaciones de junio de 2000

Actividades

3. Escribe una instancia al alcalde de tu localidad solicitando que se remodelen las vías urbanas para atender a las necesidades de los discapacitados.

Las proposiciones sustantivas (II)

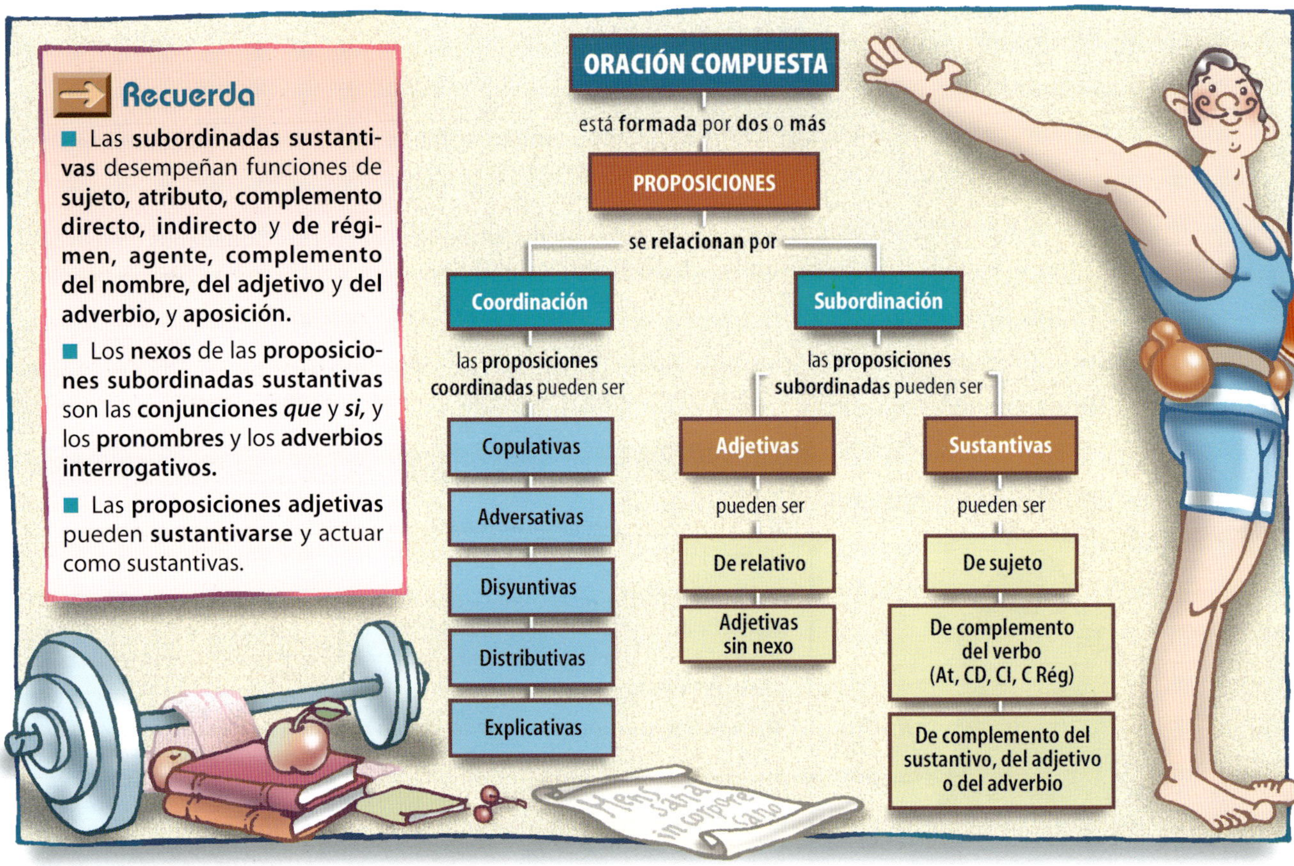

1 Sustantivas de sujeto

Las **proposiciones subordinadas sustantivas** desempeñan las **funciones** propias del **sintagma nominal,** entre ellas la de **sujeto** de la oración.

Las **proposiciones sustantivas** pueden **funcionar** como **sujeto** de la **oración compuesta.**

Observa en los ejemplos que la función de sujeto puede estar representada por un sintagma nominal o por una proposición subordinada sustantiva:

Es conveniente la lectura del texto de Stefan Zweig.

Es conveniente que leas el texto de Stefan Zweig.

Para reconocer que se trata del sujeto, basta con sustituir el sintagma nominal o la proposición por un pronombre, con el que concuerda el verbo: **Ello** / **Eso** *es conveniente*.

Análisis

(SO: Tú)

Es conveniente ***que*** *leas el texto de Stefan Zweig.*

- *leas*: N (V); *el texto de Stefan Zweig*: CD (SN)
- *Es*: N (V); *conveniente*: At (S Adj) → P (SV)
- *que*: Nx; *leas el texto de Stefan Zweig*: P (SV)
- *que leas el texto de Stefan Zweig*: S (PS Sust)

Sustantivas en función de sujeto

Pueden desempeñar la función de **sujeto** distintos **tipos** de **proposiciones sustantivas:**

- **Sustantivas con *que*:** *Me interesa que leas esa exposición.*
- **Sustantivas de infinitivo:** *Me interesa leer esa exposición.*
- **Adjetivas sustantivadas:** *Quien haya escrito esa exposición conoce bien la época anterior a la Primera Guerra Mundial.*

2 Sustantivas de complemento directo

Sustantivas en función de complemento directo

Desempeñan la función de CD distintos **tipos de sustantivas:**

- **Sustantivas con *que*:** *Quiero que me expliques bien esa época.*
- **Sustantivas de infinitivo:** *Deseo conocer más datos sobre esos años.*
- **Sustantivas con pronombre o adverbio interrogativo:** *Pregunté quién me daría información; Luego me explicó cómo había reunido la documentación.*
- **Adjetivas sustantivadas:** *Ellos me presentaron a quienes podrían ayudarme.*

Además de como sujeto, las **proposiciones subordinadas sustantivas** pueden actuar como **complemento del verbo** en la oración compuesta.

La **función de complemento directo** del verbo puede ser desempeñada en la **oración compuesta** por una **proposición subordinada sustantiva.**

Las sustantivas de CD pueden sustituirse por el **pronombre átono *lo*:**

*Ellos creyeron **que** su época superaba la anterior.* ➜ *Ellos **lo** creyeron.*

Si la sustantiva de CD se refiere a **personas,** puede ir precedida por la **preposición *a*.** En este caso, la proposición admite la sustitución por los pronombres *lo, la, los, las:*

*El escritor citó **a** **quienes** habían colaborado con él.* ➜ *El escritor **los** citó.*

Análisis

*Las personas del siglo XIX creyeron **que** su época superaba la anterior.*

- *Las*: D (Art); *personas*: N (Sust); *del siglo XIX*: Ady (Prep + SN) → S (SN)
- *creyeron*: N (V); *que su época superaba la anterior*: CD (PS Sust) → P (SV)
  - *que*: Nx
  - *su época*: S (SN) — *su*: D (Art), *época*: N (Sust)
  - *superaba la anterior*: P (SV) — *superaba*: N (V), *la anterior*: CD (SN)

2.1. Interrogativas indirectas

Las palabras que alguien ha dicho, escrito o pensado pueden reproducirse literalmente en **estilo directo,** o bien de forma aproximada en **estilo indirecto:**

Explicó: «En ese siglo las personas se hicieron más bellas».

*Explicó **que** en ese siglo las personas se hicieron más bellas.* ➜ ***Lo** explicó.*

En estilo directo, lo dicho o pensado se presenta por medio de **verbos de lengua** (*decir, explicar, indicar…*) o de **pensamiento** (*pensar*); en **estilo indirecto,** se conserva la forma verbal, y las palabras se formulan por medio de una **subordinada sustantiva de CD,** que se conmuta por *lo*.

También pueden transformarse a estilo indirecto enunciados que incluyen una pregunta; el resultado es una **interrogativa indirecta.** Observa:

Pregunté: «¿Vivió en esa época»? ➜ *Pregunté **si** había vivido en esa época.*

Pensó: «¿Cómo lo averiguaré?» ➜ *Pensó **cómo** lo averiguaría.*

Las **interrogativas indirectas** son **proposiciones subordinadas sustantivas** de **modalidad interrogativa** que se presentan en **estilo indirecto.**

Actividades

1. Identifica las proposiciones sustantivas de las oraciones de la ilustración, indica si funcionan como sujeto o como complemento directo y analízalas.
2. Escribe oraciones con interrogativas indirectas utilizando todas las formas que se mencionan en el bocadillo.

3 Sustantivas de complemento indirecto y de régimen

Doble complemento indirecto

Al igual que en la oración simple, en las oraciones compuestas el **complemento indirecto** puede ser **doble.** En este caso se presenta bajo la forma del **pronombre *le* / *les*** y de una **proposición subordinada sustantiva:**

Les entregaron un ejemplar a quienes acudieron a la presentación del libro.

Las **proposiciones subordinadas sustantivas** pueden cumplir la función de otros dos complementos del verbo: el **complemento indirecto** y el **complemento de régimen.**

Las **proposiciones subordinadas sustantivas** en función de **complemento indirecto** van introducidas por la **preposición *a*.**

Para no confundir estas proposiciones con las sustantivas de complemento directo referido a personas, debes aplicar la **sustitución** por los **pronombres *le* / *les*:**

Entregaron un ejemplar ***a*** *quienes acudieron a la presentación del libro.*

Les entregaron un ejemplar.

Si, además, conmutas el complemento directo de la oración, la sustantiva de complemento indirecto debe sustituirse por ***se*:** *Se lo entregaron.*

Análisis

Los organizadores ofrecieron un cóctel a quienes habían participado.

Los	organizadores	ofrecieron	un cóctel	a	quienes	habían participado
					Nx	
					S (Pron Relat)	N (V)
D (Art)	N (Sust)	N (V)	CD (SN)	CI (Prep + PS Sust)		
S (SN)		P (SV)				

Las **proposiciones subordinadas sustantivas** en función de **complemento de régimen** van introducidas por una **preposición** que viene **exigida** por el **verbo.**

Estas proposiciones se conmutan por un **pronombre tónico:**

El siglo XIX confiaba ***en*** *ir por el camino recto.*

El siglo XIX confiaba en ***eso*** */* ***ello.***

Análisis

Los científicos del siglo XX trataron de que la vida fuese mejor.

Los	científicos	del siglo XX	trataron	de	que	la	vida	fuese	mejor
						D (Art)	N (Sust)	N (V)	At (S Adj)
					Nx	S (SN)		P (SV)	
D (Art)	N (Sust)	Ady (Prep + SN)	N (V)	C Rég (Prep + PS Sust)					
S (SN)			P (SV)						

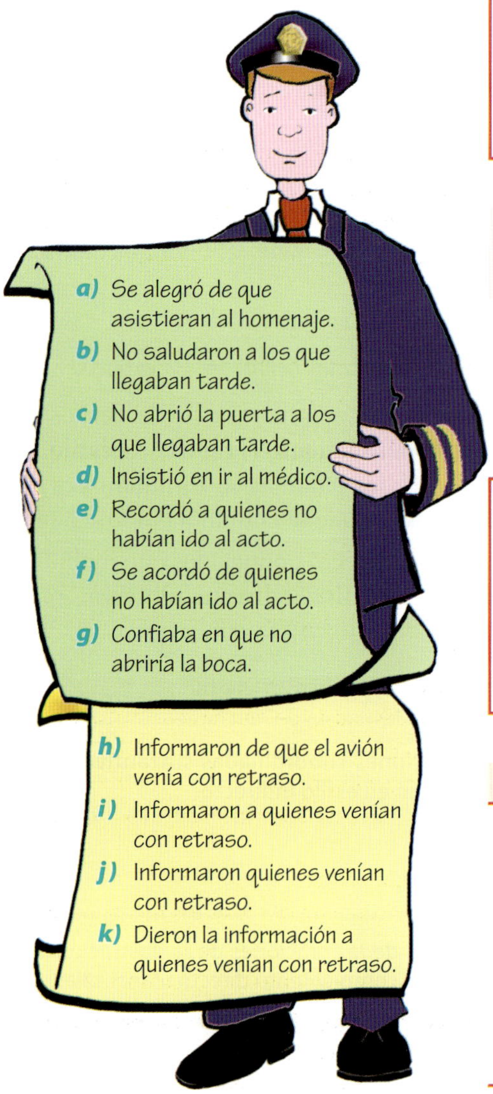

Actividades

3. Indica qué función cumplen las proposiciones subordinadas sustantivas que forman parte del predicado en las oraciones de ***a)*** a ***g).***
4. Atiende ahora a las oraciones ***h), i), j)*** y ***k).*** ¿En cuál de ellas la proposición subordinada sustantiva desempeña la función de sujeto?
5. ¿Qué función realizan las proposiciones subordinadas sustantivas en las restantes oraciones de la actividad 4?
6. Realiza el análisis sintáctico de las oraciones de las actividades 3, 4 y 5.

4 Sustantivas de complemento de un sustantivo, adjetivo o adverbio

Sustantivas en aposición

Además de como adyacentes, las **proposiciones sustantivas** pueden modificar el **núcleo del sintagma nominal** desempeñando la función de **aposición:**

Juan Ramos, el conferenciante de ayer, ha sido profesor.

Juan Ramos, el que dio la conferencia ayer, ha sido profesor.

Las proposiciones que funcionan como aposición son siempre **adjetivas de relativo sustantivadas.**

Espiral

Apenas puse el pie en el primer escalón dudé de si esa era mi casa o una casa idéntica a la mía. Y mientras subía temí que otro muchacho, igual a mí, estuviera durmiendo en mi cuarto y acaso soñándome en el acto mismo de subir por la escalera de caracol. Di la última vuelta, abrí la puerta y allí estaba él, o yo. [...] Nos sonreímos. Sentí que la sonrisa de él era la que también me pesaba en la boca.

Enrique Anderson Imbert
en *Por favor, sea breve*, Páginas de Espuma

Como **complementos** del **núcleo** del **sintagma nominal** (sustantivo), **adjetival** (adjetivo) o **adverbial** (adverbio), las **proposiciones sustantivas** desempeñan la función de **adyacente.**

En los tres casos, la sustantiva va **precedida** por una **preposición:**

- En el **sintagma nominal:** *Tuvo la intuición* **de** *que entenderían su explicación; Tenía la seguridad* **de** *haberlo expuesto correctamente.*
- En el **sintagma adjetival:** *Parecía satisfecho* **de** *que hubieras entendido su exposición; La cuestión era fácil* **de** *resolver con ayuda de anotaciones.*
- En el **sintagma adverbial:** *Estoy cerca* **de** *terminar el trabajo.*

Análisis

Las personas estaban felices de que el mundo avanzara rápidamente.

- que: Nx
- el mundo: D (Art) N (Sust) → S (SN)
- avanzara: N (V); rápidamente: CCM (S Adv) → P (SV)
- felices: N (Adj); de que el mundo avanzara rápidamente: Ady (Prep + PS Sust)
- Las: D (Art); personas: N (Sust) → S (SN)
- estaban: N (V); felices de que el mundo avanzara rápidamente: At (S Adj) → P (SV)

No debes confundir la proposición subordinada sustantiva que actúa como adyacente de un nombre con la subordinada adjetiva de relativo. Ambas se refieren a un sustantivo, pero mientras la primera se enlaza por medio de la conjunción *que*, la segunda lleva como nexo un pronombre relativo:

Tengo la impresión de que lloverá esta tarde.
Ady (Prep + PS Sust)

Analicé el asunto del que me hablaste. → *Analicé el asunto del cual me hablaste.*
Ady (PS Adj)

Actividades

7. Localiza las proposiciones subordinadas sustantivas que aparecen en las siguientes oraciones e indica su función:
   a) Los amigos, los que son leales, te dicen siempre la verdad.
   b) Los científicos están lejos de conocer las causas de muchas enfermedades.
   c) ¿No tienes la sensación de que alguien nos vigila?
   d) Estoy muy contenta con lo que ha ocurrido hoy.
   e) La esperanza de que los encontrarían al amanecer los mantuvo durante toda la noche.
   f) Están dispuestos a aceptar la oferta de compra.
   g) Nunca la humanidad ha estado más cerca de desvelar los misterios de su nacimiento como especie.
8. Realiza el análisis sintáctico completo de las oraciones de la actividad 7.
9. Localiza las proposiciones sustantivas del texto de Enrique Anderson Imbert, señala a qué palabra se refiere cada una e indica su función.

5 El queísmo

En las páginas anteriores hemos visto cómo, en muchas ocasiones, la **conjunción *que*** con la que se introducen las subordinadas sustantivas debe ir **precedida** por una **preposición;** si esta **se omite,** se produce el **queísmo.**

El **queísmo** es una **incorrección** que consiste en **suprimir** la **preposición** que **obligatoriamente debe introducir** la **conjunción *que*.**

El queísmo es el **fenómeno contrario al dequeísmo,** que estudiamos en la UNIDAD 5, y suele producirse en la combinación **de + que.** Observa:

**Los organizadores se preocuparon ~~que~~ todo estuviera listo.*

En el ejemplo anterior, la proposición sustantiva introducida por *que* funciona como complemento de régimen del verbo *preocupar (se)*, que rige la preposición *de;* la expresión correcta sería, pues, *Los organizadores se preocuparon* **de que** *todo estuviera listo.*

Que introducido por preposición

Debes incluir la **preposición delante** de la **conjunción *que*** en los siguiente casos:

- Si la **proposición sustantiva** cumple la función de **complemento de régimen:** **¡Te olvidaste ~~que~~ ayer era mi cumpleaños!; ¡Te olvidaste* **de que** *ayer era mi cumpleaños!*
- Si la **proposición sustantiva** cumple la función de **complemento del nombre** o **del adjetivo:** **Tengo miedo ~~que~~ no me lo perdones; Tengo miedo* **de que** *no me lo perdones; *Estoy seguro ~~que~~ te felicité; Estoy seguro* **de que** *te felicité.*
- En la construcción ***hasta el punto de que:*** *Estaban muy cansados tras la fiesta,* **hasta el punto de que** *dejaron la limpieza para el día siguiente.*

A la hora de incluir la preposición, ten en cuenta que determinados verbos pueden aparecer **con** o **sin complemento de régimen:** *olvidarse de algo, olvidar algo; fijarse en algo, fijar algo; acordarse de algo, acordar algo:*

Te olvidaste **de que** *era mi cumpleaños, pero Olvidó* **que** *debía cenar con él.*

Actividades

10 En algunas de las siguientes oraciones se han cometido errores. Corrígelos.

a) El utillero cuida de que el equipaje del grupo llegue a su destino.
b) Insistió que todos los empleados vistieran de etiqueta.
c) Tus deseos de que mejorase le llegaron al corazón.
d) Estoy orgulloso que hayas participado en la carrera.
e) Siempre piensa en que tiene una familia.
f) El hecho que todos lo hagan no es excusa.

11 Añade la preposición en las oraciones donde sea necesaria:

a) ¿Te alegra ___ que haya venido?
b) ¿Te alegras ___ que haya venido?
c) Estoy feliz ___ que todo acabe.
d) Me hace feliz ___ que todo acabe.
e) Basta ___ que llegues a las siete.
f) Me basta ___ que te esfuerces.

Expresiones correctas

La locución adverbial ***por poco*** equivale a «casi», «estar a punto de»: ***Casi*** *pierdo el autobús; He estado* ***a punto de*** *perder el autobús.*

Aunque formalmente es parecida, la locución adverbial ***a poco*** tiene un valor distinto, pues señala tiempo («poco después») y puede ir seguida de la preposición *de: Nos conocimos* ***a poco de*** *salir de la escuela.*

1 Completa las siguientes oraciones con *por poco, a poco* o *a poco de:*

a) ______ llegamos tarde al examen.
b) ______ llegar, nos llamaron.
c) Le reclamé lo que me debía y, ______, me lo devolvió.
d) No me han visto ______

Aplicación y síntesis

La **subordinación sustantiva** es un procedimiento muy habitual en los **textos expositivos,** pues permite **expresar con rigor** los diversos **matices de un tema.**

A partir del siglo XII, *estos guerreros (*bushi *o samuráis) constituyeron la casta más alta en la pirámide social que divide Japón en cuatro clases distintas: los guerreros, los campesinos, los artesanos y los comerciantes. Los samuráis estaban sometidos a la nobleza y debían completa fidelidad a su señor* (daimyo). *Individualmente, obedecían un código de honor o, mejor dicho, una ética: el* bushido, *la vía del guerrero. [...]*

En el espíritu del bushido, *los samuráis consideraban, durante todas esas épocas del conflicto, que sus armas de combate eran el elemento de transmisión de su espíritu sobre sus actos. Procuraron perfeccionarlas, decorarlas y definir sus normas para que su belleza exterior testimoniara la nobleza de su utilización.*

El sable era para el samurái un objeto sagrado cuya hoja, por su pureza, simbolizaba el alma del guerrero. Desenvainar con lento gesto la hoja constituye en sí un lenguaje silencioso. Solo la casta de los samuráis estaba autorizada a llevar el sable largo (katana) *y el sable corto* (wakasashi).

Nelly Delay
Japón, la tradición de la belleza, Ediciones B

Ideas claras

- Los **textos expositivos** se crean con la **finalidad** de **transmitir información.**
- Los **párrafos expositivos** se **presentan** por medio de distintos prodecimientos: **enumeración, problema / solución, comparación, causa / efecto.**
- Las **subordinadas sustantivas** cumplen las **funciones propias** del **sintagma nominal: sujeto, atributo, complemento directo, indirecto, de régimen, agente, complemento del sustantivo, del adjetivo, del adverbio,** y **aposición.**
- El **nexo más habitual** de las **proposiciones sustantivas** es la **conjunción** ***que*.**
- En las **interrogativas indirectas** se utilizan como **nexos** los **interrogativos** y la **conjunción** ***si*.**
- Las **subordinadas sustantivas de infinitivo** pueden aparecer **sin nexo.**

1. Contesta las siguientes cuestiones:
   - ¿Quiénes eran los samuráis? ¿A qué clase social pertenecían?
   - Explica por qué decoraban sus sables y qué los inducía a considerar la *katana* un objeto religioso.
   - ¿Se puede llevar a cabo una acción noble por medio de las armas? Razona tu respuesta.
2. ¿A qué parte de la estructura del texto expositivo corresponde el fragmento seleccionado? Justifica tu respuesta.
3. Indica qué procedimiento o procedimientos expositivos ha empleado la autora del texto.
4. Señala cuál de las siguientes oraciones compuestas incluye una proposición subordinada sustantiva y cuál una adjetiva y realiza el análisis sintáctico completo de ambas:
   a) Estos guerreros constituyeron la casta más alta en la pirámide social que divide Japón en cuatro clases distintas.
   b) Los samuráis consideraban que sus armas de combate eran el elemento de transmisión de su espíritu.
5. ¿Qué función cumplen las proposiciones subordinadas sustantivas de infinitivo de las siguientes oraciones?
   a) Los samuráis procuraron perfeccionar sus armas.
   b) Desenvainar con lento gesto la hoja del sable constituye un lenguaje silencioso.
6. Indica cuáles son los sujetos de los verbos *procuraron* y *constituye* y cuáles los de los verbos en infinitivo *perfeccionar* y *desenvainar.*
7. ¿Qué aspectos de la cultura de Japón conoces? Redacta un breve texto expositivo sobre ellos utilizando alguno de los procedimientos que no ha empleado Nelly Delay.

Léxico

Familias léxicas, campos semánticos y asociativos

Las palabras mantienen distintos tipos de relaciones. Así, los vocablos *flor*, *florero* y *floristería* están vinculados morfológicamente; *flor*, *árbol* y *matorral*, por guardar relación en la realidad; y *flor*, *ramo* y *regalar*, porque se asocian en ciertas situaciones. Se establecen, pues, tres tipos de **relaciones semánticas:** las **familias léxicas,** los **campos semánticos** y los **asociativos.**

Se denomina **familia léxica** el **conjunto de palabras** que presentan la **misma raíz** o **base léxica.**

Las familias léxicas pueden hallarse integradas por **distintas clases de palabras** (sustantivos, verbos, adjetivos y adverbios):

estudio	>	*estudiante*	*estudiantil*	*estudioso*	*estudiar…*
ágil	>	*agilidad*	*agilización*	*agilizar*	*ágilmente…*

Un **campo semántico** está constituido por **palabras** cuyo **significado** se refiere a una **misma realidad.**

Todas las palabras que forman un campo semántico pertenecen a la **misma clase gramatical:**

Medios de transporte	>	*automóvil*	*bicicleta*	*avión*	*tren*	*tranvía…*
Géneros periodísticos	>	*noticia*	*reportaje*	*entrevista*	*crónica*	*columna…*

Observa que las palabras que integran tanto el campo semántico de los medios de transporte como el de los géneros periodísticos son sustantivos.

Forman un **campo asociativo** todas aquellas **palabras** que los hablantes relacionan por las **situaciones** que viven o conocen de la **realidad.**

Las palabras de un campo asociativo pueden pertenecer a **distintas clases:**

Actividades

1. Escribe palabras que formen parte de la familia léxica de las siguientes:

   cuadro **bajo** **ventana** **viento** **adivinanza** **peligroso**

2. Escribe palabras del campo semántico de cada término del recuadro:

   barcaza *pasear* *baloncesto* *estudiar* *cruasán* *amable* *arriba*

3. Fíjate en el ejemplo del cine y establece el campo asociativo de *exposición*.

Uso de las palabras

Secuela

Si decimos que algo es ***secuela*** de otra cosa, afirmamos que es su **consecuencia,** por lo general **negativa.** Este término se aplica especialmente para designar lesiones o daños físicos que aparecen como resultado de otros, tal como se indica en la oración del bocadillo.

No es correcto utilizar la palabra *secuela* para referirse a las continuaciones o las segundas partes de películas, obras literarias, etc.: **Todos estos grupos son ~~secuela~~ del éxito de U2.*

1. ¿En cuáles de las siguientes oraciones es correcto el empleo de la palabra *secuela*?

   a) ¡Qué graves son las secuelas de una guerra!

   b) El *Quijote* de Avellaneda fue una secuela de la primera parte de la novela de Cervantes.

   c) ¿Es esa cicatriz secuela de tu trabajo en el circo?

   d) Después del escaso éxito de la película, ¿quieres hacer una secuela?

Ortografía

Homófonos con *h*

Ya sabes que la **grafía *h*** no corresponde a **ningún sonido.** Existen, de hecho, pares de palabras con idéntica pronunciación que se diferencian en la escritura por la aparición de la letra *h*. Fíjate bien en algunos de ellos:

SIN *H*	CON *H*
a (preposición)	*ha* (verbo *haber*)
abría (verbo *abrir)*	*habría* (verbo *haber*)
asta (palo; cuerno)	*hasta* (preposición)
ay (interjección)	*hay* (verbo *haber*)
desecho (residuo; basura)	*deshecho* (participio de *deshacer*)
e (conjunción)	*he* (verbo *haber*)
echo (verbo *echar*)	*hecho* (suceso; participio de *hacer*)
errar (equivocarse)	*herrar* (poner herraduras)
izo (verbo *izar*)	*hizo* (verbo *hacer*)
ojear (echar una mirada)	*hojear* (pasar hojas)

Los cuadernos de don Rigoberto

Doña Lucrecia no sabía qué responder. [...]

—Te pusiste colorada —dijo, y le echó otra vez los brazos al cuello—. Entonces, la respuesta es sí. ¡Te quiero mucho, madrastra!

—Primero llantos y ahora risas —dijo Justiniana, apareciendo en el pasillo—. ¿Se puede saber qué pasa aquí?

—Tenemos una gran noticia —le dio la bienvenida el niño—. ¿Se lo contamos, madrastra? ¡Mi papá y mi madrastra van a amistarse, Justita! ¿Qué te parece el notición?

Mario Vargas Llosa

Signos de interrogación y exclamación

Los **signos de interrogación ¿?** y **exclamación ¡!** son **dobles** y se colocan al **principio** y al **final** de enunciados de entonación interrogativa y exclamativa, respectivamente. Al usarlos, ten en cuenta estas indicaciones:

- **No** se escribe **punto** después del **signo de cierre:** *¿Tiene un homófono la palabra* haya?, y no **¿Tiene un homófono la palabra* haya~~?.~~
- El **signo de apertura** se coloca al principio del enunciado; pero si este se inicia con un **vocativo,** se considera que está **fuera** de la **pregunta** o **exclamación:** <u>*Eva*</u>, *¿has visto eso?*; <u>*Luis*</u>, *¡ven aquí!*
- También pueden aparecer **fuera** los **complementos circunstanciales** (sintagmas o proposiciones) que figuran **adelantados** al **comienzo del enunciado:** <u>*En este asunto*</u>, *¿quién puede opinar?*

Combinación de signos

Los **signos de interrogación** y de **exclamación** pueden **combinarse** en un mismo enunciado para expresar **pregunta** y **sorpresa** de forma simultánea:

¿Que te ha tocado la lotería!

¡Que te ha tocado la lotería?

¿¡Que te ha tocado la lotería!?

¡¿Que te ha tocado la lotería?!

La **sorpresa** y también la **ironía** de un enunciado se puede marcar con el **signo de exclamación de cierre entre paréntesis:**

Dice que le ha tocado la lotería (!).

1. Escribe cuatro oraciones en las que expreses pregunta y sorpresa simultáneamente.

Actividades

1. Indica si la palabra *echó* del texto de Vargas Llosa tiene o no un homófono.
2. Escribe una oración con cada palabra del cuadro de homófonos de la *h*.
3. Completa las siguientes oraciones con la palabra adecuada de ese cuadro:
   - ***a)*** Me trató con desdén ___ indiferencia.
   - ***b)*** Se ha ___ el helado.
   - ***c)*** ¿Has tirado los ___ a la basura?
   - ***d)*** He ___ tus revistas.
   - ***e)*** El caballo ha ___ en el salto.
   - ***f)*** ___ ver si vuelves pronto.
4. Explica por qué aparecen entre signos de interrogación y admiración los vocativos del fragmento de *Los cuadernos de don Rigoberto*.
5. Transforma en directas dos interrogativas indirectas del texto de Vargas Llosa.
6. Copia las siguientes oraciones con los signos correspondientes:
   - ***a)*** Debido a esto, dejarás el trabajo
   - ***b)*** Quieres ir a abrir, Miguel
   - ***c)*** Miguel, quieres ir a abrir
   - ***d)*** Cuándo llegarán tus tíos
   - ***e)*** Entonces, cuándo llegan tus tíos
   - ***f)*** No volveréis tarde, verdad

La literatura de fin de siglo

LITERATURA DE FIN DE SIGLO

- **ESCRITORES DE FIN DE SIGLO**
  - **Poesía**
    - **Antonio Machado** (1875-1939)
      - *Campos de Castilla* (1912 y 1917)
  - **Prosa**
    - **Novela**
      - **Pío Baroja** (1872-1956)
        - *La busca* (1904)
        - *Niebla* (1914)
    - **Ensayo**
      - **Miguel de Unamuno** (1864-1936)
        - *En torno al casticismo* (1895)
      - **José Martínez Ruiz *Azorín*** (1873-1967)
        - *Castilla* (1912)
  - **Teatro**
    - **Ramón M.ª del Valle-Inclán** (1866-1936)
      - *Luces de bohemia* (1920)

1 Los escritores de fin de siglo

> **Recuerda**
> - El **modernismo** se desarrolló en todo el **ámbito hispánico** a **finales del siglo** XIX y en los **comienzos del** XX.
> - Los **modernistas** persiguieron la **belleza** y la **renovación de la lengua literaria.**
> - **Rubén Darío, máximo representante** del **modernismo,** evolucionó desde una **literatura evasiva** a **planteamientos más intimistas.**

A **finales del siglo XIX,** el **influjo del modernismo hispanoamericano,** especialmente de Rubén Darío, se tradujo en los escritores españoles en una literatura **más intimista** que la del nicaragüense. Además, en este período inició su producción una serie de **escritores** e **intelectuales** que volcaron en sus textos sus **preocupaciones filosóficas** y sus **reflexiones** sobre la **realidad del país.**

Los **escritores más destacados de fin de siglo** fueron **Antonio Machado, Miguel de Unamuno, Pío Baroja, José Martínez Ruiz,** ***Azorín,*** y **Ramón M.ª del Valle-Inclán.**

Algunos de estos autores se iniciaron en el **modernismo,** pero pronto abandonaron el preciosismo, la ornamentación y la evasión características de este movimiento y evolucionaron hacia una **literatura más personal** centrada en **problemas existenciales** y en el **tema de España.**

Temas de fin de siglo

El tema de España

En las **últimas décadas** del **siglo** XIX, España atravesaba una **profunda crisis política** y **social** que culminó en el llamado **desastre de 1898**[1], por el que se perdieron los últimos restos del imperio colonial español (Cuba, Puerto Rico y Filipinas) y, con ellos, el prestigio internacional del país.

Los **escritores de fin de siglo** reaccionaron ante esta situación y **reflexionaron** en sus textos sobre las **causas de la decadencia.** Más tarde, **idealizaron lo español** y reflejaron positivamente los **paisajes de Castilla,** la **historia** y las **obras artísticas** y **literarias clásicas.**

Casa del pueblo, **por Benjamín Palencia.**

Yo voy recorriendo las calles de este pueblo. Yo contemplo las casas, bajas, anchas y blancas. De tarde en tarde, por las anchas vías cruza un labriego. No hay ni ajetreos, ni movimientos, ni estrépito. Argamasilla en 1575 contaba con 700 vecinos, en 1905 cuenta con 850. Argamasilla en 1575 tenía 600 casas, en 1905 tiene 711. En tres siglos es bien poco lo que se ha adelantado. «Desde 1900 hasta la fecha —me dicen— no se han construido más de ocho casas.»

José Martínez Ruiz, *Azorín*
La ruta de don Quijote, Losada

◈◈◈

En la casa reina un profundo silencio; la calle es estrecha, tortuosa. Se percibe el rumor rítmico, imperceptible, tenue, que hacen con sus tornos unas hilanderas de algodón que viven al lado —esos tornos simpáticos que vosotros habréis visto en el cuadro de Velázquez—, de cuando en cuando se oye una canción, tal vez un romance vetusto —como estos que cantan los pelaires[2] *de Segovia en la novela* El donado hablador*—, o bien, de tarde en tarde, rasga el aire el son cristalino de una campana.*

José Martínez Ruiz, *Azorín*
Los pueblos, Biblioteca Nueva

La existencia

Inmersos en la **crisis de fin de siglo,** estos escritores vertieron en sus textos **doloridas** y **personales reflexiones** sobre el **destino del hombre** y el **sentido de la vida.** La **muerte,** el **paso del tiempo,** la **religiosidad,** el **dolor de vivir...,** fueron temas recurrentes tanto en ensayos como en poemas y novelas.

Para plasmar estas ideas, fue necesario emplear una **expresión precisa, exacta;** los autores no buscaron ya el adorno, la grandilocuencia, sino que se inclinaron por la **sencillez** y el **rigor,** contribuyendo, así, a la **renovación del lenguaje literario.**

Actividades

1. ¿Qué afirma Azorín al comparar el número de habitantes y de casas de Argamasilla en esas dos épocas?
2. En el segundo texto, ¿qué elementos son idénticos pese al paso del tiempo?
3. Compara los dos fragmentos y señala qué actitud —de crítica o alabanza— muestra Azorín en cada uno de ellos.

[1] **desastre de 1898:** derrota militar de España en su enfrentamiento con Estados Unidos, tras la insurrección cubana de ese mismo año.

[2] **pelaire:** el que prepara la lana antes de tejerla.

2 Antonio Machado

Antonio Machado

(1875-1939). Nació en Sevilla. A los ocho años se trasladó a Madrid, donde estudió con su hermano Manuel. En 1902 viajó a París, ciudad en la que conoció a Darío.

En 1907 obtuvo la cátedra de Francés en un instituto de Soria y en 1909 se casó allí con la joven Leonor Izquierdo, quien murió tres años después. Machado se trasladó entonces a Baeza, donde fue profesor. Partidario de la república, en los últimos momentos de la Guerra Civil partió al exilió y murió, poco después, en el pueblo francés de Colliure.

Aunque es autor de obras de **prosa didáctica** (*Juan de Mairena*) y de **piezas teatrales** escritas en colaboración con su hermano Manuel (*La Lola se va a los puertos*), **Antonio Machado** fue, ante todo, un **gran poeta.** Comenzó su actividad literaria publicando **versos modernistas,** aunque **de carácter más subjetivo** e **intimista** que los de Rubén Darío.

La **obra más representativa** del **modernismo machadiano** es ***Soledades, galerías y otros poemas,*** cuyo **tema esencial** es la **angustia existencial.**

En *Soledades* (1903, aumentada y corregida en 1907), Machado describe **paisajes decadentes** —jardines, plazas, fuentes...— en los que la voz poética **proyecta su estado de ánimo** y con los que, a menudo, **dialoga.**

La angustia del emisor se plasma en el uso de distintos **símbolos:**

SÍMBOLOS DE *SOLEDADES*	
La tarde, la noria y los caminos	Reflejan el **paso del tiempo.**
El mar	Simboliza la **muerte.**
Las colmenas y las galerías del corazón	Aluden a la **poesía creadora.**
Los sueños	Son el **conocimiento verdadero.**

Es una tarde cenicienta y mustia,
destartalada, como el alma mía;
y es esta vieja angustia
que habita mi usual hipocondría[1].

La causa de esta angustia no consigo
ni vagamente comprender siquiera;
pero recuerdo y, recordando, digo:
—Sí, yo era niño, y tú, mi compañera.

Antonio Machado
«Soledades», en *Poesías completas,* Espasa Calpe

La **evolución ideológica** del escritor lo llevó a preocuparse por **temas políticos** y **sociales,** que recogió en *Campos de Castilla*.

Campos de Castilla

Machado publicó *Campos de Castilla* en 1912 y aumentó el número de textos en la edición de 1917. El **paisaje castellano,** contemplado con **profunda emoción,** los **habitantes** de esta región, su **historia**... le sirven ahora para mostrar la **conducta de los españoles:** por un lado, critica a quienes envidian y no trabajan, y, por otro, alaba a aquellos que con su esfuerzo hacen avanzar el país.

La obra incluye también poemas de **lamento por la muerte de Leonor** y **breves reflexiones filosóficas.**

CXIX

Señor, ya me arrancaste lo que yo más quería.
Oye otra vez, Dios mío, mi corazón clamar.
Tu voluntad se hizo, Señor, contra la mía.
Señor, ya estamos solos mi corazón y el mar.

XXIX

Caminante, son tus huellas
el camino, y nada más;
caminante, no hay camino,
se hace camino al andar.

Antonio Machado
«Campos de Castilla»
en *Poesías completas,* Espasa Calpe

Actividades

4. ¿Con qué se identifica el alma en el texto de *Soledades*? Indica si la angustia ha aparecido de pronto en el emisor y explica por qué se siente angustiado.
5. ¿Cuál es la causa del dolor en el poema CXIX?
6. Explica qué quiere decir Machado en el tercer poema (XXIX).
7. ¿A quién se dirige la voz poética en cada una de las tres composiciones?
8. Mide los versos de los tres poemas y deduce el tipo de métrica empleada.

[1] **hipocondría:** hipersensibilidad y tristeza habituales.

Miguel de Unamuno

(1864-1936). Nació en Bilbao, ciudad en la que recibió una profunda formación religiosa. Pasó la mayor parte de su vida en Madrid, donde estudió Filosofía y Letras, y en Salamanca, en cuya universidad fue catedrático de Griego y de la que llegó a ser rector.

En 1924 fue desterrado por oponerse a la dictadura de Primo de Rivera. Tras ser indultado, se exilió voluntariamente a París.

Durante la II República, llegó a ser diputado, pero se sintió defraudado con el Gobierno republicano. Al estallar la Guerra Civil, se opuso a la política represiva de las fuerzas sublevadas, por lo que debió cumplir un arresto domiciliario durante el cual murió.

A mi buitre

Este buitre voraz de ceño torvo
que me devora las entrañas fiero
y es mi único constante compañero
labra mis penas con su pico corvo.

El día en que le toque el postrer sorbo
apurar de mi negra sangre, quiero
que me dejéis con él solo y señero
un momento, sin nadie como estorbo.

Pues quiero, triunfo haciendo mi agonía
mientras él mi último despojo traga,
sorprender en sus ojos la sombría

mirada al ver la suerte que le amaga
sin esta presa en que satisfacía
el hambre atroz que nunca se le apaga.

Miguel de Unamuno
Antología poética, Espasa Calpe

3 Miguel de Unamuno

Hombre de **compleja** y **contradictoria personalidad,** abrumado por las **inquietudes religiosas,** Unamuno fue uno de los grandes **protagonistas de la vida intelectual** de principios del siglo XX.

La **producción de Unamuno** comprende **ensayos, novelas, poesía** y **obras dramáticas,** géneros de los que se valió para **reflejar** su **pensamiento filosófico.**

En sus **primeras obras,** Unamuno criticó la **situación española** y propuso tomar **Europa** como **modelo** para salir del atraso social, científico y político. Posteriormente, se orientó hacia preocupaciones íntimas, como el **sentido de la existencia,** la **fe religiosa,** la **pervivencia tras la muerte...**

Ensayos y novelas de Unamuno

Ensayos

En sus diversos ensayos y artículos, Miguel de Unamuno expresó sus **ideas sobre España** y volcó sus **reflexiones filosóficas:** el **conflicto entre** la **razón** y la **fe,** la **existencia,** la **inmortalidad...** Entre los ensayos de Unamuno podemos citar *En torno al casticismo* (1895), *Vida de don Quijote y Sancho* (1905), *Del sentimiento trágico de la vida* (1913) y *La agonía del cristianismo* (1925).

El joven enfermo, por Edvard Munch.

Novelas

Los **protagonistas** de las novelas de Unamuno —*Amor y pedagogía* (1902), *Niebla* (1914), *Abel Sánchez* (1917), *La tía Tula* (1921), *San Manuel Bueno, mártir* (1930)— **encarnan** las **obsesiones personales del autor.** En estas obras, la **acción** es **escasa:** en ellas predominan los **diálogos** y los **monólogos,** que dan a conocer los pensamientos y los sentimientos íntimos de los personajes. Ante las críticas de que sus novelas no podían considerarse como tales, Unamuno las denominó ***nivolas.***

[Augusto] *quería acabar consigo mismo, que era la fuente de sus desdichas propias. Mas antes de llevar a cabo su propósito, como el náufrago que se agarra a una débil tabla, ocurriósele consultarlo conmigo, con el autor de este relato. [...]*

—Pues bien; la verdad es, Augusto —le dije con la más dulce de mis voces—, que no puedes matarte porque no estás vivo, y que no estás vivo, ni tampoco muerto, porque no existes...

—¿Cómo que no existo? —exclamó.

—No, no existes más que como ente de ficción; no eres, pobre Augusto, más que un producto de mi fantasía y de la de aquellos de mis lectores que lean el relato que de tus fingidas aventuras y malandanzas he escrito yo; tú no eres más que un personaje de novela, o de nivola, o como quieras llamarle. Ya conoces tu secreto.

Miguel de Unamuno
Niebla, Espasa Calpe

Actividades

9. ¿Quién es el narrador del fragmento de *Niebla*? ¿En qué persona narra? Indica qué es, además de narrador, y qué sabe de Augusto.
10. ¿Qué obsesión de Unamuno se plantea en el texto? Señala qué rasgos del texto le confieren la condición de *nivola*.
11. ¿De qué habla Unamuno en el poema? Indica qué representa el buitre.

Pío Baroja

(1872-1956). Nació en San Sebastián, en el seno de una familia acomodada y culta. Estudió Medicina en Madrid, donde pasó la mayor parte de su vida, no como médico, sino dedicado al periodismo y a la literatura. En 1935 ingresó en la Real Academia Española.

Tras un breve exilio en Francia durante la Guerra Civil, Baroja retomó su tranquila vida madrileña hasta su muerte.

4 Pío Baroja

Pío Baroja fue, ante todo, un **gran novelista.** Sus narraciones están cargadas de la fuerza de **personajes que parecen verdaderos,** que se mueven en **ambientes reales** y viven **historias posibles.**

Las **novelas de Baroja** incorporan **preocupaciones filosóficas** que reflejan su **idea de la existencia:** una **dura lucha** por **sobrevivir** en un **mundo hostil.**

Sus temas fundamentales son la **recreación** de ese **mundo hostil** y el **análisis de cómo enfrentarse a él.** La **crítica social** se manifiesta en la alabanza de personajes que se rebelan contra la sociedad, del hombre de acción o del que se separa del mundo por haber perdido la fe en cambiarlo.

Muchas de las novelas de Baroja aparecen agrupadas en **trilogías,** conjuntos de **tres novelas unidas** por los **personajes** y el **tema** que abordan:

PRINCIPALES TRILOGÍAS DE BAROJA
Tierra vasca: *La casa de Aizgorri* (1900), *El mayorazgo de Labraz* (1903) y *Zalacaín el aventurero* (1907).
La lucha por la vida: *La busca* (1904), *Mala hierba* (1904) y *Aurora roja* (1905).
La raza: *El árbol de la ciencia* (1911), *La dama errante* (1908) y *La ciudad en la niebla* (1909).

En estas novelas sobresale la capacidad del autor para **plasmar lugares** y **ambientes** con plasticidad, y la **viveza** y **naturalidad del diálogo.**

La busca

Argumento

La busca narra el **despertar a la vida de Manuel,** un joven que viene a Madrid porque su madre desea que estudie y acaba participando en las actividades del **hampa.** Al hilo de esta historia personal, Baroja retrata la **sociedad del Madrid de su tiempo,** poblado por personajes que viven en un mundo hostil y cruel, sin apenas nada que pueda liberarlos.

Manuel respiró fuerte y se le escapó un largo sollozo de dolor.

—¿Qué tienes? Anda; vuelve. Iremos juntos.

—No, no; déjame.

Luego no supo qué resolución tomar, y sin hablar más echó a correr camino de Madrid.

La ira le subía en oleadas a la garganta, sentía un furor negro, vagas ideas de acometer, de destruir todo, de echar todas las cosas al suelo y despanzurrar a todos los hombres. [...]

Pues bien; él se pondría en contra de la sociedad, se reuniría con el Bizco y asesinaría a diestro y siniestro, y cuando, cansado de hacer crímenes, le llevaran al patíbulo, miraría desde allí al pueblo con desprecio y moriría con un supremo gesto de odio y de desdén.

Mientras barajaba en la cabeza todas estas ideas de exterminio iba oscureciendo. [...]

En los escaparates y en los balcones de las casas iban brillando luces; llegaban los tranvías suavemente, como si fueran barcos, con sus faroles amarillos, verdes y rojos; sonaban sus timbres y corrían por la Puerta del Sol, trazando elegantes círculos. Cruzaban coches, caballos, carros, gritaban los vendedores ambulantes en las aceras, había una barahúnda ensordecedora.

Pío Baroja
La busca, Cid

Actividades

12. ¿Contra quién se subleva Manuel? Explica cuáles son sus intenciones y si le preocupa lo que le pueda pasar.
13. Identifica en el texto diálogo, narración y descripción. ¿Qué se describe?
14. En la descripción hay color y ruido. Demuéstralo.

Valle-Inclán

(1866-1936). Nació en Villanueva de Arosa (Pontevedra). Aunque inició estudios de Derecho en Santiago de Compostela, su espíritu aventurero lo condujo a México, donde entró en contacto con el modernismo hispanoamericano.

De vuelta a España, se instaló en Madrid. Tras vivir en Francia como corresponsal de guerra en 1916, volvió a Madrid para ocupar una cátedra en la Escuela de Bellas Artes. Más tarde fue nombrado director de la Academia Española de Roma. En 1935 regresó a su Galicia natal, donde murió.

5 Ramón M.ª del Valle-Inclán

Valle-Inclán fue **poeta, novelista** y, sobre todo, un **excelente dramaturgo.** Su concepción de la obra teatral y la audacia de sus puestas en escena fueron determinantes en la **renovación del drama** en el **siglo XX.**

Valle se inició literariamente en el **modernismo.** Las obras más representativas de este período son las ***Sonatas***[1]**,** un ciclo de cuatro **novelas líricas** que presentan un **mundo en decadencia.** Están protagonizadas por el **marqués de Bradomín,** «un donjuán feo, católico y sentimental».

La trascendencia de Valle-Inclán en la literatura universal procede, sin embargo, de la creación del **esperpento.**

El esperpento es la **técnica literaria** consistente en abordar **asuntos graves** desde una **perspectiva burlesca.** Al combinar la seriedad de los asuntos con la risa, brota **lo grotesco.**

En sus esperpentos, Valle **presenta** la **realidad deformándola:** cosifica y animaliza los personajes, que pierden su condición de humanos; personifica animales y objetos; selecciona los aspectos más indignos y los mezcla con los más delicados; une el lenguaje lírico a la expresión más soez... Todo ello para **denunciar** la **realidad social** y **política de España** y de quienes viven en el país en ese momento.

Valle aplicó la técnica del **esperpento** al **teatro** en obras como *Luces de bohemia, Martes de carnaval* y *Los cuernos de don Friolera,* y también a la **novela,** en *Tirano Banderas* y *El ruedo ibérico.*

Principales dramas

Divinas palabras

Con este drama de 1920, Valle-Inclán realizó su **primera aproximación al mundo del esperpento.** La obra está ambientada en la **Galicia rural,** llena de personajes inhumanos, regidos por la **lujuria** y por la **avaricia,** que se sirven de cualquier procedimiento para satisfacer sus instintos más primarios.

Luces de bohemia

Considerado el **primer esperpento,** este drama de 1920 escenifica la última noche de vida del ciego y bohemio escritor **Max Estrella,** quien, acompañado por **Don Latino de Híspalis,** personaje que simboliza «lo español», recorre los diferentes ambientes de Madrid —una taberna, una buñolería, la cárcel, un ministerio...— y acaba muriendo en la puerta de su casa, abandonado y traicionado por su lazarillo.

Representación de *Luces de bohemia,* 2003. CDT. Fotografía: Daniel Alonso.

La cueva de ZARATUSTRA en el Pretil de los Consejos. Rimeros de libros hacen escombro y cubren las paredes. Empapelan los cuatro vidrios de una puerta cuatro cromos espeluznantes de un novelón por entregas. En la cueva hacen tertulia el gato, el loro, el can y el librero. ZARATUSTRA, abichado y giboso —la cara de tocino rancio y la bufanda de verde serpiente—, promueve, con su caracterización de fantoche, una aguda y dolorosa disonancia muy emotiva y muy moderna. Encogido en el roto pelote de una silla enana, con los pies entrapados y cepones en la tarima del brasero, guarda la tienda. Un ratón saca el hocico intrigante por un agujero.

ZARATUSTRA.—*¡No pienses que no te veo, ladrón!*

EL GATO.—*¡Fu! ¡Fu! ¡Fu!*

EL CAN.—*¡Guau!*

EL LORO.—*¡Viva España!*

Ramón M.ª DEL VALLE-INCLÁN
Luces de bohemia, Espasa Calpe

Actividades

15 ¿Qué es, en realidad, la cueva? Explica qué efecto provoca esta metáfora.

16 ¿Cómo se animaliza a Zaratustra? ¿Con qué expresión aparece cosificado?

17 Indica de qué forma se «humaniza» a los animales en esta escena.

[1] **Sonatas:** esta tetralogía novelística está integrada por cuatro títulos: *Sonata de primavera* (1904), *Sonata de estío* (1903), *Sonata de otoño* (1902) y *Sonata de invierno* (1905).

Tras la muerte de su esposa Leonor, Machado regresó a Andalucía y, desde allí, realizó **evocaciones del paisaje castellano** como reflejo de la forma de vida que había perdido. El siguiente poema de *Campos de Castilla* constituye un ejemplo del tipo de composiciones de esa etapa de su producción.

Otro viaje

Ya en los campos de Jaén,
amanece. Corre el tren
por sus brillantes rieles,
devorando matorrales,
alcaceles[1],
terraplenes, pedregales,
olivares, caseríos,
praderas y cardizales[2],
montes y valles sombríos.
Tras la turbia ventanilla,
pasa la devanadera[3]
del campo de primavera.
La luz en el techo brilla
de mi vagón de tercera.
Entre nubarrones blancos,
oro y grana;
la niebla de la mañana
huyendo por los barrancos.
¡Este insomne sueño mío!
¡Este frío
de un amanecer en vela!...
Resonante,
jadeante,
marcha el tren. El campo vuela.
Enfrente de mí, un señor
sobre una manta dormido;
un fraile y un cazador
—el perro a sus pies tendido—.
Yo contemplo mi equipaje,
mi viejo saco de cuero;
y recuerdo otro viaje
hacia las tierras del Duero.
Otro viaje de ayer
por la tierra castellana
—¡pinos del amanecer
entre Almazán y Quintana!—.
¡Y alegría
de un viajar en compañía!
¡Y la unión
que ha roto la muerte un día!
¡Mano fría
que aprietas mi corazón!
Tren, camina, silba, humea,
acarrea
tu ejército de vagones,
ajetrea
maletas y corazones.
Soledad,
sequedad.
Tan pobre me estoy quedando
que ya ni siquiera estoy
conmigo, ni sé si voy
conmigo a solas viajando.

Antonio MACHADO
en *Poesías completas*, Espasa Calpe

[1]**alcacel:** (o *alcacer*); cebada verde y en hierba.

[2]**cardizal:** lugar en que abundan los cardos.

[3]**devanadera:** armazón de cañas o de listones de madera cruzados, que gira alrededor de un eje vertical, donde se colocan las madejas del hilado.

Comentario de texto

Aproximación al contenido del texto

1 Contesta estas cuestiones sobre el poema *Otro viaje:*

- ¿Por qué lugar está viajando el emisor? ¿Qué medio de transporte utiliza?
- Indica a qué hora del día y en qué época del año se desarrollan sus reflexiones.
- ¿Quiénes son sus compañeros de viaje?

2 Deduce algunos datos a partir de los versos de Antonio Machado:

- La voz poética evoca otro viaje. ¿Adónde se dirigía?
- Explica qué diferencia el viaje actual del recordado.
- ¿A qué aluden los versos *¡Y la unión / que ha roto la muerte un día!*?
- ¿Qué significado tiene la palabra *pobre* en el verso 50?

3 Señala cuál o cuáles de estos sentimientos invaden al emisor en el viaje presente y explica qué es lo que los motiva:

a) Dolor. ***b)*** Soledad. ***c)*** Añoranza. ***d)*** Son válidos ***a), b)*** y ***c).***

Análisis de la estructura

4 El poema se divide en cuatro partes. Completa el cuadro, según se indica:

Descripción del paisaje presente	Desde el verso ________ hasta ________
____________________	Desde el verso 25 hasta el 32.
Recuerdo doloroso de otro viaje	Desde el verso ________ hasta ________
____________________	Desde el verso 43 hasta el final del poema.

5 Aunque contiene elementos narrativos y descriptivos, *Otro viaje* es un texto lírico. Justifica esta afirmación.

Análisis de las formas de expresión

6 Realiza el análisis métrico de los catorce primeros versos del poema:

- Mide los versos, señala la rima y di si es asonante o consonante.
- Realiza el esquema métrico, comprueba si corresponde a algún tipo de estrofa que conozcas y si se repite en el resto del poema.

7 En el texto abundan las enumeraciones de sustantivos y verbos. Léelas en voz alta, marcando las sílabas tónicas, y explica qué desea reflejar por medio de ellas Machado.

8 Comenta el uso de los siguientes recursos expresivos en esta composición:

- Identifica las personificaciones y di a qué se aplican.
- Localiza las metáforas y las metonimias y explica a qué se refieren.
- La voz poética interrumpe sus reflexiones con diversas exclamaciones. Indica en qué momentos las incorpora y para qué le sirven.
- En el texto hay dos paradojas; señálalas y explica qué quiere expresar el autor con este recurso.

Valoración y relación con el contexto literario

9 ¿Crees que la voz poética consigue transmitir eficazmente su dolor? Argumenta tu respuesta.

10 Relaciona el poema *Otro viaje* con la obra de su autor y la de otros escritores de fin de siglo:

- ¿En qué etapa de la evolución de Machado situarías el texto? Razona tu respuesta.
- Identifica en el poema rasgos de la literatura española de fin siglo.

Recursos expresivos

La paradoja

La **paradoja** consiste en unir **dos expresiones aparentemente contradictorias,** tras las que se puede descubrir un **sentido.** Así, por ejemplo, el escritor Unamuno le dice estas palabras a Augusto, protagonista de *Niebla:*

No estás vivo, ni tampoco muerto.

Con esta afirmación, el escritor le revela que únicamente es un personaje de ficción y que, por tanto, no está ni vivo ni muerto, solo existe en la imaginación de su creador y en la de los lectores que siguen sus andanzas.

La paradoja fue un recurso habitual de la literatura de fin de siglo, ya que permitía a los autores expresar sus contrapuestas preocupaciones: vida / muerte; fe / razón…

Evaluación

Muerte y vida, por Gustav Klimt.

En la ciencia, en el conocimiento de las razones de las cosas, de la ley de los movimientos, en la matemática, en fin, buscan unos hombres y unos pueblos el secreto del universo, de la vida y de la muerte. Otros lo buscan en la religión y rogando a Dios que nos lo revele, rogándole tal vez —¡tremenda paradoja!— que nos diga si existe y es algo más que nuestro anhelo de divinización. [...] Y hay quien busca en el amor el secreto de la vida, de la muerte y del universo, y su razón de ser. Tal creo, aquí, en Portugal.

Quien haya leído a los poetas portugueses [...] sabrá bien que no hay otra literatura alguna en que el amor haya hablado una lengua tan directa, tan sencilla, tan pura, tan libre de pedantería.

Miguel de Unamuno
Andanzas y visiones españolas, Alianza

1. Contesta las siguientes cuestiones:
   - Según Miguel de Unamuno, ¿dónde buscan los hombres y los pueblos la respuesta a sus preocupaciones?
   - ¿Desde qué lugar habla el escritor? Justifica tu respuesta.
   - En opinión del autor, ¿cuáles son los problemas que inquietan a los seres humanos?
2. ¿Es expositivo este fragmento de Unamuno? Razona tu respuesta.
3. Copia las siguientes oraciones y clasifícalas según contengan proposiciones subordinadas sustantivas o adjetivas:
   a) Otros ruegan a Dios que revele el secreto de la existencia.
   b) Dios debería decir si existe.
   c) Quien haya leído a los poetas portugueses sabrá bien el valor de su literatura amorosa.
   d) No hay otra literatura en la que el amor haya hablado una lengua tan directa.
   e) ¿Son los portugueses quienes buscan en el amor el secreto de la vida?
4. Subraya las proposiciones subordinadas de la actividad 3, señala su función y realiza el análisis sintáctico completo de las cinco oraciones.
5. Localiza en el texto palabras que pertenezcan a la familia léxica de *Dios,* al campo semántico de *ciencia* y al campo asociativo de *religión.*
6. Este fragmento pertenece a un ensayo de Miguel de Unamuno, uno de los escritores españoles de fin de siglo. Recuerda qué temas trataron estos autores y cuál de ellos se refleja en el texto.
7. Compara las novelas de Unamuno y de Baroja y señala las diferencias que observes entre ellas.
8. Antonio Machado, como otros escritores de su época, experimentó una evolución estética e ideológica. Explica cómo se reflejó en su poesía.
9. Define el esperpento y expón cuanto sepas sobre el creador de esta técnica literaria.
10. Si no supieras que este texto es de Unamuno, podrías deducirlo tras su lectura. Escribe un texto expositivo para explicar por qué lo has reconocido. Utiliza el procedimiento causa / efecto.

7 El texto total

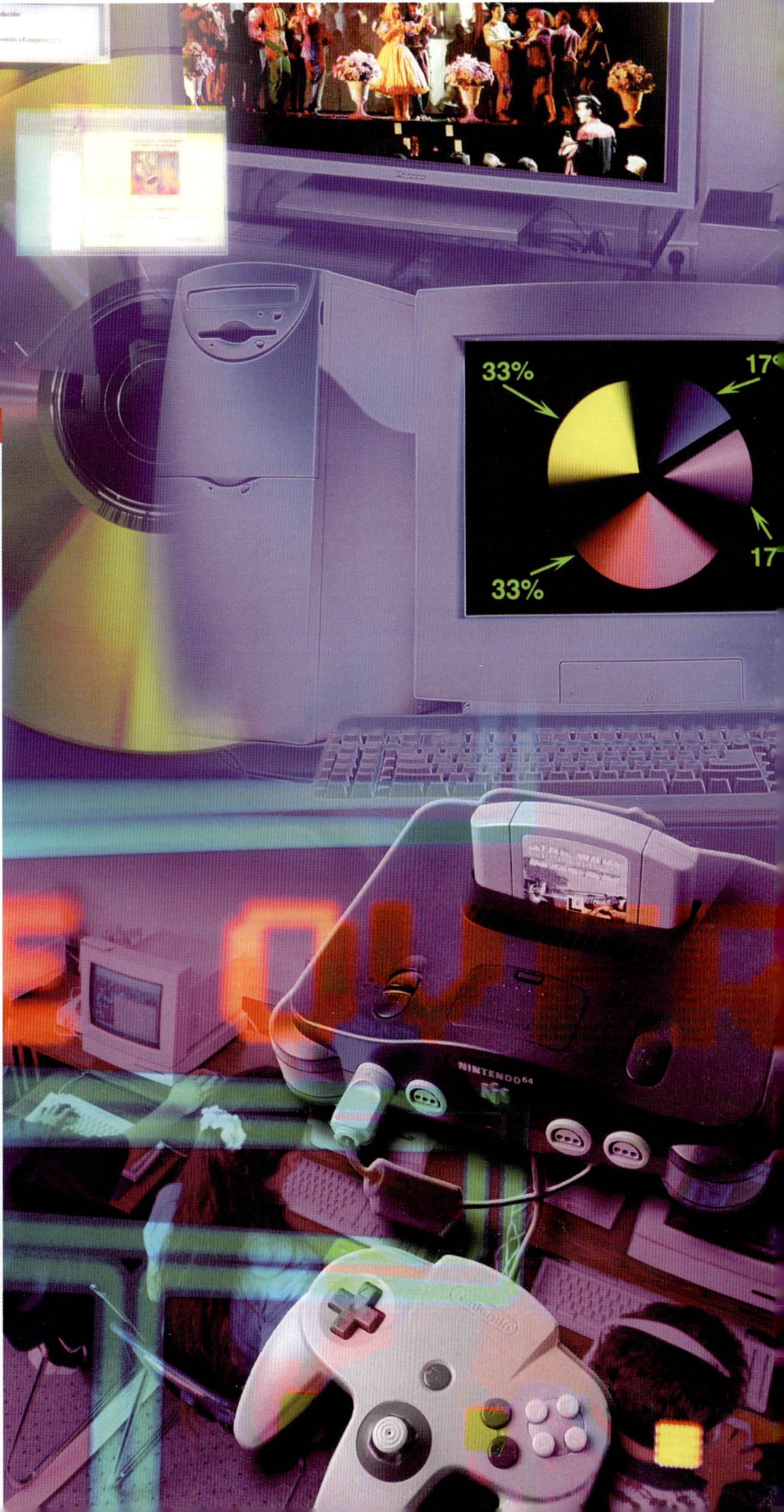

Contenidos de la unidad

Maravillas de la antigüedad

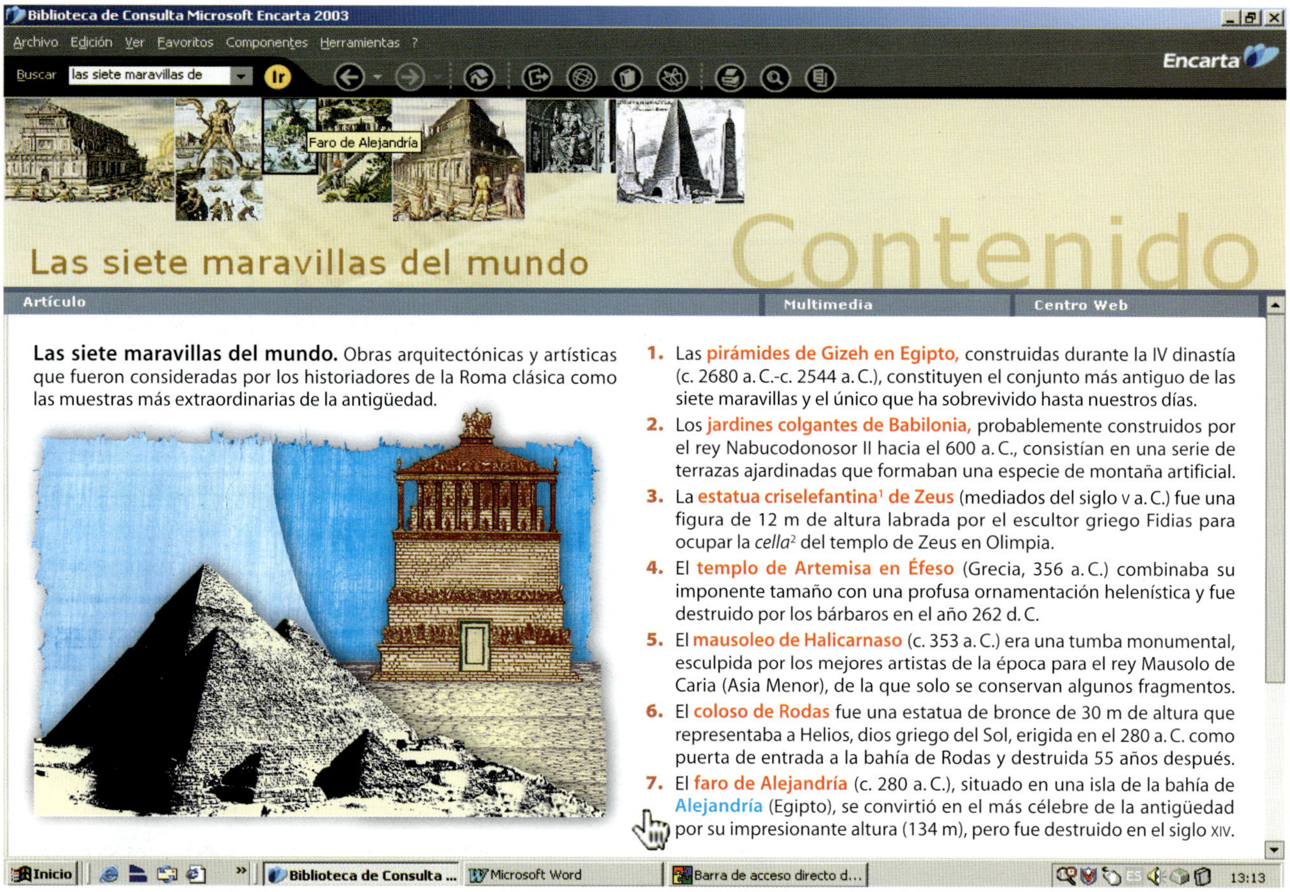

Las siete maravillas del mundo. Obras arquitectónicas y artísticas que fueron consideradas por los historiadores de la Roma clásica como las muestras más extraordinarias de la antigüedad.

1. Las **pirámides de Gizeh en Egipto,** construidas durante la IV dinastía (c. 2680 a. C.-c. 2544 a. C.), constituyen el conjunto más antiguo de las siete maravillas y el único que ha sobrevivido hasta nuestros días.
2. Los **jardines colgantes de Babilonia,** probablemente construidos por el rey Nabucodonosor II hacia el 600 a. C., consistían en una serie de terrazas ajardinadas que formaban una especie de montaña artificial.
3. La **estatua criselefantina**[1] **de Zeus** (mediados del siglo V a. C.) fue una figura de 12 m de altura labrada por el escultor griego Fidias para ocupar la *cella*[2] del templo de Zeus en Olimpia.
4. El **templo de Artemisa en Éfeso** (Grecia, 356 a. C.) combinaba su imponente tamaño con una profusa ornamentación helenística y fue destruido por los bárbaros en el año 262 d. C.
5. El **mausoleo de Halicarnaso** (c. 353 a. C.) era una tumba monumental, esculpida por los mejores artistas de la época para el rey Mausolo de Caria (Asia Menor), de la que solo se conservan algunos fragmentos.
6. El **coloso de Rodas** fue una estatua de bronce de 30 m de altura que representaba a Helios, dios griego del Sol, erigida en el 280 a. C. como puerta de entrada a la bahía de Rodas y destruida 55 años después.
7. El **faro de Alejandría** (c. 280 a. C.), situado en una isla de la bahía de **Alejandría** (Egipto), se convirtió en el más célebre de la antigüedad por su impresionante altura (134 m), pero fue destruido en el siglo XIV.

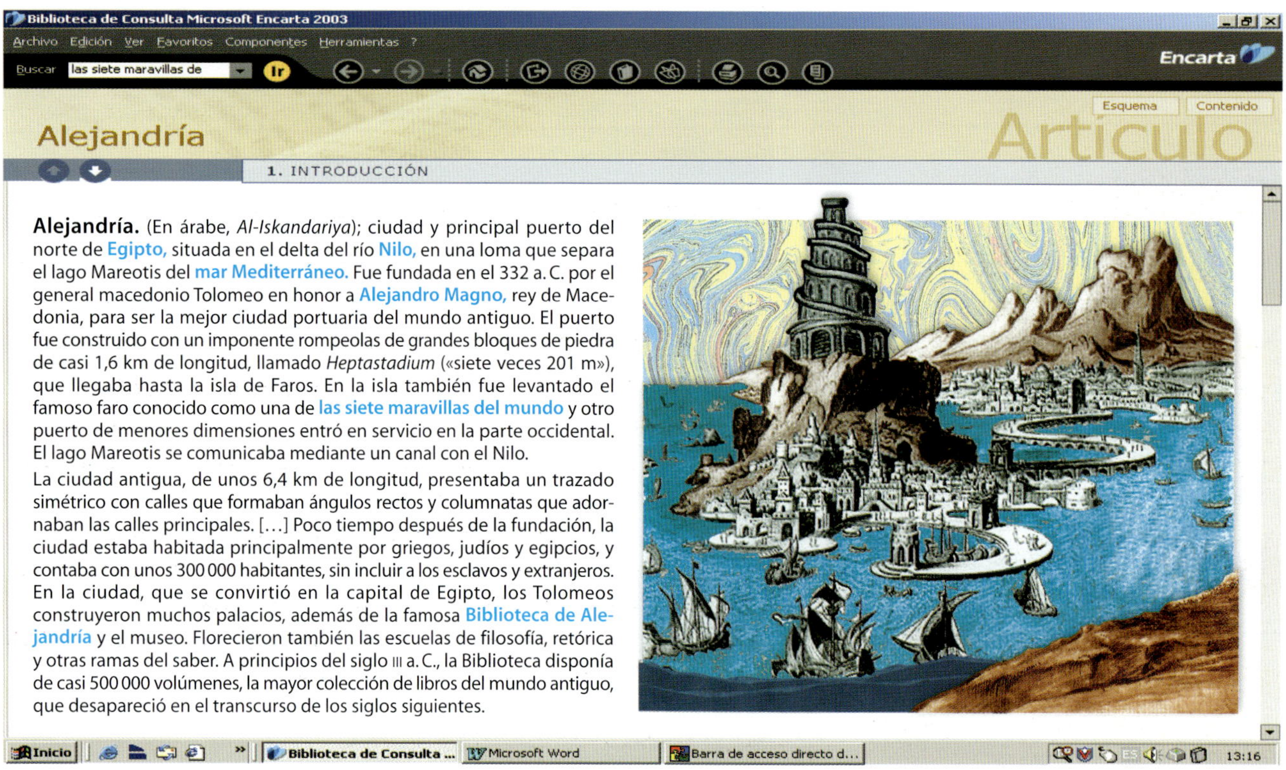

Alejandría. (En árabe, *Al-Iskandariya*); ciudad y principal puerto del norte de **Egipto,** situada en el delta del río **Nilo,** en una loma que separa el lago Mareotis del **mar Mediterráneo.** Fue fundada en el 332 a. C. por el general macedonio Tolomeo en honor a **Alejandro Magno,** rey de Macedonia, para ser la mejor ciudad portuaria del mundo antiguo. El puerto fue construido con un imponente rompeolas de grandes bloques de piedra de casi 1,6 km de longitud, llamado *Heptastadium* («siete veces 201 m»), que llegaba hasta la isla de Faros. En la isla también fue levantado el famoso faro conocido como una de **las siete maravillas del mundo** y otro puerto de menores dimensiones entró en servicio en la parte occidental. El lago Mareotis se comunicaba mediante un canal con el Nilo.

La ciudad antigua, de unos 6,4 km de longitud, presentaba un trazado simétrico con calles que formaban ángulos rectos y columnatas que adornaban las calles principales. [...] Poco tiempo después de la fundación, la ciudad estaba habitada principalmente por griegos, judíos y egipcios, y contaba con unos 300 000 habitantes, sin incluir a los esclavos y extranjeros. En la ciudad, que se convirtió en la capital de Egipto, los Tolomeos construyeron muchos palacios, además de la famosa **Biblioteca de Alejandría** y el museo. Florecieron también las escuelas de filosofía, retórica y otras ramas del saber. A principios del siglo III a. C., la Biblioteca disponía de casi 500 000 volúmenes, la mayor colección de libros del mundo antiguo, que desapareció en el transcurso de los siglos siguientes.

[1]**criselefantina:** de oro y marfil.

[2]***cella:*** espacio interior de los templos griegos y romanos.

Análisis del texto

Análisis del contenido

1. Contesta estas cuestiones sobre el texto de la página anterior:
   - ¿Qué son las siete maravillas del mundo y quiénes las consideraron así?
   - Indica cuáles eran esas maravillas y dónde se encontraba cada una.
   - ¿En honor a quién se construyó Alejandría? ¿Qué culturas convivían allí?
   - ¿Por qué otro edificio era, y es, famosa Alejandría, además de por el faro?
2. Amplía la información a partir del texto de *Encarta:*
   - Identifica qué maravillas del mundo representan las siguientes viñetas:

   - ¿A qué civilizaciones pertenecieron las siete maravillas del mundo?
   - ¿Por qué crees que no se incluyeron entre ellas obras de otras civilizaciones?
     a) Porque no había ningún otro monumento en otras culturas.
     b) Porque eligieron solo las civilizaciones conocidas de la época.
     c) Porque no gustaban a quienes las eligieron.
3. Recuerda cuál fue el destino de las siete maravillas del mundo e intenta explicar por qué la mayoría de ellas no se han conservado hasta hoy.

Análisis de la estructura

4. ¿Qué procedimiento expositivo aparece en la página sobre las siete maravillas del mundo? Indica qué relaciones mantienen entre sí el texto y las imágenes.
5. El artículo sobre Alejandría se divide en dos partes. Delimítalas:

Primera parte	Desde ________ hasta ________. Trata sobre ________
Segunda parte	Desde ________ hasta ________. Trata sobre ________

Análisis de las formas de expresión

6. Explica el sentido de *heliocentrismo* y *heliofotómetro* a partir del texto.
7. Deduce el significado del adjetivo *profusa* en las siguientes oraciones:
   a) El templo combinaba su imponente tamaño con una *profusa* decoración.
   b) Reparte publicidad de forma *profusa.*
8. ¿Qué sentidos diferentes tiene la palabra *coloso* en estas oraciones?
   a) El *coloso* de Rodas fue una estatua de bronce de treinta metros de altura.
   b) Santiago Ramón y Cajal fue un *coloso* de la investigación.
9. Tras responder a la actividad 8, indica qué otra u otras maravillas pueden ser consideradas colosos. ¿Qué es una idea colosal?

Formaban una especie de montaña artificial.

Interpretación y valoración

10. Debido a su belleza y magnificencia, los monumentos de la antigüedad siguen despertando interés. En grupos, elegid las «siete maravillas contemporáneas». ¿Creéis que serán consideradas como tales en siglos venideros? ¿Por qué?

Los textos multimedia

1 ¿Qué es un texto multimedia?

Recuerda

- En los **textos audiovisuales** se **combinan** los **códigos verbal, visual** y **sonoro.**
- La **recepción** de los **textos audiovisuales** puede realizarse de forma **individual** o **grupal.**
- Son **textos expositivos** aquellos en los que se **explica un tema** con la **finalidad de informar.**

El texto de la página 146 ofrece información sobre las siete maravillas del mundo por medio de **elementos verbales** y de **imágenes;** se trata de un **texto multimedia.**

Los **textos multimedia** combinan, de **forma simultánea, elementos verbales, sonido** e **imagen** (animaciones, imágenes fijas y vídeo) en un **documento único.**

Debido a esa diversidad, la **transmisión** y la **recepción** de este tipo de textos es **multisensorial,** es decir, se debe activar más de un sentido (la vista y el oído) para recibir e interpretar el mensaje que transmiten.

La característica peculiar de los textos multimedia es la **interactividad.** Entre el **receptor** y el texto se establece una relación que permite a aquel ejercer cierto **control** sobre el documento: el usuario determina en qué orden accede a los elementos del texto y selecciona los contenidos por medio de **menús desplegables, barras de desplazamiento, iconos,** etcétera.

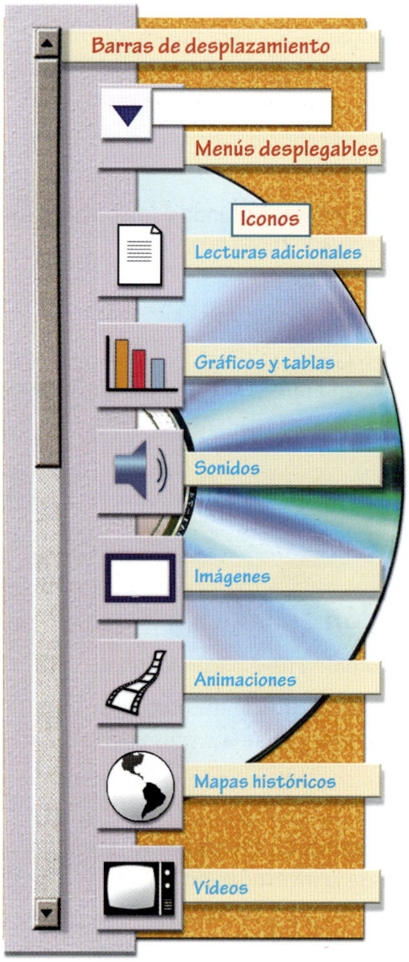

Microsoft ® Encarta ® Biblioteca de Consulta 2003

Este tipo de textos son habituales en **programas de aprendizaje** de diferentes materias, **enciclopedias electrónicas** (como *Encarta* o *Britannica*) **guías de viaje electrónicas, videojuegos...** Sus **soportes** más habituales son el **CD** (CD-ROM, CD grabable o regrabable) y el **DVD,** que requieren un ordenador, un reproductor de CD o de DVD para la recepción.

Actividades

1. Señala qué elementos de un texto multimedia aparecen en la pantalla de *Encarta* que contiene la entrada «Música».
2. Indica en qué elemento de la pantalla deberías pulsar para:
   a) Escuchar una pieza de música clásica.
   b) Obtener información sobre la música en la India.
3. Localiza un texto multimedia y explica sus componentes a tus compañeros.

2 La hipertextualidad

Los hipermedia

Cuando en los **textos multimedia** se usa un **lenguaje hipertextual,** es decir, un lenguaje que utiliza enlaces o hipervínculos, nos hallamos ante los **hipermedia.**

Un **lenguaje hipertextual** es un **lenguaje informático** que permite **conectar electrónicamente** diversos **textos** por medio de **enlaces** o **hipervínculos.**

Los **enlaces** se presentan como **palabras clave,** destacadas normalmente con un color distinto. Al **pulsarlos,** aparece en el espacio de lectura (la pantalla) **otra ventana** que presenta la nueva información.

La **recepción** de un texto creado con lenguaje hipertextual no se produce como la de un libro, secuencialmente, sino por **asociación:** una porción de información de un texto se enlaza con otras pertenecientes a textos diversos.

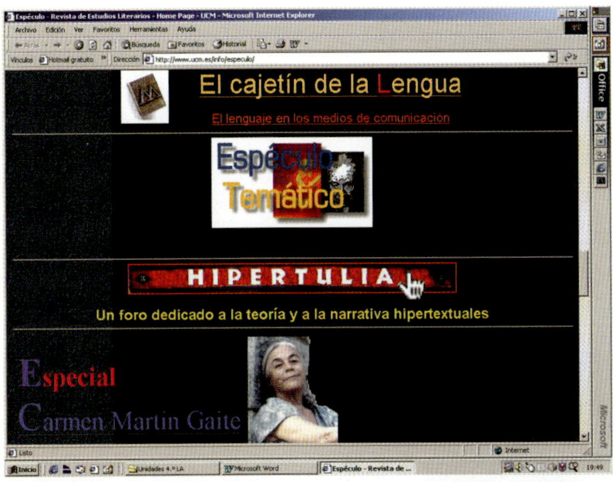

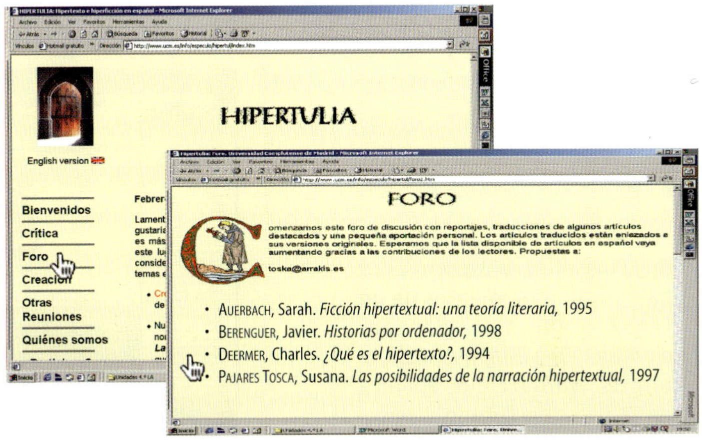

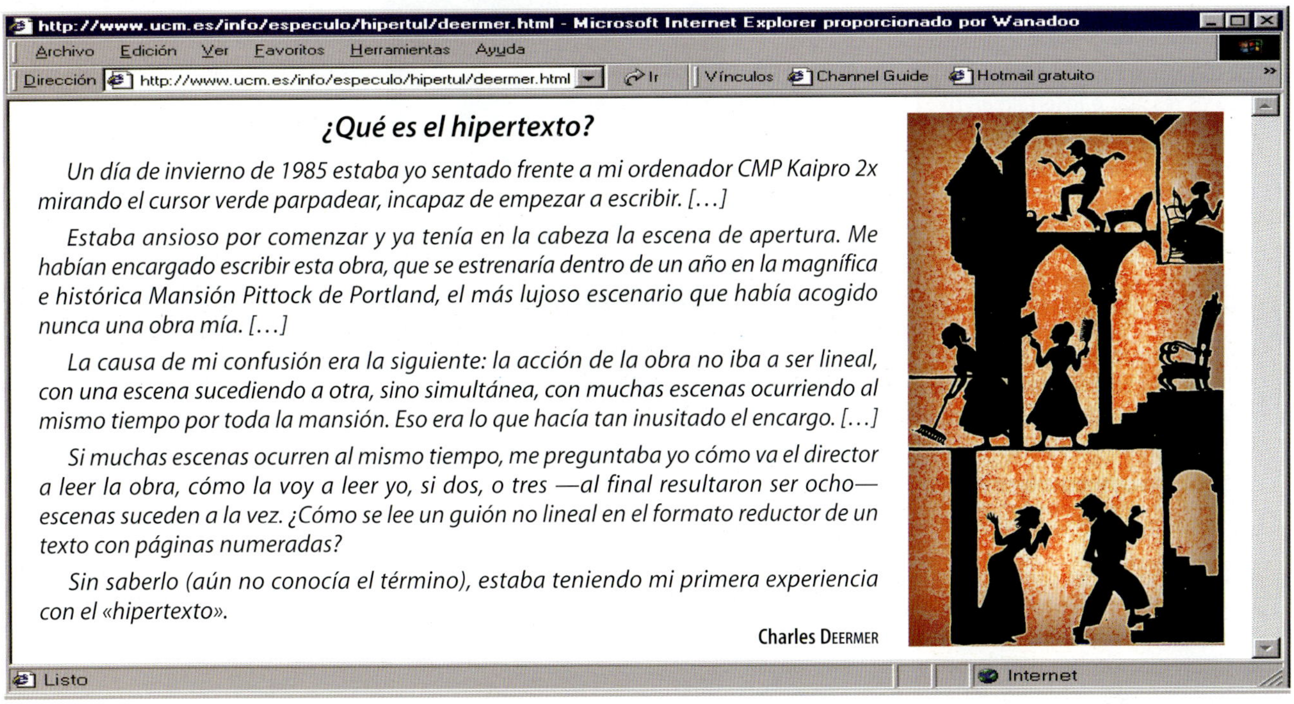
http://www.ucm.es/info/especulo/hipertul/deermer.html - Microsoft Internet Explorer proporcionado por Wanadoo

Archivo Edición Ver Favoritos Herramientas Ayuda

Dirección http://www.ucm.es/info/especulo/hipertul/deermer.html Ir | Vínculos Channel Guide Hotmail gratuito

¿Qué es el hipertexto?

Un día de invierno de 1985 estaba yo sentado frente a mi ordenador CMP Kaipro 2x mirando el cursor verde parpadear, incapaz de empezar a escribir. […]

Estaba ansioso por comenzar y ya tenía en la cabeza la escena de apertura. Me habían encargado escribir esta obra, que se estrenaría dentro de un año en la magnífica e histórica Mansión Pittock de Portland, el más lujoso escenario que había acogido nunca una obra mía. […]

La causa de mi confusión era la siguiente: la acción de la obra no iba a ser lineal, con una escena sucediendo a otra, sino simultánea, con muchas escenas ocurriendo al mismo tiempo por toda la mansión. Eso era lo que hacía tan inusitado el encargo. […]

Si muchas escenas ocurren al mismo tiempo, me preguntaba yo cómo va el director a leer la obra, cómo la voy a leer yo, si dos, o tres —al final resultaron ser ocho— escenas suceden a la vez. ¿Cómo se lee un guión no lineal en el formato reductor de un texto con páginas numeradas?

Sin saberlo (aún no conocía el término), estaba teniendo mi primera experiencia con el «hipertexto».

Charles DEERMER

Listo | Internet

Actividades

4. Fíjate en las páginas que tienes arriba e intenta explicar cómo se ha llegado desde la primera hasta la última. Localiza en ellas los enlaces.
5. ¿De qué trata el texto de Charles Deermer? Indica por qué tiene dificultades el escritor y por qué motivo el hipertexto fue una solución para él.

Documentación en CD-ROM

Los obras de referencia, como **enciclopedias** y **manuales divulgativos**, pueden presentarse en distintos soportes. Uno de ellos es el **CD-ROM**, muy utilizado en la actualidad para este fin por su **gran capacidad de almacenamiento.**

La **información** almacenada en las **enciclopedias en CD-ROM** se **organiza,** como en las enciclopedias impresas, en **entradas ordenadas alfabéticamente.**

El proceso de documentación a partir de obras de consulta en CD-ROM es sencillo. Fíjate en el procedimiento seguido en la ilustración para obtener información sobre la literatura modernista hispanoamericana.

Para consultar información en CD-ROM

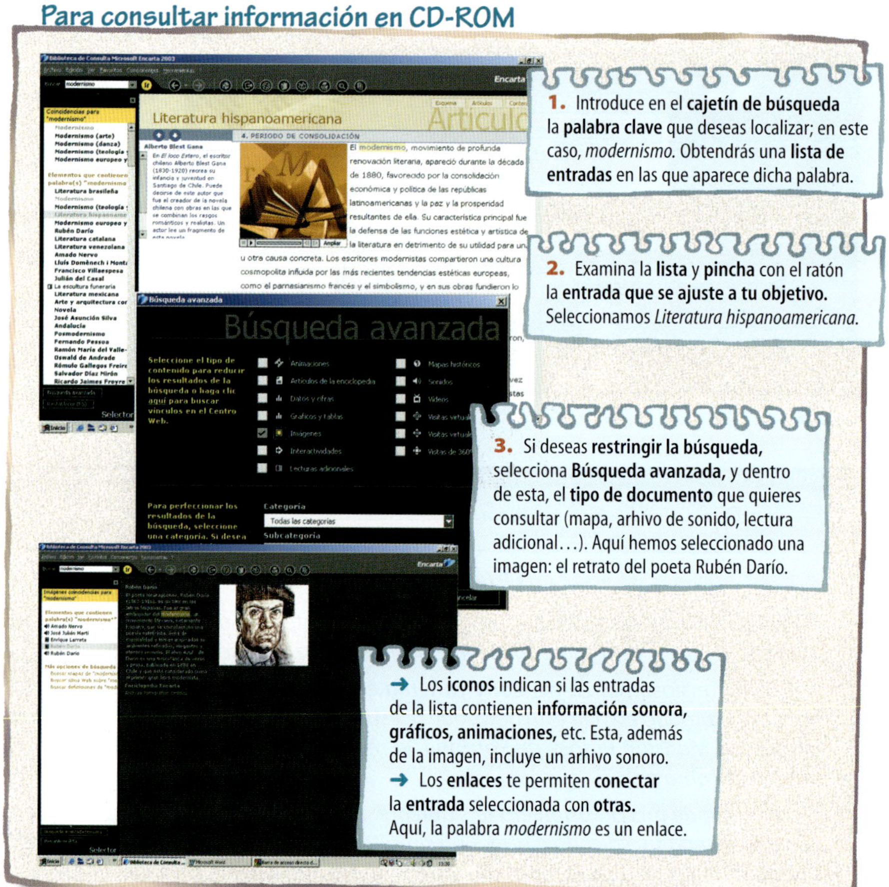

La facilidad con la que se **relacionan los contenidos** en los textos electrónicos **enriquece** la **información;** sin embargo, al «saltar» de un contenido a otro, se puede perder de vista el objetivo de la consulta. Por ello, el **usuario** debe ser consciente de que él es quien **proporciona** la **unidad** al texto.

Actividades

1. Consulta una enciclopedia multimedia y localiza información sobre el tema «El modernismo en el arte» en relación con los siguientes puntos:
   - Características generales del movimiento.
   - La arquitectura modernista: *La Sagrada Familia,* de Antoni Gaudí.
   - Pintura modernista: *El beso,* de Gustav Klimt.
   - El modernismo y la danza: Isadora Duncan.
2. Explica qué enlaces has utilizado en tu proceso de búsqueda.

En el ordenador...

Efectos tipográficos

El procesador de textos ofrece diversos **efectos tipográficos** para **resaltar elementos de un texto,** como los títulos, por ejemplo. Para ello, pulsa el botón de **Wordart** que aparece en la barra de **Dibujo** y selecciona en la **Galería de Wordart** el estilo que prefieras, como se indica en la ilustración.

Después **escribe el texto** que desees resaltar e insértalo en tu documento pulsando **Aceptar.** Este es el resultado al escribir en un estilo de Wordart el título *El modernismo:*

Cada vez que sitúes el cursor sobre el texto de Wordart que has insertado, aparecerá esta **barra de herramientas:**

Pulsando estos botones, puedes **cambiar el estilo de Wordart** seleccionado, el color de la letra y la sombra, la alineación y posición del título, rotar las letras… hasta obtener un título como este:

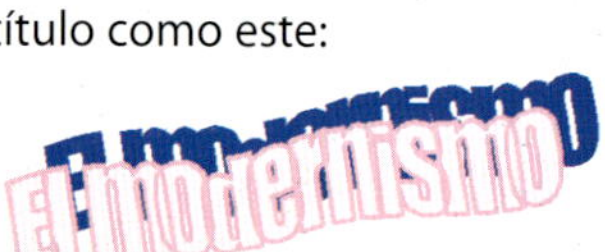

Expresión

El informe técnico

En ocasiones se solicita a un **experto** en un área determinada que realice un dictamen sobre alguna cuestión relacionada con sus conocimientos. El documento resultante es un **informe técnico.**

El **informe técnico** es un **texto** en el que una **persona especializada** en un tema **expone de forma justificada** sus conclusiones acerca del **asunto** sobre el que ha sido **consultada.**

En un informe técnico aparecen los siguientes **contenidos,** que se ejemplifican a la izquierda:

- El **asunto** que es **objeto de consulta.**
- Los **resultados** a los que se ha llegado tras el estudio.
- La **exposición** de los **fundamentos científicos y técnicos** (datos, cálculos, mediciones...) que han permitido obtener las conclusiones.
- El **análisis** y la **opinión del técnico,** que son las recomendaciones que se hacen extraídas a partir de los datos recabados.

Asunto

Informe médico

Varón de 37 años con pérdida de audición tras un traumatismo acústico provocado por un petardo hace quince años.

Pérdida del oído neom. — **Resultados**

Exposición

Otoscopia normal. Rinoscopia normal. Orofaringoscopia normal. Audiometría con caída en agudos en 3 y 4 Khz en oído derecho. Oído izquierdo normal.

Análisis y opinión

Traumatismo acústico. Recomiendo medidas de protección de ruidos y evitar fármacos ototóxicos. Control anual con audiometría.

Para elaborar un informe técnico

- Emplea la **terminología** propia de la **especialidad.**
- Dota al texto de **sobriedad** y **rigor:** usa adjetivos **especificativos** y **complementos del nombre.**
- **Evita** los **elementos subjetivos;** la **objetividad** debe predominar incluso en el momento de emitir el juicio técnico.

Los **informes técnicos** se **solicitan** para **analizar cuestiones** de **índole muy diversa:** la capacidad de una instalación existente (como una caldera o el aire acondicionado de unos grandes almacenes), las causas de determinados problemas (grietas o humedades en un edificio, por ejemplo), los posibles efectos del vertido de ciertas sustancias a un cauce público, problemas relacionados con la salud, etcétera.

Ausencia de diferencias significativas entre los distintos apósitos especiales objeto de comparación, a pesar de sus diferencias en composición y propiedades.

Esta revisión pretende evaluar la eficacia y la relación coste-eficacia del empleo de apósitos especiales en el tratamiento de las úlceras por presión y vasculares.

El modelo sobre el que se basa el uso de apósitos especiales en el tratamiento de heridas crónicas se considera fundamentado; sin embargo, la clínica muestra que la cicatrización y curación de una herida crónica son procesos mucho más complejos, y que sus mecanismos aún no se conocen con exactitud.

Actividades

3. Lee el informe médico que sirve de modelo y contesta:
   - ¿Sobre qué asunto trata ese informe?
   - ¿Qué tipo de expresiones emplea?
   - Localiza en el texto rasgos lingüísticos propios de un informe.
4. En los tres párrafos de la izquierda aparecen desordenados los contenidos de un informe. Reconstrúyelo e indica a qué parte correponde cada uno.
5. Observa las ilustraciones y redacta un informe técnico a partir de sus datos:

Las proposiciones subordinadas de tiempo y de lugar

Recuerda

- Las **proposiciones subordinadas** pueden ser **sustantivas, adjetivas y adverbiales.**
- Las **subordinadas adjetivas** funcionan como **adyacentes de un sustantivo,** que es su **antecedente.**
- Las **subordinadas sustantivas** desempeñan las **funciones** propias del **sintagma nominal.**

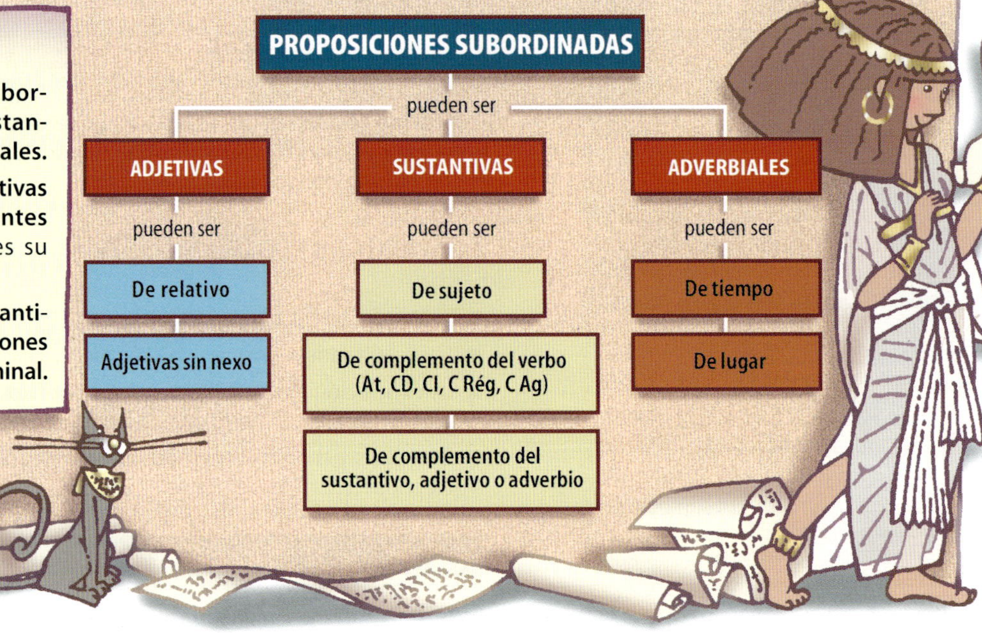

1 Expresión del tiempo y del lugar

Fíjate en las estructuras subrayadas en la siguientes oraciones:

Las pirámides de Gizeh se construyeron durante la IV dinastía.

El faro de Alejandría estaba situado en una isla de la bahía.

En la primera oración, *durante la IV dinastía* indica cuándo se levantaron las pirámides: expresa **tiempo.** En la segunda, *en una isla de la bahía* revela la localización del faro de Alejandría: señala, pues, el **lugar.**

En la **oración,** la expresión del **tiempo** alude al **momento** en el que se desarrolla la acción **verbal,** y la del **lugar,** al **espacio** en el que esta se produce.

Las **circunstancias verbales de tiempo** y **de lugar** pueden expresarse por medio de distintos tipos de estructuras sintácticas:

- **Sintagmas adverbiales** (con o sin preposición): *Las pirámides se conservan todavía; Desde allí se llegaba hasta el Nilo por un canal.*
- **Locuciones adverbiales:** *En Alejandría floreció el saber al instante; Por ahí tienes los datos sobre las siete maravillas.*
- **Sintagmas nominales** (con o sin preposición): *Alejandría se convirtió en capital ese año; Construyeron otro puerto en la parte occidental.*

Pero, además, el tiempo y el lugar pueden indicarse en la oración por medio de **proposiciones subordinadas:**

Alejandría fue célebre hasta desaparecer.

Levantaron el faro donde iluminara mejor.

Las **proposiciones subordinadas adverbiales de tiempo** y **de lugar** expresan estas dos **circunstancias verbales** en la **oración compuesta.**

La subordinación adverbial

Se considera que las **subordinadas adverbiales** incluyen **dos tipos de proposiciones:**

- Aquellas que funcionan como **complemento circunstancial** en el **predicado** de la proposición de la cual dependen: *El templo de Artemisa fue destruido cuando los bárbaros invadieron Grecia.*
- Aquellas que establecen una **conexión con el conjunto del predicado** del que dependen: *El faro de Alejandría era tan alto que se convirtió en el más célebre de la antigüedad.*

2 Conectores temporales y de lugar

En la oración *Alejandría fue célebre hasta desaparecer*, la **proposición subordinada de tiempo** está introducida por la preposición *hasta:* se trata de un **nexo temporal.**

Funcionan como **nexos de las proposiciones temporales** los **adverbios,** las **preposiciones,** las **locuciones conjuntivas** y la **contracción *al*.**

En el cuadro figuran algunas de las formas de los nexos temporales:

NEXOS TEMPORALES	
Adverbios: *cuando, mientras…*	*Mientras se erigía el coloso de Rodas, se levantaba el faro de Alejandría.*
Preposiciones: *hasta, sin, tras…*	*La Biblioteca de Alejandría contó con 500 000 volúmenes hasta desaparecer.*
Locuciones conjuntivas: *desde que, antes de que, siempre que…*	*Desde que se fundó la ciudad, convivieron en ella griegos, judíos y egipcios.*
Al + infinitivo	*Al desaparecer la Biblioteca, se perdió un tesoro cultural.*

Por su parte, en la oración *Levantaron el faro donde iluminara mejor*, la **proposición subordinada de lugar** se introduce por medio del adverbio *donde:* se trata de un **nexo de lugar.**

El **nexo** de las **proposiciones subordinadas de lugar** es el **adverbio *donde.***

Como nexo de lugar, el adverbio ***donde*** aparece **solo** o **introducido** por una **preposición:**

¡Estamos donde se alzaba el coloso de Rodas!

*Caminamos **hasta** donde estaba la Biblioteca de Alejandría.*

Temporales sin nexo

Las **proposiciones subordinadas temporales** pueden construirse **sin nexo.** En ese caso, el verbo de la subordinada figura en **gerundio** o en **participio:**

Concluido el plano, se inició la construcción de los jardines.

Esculpiendo el coloso, se acabó la materia prima.

Para reconocer este tipo de proposiciones, sustitúyelas por otras encabezadas por nexos y comprueba que el significado de la oración no varía:

Cuando se concluyó el plano, se inició la construcción de los jardines.

Mientras se esculpía el coloso, se acabó la materia prima.

Actividades

1. Localiza las proposiciones de tiempo y de lugar de estas oraciones:
   - *a)* Nos recogió cuando llegamos a la estación.
   - *b)* No nos veremos hasta que me llames.
   - *c)* Antes de que vendiera el piso, le aconsejamos al respecto.
   - *d)* El ladrón de coches huyó por donde pudo.
   - *e)* Ni se inmutó al ser declarado culpable.
   - *f)* Tras presenciar la escena, se marchó en silencio.
2. Señala los nexos que introducen las proposiciones subordinadas de la actividad 1, indica de qué tipo son y a qué categoría pertenece cada uno.
3. Localiza en las oraciones de la ilustración proposiciones temporales de gerundio o participio y sustitúyelas por otras introducidas por un nexo temporal:

- *a)* Recordando los viejos tiempos, sentíamos añoranza.
- *b)* Estrenada la película, fuimos a verla.
- *c)* Persiguiendo al fugitivo, oyeron una señal de socorro.
- *d)* Se encontró un billete recogiendo la basura.
- *e)* Realizados los ejercicios, podremos marcharnos.
- *f)* Sufrió un calambre nadando en la piscina.

3 Proposiciones temporales

Las **proposiciones subordinadas temporales sitúan cronológicamente** la **acción** de la proposición de la que dependen.

En la oración compuesta, las **proposiciones subordinadas temporales** cumplen la **función** de **complemento circunstancial de tiempo** del **verbo principal.**

Respecto de la acción principal, las proposiciones subordinadas temporales pueden indicar:

- **Anterioridad:** *Los jardines de Babilonia se construyeron antes de que se edificara el templo de Artemisa.*
- **Simultaneidad:** *Mientras Alejandría florecía, los Tolomeos construyeron muchos palacios.*
- **Posterioridad:** *Los historiadores catalogaron las siete maravillas del mundo tras estudiarlas.*

Observa que en uno de los ejemplos anteriores la subordinada de tiempo se construye con el **verbo** en **infinitivo.** En todos los casos, este tipo de proposiciones pueden **sustituirse** tanto por **adverbios** como por otras **construcciones** que **expresan temporalidad:**

Los jardines se construyeron ***entonces*** / ***poco a poco*** / ***en ese siglo****...*

Análisis

El templo de Artemisa fue destruido cuando llegaron los bárbaros.

- *El* D (Art) · *templo* N (Sust) · *de Artemisa* Ady (Prep + SN) → S (SN)
- *fue destruido* N (V) · *cuando llegaron los bárbaros* CCT (PS Adv) → P (SV)
  - *cuando* Nx · *llegaron* N (V) → P (SV) · *los* D (Art) *bárbaros* N (Sust) → S (SN)

Las **subordinadas de tiempo** introducidas por medio del adverbio ***cuando*** pueden confundirse con las **proposiciones subordinadas adjetivas** que presentan ese mismo nexo. Para distinguirlas, ten en cuenta que las adjetivas se refieren siempre a un antecedente que indica tiempo:

Se destruyó en el ***momento*** *cuando entraron.* (*cuando entraron*: PS Adj)   *Se destruyó cuando entraron.* (*cuando entraron*: PS Adv)

Los nexos *mientras*, *mientras que*

El adverbio ***mientras*** introduce **subordinadas temporales:**

Mientras las deportistas corrían, su entrenador cronometraba.

En cambio, si ***mientras*** se combina con la **conjunción** ***que*** constituye una **locución** que funciona como **nexo** de las **proposiciones coordinadas adversativas,** equivalente a *pero:*

De joven yo era muy deportista, mientras que ahora soy incapaz de correr cien metros.

a) Nevó mucho en la época cuando vivieron aquí.
b) Cuando vivieron aquí, apenas nevó.
c) No nevó cuando vivieron aquí.
d) En el año cuando vivieron aquí, nevó abundantemente.
e) En la era cuando los dinosaurios poblaban la Tierra, ¿existía el hombre?
f) Consulta tu enciclopedia en CD-ROM cuando tengas una duda.
g) Dentro de una hora, cuando nos hayamos marchado, llama a tus padres.

Actividades

4 Localiza proposiciones subordinadas de tiempo en las siguientes oraciones y señala los nexos que las introducen:

a) Cuando se lo contaron, se quedó completamente atónito.
b) Hasta llegar a casa, no descansaremos un momento.
c) Se levantaron al oír el despertador.
d) Nos lo comunicaron tan pronto como lo supieron.
e) Apenas comenzó la función, se encendieron las luces.

5 Señala si las subordinadas de la actividad 4 indican anterioridad, simultaneidad o posterioridad y realiza el análisis sintáctico de las cinco oraciones.

6 Localiza las proposiciones subordinadas que aparecen en las oraciones de la ilustración y di cuáles son adjetivas y cuáles subordinadas de tiempo.

7 Realiza el análisis sintáctico completo de las oraciones de la actividad 6.

4 Proposiciones de lugar

A donde y *adonde*

Cuando el **nexo de lugar *donde*** va precedido por la preposición ***a***, ambos se escriben separados:

Acudimos rápidamente a donde nos indicaron.

Por lo tanto, la combinación *a donde* introduce **proposiciones subordinadas de lugar.**

En cambio, el adverbio ***adonde*** funciona como nexo de las **proposiciones subordinadas adjetivas:**

El lugar adonde nos dirigimos no está muy lejos.

Las **proposiciones subordinadas de lugar** indican el **lugar** donde se desarrolla la **acción** de la proposición de la que dependen**.**

En la oración compuesta, las **proposiciones subordinadas de lugar** desempeñan la **función** de **complemento circunstancial de lugar** del **verbo principal.**

Este tipo de proposiciones pueden **sustituirse** por **adverbios** o por otras **construcciones** que expresan **localización:**

El puerto llegaba hasta donde estaba la isla. → *Hasta la isla.*

Construyeron columnatas donde se necesitaban adornos. → *Allí.*

Análisis

Romanos, griegos y egipcios convivieron donde florecía la cultura.

- *donde*: Nx
- *florecía*: N (V) → P (SV)
- *la cultura*: D (Art) N (Sust) → S (SN)
- *donde florecía la cultura*: CCL (PS Adv)
- *Romanos*: N (Sust); *griegos*: N (Sust); *y*: Nx; *egipcios*: N (Sust) → S (SN)
- *convivieron*: N (V); *convivieron donde florecía la cultura* → P (SV)

Al aparecer encabezadas por el adverbio *donde*, las **subordinadas de lugar** pueden **confundirse** con las **proposiciones adjetivas** introducidas por ese mismo adverbio. Para distinguirlas, ten en cuenta que las adjetivas se refieren siempre a un antecedente que indica lugar:

Llegaron a ***Alejandría,*** *donde se instalaron.* (PS Adj) *Llegaron a donde los acogieron.* (PS Adv)

¿Adónde voy? El más sombrío y triste
de los páramos cruza,
valle de eternas nieves y de eternas
melancólicas brumas.

En donde esté una piedra solitaria
sin inscripción alguna,
donde habite el olvido,
allí estará mi tumba.

Gustavo Adolfo Bécquer
Rimas, Taurus

Actividades

8 Localiza las proposiciones subordinadas que aparecen en las siguientes oraciones y di si son sustantivas, adjetivas, adverbiales de lugar o adverbiales de tiempo:

- ***a)*** El camino por donde vamos es una antigua calzada romana.
- ***b)*** No sé dónde he dejado mi abrigo.
- ***c)*** Nos encontraremos donde nos vemos todos los días.
- ***d)*** Dime cuándo compraste el coche nuevo.
- ***e)*** Lloró mucho cuando derribaron su casa.
- ***f)*** En el momento cuando llegó a la meta, levantó los brazos.
- ***g)*** Tras ponerse el sol, los turistas recogieron las tumbonas.
- ***h)*** Donde tienes tus libros, tienes tu hogar.
- ***i)*** Cenicienta perdió el zapato cuando dieron las doce de la noche.
- ***j)*** Las doce era la hora cuando Cenicienta debía regresar a casa.
- ***k)*** Cenicienta se preguntaba cuándo debía regresar a casa.

9 Realiza el análisis sintáctico completo de todas las oraciones de la actividad 8.

10 Localiza en el texto de Gustavo Adolfo Bécquer adverbios de lugar y señala cuáles introducen proposiciones subordinadas de lugar.

11 Analiza las proposiciones subordinadas de lugar que has encontrado en la actividad 10.

12 A imitación de Bécquer, crea un texto en el que aparezcan proposiciones subordinadas de tiempo y de lugar.

5 Usos correctos del gerundio

El uso del **gerundio** como núcleo del predicado de las **proposiciones subordinadas de tiempo** resulta **correcto** en los siguientes casos:

- Cuando es un **gerundio de anterioridad,** o sea, si expresa una acción anterior a la principal: ***Habiendo entregado*** *el examen, salió del aula.*
- Si se trata de un **gerundio de simultaneidad,** es decir, si indica una acción simultánea a la del verbo principal: *Saludó a sus compañeros* ***bajando*** *las escaleras.*

Sin embargo, en el uso del gerundio se comenten incorrecciones muy frecuentes. A continuación figuran las más habituales.

Gerundios incorrectos

El **gerundio no debe usarse** en estos casos:

→ Si se trata de un **gerundio de posterioridad** en una **subordinada de tiempo,** es decir, si expresa una **acción posterior** a la **principal:** **Llegó al campo ~~poniéndose~~ a entrenar enseguida.* Lo correcto es *Llegó al campo* ***y se puso*** *a entrenar enseguida.*

→ Si **complementa** a un **sustantivo** referido a **cosas:** **Han visto un balón ~~rompiéndose~~ por las costuras.* La expresión correcta es *Han visto un balón* ***que se rompía*** *por las costuras.* Se **exceptúan** *hirviendo* y *ardiendo: Me cayó agua* ***hirviendo.***

→ Si **complementa** a **sustantivos de persona** y expresa **cualidades:** **Se busca centrocampista ~~controlando~~ bien el balón.* En estas construcciones debe decirse *Se busca centrocampista* ***que controle*** *bien el balón.*

Además de prestar atención a las indicaciones anteriores, ten en cuenta que la **acumulación excesiva de gerundios** en un escrito hace que este resulte **denso** y **poco elegante,** aunque su uso sea correcto.

Expresiones correctas

La locución ***a partir de*** se emplea para indicar el **límite temporal mínimo** para el **inicio de la actividad** expresada en la oración; con este valor equivale a *desde: Esas plantas florecen* ***desde*** *abril.*

A partir de no debe emplearse con acciones que indiquen un momento exacto:

**El debate se inició ~~a partir de~~ las ocho.*

1 Corrige los errores que observes en estas oraciones:

a) ¿A partir de qué edad el pediatra ya no atiende a los niños?

b) A partir de las diez se han vendido solo dos entradas.

c) La representación empezó a partir del momento en que se levantó el telón.

d) A partir del momento en que se despertó, el niño comenzó a llorar.

Actividades

13 Indica en cuáles de las siguientes oraciones es correcto o no el uso del gerundio y di por qué. A continuación, escríbelas correctamente:

a) Estudiando en la biblioteca, me hice amigo de un chico.
b) Me he leído ya dos libros informando sobre ordenadores.
c) Habiendo llegado a tiempo el autobús, ya no hay problemas.
d) Se estropeó un diente comiendo turrón duro.
e) Fueron a la fiesta de fin de año, saliendo tres horas después.
f) Son muy solicitados los cocineros conociendo su oficio.
g) Tropezó cayendo al suelo con estrépito.
h) Ayer le di la mano a un escritor firmando sus libros.

14 Sustituye por un gerundio las construcciones subrayadas en las siguientes oraciones en los casos en que sea correcto:

a) He perdido el cuaderno <u>que contenía</u> las fórmulas.
b) El barco chocó con un escollo <u>y se hundió</u> a continuación.
c) <u>Cuando terminó</u> sus ejercicios, el deportista realizó la entrevista.
d) Le preguntamos a un policía <u>que regulaba</u> el tráfico.

Aplicación y síntesis

Los **textos multimedia** facilitan el **trabajo de documentación,** pues permiten al usuario desplazarse por **documentos diferentes** atendiendo exclusivamente a la **palabra clave** que busca.

Ideas claras

- Los **textos multimedia** integran **elementos verbales, visuales** y **sonoros** y su **peculiaridad** es la **interactividad.**
- Se denomina **hipertextualidad** la **propiedad** de los **textos informáticos** de **conectarse** entre sí por medio de **enlaces** o **hipervínculos.**
- Las **proposiciones subordinadas adverbiales de tiempo** y **de lugar** indican, respectivamente, el tiempo o el lugar en el que se desarrolla la **acción** del **verbo** principal.
- Como **nexos temporales** actúan **adverbios, preposiciones** y **locuciones conjuntivas.**
- El **nexo de lugar** es *donde,* que puede ir **precedido** o no por **preposición.**

1. Contesta las siguientes cuestiones:
   - ¿Qué dos fenómenos naturales se encuentran en los extremos del espectro de desastres?
   - Indica en qué regiones son inevitables las sequías.
   - ¿Cómo interviene el ser humano en el proceso de desertización?
2. ¿Qué elementos multimedia observas en la pantalla de arriba?
3. Di cuál de estas oraciones incluye una proposición subordinada de lugar y realiza su análisis sintáctico:
   a) Las sequías tienen lugar donde las precipitaciones varían mucho.
   b) En aquellos lugares donde una larga sequía se combina con prácticas agrícolas inadecuadas, se produce un proceso de desertización.
4. ¿De qué tipo es la otra proposición subordinada que aparece en la actividad 3? Localiza el nexo y, si realiza una función, señálala.
5. Indica el tipo de subordinación que se da en cada una de estas oraciones:
   a) En estas regiones son inevitables las sequías que duran años.
   b) Una temporada de relativa humedad propicia que la población se desplace a la región húmeda.
   c) La situación puede dar otro cambio cuando vuelve la sequía.
   d) Donde una sequía se combina con prácticas agrícolas inadecuadas, se produce un proceso de desertización
6. Analiza sintácticamente todas las oraciones de la actividad 5.
7. Elabora un breve informe técnico en el que expongas de qué manera el hombre puede contribuir a evitar la degradación del medio ambiente.

Léxico

La terminología

El conjunto de **palabras** propias de una **ciencia, profesión** o **materia** constituye la **terminología** de cada uno de esos ámbitos. Observa:

Biología	*bacteria*	*ADN*	*mitocondria*	*célula*
Lingüística	*sintaxis*	*morfología*	*semántica*	*léxico*

Todos los términos anteriores son **tecnicismos,** es decir, palabras que emplean los especialistas de un determinado ámbito del saber para designar **realidades precisas.**

Se denominan **tecnicismos** las **palabras** propias del **lenguaje especializado** de una determinada **área del conocimiento** (ciencia, materia, arte, profesión…).

La **terminología** de las **ciencias físicas** y de la **técnica se incrementa** de forma continua con **nuevos tecnicismos.** Por ejemplo, al lenguaje de la tecnología audiovisual se han incorporado recientemente los tecnicismos *CD-ROM* (o *cederrón*), *videoconferencia, página* web… Estos vocablos suelen construirse a través de dos procedimientos:

- La unión de **formantes griegos** y **latinos,** por lo que el término nuevo constituye un **cultismo:** *fotosíntesis*, *cromosoma*, *paratáctico*.
- La **acronimia:** *DVD*, *wap*, *TAC*.

Además, algunas palabras de **uso común** se convierten en **tecnicismos** en ámbitos especializados. Así, por ejemplo, la palabra *disco* en medicina designa «tejido conjuntivo entre estructuras óseas».

Actividades

1. Escribe tecnicismos propios de las áreas que estudias este año.
2. Señala los tecnicismos de arquitectura que aparecen en este texto:

San Baudelio de Berlanga

El interior se organiza en dos ambientes: capilla y nave, cuyo acceso se realiza por medio de un arco triunfal ultrapasado, y cinco escalones siguiendo la vieja compartimentación litúrgica hispánica. Si el ábside se cubre con una sencilla bóveda de cañón, la nave presenta una extraña fragmentación de espacios y estructuras. En el centro, un grueso pilar en forma de tronco de palmera despliega en lo alto sus ramas hacia las esquinas y el centro de cada lado del rectángulo, arcos en ligera herradura trasdosados, cuyas diagonales se apoyan sobre pequeñas trompas abocinadas.

Fernando Regueras

3. ¿En qué disciplinas constituyen tecnicismos estas palabras de uso común? Construye oraciones con el sentido que adquieren en ellas:

cristal *nombre* *operación* *árbol* *cubo* *martillo* *soplo* *cadena*

Uso de las palabras

Humanitario/a

En los últimos años, el adjetivo ***humanitario/a*** se emplea incorrectamente para hacer referencia a cuanto afecta a la humanidad.

El sentido de este adjetivo es muy preciso, ya que se aplica solo a aquello que beneficia al género humano, especialmente a cuanto sirve para aliviar los sufrimientos de las poblaciones tras las guerras, terremotos, etc. Así, es adecuado decir «ayuda humanitaria», pero no «catástrofe humanitaria».

1. Corrige las expresiones inadecuadas:

a) Es una persona muy humanitaria, se ocupa de las personas enfermas de sida.

b) ¿Son las ONG instituciones humanitarias?

c) La desaparición de Teresa de Calcuta fue una gran pérdida humanitaria.

d) Todas las guerras son desastres humanitarios.

e) Tras los grandes desastres se impone la cooperación humanitaria internacional.

Ortografía

La isla del tesoro

Mientras bogábamos hubo alguna discusión acerca del mapa. La cruz roja era, por supuesto, demasiado grande para servir de guía; los términos de la nota escrita al dorso, algo ambiguos. Decían de este modo, como se recordará:

«Isla del Esqueleto, ESE; y una cuarta al E.»

«Árbol gigantesco, cumbre "El Catalejo", mirando al NE, un cuarto hacia el N.»

«Diez pies.»

Robert Louis STEVENSON

Escritura de abreviaturas

La **abreviatura** de una palabra es su **representación gráfica** por medio de **una** o **algunas** de sus **letras:** *don* → *D.*; *doctora* → *Dra.* El **plural** de estas representaciones se forma de la siguiente manera:

PLURAL DE LAS ABREVIATURAS	
Abreviaturas de una letra	Se obtiene **duplicando dicha letra:** *p.* (página) → *pp.* (páginas).
Abreviaturas de varias letras	Se **añade** *-s* o *-es: avda.* (avenida) → *avdas.* (avenidas); *Admón.* (administración) → *Admones.* (administraciones).

La escritura de las abreviaturas sigue ciertas **normas:**

- **Detrás** de la **abreviatura** se escribe **punto:** *etc.* (etcétera). Se exceptúan, entre otras, los símbolos de los puntos cardinales y de las unidades de medida: *N* (Norte); *kg* (kilogramo). El punto de la abreviatura no exige que la palabra siguiente empiece por mayúscula y puede ir seguido de cualquier signo de puntuación, excepto de otro punto.
- La **inicial** de una abreviatura puede ser **mayúscula** o **minúscula,** según como se escriba la palabra que representa: M.ª (María), *tel.* (teléfono). Se exceptúan algunas, como las de los tratamientos, que se escriben siempre con mayúscula: *Vd.* o *V.* por *usted.*
- Si la palabra que se abrevia lleva tilde, y en su **abreviatura** se incluye la **sílaba acentuada,** esta mantiene la tilde: *mín.* (mínimo).

El punto y coma

El **punto y coma** **;** se emplea con las siguientes finalidades:

- Separar los elementos de **enumeraciones** que ya **contienen comas:** *De primero hay sopa, lentejas o ensalada; de segundo, merluza o pollo.*
- Delante de **conjunciones** y **locuciones conjuntivas** como ***mas, pero, sin embargo, por tanto, por consiguiente...:*** *Tu hijo, el mayor, es buena persona y muy trabajador; pero su defecto es ser muy tacaño.*
- Separar **oraciones yuxtapuestas:** *No tardes; tenemos cena con Diego.*

Actividades

1. Localiza abreviaturas en el texto de Stevenson. ¿De qué palabra proceden?
2. Escribe la abreviatura de cada una de estas palabras y de sus plurales:
   - remitente
   - ilustrísima
   - preposición
   - apartado
   - señor
   - licenciada
   - adverbio
   - siglo
   - pronombre
   - Su Majestad
3. Indica de qué palabras son abreviaturas las que aparecen en el recuadro:

   atte. c. cal cía. cta. dcha. D. P. dpto. Dr. p. m. a. C.
4. Justifica el uso del punto y coma en el fragmento de *La isla del tesoro.*
5. Escribe un ejemplo de cada uno de los casos de uso del punto y coma que se han explicado en esta página.

Extensión de los enunciados

El empleo del **punto y coma** guarda relación con la **extensión de los enunciados:**

- Si el **enunciado** es **breve,** se prefiere la **coma** al punto y coma, excepto si esta ya aparece: *Salgo, pero volveré pronto.*
- Si el **enunciado** es muy extenso, es preferible el uso del **punto y seguido:** *Las lluvias de este invierno y del otoño pasado, tan abundantes, han provocado una gran floración. Por lo tanto, los alérgicos deben tener aún más cuidado.*

I. Escribe coma, punto y coma y punto donde sea necesario en el siguiente texto:

Estaba pálida como nunca desencajada su cara daba miedo un miedo horrible de que la desgracia llegara con mi retorno la [sic] *cogí la cabeza la acaricié la hablé con más cariño que el que usara jamás el esposo más fiel la mimé contra mi hombro comprensivo de lo mucho que sufría.*

Camilo José CELA
La familia de Pascual Duarte, Destino

II. ¿En qué casos puedes sustituir el punto y coma por punto y seguido?

La renovación estética de principios del siglo XX

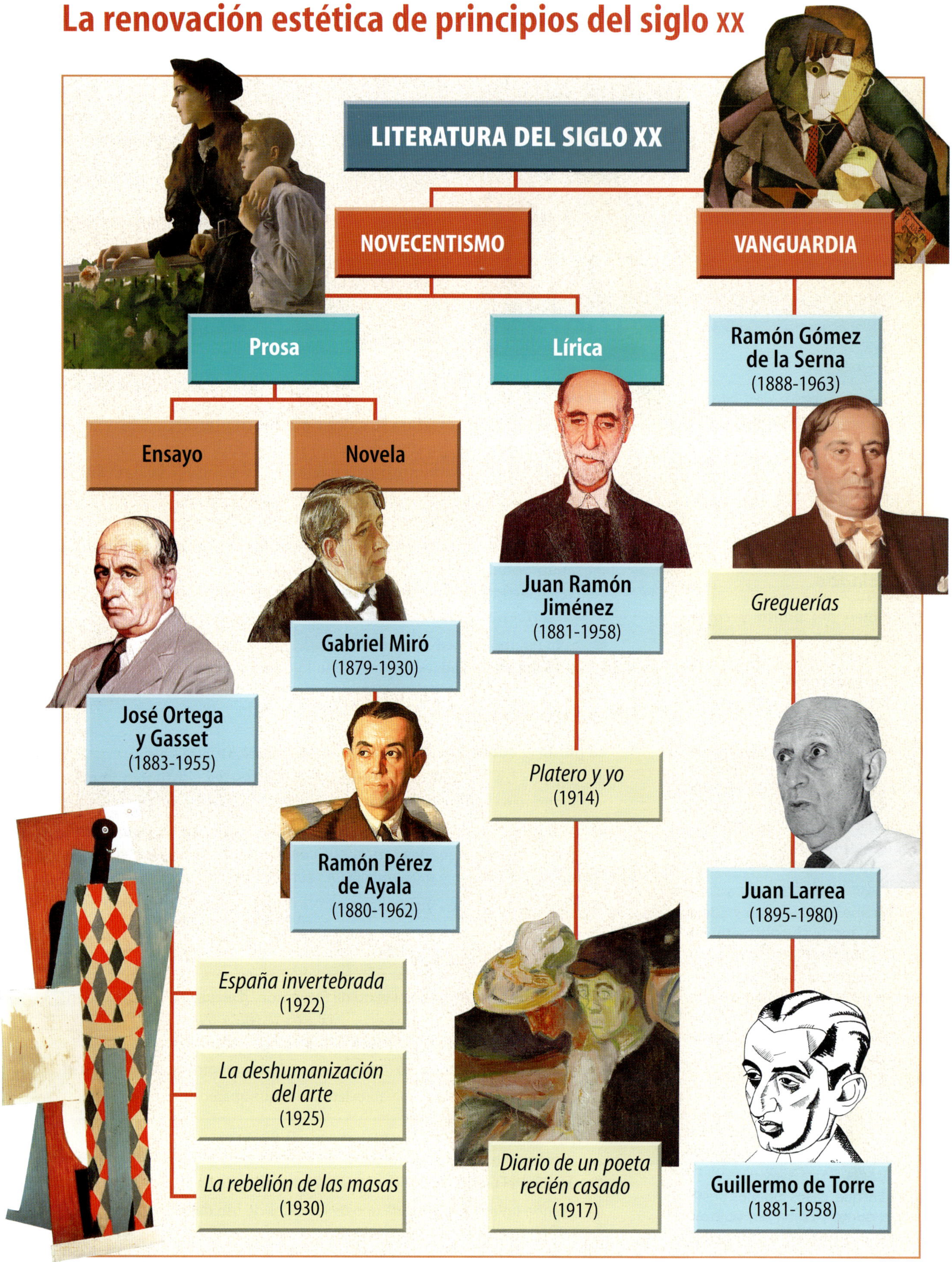

1 El novecentismo y las vanguardias

Recuerda

- Los **escritores de fin de siglo** reflejaron en sus obras la **preocupación por España.**
- Estos autores pretendieron **renovar** el **lenguaje literario.**
- A **principios del siglo** XX, el **ensayo** como expresión de **ideas** y **sentimientos** alcanzó un **momento culminante** con la obra de **Unamuno** y **Azorín.**

En la **segunda década** del **siglo** XX, los jóvenes europeos, conscientes del desastre provocado por la **Primera Guerra Mundial** (1914-1918), defendieron un **mundo nuevo** que requería una **expresión artística opuesta a la tradición.** En España, el **afán de modernización** y la **voluntad de rebeldía** se concretaron en el **novecentismo** y la **vanguardia.**

El **novecentismo** reunió a un grupo de **autores de sólida formación intelectual** que vieron en **lo europeo** un **modelo** que se debía imitar.

Aunque los novecentistas mantuvieron la **preocupación por España,** dejaron de lado la dolorida queja de los autores finiseculares para **examinar** con **rigor** y **frialdad** los **problemas del país** y buscar una **solución eficaz.**

El máximo representante del novecentismo fue el filósofo **José Ortega y Gasset,** quien divulgó las nuevas ideas a través de **artículos periodísticos** y **ensayos** como *España invertebrada*, *La deshumanización del arte* o *La rebelión de las masas*. También se incluyen en este movimiento las novelas de **Ramón Pérez de Ayala** y **Gabriel Miró,** y la poesía de **Juan Ramón Jiménez.**

La **vanguardia** integra un **conjunto** de **movimientos artísticos** caracterizados por su **afán de renovación** y de **ruptura con los principios creativos anteriores.**

Movimientos de vanguardia

Futurismo

Este movimiento, inspirado por el escritor italiano **Marinetti,** propugnó el **antirromanticismo** y ensalzó la **civilización mecánica** y **técnica.**

Cubismo

Surgido en la **pintura,** proponía la **descomposición** de la **realidad** en **formas geométricas,** teoría que inspiró al poeta francés **Apollinaire** para crear sus **caligramas.**

Surrealismo

Nació en Francia, a partir del dadaísmo[1], de la mano del poeta **André Bretón.** Buscaba descubrir la **verdadera realidad** por medio del **sueño** y de la **escritura automática,** no sujeta a filtros racionales, que incorpora **imágenes** que sugieren **emociones** y que **no responden a la lógica.**

***Las señoritas de Avignon*, por Pablo Picasso.**

Creacionismo y ultraísmo

El **creacionismo,** propugnado por el chileno **Vicente Huidobro,** buscaba **crear la propia realidad** en el poema por medio de imágenes nunca dichas. El **ultraísmo,** surgido en España, resumió todas las vanguardias mediante la **ruptura del discurso lógico** y la introducción de **innovaciones tipográficas.**

Un manifiesto[2] a la juventud literaria

Nuestra literatura debe renovarse, debe lograr su «ultra» como hoy pretenden lograrlo nuestro pensamiento científico y político.

Nuestro lema será «ultra», y en nuestro credo cabrán todas las tendencias, sin distinción, con tal de que expresen un anhelo nuevo. [...] Por el momento, creemos suficiente lanzar este grito de renovación y anunciar la publicación de una revista, que llevará este título de Ultra*, y en la que solo lo nuevo hallará acogida.*

Jóvenes, rompamos por una vez nuestro retraimiento y afirmemos nuestra voluntad de superar a los precursores.

[1] **dadaísmo:** este movimiento aspiraba a instaurar una expresión original, alógica y absurda. El término *dadá* no es sino el balbuceo de un niño.

[2] **manifiesto:** escrito en el que se hacían públicas las doctrinas o programas de grupos e instituciones.

Actividades

1. ¿Qué pretenden los firmantes del manifiesto y a quiénes se dirigen? Explica qué significa el término *ultra* y por qué lo toman estos autores como lema.
2. Indica qué condición deben cumplir quienes publiquen en la revista *Ultra.*
3. ¿Qué expresiones del texto reflejan los presupuestos de las vanguardias?

2 Juan Ramón Jiménez

Juan Ramón Jiménez

(1881-1958). Nació en Moguer (Huelva). La muerte de su padre le provocó continuas depresiones, por las que tuvo que recibir atención psiquiátrica.

En 1911 conoció a Zenobia Camprubí, con quien se casó en Nueva York en 1916. Se instalaron en Madrid, donde Juan Ramón fundó revistas literarias como *Sí* e *Índice*, en las que publicó a escritores jóvenes. Al estallar la Guerra Civil, se unió a la causa republicana, lo que le condujo al exilio. Recibió el premio Nobel de Literatura en 1956 y murió en Puerto Rico.

Juan Ramón Jiménez fue un escritor entregado a la **poesía** y a la **búsqueda de la belleza.** En su obra se advierte una profunda **evolución.**

Los **inicios poéticos juanramonianos** están influidos por el **modernismo.**

En esta etapa alterna una **poesía intimista, breve,** de **tono melancólico,** presente en *Arias tristes* (1903) y *Jardines lejanos* (1904), con otra más **descriptiva** y **ornamental,** en *Elegías* (1908-1910) y *La soledad sonora* (1908). En estas últimas predominan las **descripciones** de paisajes y de situaciones cotidianas, y en ellas abunda la **adjetivación** y la **sinestesia.**

En 1917, la publicación de *Diario de un poeta recién casado* marcó un cambio en la literatura de Juan Ramón. A partir de este libro, se adentra en una **concepción poética muy personal** conocida como **poesía pura:**

¡Intelijencia, dame / el nombre exacto de las cosas! / Que mi palabra sea / la cosa misma, / creada por mi alma nuevamente. […]

La **poesía pura** persigue la **condensación conceptual:** apoyado en la razón, el poeta aspira a **nombrar lo esencial** con el menor número de palabras posible.

Juan Ramón Jiménez se ocupa ahora de la **plenitud de la naturaleza,** la **eternidad,** la **poesía como belleza,** el **poeta** como un **dios creador…** Las obras que reflejan esas nuevas preocupaciones son *Eternidades* (1918), *Piedra y cielo* (1918), *La estación total* (1946) y *Animal de fondo* (1949).

En su afán por **renovar la expresión literaria,** Juan Ramón mezcló diferentes géneros y compuso **prosa poética** en obras como *Platero y yo* (1914).

¡La otra tarde…!

La otra tarde se ha llevado
el viento más hojas secas!
¡Qué pena tendrán los árboles,
esta noche sin estrellas!

He entreabierto mi balcón:
—la luna camina muerta,
sin luz de besos ni lágrimas,
amarilla entre la niebla—.

Y he acariciado los árboles,
con miradas de terneza,
que les van abriendo hojitas
verdeluz de primavera.

¿Es que están soñando, así,
con sus pobres hojas secas?
Yo les digo: «No lloréis;
vendrán con las hojas nuevas».

***Árbol junto al estanque*, por Henri Matisse.**

Idilio

¡Con qué sonrisa, en el paisaje rosa,
la madre joven hace, con su mano,
más larga la manita tierna
del niño, que la alza,
en vano, a las cerezas!

Un pajarillo, cerca, canta,
y el sol, bajo el rosal, trenza, vibrando,
sus rayas de oro con la yerba fina;
y el agua brota, blandamente,
perfumada de rosas encendidas
y de rosas en sombra.

¡Amor y vida
se funden, como el cielo con la tierra,
en un esplendor suave
que es, un instante, eterno!

Juan Ramón Jiménez
Segunda antolojía poética, Espasa Calpe

Actividades

4. ¿Qué sentimientos diferentes se presentan en las dos composiciones anteriores? Indica qué expresiones de los textos los manifiestan.
5. Señala en qué momento del poema *Idilio* se aprecian claramente las preocupaciones de la poesía pura.

3 La literatura de vanguardia

Ramón Gómez de la Serna

(1888-1963). Nació en Madrid, en el seno de una familia acomodada. Desde muy joven se dedicó a la literatura y a sus particulares actividades culturales (conferencias, emisiones de radio, tertulias...) llenas de un personal espíritu de ruptura y novedad, que se halla presente también en sus obras literarias. Durante la Guerra civil, se instaló en Buenos Aires, pero regresó a España en 1949.

Ramón Gómez de la Serna difundió las **ideas vanguardistas** en España a través de la revista *Prometeo*, que dirigía desde 1908, y de tertulias literarias como la del Café Pombo. Autor de ensayos, novelas, obras de teatro..., sobresale por la creación de un género nuevo: la **greguería.**

Ramón Gómez de la Serna definió la **greguería** como **metáfora** + **humor.**

Las greguerías

Las **greguerías** son **textos breves** en los que se llevan a cabo **asociaciones sorprendentes** a partir de situaciones y elementos cotidianos. Con ellas se ofrece una **visión original,** llena de **humor,** de la **realidad.**

Para su creación, Ramón Gómez de la Serna usó diversos **procedimientos lingüísticos:** metáforas, comparaciones, recursos fónicos, juegos de palabras, ruptura de refranes y frases hechas...

- *Soda: agua con hipo.*
- *De la unión de viuda y viudo sale el niño vestido de luto.*
- *Como daba besos lentos duraban más sus amores.*
- *El cometa es una estrella a la que se le ha deshecho el moño.*
- *Los tornillos son clavos peinados con raya en medio.*
- *La lagartija es el broche de las tapias.*
- *Motocicleta: cabra loca.*
- *El 8 es el reloj de arena de los números.*
- *Nunca es tarde si la sopa es buena.*

Ramón Gómez de la Serna
Greguerías, Espasa Calpe

En la vanguardia española destacan otros dos autores: **Guillermo de Torre,** que difundió las **teorías ultraístas** a través de sus **poemas visuales,** incluidos en libros como *Hélices* (1923), y **Juan Larrea,** que se inició en el **creacionismo** e impulsó después el **surrealismo** en España. Su poesía completa se compendió en la obra titulada *Versión celeste* (1969).

Cabellera

Y la luna decapitada solloza en todas las albas
Los cohetes lascivos besan el torso azul de Urania
Las miradas vírgenes averiguan el resorte luminoso de los astros
La cabellera del Zodiaco es un surtidor incendiario
Flechas dardos proyectiles voltigean[1] nocturnamente
La noche agita sus fimbrias[2] fosforescentes

Guillermo de Torre

[1] **voltigear:** dar vueltas.
[2] **fimbria:** borde inferior del vestido o túnica que llega hasta los pies.

Actividades

6 ¿Qué procedimientos lingüísticos se utilizan en las greguerías de arriba? Explica las asociaciones que se establecen en cada una de ellas.

7 Lee el siguiente texto y señala los rasgos insólitos del relato.

Gustavo el Incongruente nació inesperadamente a los seis meses de embarazo de su madre, suspendiendo durante cinco minutos la ópera Los hugonotes, *pues nació en pleno palco del teatro de la Ópera.*

Gustavo tuvo durante la niñez rasgos fantásticos. Intervino en su bautizo, protestando de que no le preguntase el cura, como en las barberías, «si fría o caliente»; los dientes le salieron de la noche a la mañana, y un día recobró la palabra como un mudo, para decir que su doncella dejaba que se bebiese su biberón el soldado que la festejaba.

Ramón Gómez de la Serna
El incongruente, Orbis

8 ¿Qué llama la atención en el poema *Cabellera*? Lee los versos y explica qué conexión hay entre lo que se dice y la forma de presentar el texto.

Una de las mayores aportaciones de las **vanguardias** fue la **nueva concepción de la palabra,** tanto como **elemento visual** que destaca sobre una página como en cuanto **instrumento capaz de nombrar realidades** que se crean justo al ser dichas por el autor. El siguiente poema de **Juan Larrea** es un claro ejemplo de ese **doble valor de la palabra poética.**

ESTANQUE
ESTANQUE

Dos alas negras sobre los polluelos
Dos alas negras sobre los polluelos
que rompen a picotazos los cascarones
que rompen a picotazos los cascarones
Qué pescador lanzó los dos anzuelos
Qué pescador lanzó los dos anzuelos
entre los pececillos de oro. ☽
entre los pececillos de oro. ☽
En una rama de los surtidores
se escama un pez volador
Todos los disparos
centran los blancos concéntricos
en la retina del tambor
El que fondeaba
desde tanto tiempo
me pregunta
Cuándo se engolfarán[1] sus góndolas
en las sábanas azules
Por toda respuesta
los cisnes
los cisnes
2 a 2
2 a 2
levan áncoras
levan áncoras

Juan Larrea
Versión celeste, Cátedra

[1] **engolfar:** entrar una embarcación muy adentro en el mar, de modo que ya no se divise desde tierra.

Comentario de texto

Aproximación al contenido del texto

1. Contesta estas cuestiones sobre la composición de Juan Larrea:
   - ¿Qué lugar observa la persona que habla en el poema?
   - Indica qué ve el emisor en los dos primeros versos.
   - ¿En qué versos se señalan los efectos que provoca el agua de un surtidor cuando cae desde lo alto? ¿Qué efectos son esos?
   - ¿Están paradas las góndolas o se hallan en movimiento? Explica las razones de tu respuesta.
   - ¿Hay alguien que cuida esas góndolas? ¿Cómo lo sabes?
2. Deduce algunos datos a partir del poema *Estanque:*
   - ¿Con qué elemento de la naturaleza se asocia el surtidor en el texto? Di qué expresión te ha permitido deducirlo y a qué responde esa asociación.
   - ¿Qué son las sábanas azules? Razona tu respuesta.
   - Justifica el empleo del número dos en el texto.
3. Explica cómo se relaciona cuanto se dice en los versos del poema de Juan Larrea con el título de esta composición.

Análisis de la estructura

4. Indica en cuántas partes puede dividirse el texto teniendo en cuenta cada uno de estos aspectos:

Presentación visual	
Contenido	

5. ¿Coinciden las partes que has delimitado en las dos filas del cuadro de la actividad 4? Razona tu respuesta.

Análisis de las formas de expresión

6. En el poema, la palabra *retina* se emplea como metáfora para designar el agua del estanque. ¿Existe alguna semejanza entre esos dos elementos? En caso afirmativo indica cuál.
7. Señala qué tipo de recurso ha utilizado Juan Larrea en las siguientes expresiones:

   a) Dos alas negras. *b)* Pececillos de oro. *c)* Todos los disparos.
8. Localiza otras metáforas en el poema *Estanque.*
9. Además de la expresión *2 a 2,* el autor emplea las palabras del recuadro porque sus referentes comparten un elemento visual común. ¿Cuál crees que es ese elemento?

   anzuelo *surtidor* *sábana* *góndola* *cisnes* *áncora*
10. Explica qué sugiere la disposición tipográfica del poema.

Valoración y relación con el contexto literario

11. ¿Qué innovaciones observas en el texto de Juan Larrea? ¿Te parecen interesantes y propias de lo poético? Razona tu respuesta.
12. Relaciona el poema *Estanque* con la literatura de vanguardia:
    - ¿Qué elementos aproximan el texto al ultraísmo?
    - Indica qué rasgos del poema de Juan Larrea permiten relacionarlo con el creacionismo.

Recursos expresivos

La disposición tipográfica

Normalmente, las palabras de un poema se distribuyen en la página de acuerdo con las normas de escritura; sin embargo, puede realizarse una **disposición tipográfica** que componga **figuras** o **sugiera visualmente** el **tema** del poema. En este último caso nos hallamos ante un **caligrama**, como el de Guillermo de Torre que figura en la página 163.

La inclusión de **elementos visuales** en la **lírica** fue característica de algunos **movimientos de vanguardia,** como el **ultraísmo.**

Evaluación

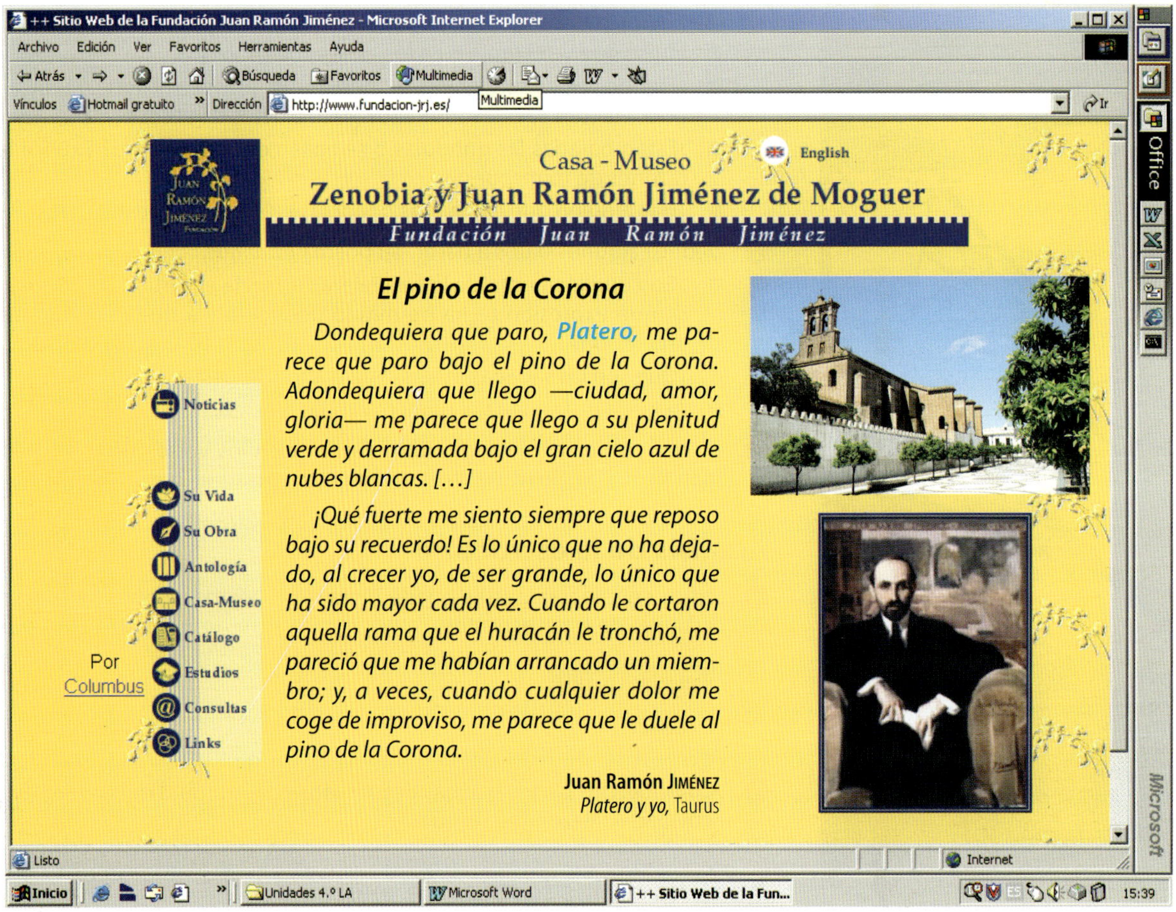

El pino de la Corona

Dondequiera que paro, Platero, *me parece que paro bajo el pino de la Corona. Adondequiera que llego —ciudad, amor, gloria— me parece que llego a su plenitud verde y derramada bajo el gran cielo azul de nubes blancas. [...]*

¡Qué fuerte me siento siempre que reposo bajo su recuerdo! Es lo único que no ha dejado, al crecer yo, de ser grande, lo único que ha sido mayor cada vez. Cuando le cortaron aquella rama que el huracán le tronchó, me pareció que me habían arrancado un miembro; y, a veces, cuando cualquier dolor me coge de improviso, me parece que le duele al pino de la Corona.

Juan Ramón Jiménez
Platero y yo, Taurus

1. Contesta las siguientes cuestiones:
- ¿A quién se dirige la persona que habla en el texto de *Platero y yo*?
- ¿Se encuentra junto al pino el emisor? Razona tu respuesta.
- Indica qué relación se establece entre el árbol y la persona que habla en el texto.

2. ¿Qué elementos de la presentación del pasaje de *Platero y yo* son propios de un texto multimedia?

3. Localiza una proposición subordinada adverbial en cada una de estas oraciones y di de qué tipo es:
- ***a)*** Me paro, Platero, donde todo me recuerda al pino de la Corona.
- ***b)*** Es lo único que, al crecer yo, no ha dejado de ser grande.
- ***c)*** Llego a donde el pino alcanzó su plenitud verde.
- ***d)*** Cuando cualquier dolor me coge de improviso, me parece que le duele al pino de la Corona.

4. Señala los nexos que introducen las proposiciones de la actividad 3.

5. Analiza sintácticamente las siguientes oraciones:
- ***a)*** ¡Qué fuerte me siento siempre que reposo bajo su recuerdo!
- ***b)*** Le cortaron la rama que el huracán le tronchó.
- ***c)*** Me parece que llego a su plenitud verde.

6. Localiza en el texto una palabra relacionada con la meteorología y nombra otros tecnicismos propios de la misma ciencia.

7. Enuncia las características del novecentismo y cita a sus principales autores.

8. Explica la evolución poética de J. R. Jiménez.

9. Señala los rasgos de la literatura vanguardista. ¿Qué movimientos incluye? Expón cuanto sepas sobre los vanguardistas españoles.

10. Dispón tipográficamente este fragmento del texto anterior para componer un poema ultraísta:

> *¡Adondequiera que llego —ciudad, amor, gloria— me parece que llego a su plenitud verde y derramada bajo el gran cielo azul!*

8 Dirección www

Contenidos de la unidad

COMUNICACIÓN

Internet (I): las páginas *web*

1. La red Internet
2. La página *web*

TÉCNICAS DE TRABAJO

Documentación en Internet

Expresión: El correo electrónico

LENGUA

Las proposiciones subordinadas modales y comparativas

1. Expresión del modo y la comparación
2. Conectores modales y comparativos
3. Proposiciones modales
4. Proposiciones comparativas
5. **Norma:** Uso de expresiones comparativas

Léxico: Sinonimia y antonimia

Ortografía: Escritura de siglas y acrónimos. Los puntos suspensivos

LITERATURA

La generación del 27

1. El grupo poético del 27
2. El neopopularismo
3. Influencia clásica y poesía pura
4. Poesía de vanguardia
5. Otras producciones del 27

Comentario de texto: *Romance de la luna, luna*

Peregrinos virtuales

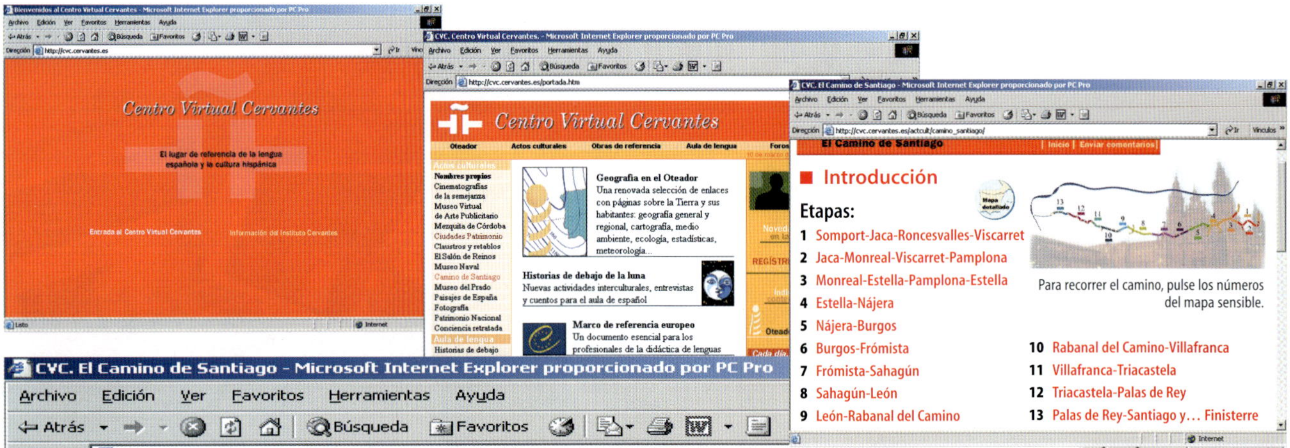

Dirección http://cvc.cervantes.es/actcult/camino_santiago/introduccion.htm Ir Vínculos

Centro Virtual Cervantes
El Camino de Santiago
| Actos culturales |
| Inicio | Enviar comentarios |

Introducción

De las rutas medievales que se dirigían en la península a Santiago de Compostela, el llamado «camino francés» era la más importante. Su paso por destacados centros religiosos y civiles —muchos de los cuales crecieron a la sombra de las peregrinaciones—, nos ha dejado una espectacular muestra de testimonios artísticos.

Con motivo del Año Santo compostelano que se celebró en 1999, el CVC le ofrece una exposición donde podrá apreciar los principales puntos del Camino. Esta exposición constituye un paseo fotográfico por sus lugares más destacados, desde un punto de vista artístico que no descuida la importancia de los paisajes como marco esencial de la ruta. Se pretende, así, ofrecer a los visitantes del Centro Virtual Cervantes una información básica, aunque rica, sobre cada uno de los puntos relevantes del itinerario.

Periódicamente fuimos incorporando a nuestras páginas nuevas etapas del Camino. Las entregas se realizaron siguiendo la división por etapas que ofrece el *Codex Calixtinus*, el manuscrito que contiene el testimonio escrito más fiel de la vida del peregrino medieval. Toda una «guía de viajes» titulada *Liber peregrinationis*.

Para ilustrarse sobre los aspectos más generales del camino medieval, debe empezar por el prólogo que ha preparado Luis Carandell. A partir de ese punto, sumérjase en el arte del camino jacobeo, y disfrute de las obras que han dejado siglos de peregrinación en su marco natural, social y cultural.

Esperamos que la exposición sirva de acicate para que usted, peregrino virtual, se decida a calzarse las botas y revivir en persona las peripecias de sus aventurados predecesores.

| Camino de Santiago |
| Portada del CVC |
| Obras de referencia | Actos culturales | Foros | Aula de lengua | Oteador |
| Rinconete | El trujamán | DidactiRed |
| Enviar comentarios |

Centro Virtual Cervantes
© Instituto Cervantes (España), 1999-2003. Reservados todos los derechos.

Internet

CVC. EL Camino de Santiago - Microsoft Internet Explorer proporcionado por PC Pro
Archivo Edición Ver Favoritos Herramientas Ayuda
Atrás Búsqueda Favoritos
Dirección http://cvc.cervantes.es/actcult/camino_santiago/doceava_etapa/ Ir Vínculos

Centro Virtual Cervantes
El Camino de Santiago
| Actos culturales |
| Inicio | Enviar comentarios |

Duodécima etapa

Ya en el siglo XIII en el monasterio de Samos, primera población de esta duodécima etapa, unos monjes se encargaban de atender al peregrino en su camino a Santiago. Este monasterio, reconstruido en el siglo XVI, posee uno de los mayores claustros de España, el llamado *Claustro grande;* comunicado con este se encuentra el claustro de las Nereidas, con la curiosa inscripción de una de sus claves: «Qué miras Bobo». La siguiente población del Camino es Sarria, cuyos orígenes se remontan a época romana, y en la que destacan la iglesia del Salvador, el convento de la Magdalena y el Hospital de San Antonio; los monjes de este hospital entregaban ocho maravedís a los peregrinos que regresaban de Santiago, pero los tiempos han cambiado…, en fin, seguimos hacia Barbadelo, donde podremos visitar la iglesia de Santiago. El Camino llega hasta Portomarín, localidad que aparece ya en documentos del siglo X, donde merecen una visita la iglesia de San Pedro y la de San Nicolás. La etapa finaliza en Palas de Rey. A la salida de esta población, en el *Campo dos romeiros,* se reunían los peregrinos al amanecer para iniciar la última jornada que les llevaría a Santiago.

NOTA: Si tiene alguna duda sobre la navegación, puede acudir a nuestra página de ayuda. Para observar en detalle las fotos que aparecen en las páginas del Camino, púlselas y se desplegará una ampliación. Para desplazarse fácilmente de una localidad a otra de la misma etapa, acuda al pequeño mapa sensible que encontrará en cada página.

Internet

Análisis del texto

Análisis del contenido

1 Contesta las siguientes cuestiones sobre el texto de la página anterior:

- ¿Cuál es el organismo responsable de estas páginas *web*?
- Indica sobre qué asunto ofrecen información.
- ¿Qué aportan las tres primeras páginas?
- Fíjate en la cuarta página y explica para qué se preparó la exposición a la que alude el texto y en qué consiste.
- ¿Qué es el *Codex Calixtinus*? ¿Para qué se ha empleado?
- En la última página se mencionan varias poblaciones del recorrido de la duodécima etapa. Señala qué viñeta no corresponde a ninguna de ellas:

2 Amplía la información a partir de las páginas *web* del Centro Virtual Cervantes:

- ¿Qué otros nombres recibe el Camino de Santiago en estos documentos? Averigua a qué se deben tales denominaciones.
- ¿Con qué expresión se designa a los receptores del texto?
- En estas páginas se incorporan testimonios en tres lenguas; ¿cuáles son?

3 ¿Qué pretende conseguir con esta página *web* el Centro Virtual Cervantes?

Análisis de la estructura

4 Explica el proceso seguido para acceder a la información de estas páginas *web* una vez tecleada la dirección electrónica www.cvc.cervantes.es.

1. ______	2. ______	3. ______	4. ______	5. ______

5 Localiza los párrafos que hacen referencia a las instrucciones para navegar por las páginas e indica qué conexión mantienen las imágenes y el texto.

Análisis de las formas de expresión

6 Sustituye la expresión *a la sombra* por otra sinónima en cada oración:

a) Muchos centros crecieron *a la sombra* de las peregrinaciones.
b) Lleva tres años *a la sombra,* y aún tardará en salir.

7 Explica el significado de la palabra *clave* en las siguientes oraciones:

a) El claustro de las Nereidas ofrece la inscripción de una de sus *claves*.
b) Para acceder a tu correo electrónico necesitas una *clave*.
c) Esta cuestión es *clave* para descifrar el enigma.

8 Copia todas las palabras del texto que pertenezcan al campo semántico de los «edificios religiosos».

Interpretación y valoración

9 Escribe un texto sobre las ventajas y desventajas que ofrece la consulta de información a través de Internet respecto a una guía de viaje, por ejemplo.

Su paso por destacados centros religiosos y civiles nos ha dejado una espectacular muestra de testimonios artísticos.

Internet (I): las páginas *web*

Comienzos de Internet

- **Internet** nació en **1969** a partir de un proyecto de comunicación entre ordenadores denominado **ARPAnet** (Advanced Research Projects Agency Network) y desarrollado por el Departamento de Defensa de **Estados Unidos.**
- En 1991, el **instituto francés CERN** desarrolló la **WWW,** la **Red.**
- En 1993, Marc Andreessen creó **Mosaic,** el primer navegador gráfico, y en 1994 fundó la empresa **Netscape.**
- En 1995 se desarrolló **Java,** el programa que **revolucionó** la manera de **recibir** y de **utilizar** la **información a través de Internet.**

1 La red Internet

Recuerda

- En los **textos multimedia** el **código verbal** se combina con **elementos sonoros,** y con **animaciones, imágenes fijas** y **vídeos.**
- La **característica** peculiar de los **textos multimedia** es la **interactividad.**
- El **lenguaje hipertextual** permite la **conexión electrónica** entre **textos** por medio de **enlaces (hipervínculos).**

Para obtener la información sobre el Camino de Santiago que se ofrece en la página 168, hemos accedido a la **red Internet.**

Internet es un **sistema de comunicación** que permite **transmitir mensajes** de **forma inmediata** desde y a **cualquier parte del mundo.**

Internet permite el intercambio de texto verbal, imágenes, voz, música, etcétera, desde un **único emisor** a un **receptor conocido** o a **múltiples receptores anónimos.** Para que ello sea posible, es necesaria la existencia de multitud de **redes de ordenadores interconectados:**

INTERconnected **NET**works → redes interconectadas

El acceso a la Red se lleva a cabo **interconectando** a través de la **línea telefónica** el **ordenador** del **cliente** o **usuario** con un **ordenador servidor,** que permite contactar con **otros servidores.**

Internet ofrece diversos servicios: **páginas *web* (hipertexto), correo electrónico (e-mail), videoconferencias, noticias *(news)*, *chats*, foros de debate...** La comunicación puede ser directa (en los *chats* y las videoconferencias) o indirecta (en las páginas *web*).

Actividades

1. Rellena esta encuesta y pon en común tus respuestas con tus compañeros:

   1. ¿Utilizas Internet? ¿Con qué frecuencia? ____________
   2. ¿Dónde te conectas a la Red?
      Casa. ☐ Instituto. ☐ Casas de amigos. ☐ Cibercafés. ☐ Otros. ☐
   3. ¿Qué servicios utilizas?
      Páginas *web*. ☐ Correo electrónico. ☐ Juegos. ☐ Foros. ☐ Chats. ☐

2. A partir de los datos recogidos en la encuesta, debatid acerca de si Internet ha transformado o no el mundo actual.

2 La página *web*

La **World Wide Web**[1] **(www)** es un **conjunto de documentos multimedia conectados** entre sí por medio de **enlaces** o **hipervínculos.** Su documento más habitual y popular es la **página *web*.**

Logotipo de Internet Explorer.

Logotipo de Netscape.

Una **página *web*** es un **archivo escrito** en un **lenguaje informático específico** (Html, Java...), al que **se accede exclusivamente en la Red.**

Cuando un servidor envía a un terminal un documento *web*, se necesita un programa especial para poder **visualizar** su contenido. Este tipo de programas se denominan **navegadores** *(browsers)*. Los más conocidos son Internet Explorer y Netscape.

Las páginas *web* contienen **texto verbal** y pueden incorporar también **imágenes** (fijas o en movimiento) y **sonido.** Al analizar este tipo de documentos, se debe atender a dos aspectos: el **diseño** y el **contenido.**

Diseño y contenido

Diseño

El diseño es la **forma** en que el **creador** de la página *web* permite **«navegar»** por ella. Para guiar la navegación, se sirve de índices, iconos, enlaces, etcétera.

Al mover el cursor por una página *web*, si este se transforma en una mano, indica la existencia de un **enlace.**

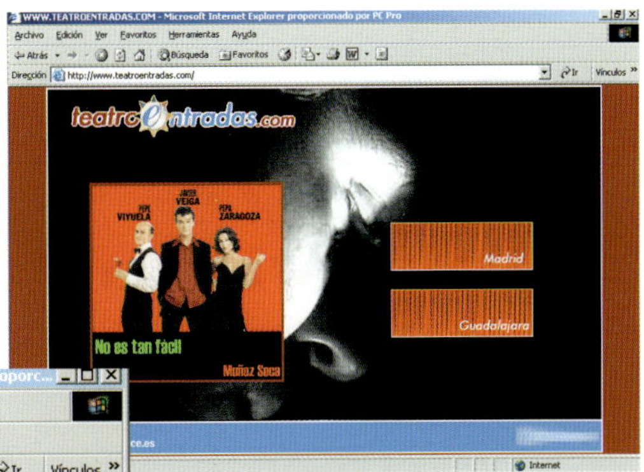

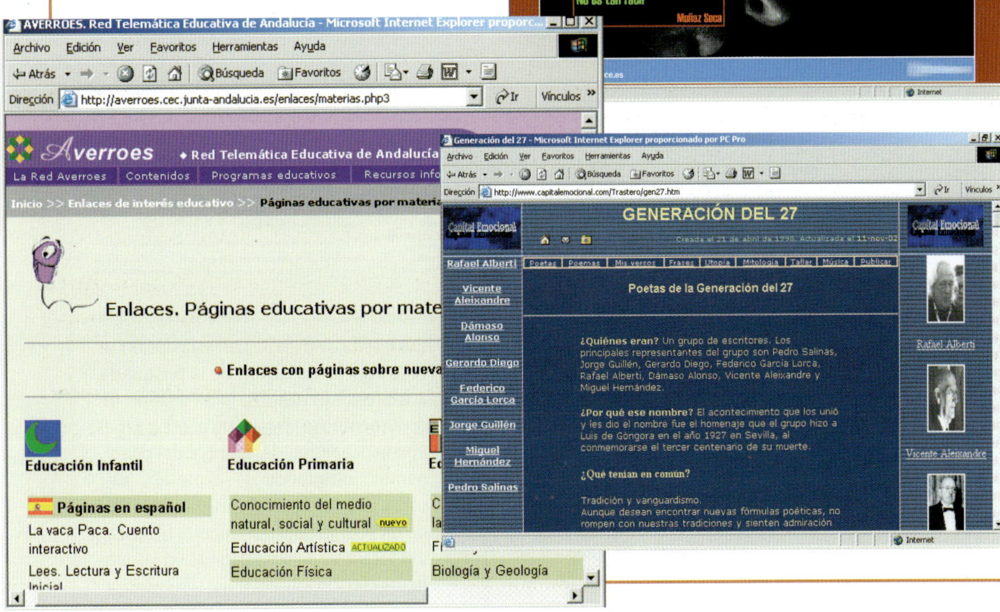

Contenido

En los servidores de todo el mundo existen millones de páginas *web* que abordan asuntos muy diferentes. Sin embargo, pueden distinguirse tres **tipos generales:**

- **De venta de servicios o de productos.** Con frecuencia se trata de páginas centradas en **elementos visuales,** con **escaso texto,** de fácil comprensión y muy breves, para no cansar al usuario.
- **Informativas.** En ellas destaca la **importancia del texto verbal.** Si ofrecen información general, son de extensión breve, con documentación sucinta; si transmiten información especializada, suelen ser más extensas y detalladas.
- **De enlaces.** Se presentan habitualmente como una **lista de enlaces** (hipervínculos), sin apenas explicación.

Es preciso **comprobar** siempre la **fuente de las páginas *web*,** es decir, asegurarse de quién firma o respalda la información, pues su transmisión a través de modernos medios técnicos no garantiza que aquella sea cierta.

Actividades

3. ¿Qué tipo de página *web* es cada una de las reproducidas arriba?
4. ¿A qué se dedican? Indica quién avala la información presentada.
5. Señala en ellas distintos elementos de navegación.

[1]**World Wide Web:** red informática mundial o telaraña mundial.

Documentación en Internet

En el ordenador...

Párrafos y columnas

Los escritos se organizan en **párrafos** cuyo formato puede **definirse** cuando se inicia el documento o **modificarse** según se avanza en la redacción.

Para establecer las características de los párrafos, debes seleccionar en el menú **Formato** la opción **Párrafo.** En la ventana que se abre acontinuación puedes determinar:

- La **alineación:**

Izquierda Centrada Derecha Justificada

- La **sangría,** es decir, el espacio en blanco que se deja al inicio de las líneas de un texto.
- El **interlineado,** o sea, el espacio entre líneas.
- El **espaciado** entre párrafos.

Además, los párrafos que componen un texto pueden distribuirse en columnas. Para ello, debes seleccionar en el menú **Formato** la opción **Columnas.** Se abrirá entonces esta ventana, en la que puedes elegir distintos tipos de columnas:

Una Dos Tres Izquierda Derecha

Las **páginas** *web* **de contenido informativo** que ofrece **Internet** constituyen un valioso recurso para la **documentación.** Como su número es sumamente elevado, los usuarios deben recurrir a los llamados **buscadores** o **motores de búsqueda.**

Los **buscadores** son **herramientas informáticas** que funcionan en la **Red** y que proporcionan una **lista** de aquellas **páginas** ***web*** en las que aparece un **término** o una **expresión previamente señalados.**

Existen **buscadores generales,** entre los que destacan Google, Yahoo y Altavista, y **buscadores especializados:** son los denominados **buscadores temáticos.**

Los buscadores se limitan a recopilar las páginas *web,* no garantizan la información que ofrecen; por ello, resulta imprescindible **confrontar las fuentes.**

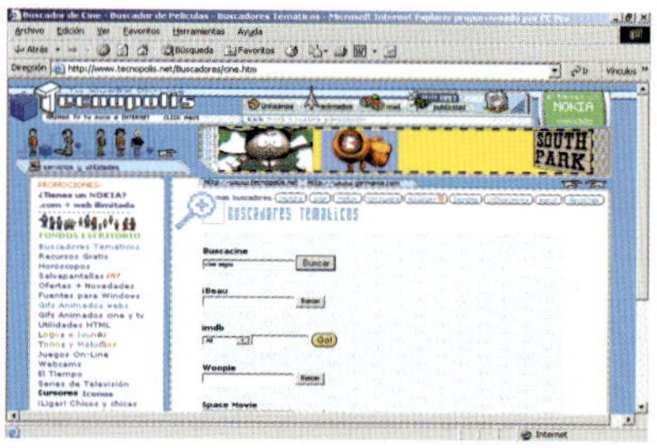

Buscador temático de cine.

Logotipos de Altavista y Yahoo.

Métodos de búsqueda

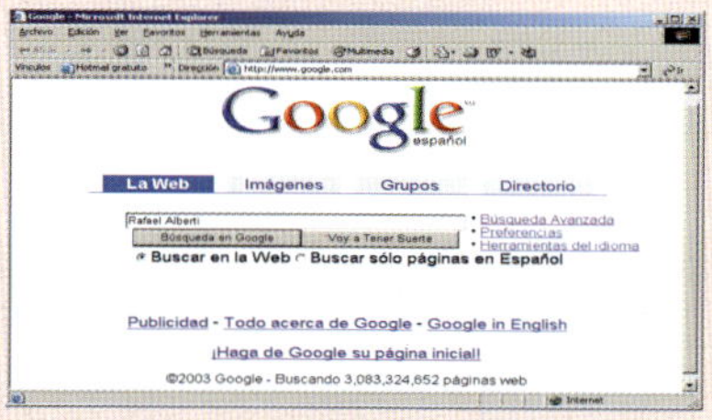

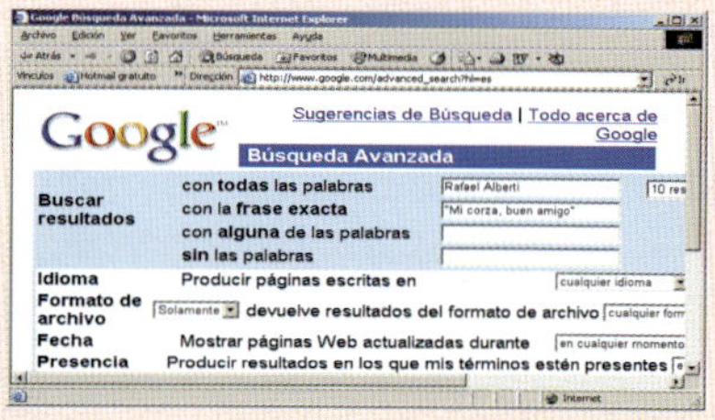

Búsqueda entre resultados. Tras acceder al buscador, debes introducir la **palabra** o **palabras clave** en el cajetín correspondiente y pulsar **Buscar** o **Search.** Para documentarnos sobre el poeta gaditano Rafael Alberti, hemos introducido su nombre, de modo que el buscador localizará todas las páginas *web* en las que este se mencione. Entre ellas tendrás que elegir las que se adecuen a tu investigación.

Búsqueda avanzada. Con esta opción se **restringe la extensión de la búsqueda** a expresiones exactas, idiomas, tipo de documento (sonoro, gráfico, etc.). En el ejemplo, además del nombre del poeta, hemos introducido la expresión «Mi corza, buen amigo», que es el verso inicial de un poema de Rafael Alberti. El buscador localizará solo las páginas en las que figure este texto.

Actividades

1. ¿Qué palabras clave introducirías en el cajetín de búsqueda para encontrar información sobre los siguientes temas?
   - *a)* Zonas geográficas áridas en España.
   - *b)* Noticias del día.
   - *c)* Términos técnicos de Internet.
   - *d)* Enfermedades humanas relacionadas con la nutrición.

Expresión

El correo electrónico

Uno de los servicios más usados de Internet es el **correo electrónico** o **e-mail**.

El correo electrónico es un **servicio de Internet** que permite el **intercambio inmediato** de **mensajes** entre usuarios en cualquier parte del mundo.

Logotipo del gestor de correo Microsoft Outlook.

Logotipo del gestor de correo Pegasus.

Para enviar y recibir mensajes, se utilizan diversos **programas gestores de correo** como Outlook, Messenger, Eudora, Pegasus… En todos ellos, los **mensajes** responden a una **estructura prefijada**. Obsérvalo en la imagen:

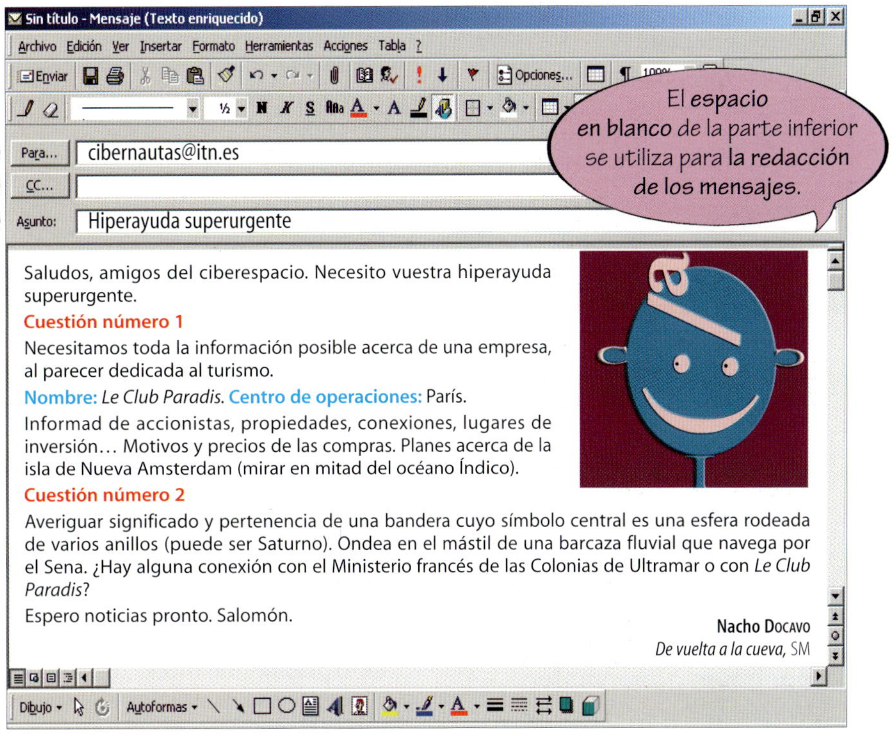

① **Destinatario.** En la casilla **Para** debes teclear la **dirección electrónica** del **receptor** o **receptores** de tu mensaje.

② **Copias.** El **campo CC** (Con Copia) hace referencia a **destinatarios secundarios. No es obligatorio** rellenarlo.

③ **Asunto.** Es el **tema** del que trata el **mensaje.** Es aconsejable poner un **título** o seleccionar **palabras clave** que den una idea exacta del contenido del texto para que el receptor perciba desde el principio su **importancia** o **urgencia.**

Al igual que las cartas, el correo electrónico se utiliza para intercambiar **mensajes personales** con familiares y amigos, y también en las **relaciones profesionales, comerciales,** etcétera.

Para redactar mensajes por correo electrónico

- Si el **destinatario del mensaje** es un allegado, el **tono** puede ser **similar** al de una **carta personal: informal** y con un **lenguaje familiar.**
- Si se trata de un **mensaje profesional,** debes ser **preciso** y **claro** e indicar con **exactitud datos** y **fechas.**
- Si el **mensaje enviado** es una **respuesta** a **otro anterior,** resulta conveniente realizar una **breve referencia** para **situar** al **receptor.**

Advertencia

Los **programas de correo electrónico** permiten **adjuntar documentos** (de texto, de imágenes o de sonido). Sin embargo, hay que tener en cuenta que la «descarga» de este tipo de archivos hace **más lenta** la **recepción** del mensaje y que es un medio habitual de transmisión de **virus informáticos.** Por ello, conviene hacer un uso prudente de este servicio y señalar siempre quién es el remitente.

Actividades

2. Lee el correo electrónico que figura arriba e indica con qué fin se envía.
3. Razona si ese correo se ciñe a lo esencial y si el lenguaje es adecuado.
4. Copia la plantilla de correo y escribe en ella un mensaje electrónico a un amigo cumplimentando todos los datos necesarios.

Las proposiciones subordinadas modales y comparativas

Recuerda

- Las **proposiciones adverbiales** de **tiempo** y de **lugar** desempeñan la función de **complemento circunstancial.**
- Las **proposiciones subordinadas temporales sitúan cronológicamente** la **acción** del **verbo principal.**
- Las **proposiciones subordinadas de lugar** indican el **lugar** donde **se desarrolla** la acción del **verbo principal.**

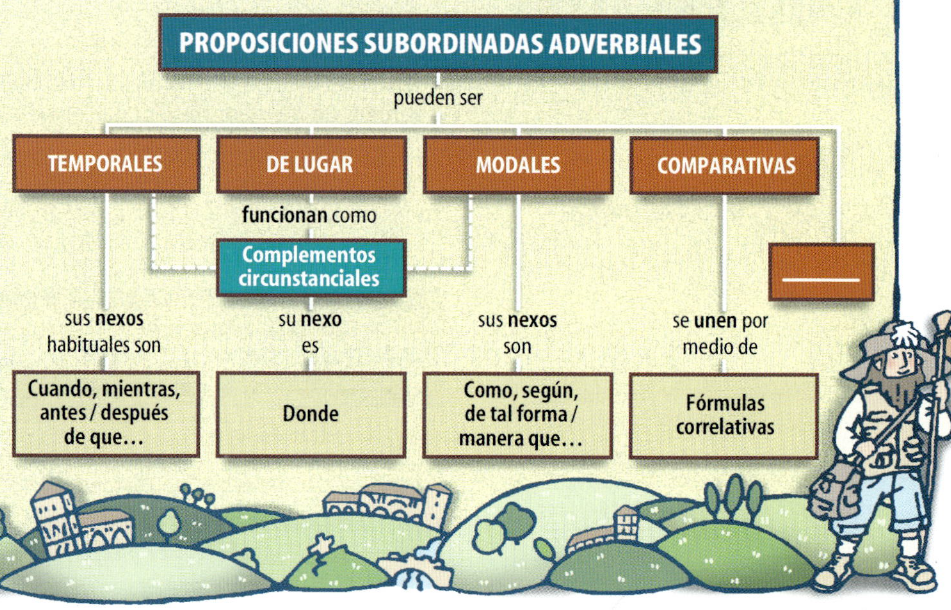

1 Expresión del modo y la comparación

Además del **lugar** y del **tiempo,** la acción del núcleo del predicado puede aparecer precisada por circunstancias relacionadas con el **modo,** es decir, la **manera** en que se desarrolla la **acción verbal.**

La **expresión del modo** del **verbo** se lleva a cabo por medio de **sintagmas** y **locuciones adverbiales, sintagmas nominales** y **proposiciones modales.**

En estos casos, los sintagmas, las locuciones adverbiales y las proposiciones subordinadas funcionan como **complementos circunstanciales de modo:**

- **Sintagmas adverbiales** (*así, muy bien / mal, cómodamente…*): *Esa página explica muy bien el itinerario de la ruta duodécima.*
- **Locuciones adverbiales** (*a ciegas, a pie, a la buena de Dios…*): *Los peregrinos realizaban el Camino de Santiago a pie.*
- **Sintagmas nominales con preposición** (*de este modo, de esa manera, con comodidad…*): *Pasaron la noche en el albergue con comodidad.*
- **Proposiciones subordinadas adverbiales de modo:** *Siguieron la ruta como indicaba la página web.*

Además del tiempo, el modo y el lugar, las **proposiciones subordinadas adverbiales** permiten expresar la **comparación** entre dos elementos de la oración:

*La etapa nos pareció **más larga** que las anteriores (nos habían parecido).*

La **comparación** entre dos o más realidades diferentes **se expresa** por medio de las **proposiciones subordinadas comparativas.**

Locuciones adverbiales

Las **locuciones adverbiales** son **construcciones fijas** que **equivalen** a un **adverbio** y, por tanto, desempeñan **funciones similares** en la oración.

La mayoría de las locuciones adverbiales está formada por la combinación de una **preposición** y un **sustantivo** (con o sin determinante), o un **adjetivo:** *a conciencia, a primera vista, a oscuras, en gran parte…*

Pero se emplean también **otros esquemas:** *de acá para allá, a pedir de boca, de hora en hora…*

2 Conectores modales y comparativos

Las **proposiciones subordinadas modales** pueden introducirse en la oración por medio de **nexos.**

Funcionan como **nexos** de las **proposiciones modales** los **adverbios,** las **locuciones adverbiales,** las **locuciones conjuntivas** y la **preposición *sin*.**

En el cuadro puedes consultar algunas de las formas que introducen las proposiciones modales:

NEXOS MODALES	
Adverbios: *como, según, conforme*	*Los peregrinos llegaron como pudieron; Realizaron la ruta según les habían explicado; Llegaron al albergue conforme habían planeado.*
Locuciones adverbiales: *tal y como*	*La catedral de Santiago aparecía ante sus ojos tal y como se la había imaginado durante el camino.*
Locuciones conjuntivas: *sin que*	*Los monjes de la abadía acogieron a los caminantes sin que estos se lo pidieran.*
Preposición *sin*	*Les dieron comida y alojamiento sin pedir nada a cambio.*

Las **proposiciones subordinadas comparativas** se introducen en la oración compuesta por medio de **fórmulas correlativas.**

Estas fórmulas se construyen con **dos elementos:** *tan... como, tanto (-a, -os, -as)... como, tanto... cuanto, tal... cual, más / menos... que...*; sin embargo, la subordinada empieza en el **segundo** de ellos, que es el que **funciona como nexo:**

*Consultó **tantas** guías de viaje **como** había comprado.*

*Recorrió **más** poblaciones **que** en toda su vida (había recorrido).*

*Aquel día hizo **menos** kilómetros **que** (había hecho) en etapas previas.*

Modales sin nexo

Las **proposiciones subordinadas modales** pueden presentarse también sin nexo. En estos casos, el **verbo** núcleo del predicado de la proposición aparece en **gerundio:**

Consulta la página siguiendo las instrucciones de navegación.

Para reconocer este tipo de proposiciones, basta con **sustituir** la **proposición** por un **adverbio** de modo o un **sintagma nominal** con preposición que exprese **modo:**

Consulta la página así.

Consulta la página de esa manera.

Actividades

1. Señala los nexos que introducen las proposiciones subordinadas modales y comparativas de las siguientes oraciones:
   - *a)* Nos saludó tan cortésmente como supo.
   - *b)* Según nos indicó el policía, la estafeta de correos debe de estar allí.
   - *c)* Fotografió tantos paisajes como fotos tenía en el carrete.
   - *d)* Actuaba tal y como le habían enseñado.
   - *e)* Los niños recaudaron más dinero que entradas habían comprado los mayores.
2. Indica el tipo de nexo que introduce las proposiciones subordinadas modales de la actividad 1.
3. Identifica los elementos que constituyen la fórmula correlativa de las proposiciones comparativas de la actividad 1.
4. Di si las siguientes proposiciones de gerundio son temporales o modales:
   - *a)* Acordándonos de los viejos tiempos, nos entraba la nostalgia.
   - *b)* Regresamos por la carretera esquivando el atasco.
   - *c)* Persiguiendo al fugitivo, oyeron una señal de socorro.
   - *d)* La policía perseguía al fugitivo corriendo detrás de él.

3 Proposiciones modales

Las **proposiciones subordinadas modales** indican la **manera** en que se desarrolla la **acción del verbo principal.**

En la oración compuesta, las **proposiciones subordinadas modales** desempeñan la **función** de **complemento circunstancial de modo** del **verbo principal.**

En todos los casos, es posible sustituir la proposición subordinada modal por **otras formas de expresión del modo.** Obsérvalo en las siguientes oraciones:

*Redactó su correo **como** le habían dicho.* → *Redactó su correo **así.***

*Lo envió **tal y como** indicaba el programa.* → *Lo envió **de esa forma.***

*Recibió el correo **sin que** nadie lo supiera.* → *Recibió el correo **así.***

Se divierte navegando por la Red. → *Se divierte **de este modo.***

Análisis

(SO: Él / Ella)

*Envió el correo electrónico **tal y como** indicaba el programa.*

N (V) | D (Art) N (Sust)

D (Art) N (Sust) | Ady (S Adj) | Nx | P (SV) | S (SN)

N (V) | CD (SN) | CCM (PS Adv)

P (SV)

Ten en cuenta que la forma *como* introduce dos tipos de proposiciones subordinadas:

- Como **adverbio de modo,** cumple la función de **nexo** en las **subordinadas adverbiales de modo.** En estos casos nunca lleva antecedente: *Lo redactó **como** te dijo.*
- Como **adverbio relativo,** introduce **proposiciones subordinadas adjetivas** y debe ir precedido de un **antecedente:** *Lo redactó de la **forma** **como** te dijo.*

Análisis

(SO: Él / Ella) (SO: Él / Ella)

*Lo redactó **como** te dijo.*

CI N (V)

Nx | P (SV)

CD (Pron) | N (V) | CCM (P S Adv)

P (SV)

(SO: Él / Ella) Nx (SO: Él / Ella)

*Lo redactó de la forma **como** te dijo.*

CCM (Relat) CI N (V)

P (SV)

D (Art) N (Sust) | Ady (PS Adj)

CD | N (V) | CCM (Prep + SN)

P (SV)

Modales con verbo en infinitivo

Las **proposiciones subordinadas modales** pueden construirse con el **verbo en infinitivo.** En estos casos, el **nexo** que las introduce es la **preposición *sin:***

Manejaba el programa sin conocer apenas las instrucciones.

*Manejaba el programa **así.***

*Manejaba el programa **de ese modo.***

a) Pasaron la tarde enviando mensajes por correo.

b) Nunca he sabido el modo como condujo el coche.

c) La han reconocido tal y como sospechábamos.

d) No sé cómo lo hizo.

e) No ha aprendido la lección como se la enseñaron.

f) Leyó la noticia sin que nadie le hubiera advertido de la gravedad de los hechos.

g) Corregirá los ejercicios según señalan las pautas del libro.

h) Lo hizo sin pensar en las consecuencias.

Actividades

5. Señala si las proposiciones de las oraciones de la ilustración son sustantivas, adjetivas o adverbiales de modo.
6. Realiza el análisis sintáctico completo de las oraciones propuestas en la actividad 5.

Omisión de elementos

En las **comparativas** es muy habitual **omitir** algunos **elementos** que aparecen **ya expresos** en la **proposición principal:**

En esta aula de informática hay ***mejores*** *equipos* *<u>que</u>* *<u>en el resto del instituto (hay)</u>*.

Ten en cuenta que, al realizar el **análisis sintáctico** de este tipo de oraciones, debes **reponer** las **palabras omitidas** en la subordinada.

4 Proposiciones comparativas

Con las **proposiciones subordinadas comparativas** se expresa una **comparación** entre dos realidades.

Las **proposiciones comparativas** establecen una **relación de igualdad, superioridad** o **inferioridad** entre un elemento de la principal y la subordinada.

Se distinguen, así, tres tipos de proposiciones comparativas: **de igualdad, de superioridad** y **de inferioridad:**

TIPOS DE COMPARATIVAS	
Comparativas de igualdad	*Es **tan** hábil con el ordenador <u>como su hermana mayor (es)</u>.* *Aquel día se conectó a Internet **tantas** veces <u>cuantas pudo</u>.*
Comparativas de superioridad	*Hoy he recibido **más** mensajes <u>que otros días (he recibido)</u>.*
Comparativas de inferioridad	*Son **menos** interesantes <u>que los correos de ayer (eran)</u>.*

Como se observa en los ejemplos del cuadro, las comparativas se introducen mediante **fórmulas correlativas,** en las cuales el primer elemento (en rojo) pertenece a la proposición principal, y el segundo (en azul), a la subordinada. Además, la comparación se puede establecer también mediante los llamados **comparativos sintéticos** (*mayor, menor, mejor* y *peor*):

Ese programa necesita una memoria ***mayor*** *<u>que otros (necesitan)</u>.*

Ese programa funciona ***mejor*** *<u>que aquel (funciona)</u>.*

Yahoo encontró ***menor*** *número de enlaces <u>que Google (encontró)</u>.*

Esa página web está ***peor*** *documentada <u>que esta (está documentada)</u>.*

Análisis

Ese programa necesita una memoria mayor que otros (necesitan).

- Ese: D (Dem); programa: N (Sust) → S (SN)
- necesita: N (V)
- una: D (Indef); memoria: N (Sust); mayor: Ady (S Adj) → CD (SN)
- que: Nx; otros: N (Pron) → S (SN); necesitan: N (V) → P (SV) → P S Comparativa
- necesita una memoria mayor que otros (necesitan) → P (SV)

Actividades

7 Señala si las siguientes oraciones incluyen proposiciones comparativas de igualdad, de superioridad o de inferioridad:

a) Este es el peor trabajo que he hecho en mi vida.
b) Nadie había visto tantos sucesos como el vigilante.
c) Ayer se publicaron más revistas que hoy.
d) Ha obtenido menor índice de audiencia que la otra cadena.

8 Analiza sintácticamente todas las oraciones de la actividad 7.

9 Analiza sintácticamente estas cuatro oraciones:

a) Corrigió como te había dicho.
b) Corrigió tanto como había dicho.
c) Explicó cómo lo hizo.
d) Explicó el modo como lo hizo.

10 Las oraciones de la ilustración del margen incluyen proposiciones subordinadas adverbiales de tiempo, lugar, modo y comparativas. Diferéncialas y realiza el análisis sintáctico completo de todas ellas.

5 Uso de expresiones comparativas

En el uso de las expresiones comparativas se cometen algunos errores, en general relacionados con los **comparativos sintéticos** (*mejor*, *peor*, *mayor*, *menor*, *inferior* y *superior*).

Los **comparativos sintéticos no pueden figurar** junto a los **adverbios de cantidad** ni en las proposiciones comparativas ni en otras construcciones.

Así, son erróneas las expresiones **más mayor*, **menos menor*, **tan peor*... Observa cuáles son los usos correctos:

Los edificios de este barrio son ***mayores*** *que los del tuyo*,
y no **Los edificios de este barrio son* ~~*más mayores*~~ *que los del tuyo*.

Esa canción es ***tan mala*** *como aquella*,
y no **Esta canción es* ~~*tan peor*~~ *como aquella*.

Su rendimiento es ***superior*** *al del mes pasado*,
y no **Su rendimiento es* ~~*más superior*~~ *al del mes pasado*.

Cuando el adjetivo *mayor* se utiliza como sinónimo de *viejo*, sí puede ir precedido por el adverbio *tan*: *Lorenzo es* ***tan mayor (= viejo)*** *como Sergio*.

Uso de los superlativos sintéticos

Los **superlativos sintéticos** (*máximo, mínimo, óptimo, ínfimo, pésimo...*) **tampoco** pueden aparecer con **adverbios de cantidad:**

Han vendido una ropa ***pésima***, y no **Han vendido una ropa* ~~*muy pésima*~~.

Los reporteros no han conseguido la ***mínima*** *información*, y no **Los reporteros no han conseguido la* ~~*más mínima*~~ *información*.

Los resultados del experimento fueron ***óptimos***, y no **Los resultados del experimento fueron* ~~*más óptimos*~~.

Actividades

11 Indica cuáles de las siguientes oraciones contienen errores y cópialas correctamente:

a) Los libros que ha leído son tan peores como los que me regaló.
b) Resolvió el ejercicio más bien que nosotros.
c) Han bajado en el ascensor a una planta más inferior.
d) No recordaba al más mayor de sus hermanos.
e) Las estadísticas resultaron menos óptimas de lo que esperaban.
f) No ha tenido el más mínimo detalle conmigo.
g) Ese hombre tan mayor está hecho un roble.
h) Su puesto de trabajo es menos inferior que el mío.
i) Este año las calificaciones son más superiores que el año pasado.

12 Escribe oraciones con todos los comparativos y superlativos sintéticos que conozcas.

Expresiones correctas

La palabra ***conforme*** puede usarse:

- Como **adjetivo:** *¿No estás* ***conforme****?* En este caso, rige la preposición *con*: *Estoy* ***conforme con*** *mi calificación*.
- Como **conjunción** con valor **modal** (equivalente a *según*) o **temporal:** *Dejaron la habitación de Lorca* ***conforme*** *estaba cuando vivía; Iba encaneciendo* ***conforme*** *envejecía*.

Si *conforme* va **seguida** de la **preposición *a*** constituye una **locución prepositiva** equivalente a «con arreglo a», como en el ejemplo del bocadillo.

Es incorrecto el empleo de la palabra *conforme* sola con valor preposicional: *~~*Conforme*~~ *lo ordenado, se abonará mensualmente 300 euros en dicha cuenta*.

1 Completa estas oraciones con la expresión adecuada:

a) Tu padre no parecía muy ______ las vacaciones.
b) ______ lo especificado en su carta, le enviaremos los libros por correo.
c) ______ abandonábamos la ciudad, nos íbamos sintiendo más relajados.
d) ¿Quieres hacerlo ______ te han dicho?

Aplicación y síntesis

El **correo electrónico** es uno de los **servicios de Internet más utilizados** por los usuarios. De sus **ventajas** frente a otros sistemas de transmisión da cuenta el siguiente texto.

El correo electrónico supone la recuperación de la costumbre de escribir cartas sin utilizar papel ni sellos, con la ventaja de la inmediata llegada a sus destinos y la posibilidad de que estos sean múltiples. Respecto al teléfono, el correo electrónico presenta la ventaja de que puede hacer llegar el mensaje al destinatario, aun cuando este no se encuentre en el lugar de destino, ya que puede revisar, en cualquier momento posterior al de la recepción, el correo electrónico recibido a través de una lista de sus remitentes y temas de cada uno de los mensajes. Se puede decidir así, de un vistazo, cuáles son importantes y requieren contestación inmediata. Esta posibilidad es mucho más útil que la audición sucesiva de los mensajes telefónicos grabados en un contestador automático.

José B. Terceiro
Socied@d digit@l, Alianza

Ideas claras

- Gracias a **Internet,** podemos **transmitir mensajes** de **manera inmediata** desde y a **cualquier lugar del mundo.**
- A la **Red se conectan millones de ordenadores** que intercambian **mensajes verbales, visuales** y **auditivos.**
- Las **páginas *web*** transmiten **mensajes informativos,** proporcionan **servicios** o **enlazan** entre sí **páginas diversas.**
- Las **subordinadas modales** funcionan como **complementos circunstanciales de modo.**
- Los **nexos modales** pueden ser **adverbios, locuciones adverbiales** y **conjuntivas,** y la **preposición *sin*.**
- Las **subordinadas comparativas** expresan relaciones de **igualdad, superioridad** o **inferioridad** entre dos realidades.
- Las **comparativas** se presentan con **fórmulas correlativas.**

1. Contesta las siguientes cuestiones:
   - ¿Qué ventajas ofrece el correo electrónico frente al correo postal?
   - ¿Y con respecto al teléfono?
   - Explica qué diferencia la recepción de los mensajes por correo electrónico de la de los guardados en un contestador automático.
2. El correo electrónico es un servicio de Internet. Define qué es la red Internet y señala otros servicios a los que pueden acceder los usuarios de este medio.
3. Localiza en el fragmento de *Socied@d digit@l* una proposición subordinada modal y una comparativa e indica el tipo de comparación que establece la segunda.
4. Transforma la oración del siguiente recuadro de manera que incluya una proposición subordinada modal:

   El autor se divierte mucho con la escritura de correos electrónicos.

5. Identifica las proposiciones de las siguientes oraciones e indica si se presentan con o sin nexo:
   - ***a)*** El correo electrónico supone recuperar la costumbre de la carta.
   - ***b)*** Escribimos sin utilizar papel ni sellos.
   - ***c)*** ¿Tiene el correo electrónico más ventajas que inconvenientes?
   - ***d)*** Se decide así, de un vistazo, qué mensajes son importantes.
   - ***e)*** Con el correo electrónico el mensaje se recibe como si fuera una carta.
6. Realiza el análisis sintáctico completo de las oraciones de la actividad 5.
7. ¿Qué resulta más personal, un correo electrónico o una carta? Escribe un texto breve en el que expongas tu opinión de forma razonada.

Léxico

Sinonimia y antonimia

En la UNIDAD 6 hemos visto que las palabras de la lengua se pueden relacionar por **vinculaciones morfológicas** (familias léxicas), por guardar **relación en la realidad** (campos semánticos) y por **proximidad** en determinadas **situaciones** (campos asociativos).

Pero, además, las palabras mantienen relaciones por su **significado,** como la **sinonimia** y la **antonimia.**

Las **palabras sinónimas** presentan **forma diferente** y **significado similar** o **idéntico.**

Los **sinónimos absolutos,** intercambiables en cualquier contexto, son **escasos** en nuestra lengua: *ordenador* / *computadora*.

Es mucho más habitual la **sinonimia parcial,** es decir, la que se produce en un determinado contexto, no aisladamente:

Es una persona natural / espontánea / franca: se muestra como es.

Su respuesta fue la natural / esperable / lógica: lo negó todo.

Las **palabras antónimas** son aquellas que **expresan significados opuestos.**

Se diferencian **tres tipos de antónimos:**

- **Términos** que **se excluyen** entre sí: *subir* / *bajar*; *guerra* / *paz*; *entrar* / *salir*.
- **Términos contrarios** entre los cuales se establece una **gradación:** *eufórico (alegre / contento / sereno / serio / triste) abatido*.
- **Términos recíprocos,** que se implican obligatoriamente entre sí: *comprar* / *vender*. Esta relación se denomina **complementariedad.**

Uso de las palabras

Insoluble

El adjetivo ***insoluble*** presenta dos significados:

- «Que no se puede resolver»; con este sentido es **sinónimo** de ***irresoluble:*** *Este problema es* ***insoluble*** / ***irresoluble.***
- «Que no puede disolverse ni diluirse»; en ese otro caso es **sinónimo** de ***indisoluble:*** *Esta sustancia es* ***insoluble*** / ***indisoluble*** *en agua.*

1 Sustituye el adjetivo *insoluble* por el sinónimo adecuado en estas oraciones:

a) Este caso es insoluble.
b) Esta medicina es insoluble en leche.
c) ¿Te parecen insolubles estos preparados?
d) Si no tienes más datos, la pregunta es insoluble.

Actividades

1 Escribe sinónimos de las palabras del recuadro:

cadena fotografía servir baile apagado boticario ligero deambular

2 ¿Se trata de sinónimos absolutos o parciales? Demuéstralo con ejemplos.

3 Establece la gradación entre los antónimos contrarios *árido* e *inundado.*

4 Escribe otros ejemplos de antónimos complementarios.

5 Sustituye las palabras destacadas en el siguiente texto por otras sinónimas:

A la hora de acostarse le esperaban siempre ***cornflakes*** *con leche y azúcar. Y los libros… estaban en la* ***estantería*** *junto a la cama,* ***descansando*** *unos en otros, pero siempre había dos o tres que yacían encima, sobre un* ***costado,*** *porque no se había molestado en* ***poner****los de nuevo en su* ***sitio.*** *Tenían dobladas las* ***esquinas*** *de las* ***hojas*** *y estaban* ***arañados.***

William GOLDING
El señor de las moscas, Alianza

6 Escribe antónimos de estas otras palabras e indica de qué tipo son:

siempre **junto** **encima** **dobladas** **pulcras** **tranquilizar**

7 Construye oraciones con los antónimos que has escrito en la actividad 6.

Ortografía

La invasión de las siglas

USA, URSS
USA, URSS, OAS, UNESCO:
ONU, ONU, ONU.
TWA, BEA, KLM, BOAC
¡RENFE, RENFE, RENFE!
FULASA, CARASA, RULASA,
CAMPSA, CUMPS, KIMPSA;
FETASA, FITUSA, CARUSA,
¡RENFE, RENFE, RENFE!
¡SOS, SOS, SOS,
SOS, SOS, SOS!

Dámaso Alonso

Escritura de siglas y acrónimos

Las **siglas** y los **acrónimos** se escriben habitualmente con **letras mayúsculas,** de forma que quedan destacados: *DVD*, *CD*, *ONU*, *UE*... Sin embargo, debes tener en cuenta estas puntualizaciones:

- Si el **acrónimo** es un **nombre propio** y tiene **más de cuatro letras,** puede escribirse **solo** con la letra **inicial en mayúscula:** *Unicef*, *Talgo*.
- Si el **acrónimo** se ha convertido en un **sustantivo común,** debe escribirse en **minúscula:** *sida*, *uvi*, *ovni*. En estos casos, se somete a las normas generales de acentuación: *láser*, *radar*.

Los puntos suspensivos

Los **puntos suspensivos** **...** se emplean en la escritura con distintas finalidades:

- Dejar **incompleta** una **enumeración:** *Han venido a la boda sus tíos, primos, sobrinos...*
- Expresar **duda, vacilación, temor...:** *Todavía no han llegado... Me tienen preocupado.*
- Indicar un **enunciado inacabado:** *Estuve hasta el final, pero...*
- **Reproducir parcialmente** un **refrán,** una **cita** o una **sentencia:** *Ya sabes: cuando las barbas de tu vecino veas pelar...*

Puntos suspensivos con corchetes

Los **puntos suspensivos** se emplean también para indicar que se ha **omitido parte de un texto** transcrito literalmente. En este caso, aparecen **entre corchetes [...]:**

En un lugar de La Mancha [...] vivía un hidalgo de los de lanza en astillero, adarga antigua, rocín flaco y galgo corredor.

1 Explica con qué finalidades se emplean los puntos suspensivos en este texto:

La plaza vieja de toros

Una vez más pasa por mí, Platero, en incogible ráfaga, la visión aquella de la plaza vieja de toros que se quemó una tarde... de... que se quemó, yo no sé cuándo...

Ni sé tampoco cómo era por dentro... [...] Solo sé cómo era por fuera, digo por encima, es decir, lo que no era plaza... Pero no había gente...

Juan Ramón Jiménez
Platero y yo, Taurus

Actividades

1 Lee el poema de Dámaso Alonso. ¿A qué palabras corresponden las siglas destacadas en azul?

2 Indica qué siglas de ese poema podrías escribir solo con mayúscula inicial.

3 Explica el significado de las siguientes siglas:

VHS	VIP	TAV	ADN	OCDE	NASA	INRI
UNED	UNEF	TAC	LOCE	FP	HT	CIS
CPU	TNT	PN	ITV	HI-FI	IVA	PYME

4 Señala qué siglas de la actividad 3 corresponden a palabras extranjeras. ¿Qué siglas les corresponderían en español?

5 Localiza entre esas siglas la que se ha convertido en nombre común.

6 Escribe un ejemplo de cada uno de los usos de los puntos suspensivos mencionados arriba.

7 Copia estas oraciones con los signos de puntuación que sean precisos:

a) Todos estaban deseando ir de vacaciones para poder nadar caminar por la montaña montar en bicicleta

b) Todo fue muy bien hasta que bueno ya sabes cómo son esas reuniones

c) Tú sí vendrás verdad O quizá no vayas Claro Tienes tanto que hacer.

d) No por mucho madrugar pero yo nunca he hecho caso de ese refrán

La generación del 27

LITERATURA DEL SIGLO XX

GENERACIÓN DEL 27

- **Neopopularismo**

  - **Rafael Alberti** (1902-1999) — *Marinero en tierra* (1925)

  - **Federico García Lorca** (1898-1936) — *Romancero gitano* (1928)

- **Influencia clásica y poesía pura**

  - **Pedro Salinas** (1891-1951) — *La voz a ti debida* (1931)

  - **Jorge Guillén** (1893-1984) — *Cántico* (1928-1950)

- **Poesía de vanguardia**

  - **Gerardo Diego** (1896-1987) — *Manual de espumas* (1923)

  - **Vicente Aleixandre** (1898-1984) — *La destrucción o el amor* (1935)
  - **Luis Cernuda** (1902-1963) — *Los placeres prohibidos* (1931)

1 El grupo poético del 27

Recuerda

- En las **primeras décadas del siglo XX**, las **vanguardias rompieron** con los **principios creativos anteriores.**
- Desde 1909, **Ramón Gómez de la Serna difundió** las **ideas vanguardistas** en **España.**
- **Juan Ramón Jiménez** cultivó la **poesía pura,** que nombra lo esencial con el menor número posible de palabras.

Hacia 1920 irrumpió en el panorama cultural español una promoción literaria de calidad excepcional que se conoce como **generación del 27.** Se trataba de un **grupo de jovenes autores** que, aunque escribieron teatro, ensayo y novela, destacaron, sobre todo, por su **poesía.**

Los **poetas más relevantes** de la **generación del 27** fueron **Pedro Salinas, Jorge Guillén, Gerardo Diego, Federico García Lorca, Vicente Aleixandre, Rafael Alberti, Luis Cernuda** y **Dámaso Alonso.**

La producción del 27 coincidió en el tiempo con la de los escritores de fin de siglo, las vanguardias y Juan Ramón Jiménez, y con la obra de pintores como Picasso o Dalí, músicos como Falla y cineastas como Buñuel. El **esplendor artístico** y **cultural** de este período ha llevado a acuñar la denominación de **edad de plata** para esta etapa de la **cultura española.**

Rasgos generacionales

Relaciones personales

La consideración de estos escritores como una **generación poética** se debe a su **nacimiento en fechas cercanas,** a los **fuertes lazos de amistad** que mantuvieron y a la **influencia** e **intercambio cultural** que se produjo entre ellos. Estas circunstancias llevaron a utilizar la expresión «generación del 27» para designar al grupo.

Homenaje a Góngora

El nombre «generación del 27» hace referencia a un **acto** celebrado en el **Ateneo de Sevilla** en 1927 para conmemorar el **tercer centenario de la muerte de Góngora,** al que acudió la mayoría de los integrantes del grupo.

Algunos miembros de la generación del 27 en el homenaje a Góngora.

Evolución

La **generación del 27** pasó por tres momentos:

- De 1918 a 1925 se desarrolló su **etapa de formación,** con fuerte **influjo de Juan Ramón Jiménez** y del **ultraísmo.**
- Entre 1926 y 1929 estos escritores lograron encontrar su **voz personal.**
- A partir de 1930 comenzaron las **preocupaciones sociales** y **políticas** e irrumpió la **influencia del surrealismo.**

Tras la **Guerra Civil** (1936-1939), la **generación del 27 se deshizo:** Lorca había muerto, algunos autores marcharon al exilio y otros permanecieron en España.

Formación e intereses culturales comunes

Los autores del 27 intervinieron activamente en la **vida cultural** de la época. Además de celebrar el homenaje a Góngora, participaron en la publicación de **revistas literarias** como *Verso y prosa, Litoral, Gallo, Carmen*... Todos ellos conocían la **tradición literaria española,** tanto en su vertiente **culta** como **popular,** pero también se abrieron a la **renovación radical de las vanguardias.** Así, en sus obras, temas como el amor o la naturaleza conviven con la alabanza de objetos modernos, y las **formas clásicas** (sonetos, octavas reales, décimas...) y **populares** (cuartetas, romances...) alternan con **poemas visuales** y con el **verso libre.**

Guitarra

Habrá un silencio verde
todo hecho de guitarras destrenzadas.

La guitarra es un pozo
con viento en vez de agua.

Gerardo Diego
Poesía española contemporánea, Taurus

Actividades

1. Explica qué te sugiere la expresión *silencio verde* del poema de Gerardo Diego. ¿Se trata de una sinestesia? Razona tu respuesta.
2. ¿Con qué metáfora se refiere el autor a la guitarra? ¿Te parece apropiada?
3. Realiza el análisis métrico de la composición y señala si hay o no rima.
4. ¿Qué peculiaridades de la generación del 27 observas en este poema?

Rafael Alberti

(1902-1999). Nació en El Puerto de Santa María (Cádiz). Comenzó su producción literaria con *Marinero en tierra* (1925). La **tendencia neopopular** de este libro, que se mantiene en *La amante* (1926) y *El alba del alhelí* (1927), dio paso a la influencia del **surrealismo** en *Sobre los ángeles* (1928). Poco después se inclinó por una literatura en la que volcó sus **preocupaciones cívico-sociales** con obras como *El poeta en la calle* (1924-34). Su producción en el exilio constituye una evocación nostálgica de la España perdida. En esta etapa destaca *Entre el clavel y la espada* (1941).

Federico García Lorca

(1898-1936). Nació en Fuente Vaqueros (Granada). Su literatura es muy personal, resultado de la mezcla del conocimiento del mundo popular andaluz y de lecturas literarias, lo que se manifiesta en diversas líneas poéticas:

- La **revitalización** de la **tradición** en *Poema del cante jondo* (1921) y en *Romancero gitano* (1928).
- La **incorporación** del **surrealismo** en *Poeta en Nueva York* (1929).
- La **búsqueda** del **equilibrio** en *Llanto por Ignacio Sánchez Mejías* (1935), *Diván de Tamarit* (1940) y *Sonetos del amor oscuro* (1986).

García Lorca murió asesinado al comienzo de la Guerra Civil.

2 El neopopularismo

La **influencia** de la **lírica tradicional española** y del **canto popular** determinó que entre los poetas de la generación del 27 se desarrollara una corriente conocida como **neopopularismo.**

El **neopopularismo** se caracteriza por el empleo de **composiciones breves,** de **verso corto,** algunas con **estribillo,** y cargadas de **intensidad lírica** gracias a las **repeticiones,** los **paralelismos** y la **eliminación de elementos superficiales.**

Las obras más representativas de esta tendencia son *Marinero en tierra*, *La amante* y *El alba del alhelí*, de **Rafael Alberti,** y *Poema del cante jondo* y *Romancero gitano*, de **Federico García Lorca.**

Marinero en tierra

Los poemas de este libro, publicado en 1925 y por el que Rafael Alberti recibió el Premio Nacional de Literatura, exponen la **dolorida nostalgia** de la voz poética por haber tenido que abandonar su lugar de origen para vivir tierra adentro. El **paraíso perdido de la infancia** está representado por el **mar** de Cádiz, que simboliza también la **libertad.**

El mar. La mar.
El mar. ¡Solo la mar!

¿Por qué me trajiste, padre,
a la ciudad?

¿Por qué me desenterraste
del mar?

En sueños, la marejada
me tira del corazón.
Se lo quisiera llevar.

Padre, ¿por qué me trajiste
acá?

Rafael Alberti

Romancero gitano

García Lorca dio a conocer los **dieciocho romances** que componen este libro en lecturas públicas, antes de que se editara en 1928. Los protagonistas de los poemas son miembros del **pueblo gitano, marginado socialmente,** pero que para el autor representa la **verdad más íntima** del **pueblo andaluz.** Se trata de seres dominados por la **insatisfacción,** el **amor** y la **muerte.**

Verde que te quiero verde.
Verde viento. Verdes ramas.
El barco sobre la mar
y el caballo en la montaña.
Con la sombra en la cintura
ella sueña en su baranda,
verde carne, pelo verde,
con ojos de fría plata.
Verde que te quiero verde.
Bajo la luna gitana,
las cosas la están mirando
y ella no puede mirarlas.

Federico García Lorca

Actividades

5. ¿A quién se dirige el emisor en el poema de Alberti? ¿Qué le echa en cara? Explica por qué.
6. ¿Qué crees que le sucede a la mujer del poema de Lorca? Copia todas las expresiones que te hayan permitido averiguarlo.
7. Señala rasgos del neopopularismo en los textos de Alberti y de Lorca.

Pedro Salinas

(1891-1951). Nació en Madrid. Trabajó como profesor universitario y participó activamente en la vida cultural de su tiempo. En 1936 se exilió a Estados Unidos, donde residió hasta su muerte. En su producción se distinguen tres etapas:

- **Primera etapa,** de **influencia vanguardista** y **gongorina,** integrada por *Seguro azar* (1924) y *Fábula y signo* (1931).
- **Segunda etapa,** la de su **gran producción amorosa:** *La voz a ti debida* (1931), *Razón de amor* (1936), y *Largo lamento* (1939).
- **Tercera etapa,** ya en el exilio, dedicada a **reflexiones sobre la existencia humana:** *El contemplado* (1946), *Todo más claro* (1949) y *Confianza* (1955).

Jorge Guillén

(1893-1984). Nació en Valladolid. Se dedicó también a la enseñanza universitaria. Como Salinas, se exilió a Estados Unidos, pero regresó a España tras la muerte de Franco y se instaló en Málaga. En 1976 recibió el premio Cervantes.

Guillén concibió su **obra** como una **totalidad** y fue adjuntando poemas a libros ya escritos, hasta formar *Aire nuestro,* integrado por ***Cántico, Clamor*** y ***Homenaje.*** A esta obra global deben sumarse *Y otros poemas* y *Final.*

3 Influencia clásica y poesía pura

Los **poetas del 27** se vieron influidos también por los **clásicos españoles,** especialmente por **Góngora,** y por autores más recientes como **Bécquer** y **Juan Ramón Jiménez.**

El **influjo clásico** se advierte, sobre todo, en el uso de formas como el **endecasílabo,** la **décima,** la **octava real** y el **soneto,** empleadas en obras como *Cal y canto*, de Alberti; *Alondra de verdad*, de Gerardo Diego; *Égloga, elegía y oda*, de Luis Cernuda, y *Sonetos del amor oscuro*, de García Lorca.

La presencia de **Bécquer** se deja sentir en la **poesía amorosa** de *La voz a ti debida* y *Razón de amor*, de Pedro Salinas, y en *Los placeres prohibidos* y *Donde habite el olvido*, de Luis Cernuda. Por su parte, **Juan Ramón Jiménez** y su concepto de la **poesía pura** influyeron en *Cántico*, de Jorge Guillén, y en *Poemas puros*, *poemillas de la ciudad*, de Dámaso Alonso.

La voz a ti debida

Esta obra, publicada en 1931, forma parte de una **trilogía amorosa** que incluye también *Razón de amor* (1936) y *Largo lamento* (1939). En ella, la **amada** —presente solo bajo la forma del ***tú***— **da sentido** a la **existencia del amante** —nombrado con el ***yo***—.

La forma de querer tú
es dejarme que te quiera.
El sí con que te me rindes
es el silencio. Tus besos
son ofrecerme los labios
para que los bese yo.
Jamás palabras, abrazos,
me dirán que tú existías,
que me quisiste: jamás.
Me lo dicen hojas blancas,
mapas, augurios, teléfonos;
tú, no.
Y estoy abrazado a ti
sin preguntarte, de miedo
a que no sea verdad
que tú vives y me quieres.
Y estoy abrazado a ti
sin mirar y sin tocarte.
No vaya a ser que descubra
con preguntas, con caricias,
esa soledad inmensa
de quererte solo yo.

Pedro Salinas

Cántico

En este poemario, cuya primera edición es de 1928, **Guillén** reunió composiciones en las que se exaltan el **gozo de la existencia,** los **objetos cotidianos** y la **perfección de la naturaleza.**

Paraíso regado

Sacude el agua a la hoja
con un chorro de rumor,
alumbra el verde y lo moja
dentro de un fulgor. ¡Qué olor
a brusca tierra inmediata!
Así me arroja y me ata
lo tan soleadamente
despejado a este retiro
fresquísimo que respiro
con mi Adán más inocente.

Jorge Guillén

Actividades

8. Explica cómo el *tú* otorga sentido a la existencia del amante en el texto de Pedro Salinas.
9. ¿Qué elementos de la naturaleza se mencionan en el poema de *Cántico*? Indica qué evocan esos elementos.
10. Mide los versos del texto de Guillén, analiza la rima y señala el tipo de estrofa.

4 Poesía de vanguardia

Los **movimientos de vanguardia** que influyeron en la generación del 27 fueron, fundamentalmente, el **creacionismo,** el **ultraísmo** y el **surrealismo.**

La influencia del **ultraísmo** y del **surrealismo** es evidente en dos obras de **Gerardo Diego:** *Imagen* y *Manual de espumas*. En lo que se refiere al **surrealismo,** su mayor influjo radicó en el empleo de **imágenes** que **no responden** a una **lógica,** sino que **sugieren** una **emoción.**

Obras con predominio surrealista son *Poeta en Nueva York*, de Federico García Lorca; *Los placeres prohibidos*, de Luis Cernuda, y *La destrucción o el amor*, de Vicente Aleixandre.

Los placeres prohibidos

En esta obra, publicada en 1931 y escrita en **verso libre, Cernuda** explora los **límites del amor,** identificado con el **deseo** y el **placer.** Aunque aparece como la aspiración suprema, el amor es un **imposible:** la **soledad** es lo que permanece.

Libertad no conozco sino la libertad de estar preso en alguien
cuyo nombre no puedo oír sin escalofrío;
alguien por quien me olvido de esta existencia mezquina,
por quien el día y la noche son para mí lo que quieran,

y mi cuerpo y espíritu flotan en su cuerpo y espíritu,
como leños perdidos que el mar anega o levanta,
libremente, con la libertad del amor,
la única libertad que me exalta,
la única libertad por que muero.

Luis Cernuda

La destrucción o el amor

Publicada en 1935, en esta obra el **hecho de amar** se **iguala** con la **muerte,** con la **destrucción** de cuanto hay de humano en nosotros. Esto no significa el rechazo del amor, sino su **exaltación,** ya que para **Aleixandre lo mineral** y **lo animal salvaje** constituyen las **manifestaciones más puras de la existencia:** los amantes convertidos en piedras, rocas, astros… dan prueba de la plenitud amorosa.

Cuerpo feliz que fluye entre mis manos,
rostro amado donde contemplo el mundo,
donde graciosos pájaros se copian fugitivos,
volando a la región donde nada se olvida.

Tu forma externa, diamante o rubí duro,
brillo de un sol que entre mis manos deslumbra,
cráter que me convoca con su música íntima,
con esa indescifrable llamada de tus dientes.

Vicente Aleixandre

Actividades

11. ¿Con qué iguala Cernuda la libertad? ¿Qué efectos tiene esa libertad?
12. ¿Qué elementos minerales se mencionan en el poema de Aleixandre? Indica a qué elementos físicos del cuerpo de la persona amada se refieren.
13. Analiza la métrica de los dos textos y señala las imágenes surrealistas.

Luis Cernuda

(1902-1963). Nació en Sevilla. Tras la muerte de sus padres, se instaló en Madrid, donde se dedicó a la literatura. Trabajó como profesor de español en Europa. Partió al exilio en 1938 y murió en México.

Cernuda recogió su producción anterior a la guerra en un único libro, ***La realidad y el deseo*** (1936), donde, junto a **poemas surrealistas,** aparecen otros **de expresión intimista** y **personal.** De su producción en el exilio destaca *Desolación de la quimera* (1962).

Vicente Aleixandre

(1898-1984). Nació en Sevilla. Estudió Derecho y Comercio. En 1934 recibió el Premio Nacional de Literatura por *La destrucción o el amor.* Tras la Guerra Civil no abandonó España, pero vivió un exilio interior y ejerció influjo en los poetas jóvenes. En 1977 recibió el premio Nobel de Literatura. En su obra se distinguen:

- Una **poesía** de **rechazo de lo social** y **canto al amor** y la **naturaleza:** *Espadas como labios* (1932), *La destrucción o el amor* (1935) y *Sombra del paraíso* (1944).
- Una **poesía de canto al hombre solidario:** *Historia del corazón* (1954).

5 Otras producciones del 27

Además de poesía, los miembros de la generación del 27 cultivaron **géneros en prosa** como el **ensayo literario** (*El defensor*, de Pedro Salinas) y la **prosa poética** (*Ocnos*, de Luis Cernuda).

En el **género dramático** destacan Rafael Alberti, con obras como *El hombre deshabitado* y *Noche de guerra en el Museo del Prado*, y **Federico García Lorca,** cuya labor como autor y director de la compañía **La Barraca** fue decisiva en la **renovación teatral** del primer tercio del siglo XX.

Lorca fue el **creador** de una **nueva concepción dramática** caracterizada por **conjugar** el **teatro** y la **poesía.**

Lorca se inició en el **teatro modernista** con *El maleficio de la mariposa* (1919) y *Mariana Pineda* (1923); escribió también **farsas**[1]**,** entre las que destacan *La zapatera prodigiosa* (1929) y *Amor de don Perlimplín con Belisa en su jardín* (1929), y **obras influidas por el surrealismo,** como *El público* (1933). Pero, quizá, lo más representativo de su producción sean los **dramas.**

Dramas lorquianos

Características

Los **temas centrales** de los dramas de Lorca son la **frustración,** el **amor** y la **muerte.** Se trata de obras impregnadas de **intenso lirismo** expresado a través de **canciones** y **personajes simbólicos,** en las que el autor **mezcla** el **verso** y la **prosa.**

Principales dramas

Las piezas más destacadas son las que componen el denominado **«ciclo trágico»:**

- ***Bodas de sangre*** (1932). En este drama, el **anhelo amoroso se enfrenta** a las **normas sociales.** La Novia huye con Leonardo, un antiguo amor, el día de su boda. El Novio los persigue hasta que se produce el **enfrentamiento** y la **muerte** de los dos **hombres.**
- ***Yerma*** (1934). El tema de este drama lorquiano es la **frustración** de una **mujer** por su **esterilidad.** Yerma, la protagonista, ansía ser madre, pero su marido no quiere tener hijos. Cuando ella lo descubre, lo mata, rebelándose así contra su destino.
- ***La casa de Bernarda Alba*** (1936). En esta obra se plantea el tema del **honor familiar** y la **imposible superación** de las **barreras sociales.** La implacable Bernarda Alba impone a sus hijas ocho años de luto y reclusión tras la muerte de su marido. Su hija menor, Adela, se rebela contra esta situación, pues desea vivir su pasión amorosa por Pepe, el Romano, prometido de su hermana Angustias. Al ser descubierta, y creyendo muerto a su amante, la joven se suicida.

Fotograma de *Bodas de sangre*, dirigida por Carlos Saura.

(Aparece la NOVIA. Viene sin azahar y con un manto negro.)

VECINA.—(Viendo a la NOVIA con rabia.) *¿Dónde vas?*

NOVIA.—*Aquí vengo.*

MADRE.—(A la VECINA.) *¿Quién es?*

VECINA.—*¿No la reconoces?*

MADRE.—*Por eso pregunto quién es. Porque tengo que no reconocerla, para no clavarle mis dientes en el cuello. ¡Víbora!* (Se dirige hacia la NOVIA con ademán fulminante; se detiene. A la VECINA.) *¿La ves? Está ahí y está llorando, y yo quieta sin arrancarle los ojos. No me entiendo. ¿Será que yo no quería a mi hijo? Pero ¿y su honra? ¿Dónde está su honra?* (Golpea a la NOVIA. Esta cae al suelo.)

VECINA.—*¡Por Dios!* (Trata de separarlas.)

NOVIA.—(A la VECINA.) *Déjala; he venido para que me maten y que me lleven con ellos.* (A la MADRE.) *Pero no con las manos; con garfios de alambre, con una hoz, y con fuerza, hasta que se rompa en mis huesos. ¡Déjala! Que quiero que sepa que yo soy limpia, que estaré loca, pero que me pueden enterrar sin que ningún hombre haya mirado en la blancura de mis pechos.*

Federico GARCÍA LORCA
Bodas de sangre, Espasa Calpe

Actividades

14. ¿Por qué la Novia aparece con un manto negro? Explica para qué acude a ver a la Madre.
15. Razona por qué Lorca llama así a sus personajes.

[1] **farsa:** pieza teatral breve, de carácter cómico y con crítica de costumbres.

Una de las obras de mayor éxito de **Federico García Lorca** fue ***Romancero gitano,*** un libro de poemas en el que el propio autor decía que hablaba de **Andalucía,** «pero antipintoresca, antifolclórica y antiflamenca», y en el que señalaba que lo llamaba **gitano** porque «canto a Andalucía, y el gitano es en ella la cosa más pura y más auténtica». No se trata, pues, de anécdotas, sino de mostrar la **esencia de lo andaluz.** Así ocurre en este romance, en el que se combinan la **inocencia** y la **muerte.**

Romance de la luna, luna

La luna vino a la fragua[1]
con su polisón[2] de nardos.
El niño la mira mira.
El niño la está mirando.
En el aire conmovido
mueve la luna sus brazos
y enseña, lúbrica[3] y pura,
sus senos de duro estaño.
Huye luna, luna, luna.
Si vinieran los gitanos,
harían con tu corazón
collares y anillos blancos.
Niño, déjame que baile.
Cuando vengan los gitanos,
te encontrarán sobre el yunque
con los ojillos cerrados.
Huye luna, luna, luna,
que ya siento sus caballos.
Niño, déjame, no pises
mi blancor almidonado.
El jinete se acercaba
tocando el tambor del llano.
Dentro de la fragua el niño
tiene los ojos cerrados.
Por el olivar venían,
bronce y sueño, los gitanos.
Las cabezas levantadas
y los ojos entornados.
¡Cómo canta la zumaya[4],
ay cómo canta en el árbol!
Por el cielo va la luna
con un niño de la mano.
Dentro de la fragua lloran,
dando gritos, los gitanos.
El aire la vela, vela.
El aire la está velando.

Federico GARCÍA LORCA
Romancero gitano, Cátedra

[1]**fragua:** herrería.

[2]**polisón:** armazón para que los vestidos abulten.

[3]**lúbrica:** voluptuosa, sensual.

[4]**zumaya:** ave rapaz nocturna parecida a la lechuza.

Comentario de texto

Análisis del contenido

1. Contesta estas cuestiones sobre el *Romance de la luna, luna:*
   - ¿Quiénes son los protagonistas del poema de Lorca? ¿Y los personajes secundarios?
   - Indica en qué lugar transcurre la escena.
   - ¿Qué le pide el niño a la luna? ¿Qué le contesta ella?
   - Señala todos los elementos de la naturaleza presentes en el texto.
2. Amplía la información a partir del poema de Federico García Lorca:
   - ¿Con cuáles de estos adjetivos calificarías a la luna lorquiana?

sensual *pudorosa* *seductora* *voluptuosa* *maternal* *cobriza*

   - Copia las expresiones del poema que van marcando la aproximación de los gitanos a la fragua.
   - ¿Qué sienten los gitanos por la luna, según esta composición?
   - Explica por qué lloran los gitanos en los versos finales.
3. ¿Con qué fin acude la luna a la fragua? Razona tu respuesta.

Análisis de la estructura

4. El texto de Lorca, aunque impregnado de intenso lirismo, se apoya en la narración de una historia. Resúmela e indica en el cuadro las partes de que consta:

Planteamiento	Desde el verso ______ hasta el verso ______
Nudo	Desde el verso ______ hasta el verso ______
Desenlace	Desde el verso ______ hasta el verso ______

5. La narración incorpora el diálogo entre los personajes y la descripción de la luna. Señala los versos que corresponden al intercambio verbal y razona si la descripción constituye o no un retrato.

Análisis de las formas de expresión

6. Mide los ocho primeros versos de la composición, analiza la rima y di si es consonante o asonante. ¿De qué tipo de poema se trata?
7. Copia las expresiones que utiliza Lorca para resaltar el color de la luna y el de los gitanos, y explícalas.
8. El poema de Lorca es muy rico en recursos expresivos:
   - Señala los recursos de repetición empleados. ¿Qué efecto producen?
   - Localiza las personificaciones y las métaforas, indica entre qué elementos se establecen y explica su significado.
   - En este poema, la luna es un símbolo. ¿Qué representa?

Valoración y relación con el contexto literario

9. La situación que ofrece el texto de Lorca está envuelta en un aura de misterio. ¿En qué reside, en tu opinión, ese misterio?
10. Relaciona el *Romance de la luna, luna* con la obra de su autor y con otras manifestaciones de nuestra tradición literaria:
   - ¿En qué tendencia de la poesía lorquiana encuadrarías este poema? Indica qué te ha permitido averiguarlo.
   - Localiza información sobre las *Danzas de la muerte* y relaciona esta tradición medieval con el romance de Lorca.

Recursos expresivos

El símbolo

Un **símbolo** consiste en emplear el **nombre** de una **realidad perceptible por los sentidos** para hacer referencia a una **idea abstracta.** Así, por ejemplo, el mar simboliza la libertad en la obra *Marinero en tierra,* de Rafael Alberti.

El símbolo fue un recurso muy utilizado por los poetas del 27 para sugerir **impresiones emotivas;** de ahí que aparezca con frecuencia en **textos surrealistas.**

Evaluación

***Luz de luna*, por Edvard Munch.**

El silencio nocturno, apenas turbado por el croar de unas ranas en el estanque al fondo de la avenida, comenzó a animarse imperceptiblemente. Primero, más que un piar de pájaros despiertos, fue un agitarse de alas en el nido. Luego, incierto y como nota que se ensaya, se alzó un trino aún soñoliento. Después, el cacareo de un gallo rompió el encanto, y a su invocación surgió la luz, alzando la losa de sombras allá en el horizonte.

Lotario despertó, y recordó que aquella mañana debía marcharse, y marcharse pronto antes de que los otros le hicieran sentir aún más la separación con sus adioses. [...] La destreza de sus miembros contrastaba con el sopor de su mente, y sin querer fijar el pensamiento en nada, como debe vestirse y marchar un condenado la mañana de su ejecución, se halló presto en breve tiempo.

Luis Cernuda
Prosa II, Siruela

1. Contesta estas cuestiones:
- ¿Qué le sucede a Lotario en este texto?
- Explica en qué piensa mientras se viste.
- ¿En qué estado de ánimo se encuentra?

2. Si el texto de Luis Cernuda apareciera en Internet, ¿en qué tipo de página *web* podrías localizarlo?

3. Señala las proposiciones incluidas en las siguientes oraciones y di de qué tipo son:
- ***a)*** La luz surgió alzando la losa de sombras allá en el horizonte.
- ***b)*** Fue un agitarse de alas en el nido más que un piar de pájaros despiertos.
- ***c)*** Se vistió como debe vestirse un condenado la mañana de su ejecución.
- ***d)*** El silencio nocturno apenas fue turbado por el croar de unas ranas que cantaban en el estanque.

4. Indica si las proposiciones de las oraciones de la actividad 3 se introducen con o sin nexo.

5. Analiza sintácticamente las siguientes oraciones:
- ***a)*** Recordó que aquella mañana debía marcharse.
- ***b)*** Se marchó antes de que otros lo despidieran.
- ***c)*** Se arregló sin fijar el pensamiento en nada.
- ***d)*** La destreza de sus miembros contrastaba con el sopor de su mente y pronto se halló presto.

6. Escribe un sinónimo y un antónimo de las siguientes palabras del texto:

recordó destreza desvestirse marchar breve

7. ¿En qué tipo de obras del 27 encuadrarías el texto de Cernuda? Explica cuanto sepas sobre ellas.

8. Elabora una exposición escrita sobre la producción literaria de Luis Cernuda.

9. Realiza un esquema de las distintas tendencias líricas de la generación del 27.

10. Imagina que eres Lotario y escribe un correo a tus amigos despidiéndote por una temporada.

9 Conexión en tiempo real

Contenidos de la unidad

COMUNICACIÓN

La videoconferencia

1. ¿Qué es una videoconferencia?
2. La exposición oral

TÉCNICAS DE TRABAJO

Preparación y realización de exposiciones orales

Expresión: La reclamación

LENGUA

Las proposiciones subordinadas causales y consecutivas

1. Expresión de la causa y la consecuencia
2. Conectores causales y consecutivos
3. Proposiciones causales y consecutivas
4. Relación entre causales y consecutivas
5. **Norma:** Uso de expresiones causales y consecutivas

Léxico: Polisemia y homonimia

Ortografía: *Porque, porqué, por que, por qué.* Las comillas

LITERATURA

La lírica contemporánea

1. La literatura desde la Guerra Civil
2. Miguel Hernández
3. Evolución de la lírica hasta 1975
4. José Hierro
5. Últimas tendencias líricas

Comentario de texto: *Canción de invierno y de verano*

La telecirugía

Un cirujano opera de vesícula biliar a una paciente a 7 000 kilómetros de distancia

Un robot, dirigido desde Nueva York, intervino en Estrasburgo a una enferma de 68 años

JOAQUÍN PRIETO, Madrid

Un equipo de cirujanos franceses ha operado con éxito a un ser humano en un hospital situado a 7 000 kilómetros de distancia de donde se encontraba. «Es la primera vez que esto se consigue en la historia de la cirugía», aseguró ayer en París el director de ese equipo, Jacques Marescaux. El 7 de septiembre, este especialista manejó desde Nueva York los telemandos de un robot que extirpó la vesícula biliar de una paciente de 68 años, situada en una sala de operaciones de los Hospitales Universitarios de Estrasburgo (Francia).

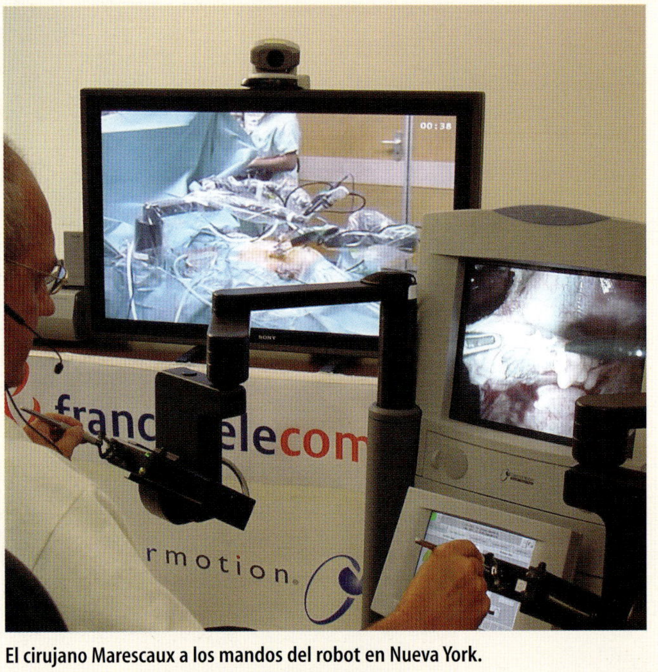

El cirujano Marescaux a los mandos del robot en Nueva York.

[...] Medio centenar de personas ha trabajado más de dos años para poner a punto esta operación laparoscópica, que duró 54 minutos y que fue practicada bajo anestesia general. Los ensayos previos se realizaron en cerdos. El cirujano, situado en un edificio de Manhattan —ni siquiera era un hospital—, manipuló los mandos de un sistema robotizado, denominado *Zeus*, concebido por la empresa estadounidense Computer Motion.

Este robot disponía de tres brazos articulados: el primero de ellos dotado de una cámara en miniatura, y los otros dos, los instrumentos quirúrgicos propiamente dichos. Los tres fueron introducidos en el abdomen de la paciente por medio de finas cánulas[1].

Una pantalla de control facilitaba al cirujano, en Nueva York, una imagen de alta definición de la cavidad abdominal de la paciente. Junto a él, una cámara guiada por órdenes de voz y dos pequeños telemandos, con los que el médico dirigió los movimientos de los brazos robóticos presentes en la sala de Estrasburgo.

Lo nuevo no es el uso de robots para una intervención quirúrgica, que ya se utilizan desde 1997, sino el sistema de comunicaciones que ha permitido manejarlos a gran distancia con éxito. La clave reside en una conexión que permitió reducir a 150 milésimas de segundo el desfase entre el gesto quirúrgico y el retorno de imagen que el médico tenía. El operador público de telecomunicaciones, France Télécom, se encargó de salvar la distancia, en una operación bautizada con el nombre de Lindbergh, el aviador que en 1927 realizó la primera travesía del Atlántico, sin escalas, entre Nueva York y París.

«Superar el desafío», explicó Jean-Pierre Temine, directivo de France Télécom, «exigió combinar cinco conexiones: la comunicación entre máquinas, es decir, entre el robot y los telemandos; dos comunicaciones humanas, una de voz entre los médicos y otra de videoconferencia, para disponer de todo el detalle del ambiente en la sala de operaciones; y una conexión de alta velocidad, de una calidad extremadamente alta y en condiciones de total seguridad.»

El País, 20 de septiembre de 2001

[1] **cánula:** tubo corto que se emplea en diferentes operaciones de cirugía o que forma parte de ciertos aparatos físicos o quirúrgicos.

Análisis del texto

Análisis del contenido

1 Contesta estas cuestiones sobre el texto de la página anterior:

- ¿En qué ciudad fue operada la paciente?
- ¿Estaba presente el cirujano en la operación? ¿Dónde se encontraba?
- Estas viñetas sobre la intervención quirúrgica presentan errores. Señálalos:

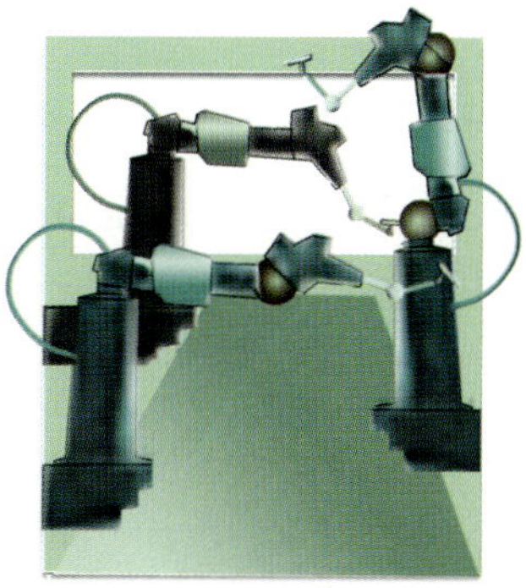
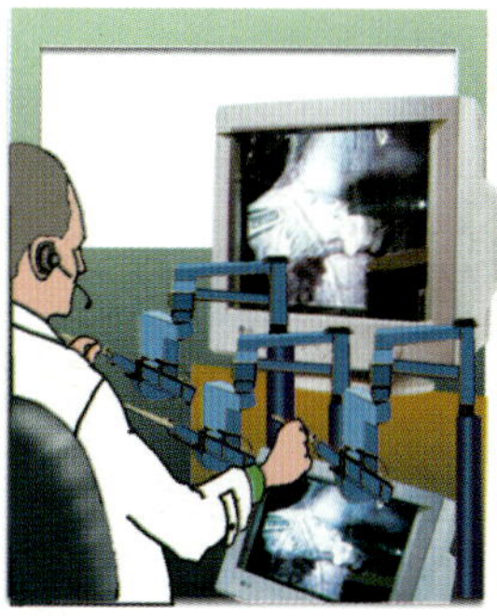
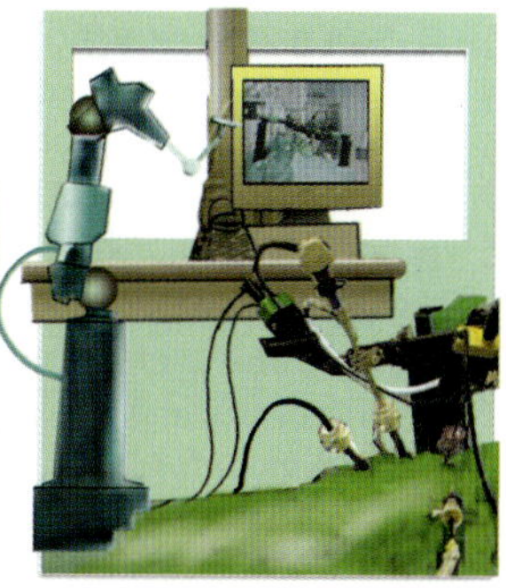

- ¿Cómo captaba el cirujano el ambiente de la sala de operaciones?

2 Deduce algunos datos más a partir del texto de *El País:*

- ¿Qué problema técnico existe en la transmisión de imágenes a larga distancia? ¿Cómo se solventó según el texto de la página anterior?
- Indica desde qué año se usan los robots para intervenciones quirúrgicas.
- ¿Por qué la compañía France Télécom bautizó la operación con el nombre de Lindbergh?

3 ¿Qué ventajas ofrece la telecirugía? Argumenta tu respuesta.

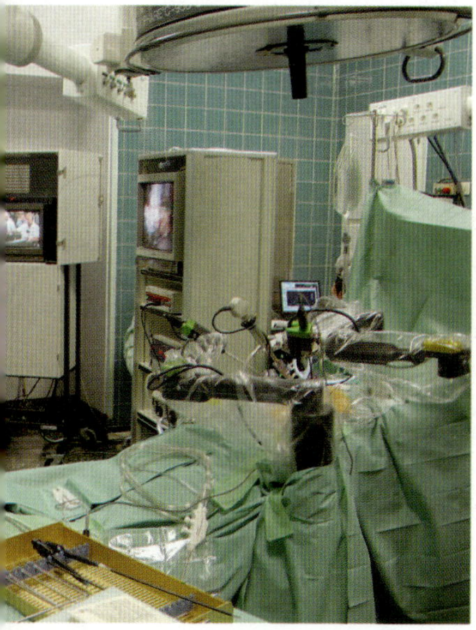

Lo nuevo no es el uso de robots, sino el sistema de comunicaciones que ha permitido manejarlos a gran distancia con éxito.

Análisis de la estructura

4 Diferencia en la página anterior el titular, el subtitular, la entrada y el cuerpo del texto. ¿A qué género periodístico corresponde este tipo de organización?

5 Di en qué párrafos del cuerpo se habla de cada uno de estos aspectos:

Operación quirúrgica	Párrafos ______
Comunicaciones	Párrafos ______

Análisis de las formas de expresión

6 La palabra *operación* se emplea en el texto con dos significados. Explícalos.

7 Busca en el diccionario las siguientes palabras, señala sus formantes y localiza otros términos que contengan esos mismos formantes:

a) Videoconferencia. ***b)*** Laparoscopia. ***c)*** Telemandos.

8 Explica el significado de las expresiones subrayadas en estas oraciones:

a) France Télécom se encargó de salvar la distancia.
b) Salvando las distancias, tu trabajo y el mío son igual de importantes.
c) Hay que guardar las distancias con los desconocidos.

9 Sustituye el verbo *intervenir* por sinónimos en las siguientes oraciones:

a) Un robot *intervino* en Estrasburgo a una enferma de 68 años.
b) ¿Quiénes han *intervenido* en esa película?
c) *Intervino* en la reunión haciendo uso de la palabra.
d) La policía le *intervino* el coche como prueba judicial.

Interpretación y valoración

10 ¿Cuál crees que es el futuro de las operaciones a larga distancia? Explica en qué casos resultarían imprescindibles.

La videoconferencia

1 ¿Qué es una videoconferencia?

> **Recuerda**
>
> - La **finalidad** de los **textos expositivos** es **explicar un tema** o **transmitir** unos **conocimientos.**
> - Son **textos expositivos orales** las **explicaciones de clase,** las **exposiciones orales** y las **conferencias,** entre otros.
> - Además de las **páginas *web*,** del **correo electrónico,** de **noticias, foros** y ***chats*,** **Internet** permite realizar transmisiones por **videoconferencia.**

Para llevar a cabo la operación de la que se habla en el texto de la página 192, hubo que realizar un intercambio comunicativo a larga distancia, que fue posible, en parte, gracias a la **videoconferencia.**

La **videoconferencia** es un **sistema de comunicación** que permite **transmitir sonido** e **imagen** entre dos o más **lugares distantes** comunicados a través de **cámaras *web*** *(webcam)* y **ordenadores.**

La comunicación se produce en **tiempo real** y en ella puede intervenir un número ilimitado de **participantes,** que informan, intercambian documentos (escritos, fotografías, vídeos…), opinan, debaten, etcétera.

Se trata, pues, de una **actividad comunicativa interactiva** en la que se emplean los **códigos verbal, visual** y **sonoro,** similar a un encuentro personal, aunque a distancia. Por ello, los gestos, las miradas, el tono de voz, los movimientos, etc., son importantes en la comunicación.

Las videoconferencias se caracterizan por su **inmediatez** y **facilidad comunicativa,** lo que las hace muy adecuadas para reuniones de trabajo, cursos de formación, conferencias… Las más frecuentes son aquellas en las que los participantes exponen sus conocimientos sobre un tema.

> **Partes de una videoconferencia**
>
> - **Anuncio del tema** que se va a tratar, por parte de un **responsable** (quien convoca la sesión, generalmente), que puede actuar o no como moderador.
> - **Presentación** de los **participantes** en el diálogo e **indicación** de su **forma de intervención.**
> - **Exposiciones** de los participantes.
> - **Coloquio** posterior.
> - **Conclusiones.**

Cara a cara: ***Las dos mundializaciones***
FUENTE: www.madmundo.com

[1] **Davos:** población suiza, sede del Foro Económico Mundial.

[2] **Porto Alegre:** en este lugar de Brasil está reunido el Foro Social Mundial.

Actividades

1. Los fragmentos que aparecen arriba pertenecen a una videoconferencia. Numéralos según el orden en el que se hayan emitido.
2. ¿A qué parte de la videoconferencia corresponde cada intervención?
3. A partir de los textos, nombra a algunos de los participantes en esa videoconferencia, caracterízalos y di qué tema o temas se trataron en ella.

2 La exposición oral

En el **desarrollo de la videoconferencia** de la página anterior, los distintos participantes realizaron en sus intervenciones una **exposición oral** sobre el tema tratado. Este tipo de exposiciones ofrece las mismas características de la exposición escrita, que has estudiado en la UNIDAD 6.

La **exposición oral se transmite** a través de la **palabra hablada,** que puede apoyarse en **elementos visuales** (gráficos, diapositivas, transparencias, fotos, etcétera.) para **reforzar su contenido** y **facilitar su comprensión.**

Estructura de la exposición oral

Introducción

En esta parte no solo se ofrece una **visión general** del tema que se va a abordar, como en cualquier texto expositivo, sino que se intenta **atraer** la **atención** de los **receptores.** Para ello, se introducen breves **anécdotas** relacionadas con el tema tratado, **preguntas** que resulten **sorprendentes,** etcétera.

Cuerpo expositivo

Contiene la **información esencial,** que en este tipo de exposiciones se debe **seleccionar** con **especial cuidado:** si se abordan multitud de contenidos diversos, se corre el riesgo de aburrir a la audiencia. Es preferible presentar **pocas ideas** y **reiterarlas** para que se reciban fácilmente. Estas han de ser desarrolladas con un **orden lógico,** sin dar «saltos», de manera que la explicación resulte coherente y fluida.

Conclusión

Al final se presentan resumidos los **contenidos clave** de la exposición y se recuerda la importancia del **tema.**

Coloquio posterior

Muchas exposiciones orales, como algunas conferencias, van seguidas de un **diálogo** entre el **público** y el ponente o **conferenciante:** se trata del **coloquio.** En esta parte, las respuestas deben ser breves y claras.

Los siguientes fragmentos pertenecen a una exposición oral realizada por el poeta José Hierro:

a) *A continuación voy a leer, y con esto termino, cinco poemas en prosa que, con el título genérico de* Cabezas, *han servido para ilustrar literariamente cinco litografías sobre cabezas del pintor Barjola.*

b) *En general, mi poesía es seca y desnuda, pobre de imágenes. La palabra cotidiana, cargada de sentido, es la que prefiero. Para mí, el poema ha de ser tan liso y claro como un espejo ante el que se sitúa el lector.*

c) *Lo que voy a decir esta tarde sobre la poesía y sobre mi poesía no es nada nuevo. Ya en otras ocasiones lo he manifestado, bien en prólogos a mis poesías completas o en cualquier ocasión en que me he visto obligado a reflexionar sobre la creación lírica. Dejado esto claro, empezaré diciendo que quien lee a un poeta descubre mucho de este, al tiempo que descubre mucho de sí. Y mucho de su tiempo.*

cvc.cervantes.es/actcult/hierro/acerca_de/reflexiones.htm

Actividades

4. Ordena los tres fragmentos de la intervención de José Hierro de acuerdo con las diferentes partes de la estructura de una exposición oral.

5. Analiza una exposición oral que hayas escuchado hoy (piensa en alguna de tus clases) y señala las diferentes partes.

Preparación y realización de exposiciones orales

En el ordenador...

Numeración y viñetas

La **inserción de números** o de **viñetas** en un documento permite **resaltar** un **párrafo** o presentarlo como una **secuencia.** Para ello, selecciona en el menú **Formato** la opción **Numeración y viñetas.** En la ventana que se abre puedes elegir entre **Viñetas, Números** o **Esquema numerado,** tal como se muestra en la ilustración.

Una vez elegida la ventana, puedes seleccionar las viñetas, las letras o los números predeterminados, o, situándote sobre uno de ellos, pulsar **Personalizar** para modificar el color, el tamaño, la posición en el texto, etcétera.

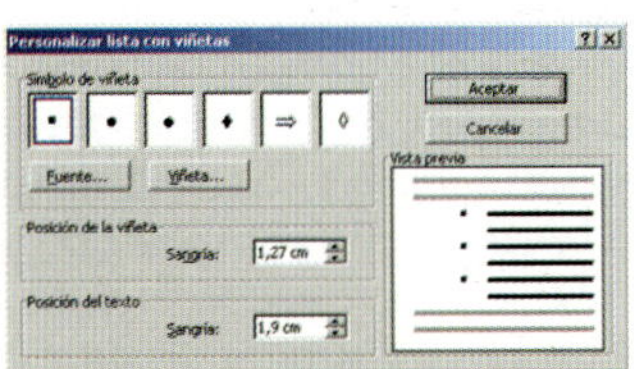

Si tienes a la vista la barra de **Formato,** puedes activar las viñetas o los números pulsando el **icono** correspondiente.

Cualquier **exposición oral** requiere una **preparación** anterior a su realización. Esta fase se inicia con el acopio de **información** relacionada con el tema que se va a tratar, para lo cual se emplean **diferentes fuentes de documentación** (enciclopedias, manuales, CD-ROM, Internet…).

La **preparación** de una **exposición oral** exige un **proceso de documentación** sobre el tema y la **elaboración de un guión previo.**

Una vez reunida la información, hay que **preparar el guión.** Observa el que hemos elaborado para dar una charla sobre las nuevas tecnologías de la comunicación:

El guión debe incluir…

- El **título** de la exposición para establecer los **límites** de la intervención.
- Un **esquema-resumen** con las ideas que se van a desarrollar.
- Las **conclusiones.**

Nuevas tecnologías de la comunicación

1. Características
   - 1.1. ¿Qué son?
   - 1.2. ¿Cuáles son?
   - 1.3. ¿Cómo y cuándo se usan?
2. Beneficios que aportan
3. Dificultades que conllevan
4. Conclusiones:
   - → Facilitan la comunicación en lugares donde existe un determinado desarrollo tecnológico y cierto grado de riqueza.
   - → Pueden solventar diferencias entre los países desarrollados y los no desarrollados.

Una vez elaborado el guión, debes **revisarlo** para comprobar que las ideas están bien conectadas y que en las conclusiones se recogen los principales puntos tratados.

Para realizar una exposición oral

- **Modula adecuadamente** las palabras, pues una entonación monótona aburre a los oyentes.
- **Expón** las **ideas con claridad,** ya que los receptores escuchan, pero no pueden revisar lo oído.
- **Reitera** las **ideas principales** e incluye **ejemplos** y **analogías** para facilitar la comprensión.
- Utiliza como apoyo imágenes o cualquier otro tipo de **elementos visuales** y **sonoros,** pero elige el momento adecuado para hacerlo.

Actividades

1. Prepara una exposición sobre *Las nuevas diversiones de los jóvenes* siguiendo las indicaciones de arriba y comenta qué elementos visuales vas a introducir.
2. Realiza la exposición oral ante la clase siguiendo las pautas señaladas.

Expresión

La reclamación

Cuando un ciudadano adquiere un producto que no reúne las condiciones adecuadas, o advierte deficiencias en servicios sanitarios, de transporte, hostelería, etc., puede presentar una **reclamación** ante el **establecimiento** o la **entidad** de **servicios públicos** o **privados**.

Una **reclamación** es la **queja** de un **usuario** o de un **consumidor** por el incumplimiento de un **organismo público** o por supuestos abusos de una **empresa,** con la **solicitud** de que se **corrijan** o **compensen** las **deficiencias.**

La reclamación ante un **organismo público** puede hacerse rellenando un **impreso** u **hoja de reclamación** que facilita la entidad y que se entrega inmediatamente. Pero también es válida la presentación posterior de una reclamación elaborada por uno mismo ante el organismo pertinente (Oficina Municipal de Información al Consumidor, Ministerio de Hacienda, Dirección General de Tráfico, instituciones financieras...).

¡Plazo de reclamación!

Como la presentación de una **reclamación** provoca el inicio de un **procedimiento administrativo,** a veces se fijan **plazos** para entregar este tipo de documentos.

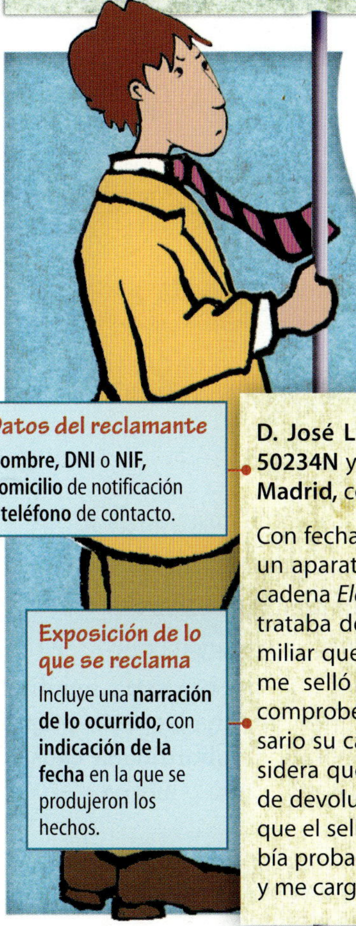

Para **presentar** una **reclamación**

- **Expón ordenada** y **claramente** los **hechos,** sin omitir nada de lo ocurrido. Es adecuado emplear un **orden lineal** para narrarlos.
- **Evita ambigüedades** al manifestar tu **solicitud:** indica exactamente qué deseas y qué conexión guarda lo solicitado con los hechos expuestos.
- **Adjunta** todos los **documentos** que puedan servir de **prueba** o para **valorar los hechos:** facturas, contratos, garantías, folletos publicitarios...

Datos del reclamante
Nombre, DNI o **NIF, domicilio** de notificación y **teléfono** de contacto.

D. José Luis Rodríguez Rodríguez, con **NIF 50234N** y domicilio en **c. Narváez, 72, 28008 Madrid,** con teléfono **914257789**

Exposición de lo que se reclama
Incluye una **narración de lo ocurrido,** con **indicación de la fecha** en la que se produjeron los hechos.

Con fecha de 2 de diciembre de 2002 adquirí un aparato de calefacción en la tienda de la cadena *Electromax* sita en la c. Narváez, 15. Se trataba de un regalo de Navidad para un familiar que no habita en Madrid y, por ello, se me selló la garantía. Entregado el regalo, comprobé que no funcionaba y que era necesario su cambio. La tienda, sin embargo, considera que se habían sobrepasado las fechas de devolución (establecidas en quince días) y que el sellado de la garantía indica que se había probado por lo que no procede el cambio y me carga en cuenta la reparación.

Pretensión del reclamante o solicitud

Dado que los hechos no sucedieron como el establecimiento dice, ya que yo les informé del destino del aparato, exijo que me sea cambiado o que se me devuelva el importe abonado.

Indicación de documentos adjuntos

Adjunto fotocopia de los siguientes documentos:

- Factura de compra.
- Garantía sellada.

Lugar y fecha

Madrid, 8 de enero de 2003

Fdo.: *José Luis Rodríguez Rodríguez*

Firma

Actividades

3 Imagina que una compañía de aviación ha perdido tu maleta. Escribe una reclamación a partir de los siguientes hechos:

- El vuelo fue de Catania (Sicilia) a Málaga con escalas en Roma y Barcelona.
- Facturaste el equipaje en el aeropuerto de Catania para recogerlo en el aeropuerto de destino.
- Solo llegó al aeropuerto de destino una de tus dos maletas.

Las proposiciones subordinadas causales y consecutivas

Recuerda

- Un grupo de **proposiciones adverbiales** establecen una **conexión** con el **conjunto** del **predicado del que dependen.**
- Las **proposiciones temporales,** de **lugar** y **modales** indican, respectivamente, el **tiempo,** el **lugar** y el **modo** en los que se desarrolla la **acción** del **verbo principal.**
- Las **proposiciones comparativas** expresan una **relación** de **igualdad,** de **superioridad** o de **inferioridad.**

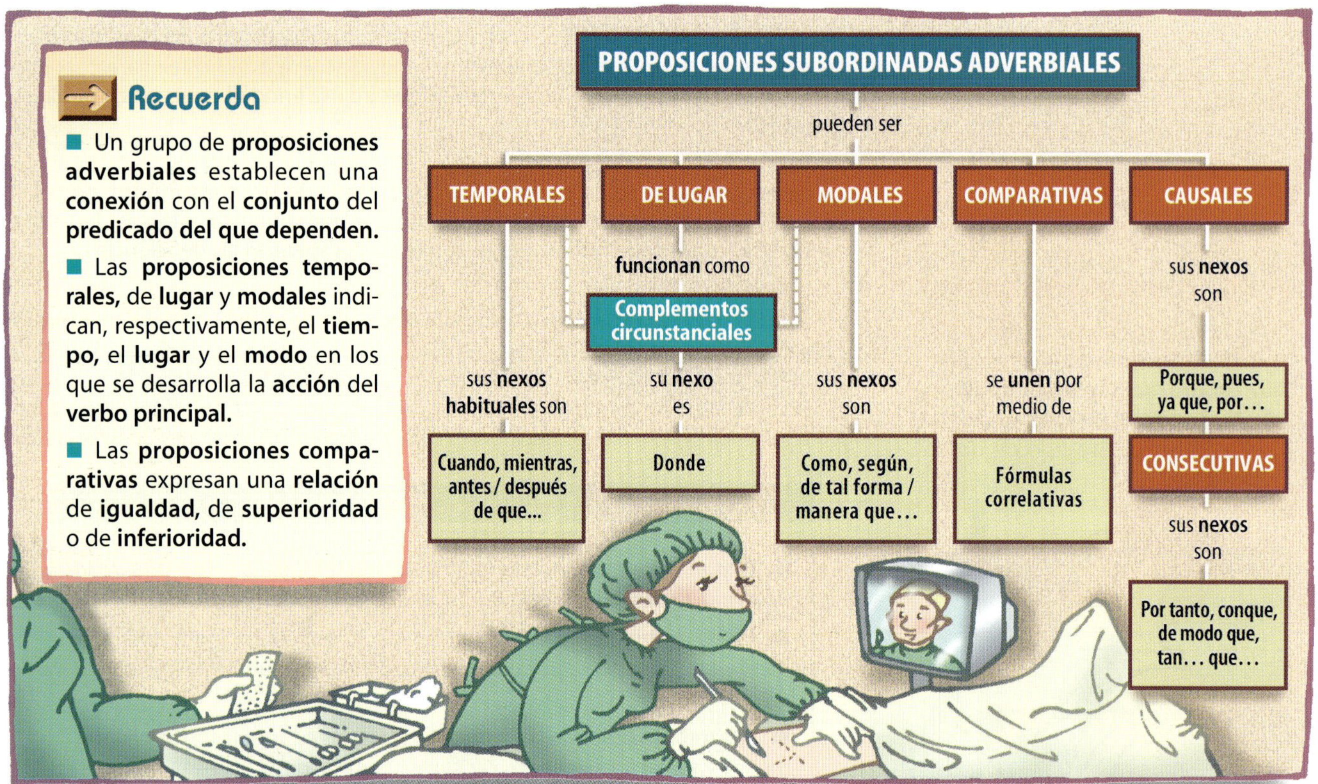

1 Expresión de la causa y la consecuencia

Locuciones prepositivas

Las **locuciones prepositivas** son estructuras formadas por un **conjunto de palabras** que poseen una **forma fija** y **equivalen,** en su conjunto, a una **preposición:** *a fuerza de, a causa de, como consecuencia de, al objeto de...*

Como las preposiciones, las locuciones prepositivas pueden actuar como **nexos** que **conectan** diversas **proposiciones** entre sí:

*Lo consiguieron **a fuerza de** trabajar durante meses en equipo.*

*La operación se detuvo **como consecuencia de** un fallo que se produjo en las comunicaciones.*

Fíjate en las expresiones destacadas en estas oraciones:

La enferma se encontraba nerviosa por la intervención.

La enferma se encontraba nerviosa debido a la intervención.

La enferma se encontraba nerviosa porque la operarían pronto.

En el primer caso, la estructura subrayada es un **sintagma nominal introducido** por una **preposición;** en el segundo, por una **locución prepositiva,** y en el tercero se trata de una **proposición subordinada causal.** Estas tres construcciones sintácticas expresan una **causa** o **motivo.**

La **expresión de la causa** de un hecho se lleva a cabo en la oración por medio de un **sintagma nominal introducido** por una **preposición,** de una **locución prepositiva** y de las **proposiciones subordinadas causales.**

Sin embargo, si lo que se pretende es expresar la **consecuencia** de un hecho, se utilizan **proposiciones subordinadas consecutivas:**

La intervención era difícil, por lo tanto hubo que trabajar mucho.

Se coordinaron tan bien que todo el ensayo resultó un éxito.

La **consecuencia** de un hecho **se expresa** por medio de las **proposiciones subordinadas consecutivas.**

2 Conectores causales y consecutivos

Causales sin nexo

Las **proposiciones causales** pueden presentarse **sin nexo.** En este caso, el verbo de la subordinada aparece en **gerundio:**

Habiendo reducido a 150 milésimas de segundo el desfase, se pudo operar por videocámara.

Algunas **proposiciones de participio** poseen **valor causal,** que comparten con otros valores adverbiales, como el **temporal:**

Terminada la operación con éxito, los participantes se felicitaron.

Tanto las **proposiciones causales** como las **consecutivas** pueden introducirse en la oración compuesta por medio de **nexos.**

Funcionan como **nexos** de las **proposiciones causales** algunas **conjunciones, locuciones conjuntivas, preposiciones** y **locuciones prepositivas.**

Puedes consultar las formas de los nexos causales en el cuadro:

NEXOS CAUSALES	
Conjunciones: ***porque, que, pues, como…***	*El robot se movía porque lo dirigían; No se preocupe, que será muy sencillo; Como es la primera operación, está nerviosa.*
Locuciones conjuntivas: ***ya que, puesto que, a causa de que…***	*Ya que el operador lo permitía, iniciaron la videoconferencia; El cirujano estaba tranquilo, puesto que el equipo era muy bueno.*
Preposiciones: ***de, por***	*Se hallaban extenuados de / por tanto trabajar.*
Locuciones prepositivas	*Superaron con éxito el desafío de la telecirugía a fuerza de trabajar.*

Observa en los ejemplos del cuadro que, cuando el **nexo** que introduce la **subordinada causal** es una **preposición** o una **locución prepositiva,** el verbo de la **proposición** aparece en **infinitivo.**

Funcionan como **nexos** de las **proposiciones subordinadas consecutivas** algunas **fórmulas correlativas, conjunciones** y **locuciones conjuntivas.**

En el cuadro figuran las formas de los nexos consecutivos:

NEXOS CONSECUTIVOS	
Fórmulas correlativas: ***tan… que…, tanto (-a, -os, -as)… que…, tal (es)… que…***	*La comunicación era **tan** buena que la operación fue un éxito; Eran **tantas** personas en el equipo que no necesitaban más ayuda; Había **tal** ambiente de compañerismo que resultaba gratificante.*
Conjunciones: ***conque, luego…***	*El cirujano era un experto, conque sabía lo que hacía; Estaba calculado, luego no hubo problemas.*
Locuciones conjuntivas: ***así que, de modo que, por consiguiente, por lo tanto…***	*Es la primera vez que se consigue, de modo que es todo un hito de la medicina; El cirujano dirigió el robot; por tanto, realizó una teleoperación.*

Aunque las **fórmulas correlativas** que introducen subordinadas consecutivas están formadas por dos elementos, la proposición subordinada se inicia en el segundo, que es el que actúa como nexo:

*Tenía **tanta** seguridad en sí mismo que no dudó en la intervención.*

- ***a)*** Pescó tantas truchas que no sabía qué hacer con ellas.
- ***b)*** Nos habló muy bajo, de modo que apenas lo oímos.
- ***c)*** Habló porque no le quedó más remedio.
- ***d)*** Por haber dejado de fumar, tu constipado mejorará mucho.
- ***e)*** No nos llamó, puesto que le da mucha vergüenza.
- ***f)*** Estaba tan contento que danzaba por toda la casa.
- ***g)*** No corras, que luego te fatigas.

Actividades

1. Delimita las proposiciones subordinadas causales y consecutivas que aparecen en las oraciones del margen y señala sus nexos.
2. Indica qué clase de palabra o qué tipo de construcción es cada nexo que has marcado en la actividad 1.
3. Señala las fórmulas correlativas consecutivas de la actividad 1.
4. Escribe oraciones con proposiciones causales de infinitivo y gerundio.

3 Proposiciones causales y consecutivas

Consecutivas y comparativas

Es frecuente la confusión entre las **proposiciones consecutivas** introducidas a través de **fórmulas correlativas** y las **proposiciones comparativas de igualdad** introducidas por *tan… como…*, *tanto (-a, -os, -as)… como…*

*Los resultados no son **tan** buenos como dijimos.* → PS Comparativa.

*Los resultados son **tan** buenos que lo celebro.* → PS Consecutiva.

Para evitar la confusión, presta atención a los **nexos** que introducen la subordinada.

Las **proposiciones subordinadas causales** indican la **causa** de lo expresado por el **verbo principal.**

Aunque estas proposiciones suelen aparecer **detrás del verbo principal,** en ocasiones **pueden anteponerse** a este:

*El equipo era excelente **porque** mandaba una imagen de alta definición.*

***Como** no estaba en el quirófano, necesitaba una cámara de control.*

Análisis

(SO: La paciente)

*La paciente parecía tranquila **porque** confiaba en los médicos.*

La	paciente	parecía	tranquila	porque	confiaba	en los médicos
D (Art)	N (Sust)	N (V)	At (S Adj)		N (V)	C Rég (Prep + SN)
S (SN)		P (SV)		Nx	P (SV)	
PP				PS Causal		

Las **proposiciones subordinadas consecutivas** señalan la **consecuencia** de lo afirmado por el **verbo principal.**

Las **proposiciones consecutivas** pueden ser de **dos tipos:**

- **Intensivas.** Se construyen con **locuciones conjuntivas** o **fórmulas correlativas** en las que el primer elemento es un **intensificador:**

  *El resultado fue **tan** bueno **que** todo el mundo estaba encantado.*
  (tan: Intensificador; que todo el mundo estaba encantado: PS Consecutiva)

- **Consecutivas no intensivas.** Se construyen sin intensificador:

  *Fue una intervención corta, **por lo tanto,** se marchó pronto a casa.*

Análisis

(SO: La conexión)

*La conexión era rápida, **por consiguiente,** permitía la operación.*

La	conexión	era	rápida	por consiguiente	permitía	la operación
D (Art)	N (Sust)	N (V)	At (S Adj)		N (V)	CD (SN)
S (SN)		P (SV)		Nx	P (SV)	
PP				PS Consecutiva		

Actividades

5. Localiza las proposiciones causales de estas oraciones y señala los nexos:
   a) Puesto que no había más remedio, tuvimos que ir.
   b) Te lo contaré, ya que no me dejas otra opción.
   c) Como está lloviendo, tendremos que coger el paraguas.
   d) Se representará de nuevo la función por haber obtenido un gran éxito.
6. Analiza sintácticamente las oraciones de la actividad 5.
7. Delimita las proposiciones consecutivas que aparecen en las oraciones de la ilustración del margen y diferéncialas de las modales.
8. Indica de qué tipo son las subordinadas consecutivas de la actividad 7 y señala el elemento intensificador en las intensivas.

4 Relación entre causales y consecutivas

Relación causa-consecuencia

La **relación** entre las **proposiciones causales** y **consecutivas** es tan **estrecha** que **pueden sustituirse** unas por otras, sin que varíe el sentido de la oración. Obsérvalo en estos ejemplos:

Causal ➜ Consecutiva

Hemos perdido el tren porque había atasco en la carretera. ➜ Había atasco en la carretera; por tanto, hemos perdido el tren.

Consecutiva ➜ Causal

El tren llegó tarde; por consiguiente, tuvimos que esperar más tiempo. ➜ Tuvimos que esperar más tiempo porque el tren llegó tarde.

Las **subordinadas causales** y las **consecutivas** constituyen dos formas distintas de expresar que dos **acontecimientos** se hallan **vinculados** por una **relación de causa / efecto.**

Si una compañía aérea pierde nuestras maletas y presentamos una reclamación, el primer hecho (perder) y el segundo (reclamar) están conectados por una relación de causa / efecto, que puede expresarse de dos formas:

Como me han perdido las maletas, he presentado una reclamación.

Me han perdido las maletas, así que he presentado una reclamación.

Ambas oraciones refieren los mismos hechos, pero la primera contiene una proposición **causal** (*Como me han perdido las maletas*), mientras que la segunda incluye una **consecutiva** (*así que he presentado una reclamación*).

Además de introducirse con nexos distintos, estos dos tipos de subordinadas presentan otras diferencias. Así, las proposiciones **causales** ofrecen **movilidad** en la oración, es decir, pueden colocarse antes o después del verbo principal, mientras que las consecutivas no admiten tal posibilidad:

Por presentar la reclamación, me compensaron la pérdida.

Me compensaron la pérdida por presentar la reclamación.

Llegué fuera de plazo, por consiguiente, no pude reclamar.

**Por consiguiente, no pude reclamar, llegué fuera de plazo.*

Al realizar el análisis sintáctico, puedes apoyarte en el orden para reconocer el tipo de proposición. Ten en cuenta cuál de las proposiciones (la que expresa la causa o la que indica la consecuencia) lleva el nexo.

Actividades

9. Localiza dos proposiciones causales y una consecutiva en el siguiente texto y transfórmalas en las contrarias:

   Mi querido Haberden —comenzaba la carta—: Le pido mil perdones por haberme retrasado en contestar su pregunta sobre la sustancia blanca que me envió. A decir verdad, he dudado un tiempo sobre qué determinación tomar, pues hay tanto fanatismo y ortodoxia en las ciencias físicas como en la teología. [...] No obstante, he decidido ser sincero con usted, así que, en primer lugar, permítame entrar en una breve aclaración personal.

10. A partir de las imágenes de la ilustración, crea dos textos. En el primero debes emplear proposiciones causales; en el segundo, consecutivas.

5 Uso de expresiones causales y consecutivas

En el uso de ciertos **nexos causales** se producen errores que pueden evitarse si se tienen en cuenta algunas consideraciones:

- La **conjunción *porque*** puede emplearse como nexo **causal** o **final.** Indica causa si el verbo de la proposición aparece en indicativo: *Lo devolví* ***porque*** *estaba estropeado*. En cambio, si está en subjuntivo, tiene valor final: *Lo traje* ***porque*** *lo devolvierais*.
- Es incorrecto el empleo de la expresión ***por cuanto que*** con valor **causal,** equivalente a *puesto que:* *Hemos vendido el piso ~~por cuanto que~~ *se nos había quedado pequeño*.

En el empleo de **expresiones consecutivas** son frecuentes estos errores:

Errores en expresiones consecutivas

→ Es **incorrecto** el uso como **locución consecutiva** de ***así es de que:*** **No he comido,* ~~así es de que~~ *voy a preparar algo.* La expresión correcta es *así es que* o *así que: No he comido,* ***así es que*** / ***así que*** *voy a preparar algo.*

→ **No debe emplearse** la expresión ***es por ello que*** para indicar **consecuencia:** **Hay reunión de ministros;* ~~es por ello que~~ *hay tanta policía.* Debe decirse *por ello: Hay reunión de ministros;* ***por ello*** *hay tanta policía.*

→ **Tampoco** es **correcto** el uso de ***es por eso que:*** **Hubo un accidente;* ~~es por eso que~~ *nadie llegó a tiempo.* Las expresiones correctas son *es por eso por lo que* y *por eso: Hubo un accidente;* ***es por eso por lo que*** / ***por eso*** *nadie llegó a tiempo.*

Las expresiones causales y consecutivas deben usarse solo cuando es necesario expresar la causa o la consecuencia de un hecho. Así, por ejemplo, la utilización de *pues* con sentido consecutivo al final de una pregunta es enfática e innecesaria: **¿No venís ya,* ~~pues~~*?*

Expresiones correctas

El adjetivo ***casual*** significa que algo sucede por casualidad:

Este encuentro ha sido ***casual;*** *no sabía que frecuentabas esta zona.*

Es inadecuado el empleo de este adjetivo en la expresión «por un casual»:

*¿~~Por un casual~~ *no habrás encontrado tú mi entrada?*

En estos casos, deben usarse las expresiones *por casualidad,* como en la oración del bocadillo, o *acaso:*

*¿**Acaso** has encontrado tú mi entrada?*

1 Sustituye las expresiones que consideres incorrectas en las siguientes oraciones:

a) Si por un casual lo ves, dile que lo estoy buscando.

b) Ese descubrimiento fue totalmente casual.

c) Por un casual, ¿no andará por ahí mi cartera?

d) El enfado se produjo por un roce casual.

Actividades

11 Señala qué valor tiene *porque* en las siguientes oraciones:

a) Se lo he regalado porque tuviera un recuerdo mío.

b) Se lo he regalado porque me ha caído muy simpático.

c) Porque se le ha acabado la batería, no he podido seguir hablando con él.

d) Porque siguiera hablando con él, hemos recargado la batería.

12 Escribe dos ejemplos de *porque* como nexo causal y otros dos como final.

13 Señala los usos incorrectos de los nexos en estas oraciones y corrígelos:

a) ¿A qué hora llegáis, pues?

b) Estamos enfermos; es por eso por lo que no acudiremos a vuestra fiesta.

c) Se ha roto el disfraz; es por ello que no puedo participar en el desfile.

d) Puesto que se interrumpió la comunicación, se suspendió definitivamente la videoconferencia.

e) Como siempre llegas tarde, hoy me he retrasado yo; así es de que no te enfades.

f) Tengo dolor de cabeza por cuanto que he dormido muy mal.

Aplicación y síntesis

Las **conferencias** y los **discursos** constituyen **exposiciones orales públicas.** En el siguiente texto, extraído de un discurso, el poeta Pedro Salinas intenta que los oyentes tomen conciencia de la importancia de la lengua en todos los terrenos de la vida.

Llamamiento

Por eso este discurso quiso ser un llamamiento a todos para que dediquen a su lengua el amor que se merece, para que vigilen su estado, sus pasos; para que la cuiden tal como nos la cuidaron los que desde siglos atrás vienen transmitiéndonosla. Nos entendemos y sentimos en común, hoy, porque muchas generaciones de nuestros antepasados fueron entregándose una a otra ese instrumento prodigioso de vivir, de modo que ha llegado hasta nosotros más apto que nunca para expresar lo humano. [...] Deber de todo grupo histórico, de toda generación, es la transmisión enriquecida de su herencia. Consume de lo heredado, de ello vive en gran parte, pero su deber es crear, a su vez, acrecer[1], enriquecer, de manera que a la hora de las cuentas finales el haber común sea más alto.

PEDRO SALINAS
Defensa del lenguaje, Alianza

[1]**acrecer:** incrementar, aumentar.

Ideas claras

- Las **videoconferencias** permiten la **comunicación a distancia** en **tiempo real.**
- La **exposición oral** es un **texto expositivo** de **transmisión oral** estructurado en **introducción, cuerpo** y **conclusión.**
- Actúan como **nexos causales** y **consecutivos** las **preposiciones,** las **locuciones prepositivas** y las **conjunciones.**
- Con las **proposiciones causales** y **consecutivas** se expresan **relaciones de causa/efecto.**
- Las **proposiciones causales** pueden llevar el verbo en **gerundio** o en **participio;** en este caso, se introducen **sin nexo.**
- Las **proposiciones consecutivas** pueden introducirse con **nexos correlativos.**

1. Contesta las siguientes cuestiones:
   - ¿A qué hace un llamamiento el autor del texto? Indica a quién o a quiénes lo dirige.
   - Explica qué han hecho nuestros antepasados por la lengua, según el poeta.
   - ¿Qué considera Pedro Salinas que es un deber de toda generación?
2. Explica qué efectos provoca una herencia lingüística común.
3. Señala qué rasgos de una exposición oral ofrece el fragmento de *Llamamiento*. ¿Con qué parte de la exposición se corresponde?
4. Localiza en el texto dos proposiciones subordinadas consecutivas y una causal e indica el nexo de cada una.
5. Transforma las proposiciones consecutivas de la actividad 4 en causales y la causal en consecutiva.
6. Realiza el análisis sintáctico completo de las siguientes oraciones:
   a) Dediquen a su lengua el amor que se merece.
   b) Cuidemos la lengua tal como la cuidaron nuestros antepasados.
   c) Nos entendemos hoy porque muchas generaciones pasadas se entregaron el instrumento prodigioso de la lengua.
   d) Este discurso es un llamamiento; por lo tanto, debe ser escuchado por todos.
7. Redacta una breve exposición sobre la necesidad de cuidar la lengua. Incluye las causas por las que debe hacerse y las consecuencias que se derivarán de esta protección.

Léxico

Polisemia y homonimia

Además de la sinonimia y la antonimia, que has estudiado en la UNIDAD 8, las palabras mantienen otros dos tipos de **relaciones** por su **significado:** la **polisemia** y la **homonimia.**

Se denomina **palabra polisémica** aquella que presenta **varios significados diferentes.**

Si buscas la palabra *red* en el diccionario, comprobarás que tiene varios sentidos, pues se trata de un término polisémico:

red. (Del lat. *rete.*)

1. Aparejo hecho con hilos, cuerdas o alambres para pescar, cazar, etc.: *El pez se escapó de la red.*

2. Conjunto sistemático de hilos conductores o vías de comunicación: *La red telefónica no funciona muy bien.*

3. Conjunto de personas relacionadas para un fin común, por lo general secreto: *La policía investiga una red de espionaje.*

Se denominan **palabras homónimas** aquellas que **se pronuncian igual** pero tienen **significados distintos.**

El sustantivo *pienso* significa «alimento seco que se da al ganado», pero se pronuncia igual que la primera persona del presente de indicativo del verbo *pensar (pienso)*; se trata de dos palabras homónimas.

Aunque su pronunciación sea idéntica, los homónimos pueden diferenciarse en la escritura. En este caso, hablamos de **homófonos,** como los siguientes pares de palabras que has estudiado en la sección de *Ortografía*:

botar / votar *gira / jira* *valla / vaya* *uso / huso*

Actividades

1. Localiza otros sentidos de la palabra *red,* distintos de los ofrecidos arriba.
2. Escribe oraciones en las que las palabras polisémicas del recuadro presenten significados diferentes:

   artículo cadena banco proyección radio cúpula sed ordenador

3. Escribe palabras polisémicas e indica sus diferentes significados.
4. Localiza tres ejemplos para cada uno de los siguientes casos:
   - Palabras homónimas que se escriben igual.
   - Palabras homónimas que se escriben de forma distinta.
5. Explica cómo se descubre el sentido exacto de las palabras homónimas y polisémicas.

Uso de las palabras

Latente / Patente

Aunque los adjetivos ***latente*** y ***patente*** suenan casi igual, se trata de dos **antónimos:**

- *Latente* hace referencia a lo que está oculto, a lo que no se manifiesta externamente: *La enfermedad estaba latente, aún no se percibían síntomas.*
- *Patente,* por el contrario, significa «visible, manifiesto»: *Los síntomas eran ya patentes: tenía fiebre y manchas en la cara.*

1. Completa las oraciones con *latente* o *patente:*

   a) Su hostilidad es ________; no pueden verse sin darse la espalda.

   b) Ocultaba el rechazo que sentía por él; su odio permanecía ________

   c) Es muy poco transparente; sus emociones están siempre ________

   d) El dolor se hacía ________ en su rostro demacrado.

Ortografía

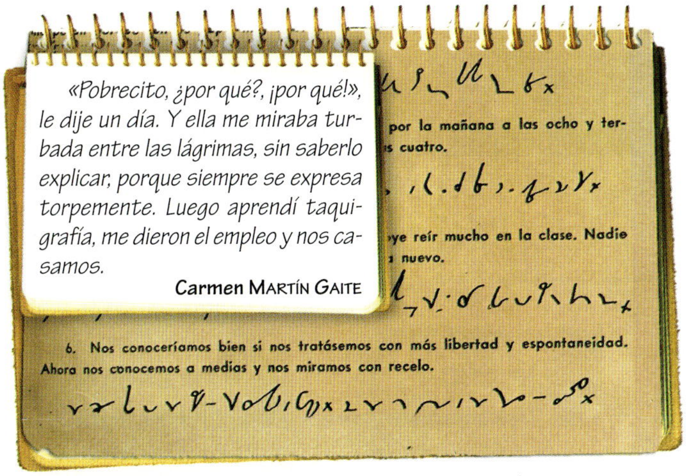

«Pobrecito, ¿por qué?, ¡por qué!», le dije un día. Y ella me miraba turbada entre las lágrimas, sin saberlo explicar, porque siempre se expresa torpemente. Luego aprendí taquigrafía, me dieron el empleo y nos casamos.

Carmen Martín Gaite

Porque, porqué, por que, por qué

Con frecuencia, la conjunción *porque* se confunde con otras formas que se escriben de modo similar, aunque son clases de palabras distintas:

- ***Porque*** es una conjunción que funciona como nexo **causal** y **final:** *Prefiero quedarme* ***porque*** *hace frío; Roguemos* ***porque*** *lo entienda.*
- ***Porqué*** es un sustantivo que significa «causa, motivo», y puede aparecer introducido por determinantes: *Ignoramos el* ***porqué*** *de su ausencia.* Como sustantivo, también tiene su plural: *Dejó claros sus* ***porqués.***

Además, *porque* y *porqué* presentan una forma parecida a los grupos ***por que*** y ***por qué,*** constituidos por la suma de dos palabras.

POR QUE / POR QUÉ	
Por que	Está compuesto por la **preposición** ***por*** y el **relativo** ***que,*** que se refiere a un antecedente: *Es la razón* ***por que*** *luchamos.* Entre ambos puede **intercalarse** un **artículo,** que concuerda en género y número con el antecedente: *Es la razón* ***por*** *(la)* ***que*** *luchamos.*
Por qué	Se trata de la **preposición** ***por*** y del **interrogativo** o **exclamativo** ***qué.*** Se usa en **interrogativas directas** o **indirectas** y en oraciones **exclamativas:** *¿****Por qué*** *no has venido?; No sé* ***por qué*** *no has venido; ¡****Por qué*** *llegará siempre tan tarde!*

Tipos de comillas

Existen tres **tipos de comillas:**

- Las **comillas españolas:** « » .
- Las **comillas inglesas:** "" .
- Las **comillas simples:** ' ' .

Todas estas formas tienen el mismo valor, excepto cuando es necesario emplear comillas en un **enunciado ya entrecomillado;** en esos casos, se utilizan **dos tipos:**

Me preguntó: «¿Cuál de los dos "porque" lleva tilde?».

Observa que el texto entrecomillado conserva sus propios signos de puntuación, que en el ejemplo son interrogaciones.

1 Coloca comillas donde sea necesario en el siguiente texto:

Cuando [Arthur Rimbaud] *tenía veinticinco años, en pleno cenit de su gloria literaria, el precoz autor de* Una temporada en el Infierno *y* Las iluminaciones *decidió dejar de escribir y largarse de París para no volver en todo el resto de su vida. Ya no pienso nunca en la literatura, escribió en una carta.*

Javier Reverte
Los caminos perdidos de África, Areté

Las comillas

Las **comillas** « » son **signos dobles** que se usan con varias finalidades:

- Reproducir **citas textuales:** *Y nos respondió muy acaloradamente: «Creo que esta vez no lleváis razón».*
- Incluir los **pensamientos** de los **personajes** en textos narrativos: *Andaba enfrascada en sus pensamientos: «No sé por qué he actuado así».*
- Indicar que una palabra es de **otra lengua** o se usa **irónicamente** o de **forma especial:** *¿Dónde pasas el «weekend»?; Aquí hay mucho «listo».*
- Citar **títulos** de artículos, poemas, cuadros...: *¿Recuerdas quién es el autor del soneto «A Córdoba»?*
- Aislar una **palabra** que **se comenta** dentro de un texto: *Los verbos «ser» y «estar» son copulativos.*

Actividades

1 Explica el uso de *porque* y sus variantes, y de las comillas en el texto de Carmen Martín Gaite.

2 Completa las siguientes oraciones con *porque, porqué, por que* y *por qué:*

a) Quiero que me expliques tus ________ para no hacer lo que te pido.
b) Ya sé ________ has decidido callar.
c) El camino ________ anduvimos estaba lleno de piedras.
d) ¿________ haces las cosas sin pensar?
e) Lo siento, no podré ir ________ tengo otro compromiso.

3 Construye oraciones con *porque, porqué, por que* y *por qué.*

4 Escribe un ejemplo de los casos de uso de las comillas mencionados.

La lírica contemporánea

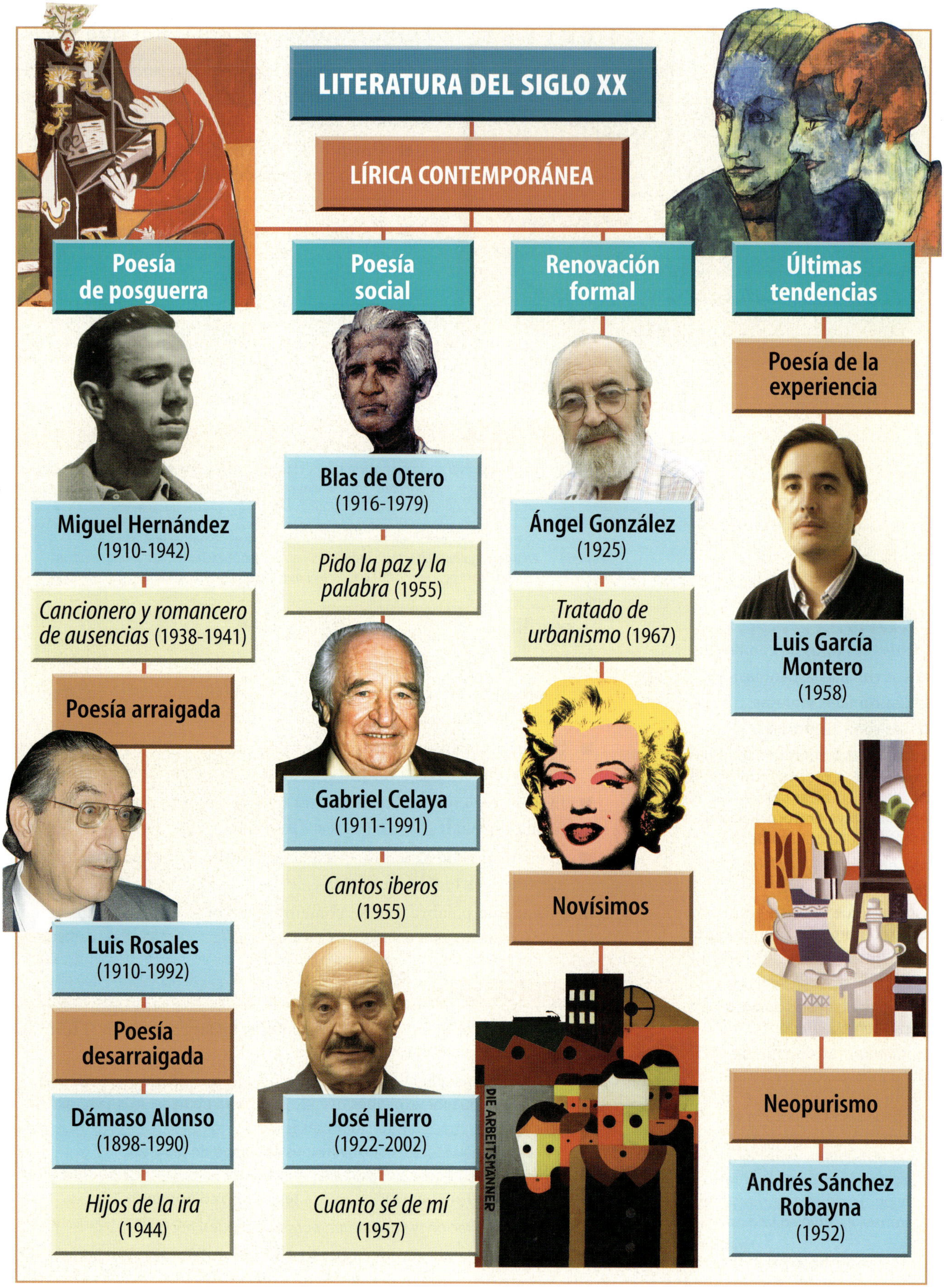

1 La literatura desde la Guerra Civil

Recuerda

- Durante el **primer tercio del siglo** XX, **España** vivió un **período de gran esplendor literario y cultural.**
- En esta etapa coincidieron las **producciones** de los **escritores de fin de siglo,** las de los **autores novecentistas** y **de vanguardia,** y las de los autores de la **generación del 27.**
- En **1936,** un **golpe militar,** encabezado por el general **Franco** en Melilla, dio paso al estallido de la **Guerra Civil,** que duró hasta **1939.**

La **Guerra Civil española** determinó un **corte radical** con los **planteamientos literarios** que se habían desarrollado en España en el primer tercio del siglo XX. Durante la contienda, los **escritores relegaron** la **experimentación artística** y la **renovación formal** que había fructificado hasta entonces y se **comprometieron** con uno de los dos bandos en conflicto.

En la **Guerra Civil** predominó una **literatura de propaganda ideológica,** al servicio de los intereses **republicano** o **nacional,** en la que no primaba, en general, la calidad literaria.

Finalizado el conflicto, la **transmisión del mundo cultural** anterior se vio entorpecida con la **muerte** de algunos pensadores, artistas y escritores (como Lorca) y el **exilio** de muchos otros (del grupo del 27 solo permanecieron en España Dámaso Alonso, Gerardo Diego y Vicente Aleixandre).

Además, desde 1939, con la **dictadura** de Franco se implantó una **censura** que controló, durante años, la divulgación de obras españolas contrarias a la ideología dominante e impidió la difusión de obras extranjeras.

Desde la Guerra Civil, la **evolución de la literatura española** ha estado **ligada** a las **sucesivas transformaciones políticas** y **sociales** vividas en el país.

En esa evolución pueden distinguirse las siguientes etapas:

Principales etapas

Literatura de posguerra

En los **años cuarenta** se dieron **dos orientaciones** generales:

- Por un lado, se desarrolló una literatura de **exaltación de las ideas dominantes.**
- Por otro, se produjeron **obras que reflejan** la **angustia** por la **situación que se vivía,** aunque no contenían crítica social directa.

Literatura social

A partir de los **años cincuenta,** la aceptación de España en las instituciones internacionales favoreció una cierta **apertura ideológica** que facilitó la publicación de **obras** de **testimonio** y de denuncia que abordaban los **problemas sociales del momento.**

Guernica, por Picasso.

Renovación formal

El **desarrollo económico** de los **años sesenta,** debido, sobre todo, a la emigración y al turismo, dio lugar a cambios en las costumbres y permitió la entrada de **influjos literarios extranjeros,** que determinaron una **renovación formal.**

Últimas tendencias

A partir de 1975, con la llegada de la **democracia,** la creación literaria se desprendió de toda forma de censura: los autores comenzaron a **expresarse libremente** y aparecieron **orientaciones diversas** que se renuevan continuamente.

Actividades

1. Averigua en qué año se produjeron los siguientes acontecimientos de la España contemporánea y ordénalos en un eje cronológico:
   - Entrada de España en la ONU.
   - Acuerdo con EE UU; bases conjuntas.
   - Entrada de España en la CEE.
   - Levantamiento del bloqueo.
   - Legalización de partidos políticos.
   - Proclamación de la Constitución.
2. Incluye en ese eje algunos autores y obras españoles destacados.

2 Miguel Hernández

Miguel Hernández sobresale en la lírica escrita durante la Guerra Civil por la **calidad** e **intensa emoción** que traspasa toda su producción poética.

Los **temas** de la **poesía de Miguel Hernández** son el **amor,** la **muerte,** el **dolor** y el **compromiso social y político.**

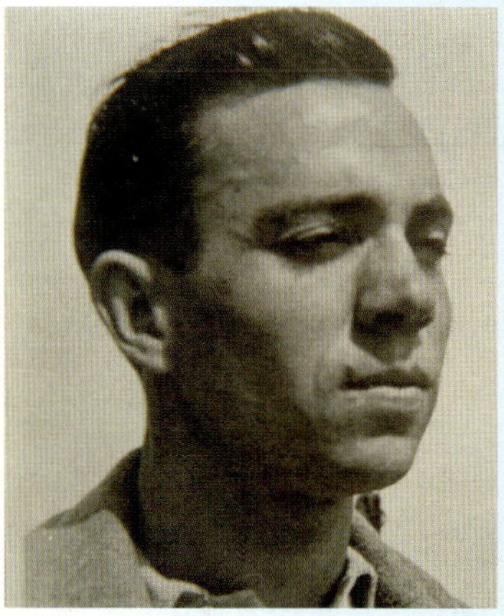

Miguel Hernández

(1910-1942). Nació en Orihuela (Alicante), en una familia humilde. Solo pudo asistir unos años a la escuela, pero su afición por la lectura y la amistad con el escritor Ramón Sijé le ayudaron a completar su formación.

En 1931 se instaló en Madrid, pero, al no encontrar aceptación como escritor, volvió a Orihuela. Allí publicó *Perito en lunas*, su primer libro de poemas, y conoció a Josefina Manresa, quien inspiró sus composiciones amorosas.

En 1934 regresó a Madrid, donde entabló amistad con algunos de los poetas del 27, que influyeron en él de forma decisiva. En 1937 se casó con Josefina y tuvo dos hijos, uno de los cuales falleció al poco de nacer.

Al estallar la Guerra Civil, se alistó en el ejército republicano y viajó por diversos frentes recitando poemas y representando obras teatrales.

Terminada la guerra, fue encarcelado y, tras recorrer varios establecimientos penitenciarios, murió de tuberculosis en la prisión de Alicante.

Trayectoria poética

Primeras obras

La producción hernandiana se inicia con *Perito en lunas* (1933), obra de influencia **barroca** y **vanguardista.** *El rayo que no cesa* (1936) contiene poemas que expresan el sufrimiento del **amor no correspondido** a través de **imágenes surrealistas** y de **símbolos,** como el **rayo,** y elementos minerales o puntiagudos, como el **cuchillo.**

Poesía comprometida

Durante la guerra escribió sobre la **dignidad del pueblo en lucha.** *Viento del pueblo* (1937) es un **canto de exaltación** y **alabanza,** pero *El hombre acecha* (1939) refleja ya el **pesimismo por la muerte** y los **horrores** de la **guerra.**

Últimos poemas

Escrito en la cárcel, *Cancionero y romancero de ausencias* (1938-1941) retoma el **tema amoroso,** pero desde el **dolor** por la **ausencia** de la **mujer** y del **hijo,** y por la **falta de libertad.** La **intensa emoción** de estos poemas se expresa con recursos del **neopopularismo:**

Llegó con tres heridas:
la del amor,
la de la muerte,
la de la vida.

Con tres heridas viene:
la de la vida,
la del amor,
la de la muerte.

Con tres heridas yo:
la de la vida,
la de la muerte,
la del amor.

Miguel HERNÁNDEZ
Cancionero y romancero de ausencias, Cátedra

¿No cesará este rayo...?

¿No cesará este rayo que me habita
el corazón de exasperadas fieras
y de fraguas coléricas y herreras
donde el metal más fresco se marchita?

¿No cesará esta terca estalactita
de cultivar sus duras cabelleras
como espadas y rígidas hogueras
hacia mi corazón que muge y grita?

Este rayo ni cesa ni se agota:
de mí mismo tomó su procedencia
y ejercita en mí mismo sus furores.

Esta obstinada piedra de mí brota
y sobre mí dirige la insistencia
de sus lluviosos rayos destructores.

Miguel HERNÁNDEZ
El rayo que no cesa, Cátedra

Actividades

3. ¿De dónde parte el rayo del primer poema? ¿Adónde se dirige? Indica cómo es.
4. Teniendo en cuenta la biografía de Miguel Hernández, explica a qué aluden las diferentes heridas de la segunda composición.
5. Analiza el tema, la métrica y los recursos expresivos de los dos textos y justifica su adscripción a una etapa poética de Miguel Hernández.

3 Evolución de la lírica hasta 1975

A pesar del exilio y la censura, la lírica fue el único género literario que mantuvo ciertos vínculos con la tradición literaria anterior a la guerra.

Desde la **Guerra Civil,** la **lírica española** ha **evolucionado** del **garcilasismo** y el **desarraigo** de posguerra hacia la **poesía social** y la **renovación formal.**

Principales etapas

Poesía de posguerra

En los **años cuarenta** se desarrolló una **«poesía arraigada»,** desvinculada de la realidad del momento e inspirada en **Garcilaso,** que abordó temas como el **amor,** la **naturaleza,** la **religión,** la exaltación de la **patria,** etc., en **metros** y **estrofas clásicos** (endecasílabos, sonetos…). Autores como **Luis Rosales, Luis Felipe Vivanco, Leopoldo Panero** y **Dionisio Ridruejo** publicaron estas composiciones en la revista *Garcilaso,* y **José García Nieto,** en *Escorial.*

Paralelamente se desarrolló una **«poesía desarraigada»,** que expresaba el **dolor** ante el sufrimiento en poemas llenos de **subjetividad** y escritos en **verso libre.** Las obras más significativas de esta orientación son *Hijos de la ira* (1944), de **Dámaso Alonso,** y *Sombra del Paraíso* (1944), de **Vicente Aleixandre,** así como las de los autores que publicaron sus poemas en la revista *Espadaña.*

Acción de gracias por estar a su lado

Gracias por abril si siento
su creciente maravilla,
gracias por esta sencilla
plenitud de sentimiento,
gracias porque suena el viento
y entre los álamos reza,
gracias si, al fin, la tristeza
se convierte en mi destino,
gracias, Señor, el camino
terminará donde empieza.

Luis Rosales
Poesía reunida, Seix Barral

Poesía social

En la **década de los cincuenta,** muchos poetas desarraigados llegaron a considerar la poesía como un **instrumento de denuncia social** y abandonaron los sentimientos personales para dar **testimonio de la realidad del momento.** Los poetas sociales abordaron en sus composiciones la **situación de España,** la **solidaridad,** la **lucha por la libertad** y las **injusticias sociales,** con un **lenguaje sencillo** y **coloquial** cercano al **prosaísmo.** Se inscriben en esta tendencia, entre otros, **Blas de Otero** (*Pido la paz y la palabra,* 1955), **Gabriel Celaya** (*Cantos iberos,* 1955) y **José Hierro** (*Cuanto sé de mí,* 1957).

Autorretrato, por Enrich Gerlach.

En el principio

Si he perdido la vida, el tiempo, todo
lo que tiré, como un anillo, al agua;
si he perdido la voz en la maleza,
me queda la palabra.

Si he sufrido la sed, el hambre, todo
lo que era mío y resultó ser nada,
si he segado las sombras en silencio,
me queda la palabra.

Si abrí los labios para ver el rostro
puro y terrible de mi patria,
si abrí los labios hasta desgarrármelos,
me queda la palabra.

Blas de Otero
Verso y prosa, Cátedra

Poesía de renovación formal

En los **años sesenta** se produjo una **renovación formal** y **temática** en la poesía. En ella irrumpió un grupo de poetas, la **«promoción del sesenta»,** que, sin olvidar las cuestiones sociales, trató **temas personales** (el amor, la amistad, la infancia, etc.). Estos escritores consideraban la **poesía** como un **acto de conocimiento** y buscaron nuevas formas de expresión. En esta línea de renovación destacan **Jaime Gil de Biedma, Ángel González, Claudio Rodríguez** y **José Ángel Valente.**

A finales de la década surgió una nueva promoción de poetas, los llamados **«novísimos»,** que incorporaron asuntos y formas propios del **cine,** el **cómic,** la **televisión…,** y condujeron a una **mayor ruptura con la tradición literaria.** El nombre del grupo procede de la antología *Nueve novísimos poetas españoles,* publicada en 1971 por el crítico José M.ª Castellet, que reunía composiciones de **Pere Gimferrer, Ana M.ª Moix, Vicente Molina Foix, Guillermo Carnero, Antonio Martínez Sarrión, Manuel Vázquez Montalbán, Félix de Azúa, Leopoldo M.ª Panero** y **José M.ª Álvarez.**

Actividades

6. ¿A quién se dirige el emisor del poema de Luis Rosales? ¿Qué agradece?
7. En *En el principio,* Blas de Otero proclama su fe en la palabra. ¿Qué ha perdido para que solo le quede esta? ¿Cuál ha sido uno de los motivos de esa pérdida? ¿A qué puede hacer referencia con esa expresión?
8. Analiza la métrica y el tema de los dos textos y justifica la adscripción de cada uno de ellos a una tendencia de la lírica desde la Guerra Civil.

4 José Hierro

La **poesía** de **José Hierro** refleja la **evolución** de la **lírica española contemporánea,** pues aborda **problemas existenciales** y **temas sociales,** a la vez que manifiesta un permanente **afán de renovación expresiva.**

En su obra, **José Hierro** sigue **dos caminos:** el **«reportaje»** y las **«alucinaciones».**

José Hierro

(1922-2002). Nació en Madrid y vivió en Santander durante su infancia y adolescencia. Fue encarcelado al término de la Guerra Civil y puesto en libertad en 1944. Trabajó en numerosos oficios, relacionados en su mayoría con los libros y con la radio, pero se dedicó sobre todo a la literatura y a la pintura.

En 1998 recibió el premio Cervantes y en 1999 ingresó en la Real Academia Española. Murió en Madrid.

Líneas poéticas

Reportajes

José Hierro denomina **«reportajes»** a los **poemas** en los que **refleja su tiempo** desde el «yo» o desde el «nosotros». En ellos predomina la **narración,** pues parten de situaciones cotidianas o de frases hechas. Su **léxico sencillo,** próximo al habla, los acerca a la prosa, aunque tienen un **ritmo** cuidado y una intensa **emoción lírica.**

Réquiem

Manuel del Río, natural
de España, ha fallecido el sábado
11 de mayo, a consecuencia
de un accidente. Su cadáver
está tendido en D'Agostino
Funeral Home. Haskell. New Jersey.
Se dirá una misa cantada
a las 9.30, en St. Francis.

Es una historia que comienza
con sol y piedra, y que termina
sobre una mesa, en D'Agostino,
con flores y cirios eléctricos.
Es una historia que comienza
en una orilla del Atlántico.
Continúa en un camarote
de tercera, sobre las olas
—sobre las nubes— de las tierras
sumergidas ante Platón.
Halla en América su término
con una grúa y una clínica,
con una esquela y una misa
cantada, en la iglesia St. Francis.

Al fin y al cabo, cualquier sitio
da lo mismo para morir.

José Hierro
Cuanto sé de mí, Seix Barral

Alucinaciones

Los poemas denominados **«alucinaciones»** crean un mundo irreal, cargado de subjetividad. Las **imágenes** se enlazan **sin conexión aparente** y las cosas se **personifican** al proyectarse en ellas las emociones del autor.

Apunte de paisaje

Las nubes puestas a secar al sol.
Los ciruelos condecorados por la primavera.
Abril, de manos húmedas,
acaricia la frente de los arces.
La lengua púrpura del atardecer
lame la curva de las lomas de plomo
y las convierte en carne tibia.

Todo ha sido creado
para mayor gloria del viento del oeste
que despeina las aguas del lago.
(Más allá, la ciudad, desplegadas las velas [de cemento,
navega hacia su olvido, noche, sueño, nunca.)

José Hierro
Cuaderno de Nueva York, Hiperión

Obras de José Hierro

Los **reportajes** y las **alucinaciones** aparecen a lo largo de **toda la obra de Hierro:** tanto en *Tierra sin nosotros* (1946), *Quinta del 42* (1953), *Cuanto sé de mí* (1957) y *Libro de las alucinaciones* (1964), como en *Agenda* (1990) y *Cuaderno de Nueva York* (1998).

En 1974, también con el título *Cuanto sé de mí,* recogió toda su obra anterior a esta fecha.

Actividades

9. ¿De qué acontecimiento parte *Réquiem*? ¿Qué cuenta de Manuel del Río? Indica qué género periodístico imitan los primeros versos.
10. ¿Qué se describe en *Apunte de paisaje*? Explica qué piensa de la ciudad la persona que habla en el poema y di qué expresiones permiten averiguarlo.
11. Analiza el lenguaje de ambas composiciones y localiza personificaciones en el poema de *Cuaderno de Nueva York*.

5 Últimas tendencias líricas

Desde 1975, la **lírica española** ha experimentado **cambios** que **no suponen rupturas bruscas** con la **tradición poética anterior,** y los autores se han orientado en **diversas tendencias.**

Principales tendencias

Poesía de la experiencia

También llamada poesía de la **nueva sentimentalidad,** esta corriente es cultivada por **Luis García Montero, Jon Juaristi** y **Miguel D'Ors,** entre otros. El poeta contempla su **cotidianidad,** la **realidad urbana** e incorpora **reflexiones** y **sentimientos personales.**

Completamente viernes

Por detergentes y lavavajillas,
por libros ordenados y escobas en el suelo,
por los cristales limpios, por la mesa
sin papeles, libretas ni bolígrafos,
por los sillones sin periódicos,
quien se acerque a mi casa
puede encontrar un día
completamente viernes.

Como yo me lo encuentro
cuando salgo a la calle
y está la catedral
tomada por el mundo de los vivos
y en el supermercado
junio se hace botella de ginebra,
embutidos y postre,
abanico de luz en el quiosco
de la floristería,
ciudad que se desnuda completamente viernes.

Así mi cuerpo
que se hace memoria de tu cuerpo
y te presiente
en la inquietud de todo lo que toca,
en el mando a distancia de la música,
en el papel de la revista,
en el hielo deshecho
igual que se deshace una mañana
completamente viernes.

Cuando se abre la puerta de la calle,
la nevera adivina lo que supo mi cuerpo
y sugiere otros títulos para este poema:
completamente tú,
mañana de regreso, el buen amor,
la buena compañía.

Luis García Montero

Neopurismo

Esta tendencia, también denominada **minimalismo,** es cultivada por autores como **Andrés Sánchez Robayna** o **Jaime Siles.** Se trata de poemas **breves,** preferentemente en **verso corto,** que tienden a la **concentración conceptual** e invitan a la **sugerencia** por medio de lo que no dicen, o sea, del **«silencio».**

Mesa y naranjas

las líneas de la mesa
interrumpidas por naranjas

dispuestas en un plano
sobre la luz del cuarto blanco

abajo el mar se tiende
bajo la mano de las elipses

la luz inunda el cuarto
y las naranjas se acumulan

sobre la luz que entra
y que se tiende en la blancura

de este cuarto y el plano
de las naranjas y la mesa

Andrés Sánchez Robayna

Otras tendencias poéticas

Los poetas prosiguen la búsqueda de **nuevos caminos expresivos** y en los últimos años no han faltado otras tendencias líricas:

- Los **poemas narrativos** de **Julio Martínez Mesanza.**
- La reincorporación del **mundo surrealista** en las obras de **Blanca Andreu** (*De una niña de provincias que se vino a vivir en un Chagall,* 1981).
- El **impresionismo** de **Andrés Trapiello** (*Las tradiciones,* 1991).
- La **recreación de universos culturales** de **Luis Alberto de Cuenca** (*Por fuentes y fronteras,* 1996), plenos de **erotismo** en la obra de **Ana Rossetti** (*Los devaneos de Erato,* 1980).

Actividades

12 ¿Qué aspectos de la vida cotidiana se ofrecen en *Completamente viernes*?

13 Razona si el emisor del poema de Luis García Montero habla solo de un día de la semana. Después señala el tema de esa composición.

14 ¿Qué se describe en *Mesa y naranjas*? ¿Descubres en él alguna emoción personal? Razona tu respuesta.

Los poemas de **Ángel González** (Oviedo, 1925) suelen colocar a los receptores ante **situaciones concretas** para, desde ellas, **alcanzar** la **reflexión emotiva.** Así sucede en la siguiente composición, en la que, a partir de la presentación de **dos paisajes en contraste**, se manifiesta la **intensidad de la emoción amorosa,** no siempre alcanzada conjuntamente.

Canción de invierno y de verano

Cuando es invierno en el mar del Norte
es verano en Valparaíso.
Los barcos hacen sonar sus sirenas al entrar en el
puerto de Bremen con jirones de niebla
y de hielo en sus cabos,
mientras los balandros soleados arrastran por la
superficie del Pacífico Sur bellas bañistas.
Eso sucede en el mismo tiempo,
pero jamás en el mismo día.
Porque cuando es de día en el mar del Norte
—brumas y sombras absorbiendo restos
de sucia luz—
es de noche en Valparaíso
—rutilantes estrellas lanzando agudos dardos
a las olas dormidas—.
Cómo dudar que nos quisimos,
que me seguía tu pensamiento
y mi voz te buscaba —detrás,
muy cerca, iba mi boca—.
Nos quisimos, es cierto, y yo sé cuánto:
primaveras, veranos, soles, lunas.
Pero jamás en el mismo día.

Ángel González
«Tratado de urbanismo», en *Antología poética*, Alianza

Comentario de texto

Aproximación al contenido del texto

1 Contesta estas cuestiones sobre el poema de Ángel González:
- ¿Qué dos lugares se contrastan en el texto? ¿En qué parte del mundo se encuentra cada uno?
- Indica qué característica común presentan ambos lugares.
- ¿A qué alude la expresión *sucia luz* en el poema?
- Explica cómo está el mar en las noches de Valparaíso.
- Señala en qué momento se introduce la historia de amor.

2 Deduce algunos datos más a partir de *Canción de invierno y de verano:*
- ¿Por qué se afirma en los versos 8 y 9 que *Eso sucede en el mismo tiempo, pero jamás en el mismo día?*
- Indica la conexión que existe entre las referencias a los dos mares y el resto del poema.
- Interpreta el sentido del último verso razonando tu opinión.

3 ¿De qué trata el poema de Ángel González?

a) De dos paisajes diferentes.
b) De la imposibilidad del amor.
c) De la dificultad del encuentro amoroso.

Análisis de la estructura

4 El poema de divide en dos partes. Señálalas en el cuadro e indica después qué aspecto formal pone de manifiesto esa estructuración:

Primera parte	Versos ____________________
Segunda parte	Versos ____________________

5 ¿Consideras que existe descripción en el poema? Razona tu respuesta.

Análisis de las formas de expresión

6 Analiza la métrica de *Canción de invierno y de verano* e indica qué tipo de verso ha utilizado Ángel González en esta composición.

7 Fíjate en el uso de las formas verbales y explica su empleo en relación con la estructura del poema.

8 En el texto se incorporan diversos recursos expresivos:
- Señala los paralelismos y explica su función.
- Localiza las personificaciones, las metáforas y las metonimias del poema e indica entre qué elementos se establecen.
- Busca aliteraciones en los versos del poema de Ángel González y di qué sugieren.

Valoración y relación con el contexto literario

9 El poema de la página anterior se construye por medio de un juego de contrastes. Explícalos y valóralos.

10 Relaciona *Canción de invierno y de verano* con la lírica española contemporánea:
- Ángel González se inscribe en la etapa de renovación formal de la poesía española. Justifica esta afirmación apoyándote en el poema de la página anterior.
- Señala paralelismos y diferencias entre este autor y otros poetas que se han mencionado en la unidad en la forma de abordar el tema de esta composición.

Recursos expresivos

La aliteración

La **aliteración** consiste en **repetir sonidos idénticos** o **semejantes** en un verso o en varios:

¿No cesará esta terca estalactita?

Observa que en el verso de Miguel Hernández se produce aliteración de dos sonidos: [s] y [t].

Con este recurso se consigue dotar de **ritmo** y **expresividad** a los textos poéticos.

Evaluación

España en marcha

Nosotros somos quien somos.
¡Basta de Historia y de cuentos!
¡Allá los muertos! Que entierren como Dios manda a sus [muertos.

Ni vivimos del pasado,
ni damos cuerda al recuerdo.
Somos, turbia y fresca, un agua que atropella sus [comienzos.

Somos un ser que se crece.
Somos un río derecho.
Somos el golpe temible de un corazón no resuelto.

Somos bárbaros, sencillos.
Somos a muerte lo ibero
que aún nunca logró mostrarse puro, entero y [verdadero.

De cuanto fue nos nutrimos,
transformándonos crecemos
y así somos quienes somos golpe a golpe y muerto [a muerto.

¡A la calle!, que ya es hora
de pasearnos a cuerpo
y mostrar que, pues vivimos, anunciamos algo nuevo.

No reniego de mi origen,
pero digo que seremos
mucho más que lo sabido, los factores de un comienzo.

Españoles con futuro
y españoles que, por serlo,
aunque encarnan lo pasado no pueden darlo por bueno.

***Fraternidad*, por Rafael Canogar.**

Recuerdo nuestros errores
con mala saña y buen viento.
Ira y luz, padre de España, vuelvo a arrancarte del sueño.

Vuelvo a decirte quién eres.
Vuelvo a pensarte, suspenso.
Vuelvo a luchar como importa y a empezar por lo que [empiezo.

Gabriel Celaya
«Cantos iberos», en *Poesías completas*, Aguilar

1. Contesta las siguientes cuestiones:
- ¿A quién alude el pronombre *nosotros* en el poema de Gabriel Celaya?
- ¿A qué hecho histórico se hace referencia en el verso 3?
- ¿Qué pretende conseguir Celaya con esta composición?

2. Localiza rasgos propios de los discursos orales en *España en marcha*.

3. Delimita las proposiciones causales incluidas en las siguientes oraciones y señala sus nexos. ¿A qué tipo de subordinadas corresponden las demás?
- ***a)*** Salgamos a la calle porque ya es hora de pasearnos a cuerpo.
- ***b)*** Los españoles debemos mostrar que anunciamos algo nuevo.
- ***c)*** Vivimos; por lo tanto, anunciamos algo nuevo.
- ***d)*** Pues vivimos, anunciamos algo nuevo.

4. Transforma las oraciones de la actividad 3 que incluyan una proposición causal en oraciones con una proposición consecutiva. Usa distintos nexos.

5. Analiza sintácticamente las siguientes oraciones:
- ***a)*** Nosotros somos quienes somos.
- ***b)*** Por ser españoles, no damos por bueno el pasado.
- ***c)*** No vivimos del pasado; por consiguiente, no damos cuerda al recuerdo.
- ***d)*** Somos un agua que atropella sus comienzos.

6. Escribe oraciones en las que estas palabras polisémicas tengan un sentido distinto al del texto:

historia cuento cuerpo golpe marcha

7. ¿En qué orientación de la lírica contemporánea incluirías el poema de Celaya? Justifica tu respuesta.

8. Explica las restantes orientaciones de la lírica española desde la Guerra Civil hasta 1975 y menciona los autores y las obras más representativos.

9. Expón cuanto sepas sobre las tendencias de la poesía actual. ¿Qué autores las cultivan?

10. Prepara un esquema para una exposición oral que lleve por título *Mirando al futuro*.

10 ¿Quién tiene razón?

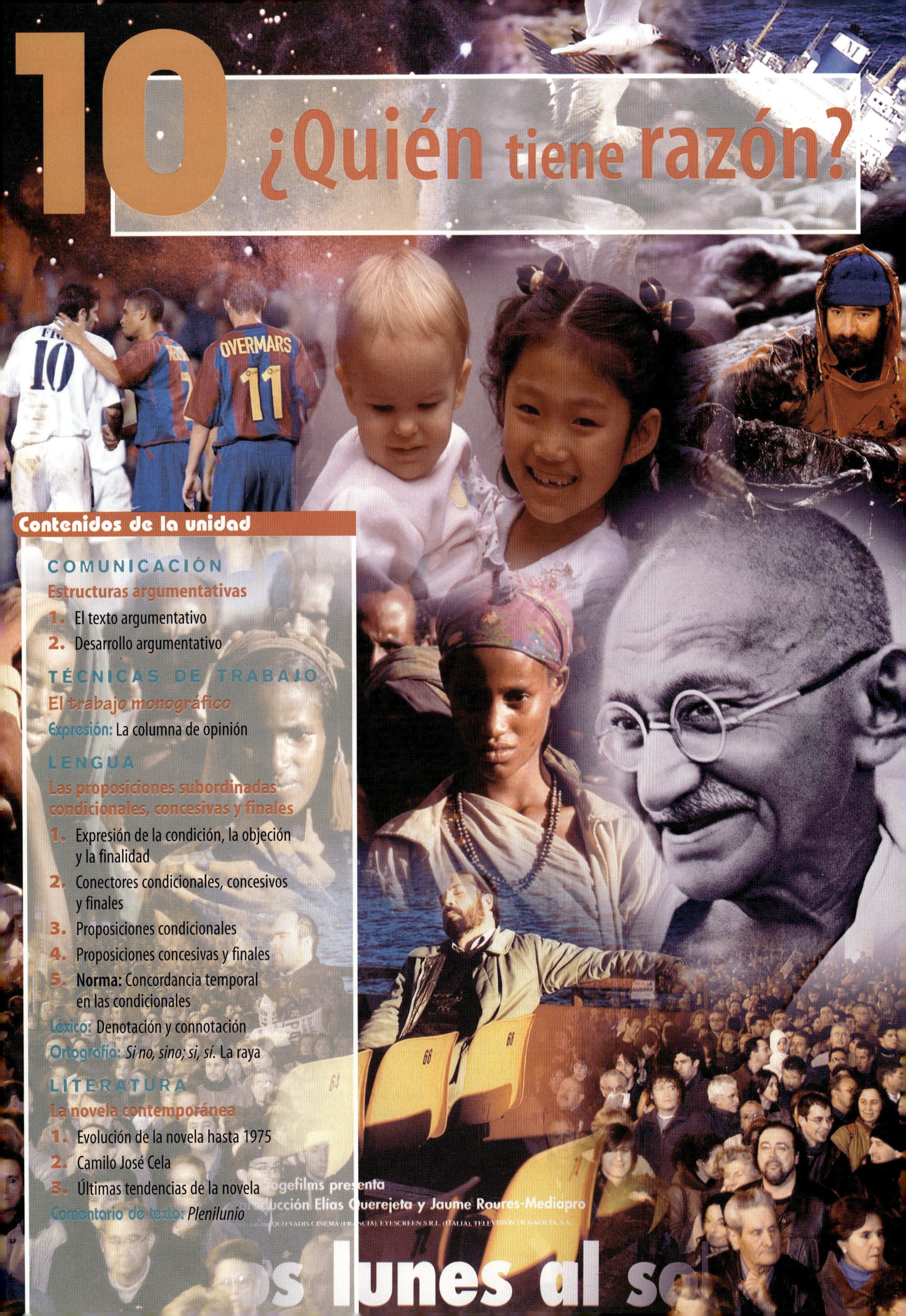

Contenidos de la unidad

Escribir [II]

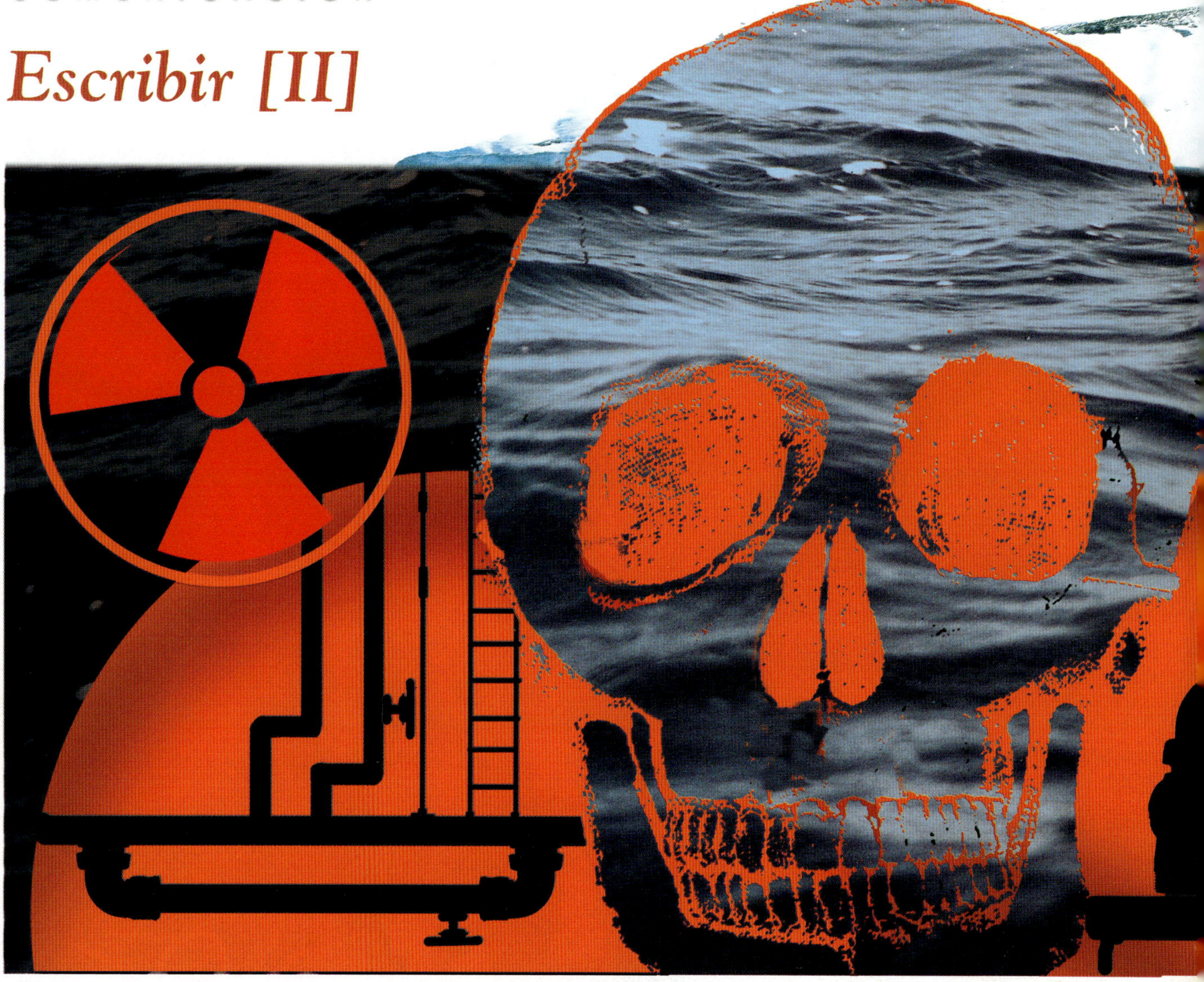

«13.15. Todos los tripulantes de los compartimentos sexto, séptimo y octavo pasaron al noveno. Hay 23 personas aquí. Tomamos esta decisión como consecuencia del accidente. Ninguno de nosotros puede subir a la superficie. Escribo a ciegas.» Estas palabras, escritas por un oficial del *Kursk* en un pedazo de papel, tienen la turbadora exactitud que pedimos a un texto literario. El autor está rodeado de bocas que exhalan un pánico que ni siquiera nombra. Él mismo debe de encontrarse al borde de la desesperación, pero no tiene tiempo ni papel para recrearse en la suerte. Ha de hacer, pues, una selección rigurosa de los materiales narrativos, y el resultado es esa obra maestra en la que, sin embargo, solo cuenta aquello a lo que se puede asignar un número: la hora y la cantidad de hombres. En situaciones extremas, la literatura sale a presión, como por la grieta de una tubería reventada. El documento del oficial del *Kursk* es bueno porque es necesario. Mientras la muerte trepaba por sus piernas, ese hombre se entregó con fría vehemencia[1] a la literatura, y de qué modo.

Naturalmente, lo que no dice ocupa más de lo que dice, pero lo ausente ha de aportarlo el lector, que es tan responsable de lo que lee como el escritor de lo que escribe. Sería absurdo comenzar una novela afirmando de un frutero que es bípedo. El lector tiene la obligación de saber que los fruteros son bípedos y que están dotados de cuatro extremidades con cinco dedos en cada una de ellas. Sin estos sobrentendidos primordiales, la escritura resultaría imposible.

Lo curioso es que un billete con cuatro líneas aparecido en el bolsillo de un cadáver responda de súbito a la vieja pregunta de para qué sirve la literatura. Sirve para contarlo. Todos aquellos que aspiran a escribir deberían recitar el texto del *Kursk* como una oración. Ser escritor, al menos cierto tipo de escritor, significa vivir rodeado de pánico percibiendo a tu alrededor bultos que pasan de un compartimento a otro con los calcetines mojados. Y tú eres uno de esos bultos: aquel que, por encima o por debajo del miedo, está poseído por la necesidad de contarlo, aunque las posibilidades de que alguien lo lea sean muy escasas. Escribo a ciegas.

Juan José Millás
Articuentos, Alba

[1] **vehemencia:** ímpetu, fuerza, pasión.

El escritor es aquel que, por encima o por debajo del miedo, está poseído por la necesidad de contarlo.

Análisis del texto

Análisis del contenido

1 Contesta estas cuestiones sobre el texto de Juan José Millás:
- ¿Qué hechos se narran en la cita inicial?
- Indica quién es el autor de esa nota y dónde fue encontrada.
- ¿Qué valora Millás de las palabras del oficial del *Kursk*?
- A partir de la cita del oficial, ¿sobre qué se reflexiona en el resto del texto?
- ¿Para qué sirve la literatura, según se desprende del último párrafo?

2 Amplía la información a partir de la lectura:
- ¿Qué era el *Kursk*? Señala la viñeta que representa la respuesta correcta:

- ¿Cuál es, según Juan José Millás, la obligación de todo lector?
- ¿Quiénes son los destinatarios de los consejos del autor?

3 Explica en qué consiste para Juan José Millás el oficio de escribir literatura.

Análisis de la estructura

4 Divide el texto en dos partes atendiendo a los criterios que se proponen:

Nota del *Kursk* y valoración	Desde __________ hasta __________
Reflexión sobre la literatura	Desde __________ hasta __________

5 Cita frases del fragmento en las que se aprecien las opiniones del autor.

Análisis de las formas de expresión

6 Explica los diferentes significados del término *billete* en estas oraciones:
a) Estas palabras aparecieron en un *billete* destinado a la esposa del oficial.
b) ¿Cuántos *billetes* has desembolsado para dar la entrada del piso?
c) No sé dónde he puesto los *billetes* a Sevilla.
d) No te olvides de guardarme un *billete* para el sorteo de Navidad.

7 Localiza en el diccionario el sustantivo *bulto* y sustitúyelo en el texto por la acepción que consideres adecuada. ¿Qué significan las siguientes expresiones con esa palabra? Construye oraciones con cada una de ellas:
a) Escurrir el bulto. *b)* A bulto. *c)* Hacer bulto. *d)* De bulto.

8 La oración *escribo a ciegas* aparece dos veces en el fragmento de *Articuentos*. ¿Con qué sentidos se emplea?

9 Razona si la expresión *fría vehemencia* constituye o no una paradoja.

Interpretación y valoración

10 Juan José Millás tiene una opinión acerca de lo que deben hacer el escritor y el lector. ¿Cuál es la tuya? Escribe un texto en el que reflexiones sobre ello y sobre la finalidad de la literatura en el mundo actual.

Estructuras argumentativas

1 El texto argumentativo

Recuerda

- La **narración**, la **descripción**, el **diálogo**, la **exposición** y la **argumentación** son **tipos textuales.**
- La **argumentación** consiste en la **defensa razonada** de una determinada **opinión.**
- Los **textos** en los que la **forma básica** es la **argumentación** se denominan **textos argumentativos.**

En el texto de la página 216, J. J. Millás defiende su **opinión razonada** sobre el oficio de escribir; se trata, pues, de un **texto argumentativo.**

La **finalidad** de los **textos argumentativos** es **convencer** o **persuadir** a otros de que una determinada **opinión** es **acertada.**

En un **texto argumentativo** se distinguen **dos elementos fundamentales:**

- **Opinión.** Es la declaración de un **punto de vista personal del emisor** del texto sobre un asunto determinado. Equivale a la **tesis.**
- **Argumentos.** Son las distintas **razones** o **pruebas** que el autor del texto presenta para sostener su tesis.

La **estructura de un texto argumentativo** es **analítica** si aparece **al principio** la **opinión, seguida** de los **argumentos.** Si figuran **primero** los **argumentos** y la **tesis** se desprende como **conclusión,** la **estructura** es **sintética.**

Son textos argumentativos los **editoriales** y **cartas al director, artículos** y **columnas de opinión,** los **ensayos…** La argumentación se usa también en textos orales como **tertulias** y **debates.** Actualmente, los medios electrónicos permiten el intercambio de opiniones a través de foros y *chats.*

Luto por los árboles

Hoy he visto en el Retiro los primeros cogollos de hojas tiernas, recién brotados en las ramas de los castaños, que tienen todavía una abstracta desnudez invernal, y me he acordado de los olmos de la Alhambra, los olmos enfermos de grafiosis[1] *que llevan años muriéndose sin que el trabajo y la dedicación de los técnicos hayan logrado otra cosa que hacer más lenta la epidemia, que ya ha matado a ciento sesenta y cinco árboles. […] Igual que la vida de un árbol es más larga, más lenta, más imponente que la vida de un hombre, también su muerte tiene una tonalidad más terrible, una solemnidad de réquiem y capitulación. Asistir a la tala y a la caída de un árbol es presenciar la demolición de una vida preservada con la lentitud de los ritmos vegetales durante mucho más tiempo que la vida de cualquiera de nosotros. […]*

No sabemos si el árbol es dichoso, como dice Rubén, por ser apenas sensitivo. De lo que no cabe duda es de que en nosotros hay una disposición de nobleza y de reverencia hacia las cosas mejores que se nos manifiesta en el amor a los árboles, igual que a los caballos y a los perros. En uno de los diálogos de Platón se argumenta que la forma y los movimientos del caballo constituyen una revelación de las cosas perfectas. En los árboles encontramos una afirmación simultánea de eternidad y de paso del tiempo, de permanencia y de crecimiento, de vida y de majestad. […]

Salvar el bosque de la Alhambra, igual que preservar una biblioteca, es entregar al porvenir la memoria de lo mejor que somos.

Antonio Muñoz Molina
La huerta del Edén, Ollero & Ramos

[1] **grafiosis:** enfermedad producida por el hongo *Graphium ulmi.*

Actividades

1. Indica de qué habla Muñoz Molina en este texto y de qué hecho parte.
2. ¿Cómo considera que es la vida del árbol en comparación con la del hombre?
3. ¿Cuál es la opinión del autor? Señala en qué parte del fragmento se refleja.
4. ¿Qué tipo de estructura presenta, pues, el texto *Luto por los árboles*?

2 Desarrollo argumentativo

En un texto argumentativo como el de la página 216, el **desarrollo de la argumentación,** es decir, de la defensa de la opinión que sostiene el autor, se lleva a cabo esgrimiendo distintos **tipos de argumentos.**

Los **tipos de argumentos** más habituales son los **datos, hechos, ejemplos** y **argumentos de autoridad.**

Tipos de argumentos

Datos

Se aportan **cifras** u otro tipo de **información objetiva** relacionada con las afirmaciones realizadas. Así, Juan José Millás en su texto dice *Sería absurdo comenzar una novela afirmando de un frutero que es bípedo.*

Hechos

Se citan **acontecimientos** que sirven de prueba, puesto que mantienen una **relación de causa** o **efecto** con la afirmación que sostienen. Millás menciona *un billete con cuatro líneas aparecido en el bolsillo de un cadáver* que responde *de súbito a la vieja pregunta de para qué sirve la literatura.*

Ejemplos

Son **casos concretos** y **ciertos** que se presentan como **prueba** para confirmar o negar una afirmación. Así, al aludir a la nota escrita por el oficial del *Kursk,* Millás incluye un ejemplo en su argumentación.

Argumentos de autoridad

Son **citas, directas** o **indirectas,** de afirmaciones de **personas** o de **instituciones de prestigio.** Si Millás hubiera citado a un estudioso o a otro autor como emisor de la frase *el lector es tan responsable de lo que lee como el escritor de lo que escribe,* habría introducido un argumento de autoridad.

La argumentación puede plantearse también a partir de la **tesis contraria** a la opinión que defiende el autor. La tesis contraria se denomina **antítesis** y se incluye, para **rebatirla,** en un proceso de **contraargumentación.**

Los **argumentos** que se utilizan para **refutar** la **antítesis** se conocen como **contraargumentos** y son del **mismo tipo** que los **argumentos.**

En el proceso de contraargumentación, el emisor demuestra por medio de los contraargumentos que la opinión contraria a la suya no se sostiene o tiene menor peso, lo que le sirve para **reforzar su tesis.**

Un prelado decía que la mujer que más sabe solo sabe ordenar un arca de ropa blanca. [...] Estos discursos contra las mujeres son de hombres superficiales. [...] Entre los drusos, pueblos de la Palestina, son las mujeres las únicas depositarias de las letras, pues casi todas saben leer y escribir; y en fin, lo poco o mucho que hay de literatura en aquella gente está archivado en los entendimientos de las mujeres, y oculto del todo a los hombres, los cuales solo se dedican a la agricultura, a la guerra y a la negociación. Si en todo el mundo hubiera la misma costumbre, tendrían sin duda las mujeres a los hombres por inhábiles para las letras, como hoy juzgan los hombres inhábiles a las mujeres. Y como aquel juicio sería sin duda errado, lo es del mismo modo el que ahora se hace, pues procede sobre el mismo fundamento.

Benito Jerónimo Feijoo
Teatro crítico universal, Cátedra (Adaptación)

a) Todos dicen que el moreno favorece, pero un exceso de sol puede ser perjudicial.
b) La preocupación por el lugar donde uno nace es importante; sin embargo, ________
c) Aunque casi todos consideran que las vacaciones escolares son largas, yo ________
d) Los famosos se quejan del peso que deben soportar en su vida privada; ________

Actividades

5 ¿Qué argumentos de los tipos mencionados arriba utiliza Antonio Muñoz Molina en el texto de la página anterior? Cita los que encuentres.

6 Señala la antítesis de la que parte Feijoo en su texto. ¿Qué tipo de contraargumento emplea el autor para refutarla? ¿Cuál es su verdadera opinión?

7 Observa el ejemplo y completa las oraciones de la ilustración del margen con afirmaciones que se opongan.

El trabajo monográfico

En el ordenador...

Cuadros de texto

Los **cuadros de texto** son espacios **definidos por el usuario** en una página. Para incluir un cuadro de texto, selecciona en el menú **Insertar** la opción **Cuadro de texto** o pincha el boton correspondiente en la **Barra de dibujo:**

Cuadro Fondo Línea Grosor Sombra

Los botones de esa barra permiten aplicar al cuadro **fondos** o **líneas de color, bordes** de distinta forma y grosor, **sombras...**

Si lo que deseas es **modificar el formato del texto incluido,** pincha el cuadro y selecciona en el menú **Formato** la opción **Cuadro de texto.**

En la vida académica es muy habitual la **consulta**, el **análisis** y la **elaboración** de **textos argumentativos** o que **combinan exposición y argumentación.** Así sucede con los manuales y obras de referencia, en el comentario de textos o en la redacción de **trabajos monográficos.**

El **trabajo monográfico** es un **texto expositivo-argumentativo escrito** sobre un **tema determinado,** fruto de un **proceso de investigación y documentación.**

Los trabajos contienen habitualmente una **parte expositiva,** de **información** sobre el tema tratado, y una **parte argumentativa,** en la que se manifiestan las **reflexiones** y **valoraciones personales** de quien lo ha realizado y se apoyan o rebaten las tesis de los autores cuya bibliografía se ha consultado. Para desarrollar correctamente esa argumentación, atiende a las pautas que se indican.

Para preparar la argumentación

- **Establece con exactitud la tesis.** Si esta es demasiado amplia, tus argumentos pueden no ser suficientes; si es demasiado concreta, el trabajo resultará poco interesante.
- **Analiza la tesis desde diversas perspectivas** para **descubrir** nuevos **argumentos** y **anticipar** posibles **contraargumentos.**
- **Selecciona los argumentos adecuados.** La tesis tiene más fuerza si se apoya en **datos** y **hechos verdaderos** que resulten irrefutables. Las **citas directas** deben «venir al caso» y aparecerán entrecomilladas; las **indirectas** deben ser conocidas para que surtan efecto.
- Realiza un **esquema previo** del texto que se va a elaborar **ordenando** los **argumentos** de manera que los de mayor peso aparezcan al final.

Recuerda, además, que el contenido de un trabajo monográfico debe responder a la siguiente **estructura:**

Estructura del trabajo

Portada

Debe incluir:
- **Título del trabajo.**
- **Nombre y apellidos** del **autor** o los **autores** del mismo.
- **Curso y grupo.**
- **Área.**
- **Nombre** del **profesor** y del **centro de estudios.**

Índice

En él se **enumeran** los principales **apartados, epígrafes** y **subepígrafes** que componen el trabajo, con la **indicación del número** de la **página** en la que empiezan.

Puede aparecer también al final del trabajo.

Cuerpo del trabajo

Comprende estos apartados:
- **Introducción.** Plantea el **objeto del trabajo** y el **enfoque** elegido.
- **Exposición del tema.** Este se presenta como **hipótesis** que ha de ser demostrada.
- **Desarrollo de los argumentos.** Conviene organizarlos en **epígrafes** según su contenido.
- **Conclusiones. Confirman** la **hipótesis inicial** como **consecuencia** de los **argumentos** aportados.

Última página

En la última página del trabajo deben figurar:
- **Fecha de realización.**
- **Nombre** y **firma** (a mano) del **autor** o de los **autores.**

Bibliografía

Es la **relación** de los **documentos consultados** para la elaboración del trabajo (enciclopedias, manuales, artículos de prensa, etc.), **ordenados alfabéticamente** por el apellido de los autores.

Anexos

Al final de algunos trabajos se incluyen **documentos** de **diversos tipos:** esquemas, gráficos, cuadros sinópticos, mapas..., que amplían o completan la información ofrecida en el cuerpo del trabajo.

Actividades

1. Al realizar un trabajo sobre la Guerra Civil, debes defender si su influjo en la literatura española fue positivo o negativo. Prepara los argumentos.
2. Elabora la portada y el índice del trabajo tal como lo presentamos.

Vicente Verdú.

Los columnistas

Los **columnistas** que escriben en un **periódico** suelen ser **colaboradores habituales** de esa publicación. Se trata de **escritores** e **intelectuales** de reconocido **prestigio,** cuya **firma** es la que **valida la opinión** y **atrae al lector.**

En la prensa española colaboran, con sus columnas, autores como Vicente Verdú, Juan José Millás, Maruja Torres, Rosa Montero, Francisco Umbral, Antonio Gala, Manuel Martín Ferrand, Juan Manuel de Prada…

Expresión

La columna de opinión

En la página 218 hemos visto cómo la **argumentación** es la forma textual básica de diversos **géneros periodísticos,** entre ellos el **editorial**, que estudiaste el curso pasado, y el **artículo** y la **columna de opinión.**

Una **columna de opinión** es un **texto periodístico** en el que el **autor** —que es quien la firma— transmite su **punto de vista** sobre un **asunto de actualidad.**

Se trata de un texto de **extensión breve** y de **carácter subjetivo,** que en ocasiones **se aproxima a la literatura.** Algunas columnas se presentan en forma de narraciones que «encubren» la opinión que su autor desea transmitir. No existen normas fijas para escribir una columna de opinión, pero estas orientaciones pueden ayudarte.

Para escribir una columna de opinión

- **Muestra** claramente **lo personal;** incluye cuantas veces lo necesites la **presencia directa del yo.**
- Utiliza una **adjetivación valorativa** para evidenciar tu aprecio o rechazo por lo tratado.
- **Incluye al receptor** por **medio de mandatos, preguntas directas, interrogaciones retóricas,** uso de la **primera persona del plural**…
- Emplea **recursos literarios** como **comparaciones** y **metáforas,** no solo por la claridad explicativa, sino por su interés artístico.

La casa

Vicente Verdú

La casa es nuestra cáscara. Más que el caparazón de una tortuga que, en definitiva, no la envuelve por entero. La casa es nuestra investidura. Siempre vamos o venimos de casa y la casa, mientras cumplimos la vida cotidiana, nos acompaña sin cesar. En vacaciones, sin embargo, nos deshacemos de la casa del mismo modo que otros animales se liberan de una piel y ambulan desnudos.

La casa ha quedado, no obstante, allí, en la ciudad, no se biodegrada como las pieles desprendidas de los otros seres vivos. La casa continúa en pie, indemne y con la boca abierta. Vacía de nosotros y sin poder cerrar sus fauces porque continúa a la espera de volvernos a albergar. ¿Cuándo? La casa no lo sabe ni puede preguntarlo. Sus cuartos sin nadie, sus pasillos sosteniendo la altura, el salón conservando el vacío se constituyen en una forzada guarda de nuestra ausencia. La familia chapotea en el mar, lanza risotas bajo el chiringuito, duerme la siesta a pierna suelta y entre tanto la casa se encuentra en estado de ataraxia[1]. Quieta, tensa, dejándose penetrar por las hileras de luz y sin moverse. […]

Entonces, ¿cómo es posible dejarla a su suerte, no llamar al contestador, no facilitarle compañía, cómo no regresar pronto a su encuentro desde la culpable banalidad del veraneo?

El País, 17 de agosto de 2002

[1]**ataraxia:** estado de tranquilidad.

Actividades

3. ¿Por qué crees que Vicente Verdú escribe una columna sobre la casa?
4. Localiza los recursos literarios empleados en este fragmento.
5. ¿Qué otros rasgos lingüísticos propios de una columna puedes señalar?
6. Imita la columna de Verdú y escribe otra con el título «Mi habitación».

Las proposiciones subordinadas condicionales, concesivas y finales

Recuerda

- Las **proposiciones de tiempo,** de **lugar** y de **modo** desempeñan la **función** de **complemento circunstancial.**
- Las **proposiciones comparativas** expresan una relación de **igualdad,** de **superioridad** o de **inferioridad** entre dos realidades.
- Las **proposiciones causales** y **consecutivas** se refieren al **predicado** de la **proposición** de la que **dependen.**

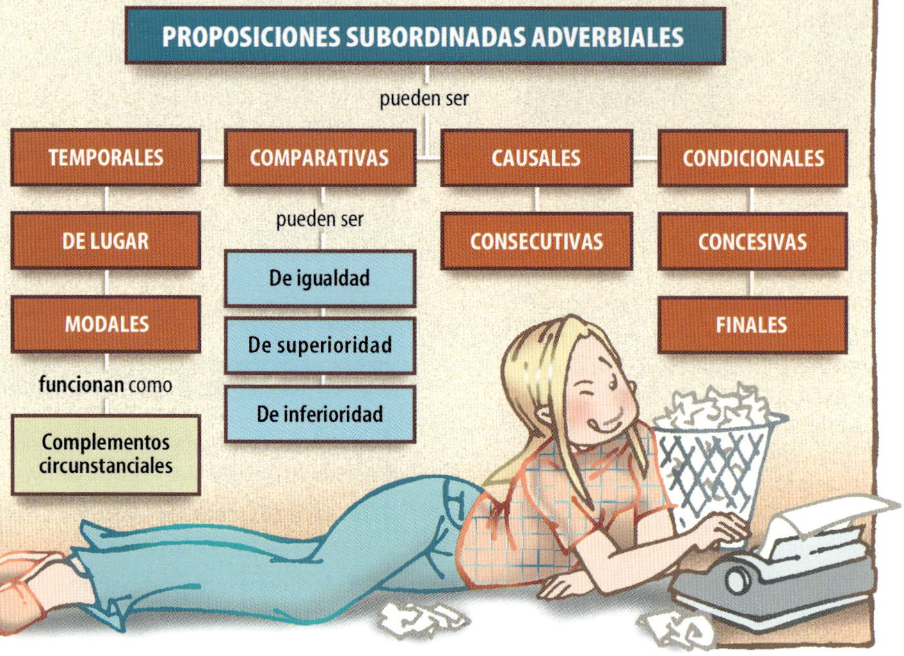

1 Expresión de la condición, la objeción y la finalidad

En las UNIDADES 7, 8 y 9 hemos visto que las proposiciones subordinadas adverbiales pueden indicar circunstancias de **tiempo,** de **lugar** y de **modo,** expresar la **comparación** entre dos realidades y señalar las relaciones de **causa** y **consecuencia** entre proposiciones. Pero, además, por medio de las proposiciones adverbiales se formulan otros tres tipos de relaciones.

Las **proposiciones subordinadas adverbiales** expresan también **condición, objeción** o **finalidad.**

Para expresar una **condición** o **hipótesis,** se emplean estas estructuras:

- **Sintagmas nominales con preposición:** *Con ese talento, yo me dedicaría a la literatura.*
- **Proposiciones subordinadas condicionales:** *Si yo tuviera su talento, me dedicaría a la literatura.*

La formulación de una **objeción** o un **obstáculo** se realiza por medio de:

- **Locuciones:** *Con todo y con eso, el oficial pudo escribir la nota.*
- **Proposiciones subordinadas concesivas:** *Aunque la situación era desesperada, el oficial pudo escribir la nota.*

Por su parte, la **finalidad** o **meta** se expresa mediante estas estructuras:

- **Sintagmas nominales con preposición:** *Millás escribió el texto para la orientación de jóvenes escritores.*
- **Proposiciones subordinadas finales:** *Escribió el texto para que los jóvenes escritores tuvieran alguna orientación.*

Condicionales, concesivas y finales

Las **proposiciones condicionales, concesivas** y **finales,** como las causales y las consecutivas, **se refieren** al **predicado** de la proposición de la que dependen y ofrecen también **matices** de la relación **causa / efecto:**

- Las **condicionales** expresan una **causa incierta.**
- Las **concesivas niegan** la **relación** de **causa / efecto esperable.**
- Las **finales** ofrecen un **efecto imaginado como propósito.**

2 Conectores condicionales, concesivos y finales

El nexo *como*

El **nexo** ***como,*** además de introducir **proposiciones condicionales,** se emplea en otros tres tipos de subordinadas adverbiales:

- **Proposiciones modales:** *Escribió el libro como le aconsejaron.*
- **Proposiciones comparativas:** *Su ensayo es tan interesante como esta novela (es interesante).*
- **Proposiciones causales:** *Como no he leído el libro, no debo opinar.*

En la página 222, la **proposición subordinada condicional** *Si yo tuviera su talento* se introduce con la conjunción *si;* se trata de un **nexo condicional.**

Funcionan como **nexos condicionales** las **conjunciones *si*** y ***como,*** y algunas **preposiciones** y **locuciones conjuntivas.**

El nexo más habitual de las condicionales es la conjunción *si;* observa algunos ejemplos más en el cuadro:

NEXOS CONDICIONALES	
Conjunciones *si* y *como*	*Si quieres escribir bien, haz una rigurosa selección de los materiales narrativos.* *Como leas ese libro, desearás ser escritor.*
Preposiciones	*De haber conocido el caso del Kursk, habría entendido mejor la lectura.*
Locuciones conjuntivas	*En caso de que leas el texto, te hablaré sobre su autor.* *Lo leeré con la condición de que me hables antes del autor.*

La **proposición subordinada concesiva** *Aunque la situación era desesperada* aparece introducida por la conjunción *aunque*, que es un **nexo concesivo.**

Funcionan como **nexos concesivos** la **conjunción *aunque*** y las **locuciones conjuntivas** *a pesar de que, encima de que, por mucho que...*

Observa algunos ejemplos:

Aunque no conozcas los hechos, el relato del oficial resulta emocionante.

A pesar de que está rodeado de pánico, el autor escribe con serenidad.

La **proposición subordinada final** *para que los jóvenes escritores tuvieran alguna orientación* se introduce mediante la locución *para que*, que actúa, pues, como un **nexo final.**

Funcionan como **nexos finales** las **conjunciones *que*** y ***porque,*** las **preposiciones *a*** y ***para,*** las **locuciones *para que*** y ***a que*** y **otras locuciones.**

NEXOS FINALES	
Conjunciones *que* y *porque*	*Lee esa nota, que comprenderás mejor la situación.* *Roguemos porque lo entiendas.*
Preposiciones *a* y *para*	*La escribió para dejar constancia de su situación.*
Locuciones conjuntivas *para que* y *a que*	*Me leyó el escrito para que comprendiera mejor su argumentación.* *Vino a que le explicara algunos de mis argumentos.*
Otras locuciones	*Lo hizo a fin de que / con el objeto de que lo comprendieran.*

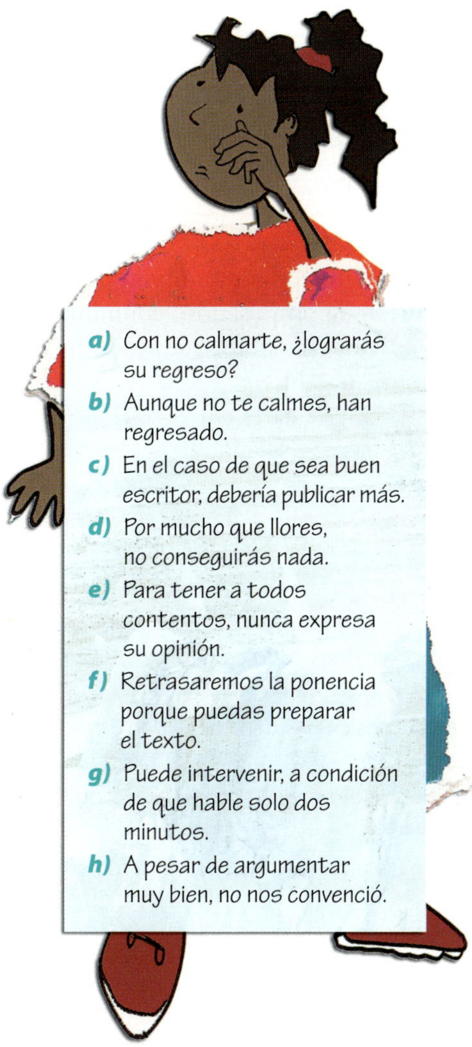

Actividades

1. Escribe oraciones que incluyan proposiciones condicionales, concesivas y finales empleando todos los nexos que conoces.
2. Localiza los nexos de las proposiciones condicionales, concesivas y finales de las oraciones de la ilustración e indica de qué tipo son.

3 Proposiciones condicionales

Condicionales con formas no personales

En las **proposiciones condicionales** cuyo **nexo** es una **preposición,** el verbo de la prótasis se presenta en **infinitivo:**

Con leer el libro de Millás, aprenderás mucho sobre literatura.

Además, las proposiciones condicionales pueden presentar el verbo en **gerundio** o **participio;** es este caso se enlazan **sin nexo:**

Conociendo tu afición a la lectura, te hubiera regalado ese libro.

Enterado de esa circunstancia, lo hubiera comprado.

Las **proposiciones subordinadas condicionales** expresan una **condición** para que se cumpla lo expresado en la **proposición principal.**

Estas proposiciones pueden expresar tres **tipos de condiciones:**

TIPOS DE CONDICIONES	
Condición real	En el caso de que se realice la condición, se cumple obligatoriamente la acción principal: *Si publicamos el libro de Millás, lograremos un éxito editorial.*
Hipótesis posible	La acción principal se cumplirá solo si llega a tener lugar la condición: *Si publicáramos el libro de Millás, lograríamos un éxito editorial.*
Hipótesis imposible	La acción principal no se cumplirá, porque la condición no tiene lugar: *Si hubiéramos publicado el libro de Millás, habríamos logrado un éxito editorial.*

Las oraciones que incluyen proposiciones condicionales constan de una **proposición subordinada** que expresa la **condición,** denominada **prótasis,** y de una **proposición principal** que recoge la **acción** cuyo cumplimiento epende del tipo de condición expresada, y que se llama **apódosis:**

Si preparas adecuadamente tu argumentación, *tu trabajo mejorará.*
Prótasis (PS Cond) — Apódosis (PP)

Las proposiciones condicionales pueden situarse delante o detrás de la rincipal. Obsérvalo en el análisis:

Análisis

(SO: Tú)

Tu	*trabajo*	*mejorará*	*si*	*preparas*	*correctamente*	*la*	*argumentación.*
D (Pos)	N (Sust)	N (V)		N (V)	CCM (S Adv)	CD (SN)	
S (SN))		P (SV)	Nx	P (SV)			
PP			PS Condicional				

Además de condicionales, la conjunción *si* introduce también proosiciones sustantivas. Para determinar el tipo de proposición, conmuta ı subordinada por *esto* o *eso;* si admite la transformación, se trata de na sustantiva; en caso contrario, es una condicional:

Dime si has hecho el trabajo. ➜ *Dime* **eso.**
PS Sust

Si has hecho el trabajo, entrégalo. ➜ **~~Eso~~ entrégalo.*
PS Condicional

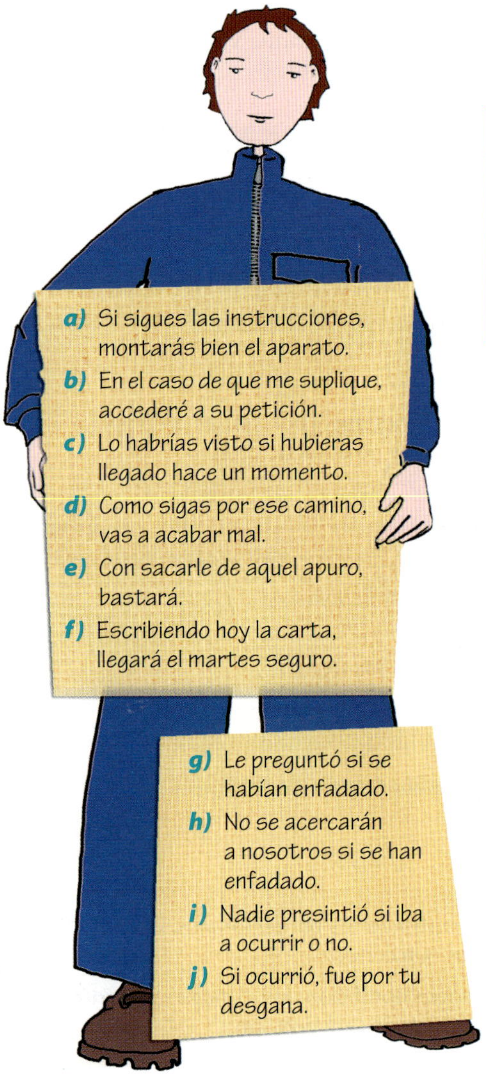

Actividades

3. Señala si en las oraciones ***a)*** a ***f)*** las proposiciones condicionales expresan condición real, hipótesis posible o hipótesis imposible.
4. Transforma en condicionales con *si* las proposiciones de la actividad 3 que no van introducidas por este nexo.
5. Diferencia en las oraciones ***g)*** a ***j)*** las proposiciones con la conjunción *si* que son sustantivas de las que son condicionales.
6. Realiza el análisis sintáctico completo de las diez oraciones que figuran en la ilustración.

4 Proposiciones concesivas y finales

Las **proposiciones subordinadas concesivas** enuncian un **obstáculo** o una **objeción** para que se realice la **acción principal.**

Estas proposiciones pueden situarse **delante** o **detrás** de la **principal:**

Aunque ya han terminado el trabajo, se reúnen todos los días.

Se reúnen todos los días, aunque ya han terminado el trabajo.

En las proposiciones concesivas puede **omitirse** el **verbo:**

Aunque (fue) interesante, la realización del trabajo fue agotadora.

Las proposiciones concesivas se pueden construir también con expresiones como las siguientes:

Rompiendo a llorar y todo, no consiguió su objetivo.

Con lo mañoso que es, no ha logrado montarlo.

Las proposiciones concesivas, como las coordinadas adversativas, son procedimientos lingüísticos muy habituales para introducir **antítesis** y **contraargumentos.** Obsérvalo en el ejemplo del análisis:

Análisis

(SO: El lector)

El lector es responsable de lo leído, aunque no ha escrito el libro.

N (Adj) — Ady (Prep + SN)

D (Art) N (Sust) N (V) At (S Adj) — CC Neg N (V) CD (SN)

S (SN) P (SV) — Nx P (SV)

PP — PS Concesiva

Las **proposiciones subordinadas finales** expresan la **finalidad, real** o **hipotética,** de aquello que se afirma en la **proposición de la que dependen.**

Al igual que las condicionales y las concesivas, las proposiciones finales se pueden colocar delante o detrás de la principal:

Preparé la documentación para que realizaras el trabajo.

Para que realizaras el trabajo, preparé la documentación.

Análisis

Para que el texto tenga sentido, debe participar activamente el lector.

D (Art) N (Sust) N (V) CD (SN) — N (V) CCM (S Adv) D (Art) N (Sust)

Nx S (SN) P (SV) — P (SV) S (SN)

PS Final — PP

Actividades

7 Señala el tipo de proposiciones subordinadas adverbiales que incluyen las oraciones de la ilustración de la izquierda.

8 Realiza el análisis sintáctico de todas las oraciones de la actividad 7. No olvides señalar los nexos.

Concesivas y finales con formas no personales

Las **proposiciones concesivas** pueden construirse con **formas no personales** del verbo:

- **Infinitivo** (precedido de *con* o de *para*): *Con enfadarte, no conseguirás nada.*
- **Gerundio:** *Incluso sabiéndolo, no pudimos hacer nada.*
- **Participio:** *Aun interesado por el trabajo, no hizo la entrevista.*

Por su parte, las **proposiciones finales** introducidas por ***a*** o ***para*** se construyen con el verbo en **infinitivo:**

Vino a comprobar los daños.

Nos dio el libro para consultarlo.

5 Concordancia temporal en las condicionales

El empleo de los tiempos verbales en la proposición subordinada condicional (protásis) se realiza en función del tipo de condición expresada:

Si llegas pronto, iremos al cine. *Si llegaras pronto, iríamos al cine.*

Si hubieras llegado pronto, hubiésemos ido al cine.

La **condición real** se formula en **presente de indicativo;** la **hipótesis posible,** en **pretérito imperfecto de subjuntivo,** y la **hipótesis imposible,** en **pretérito pluscuamperfecto de subjuntivo.**

Errores en los tiempos verbales de las condicionales

En el predicado de la **proposición subordinada condicional no** se deben **utilizar:**

➜ El **futuro de indicativo:** **Si ~~pintarás~~ la casa, te ayudaremos;* lo correcto es *Si pintas la casa, te ayudaremos.*

➜ El **condicional simple:** **Si ~~pintarías~~ la casa, te ayudaríamos;* lo correcto es *Si pintaras la casa, te ayudaríamos.*

➜ El **condicional compuesto:** **Si ~~habrías pintado~~ la casa, te hubiésemos ayudado;* lo correcto es *Si hubieras pintado la casa, te hubiéramos ayudado.*

Observa, sin embargo, que los tres tiempos verbales que se han señalado sí pueden aparecer en la **apódosis:**

Si pintas la casa, nosotros te ayudaremos.

Si pintaras la casa, nosotros te ayudaríamos.

Si hubieras pintado la casa, nosotros te habríamos ayudado.

Actividades

9 Corrige las oraciones en las que observes errores. Fíjate en que algunas de ellas no son subordinadas condicionales:

a) Si habría comprado el coche, habríamos ido a verte.
b) Iría de vacaciones si pudiera.
c) Me preguntó si estaría dispuesta a ayudarla.
d) Si hubieras llamado hace una hora, nos habrías encontrado en casa.
e) Estarán de camino si habrán preparado la mochila.
f) De haberlo sabido, no sé si te lo habría dicho.
g) Es seguro que sí te lo habrá dicho.

10 Completa las siguientes oraciones con una forma verbal correcta:

a) No sé qué habría sucedido si ____________
b) Si ____________, iremos con los niños al parque.
c) Lo veríamos todo de color de rosa, si ____________
d) Si ____________, faltaría a la verdad.
e) Si ____________, préstamela.

Expresiones correctas

La locución ***con el objeto de*** y su variante ***con objeto de*** expresan **finalidad:**

Me he puesto el disfraz con el objeto de divertirme. ➜ *Me he puesto el disfraz para divertirme.*

Hice la reserva con objeto de asegurar la plaza. ➜ *Hice la reserva para asegurar la plaza.*

En estos casos no es recomendable el empleo de la expresión *al objeto de:*

**Vamos allí ~~al objeto de~~ convencerlo de que debe venir.*

1 Señala en cuáles de estas oraciones la expresión *al objeto de* se emplea con valor final y corrige su uso:

a) Reserva las plazas al objeto de que podamos viajar en primera clase.
b) Han subido el precio al objeto de la subasta que me interesaba.
c) Exponemos razones al objeto de convenceros de que nuestra opinión es la correcta.

Aplicación y síntesis

El **ensayo** es un **texto argumentativo** que desarrolla las **reflexiones personales del autor** sobre un tema de interés. En estos textos se emplean los **tipos de argumentos** y **recursos formales** propios de la **argumentación,** con la diferencia de que su **extensión** es **mayor** que la de otros textos similares.

¿Qué significa «actuar»?

Supongamos que he tomado el tren y pago mi billete correspondiente. Durante el trayecto voy distraído, pensando en mis cosas, sin darme cuenta de que jugueteo con el pedacito de cartón, lo enrollo y lo desenrollo, hasta que por fin lo tiro descuidadamente por la abierta ventanilla. Entonces aparece el revisor y me pide el billete: ¡desolación! Y probable multa. Solo puedo murmurar para disculparme: «Lo he tirado… sin darme cuenta». El revisor, que es también un poco filósofo, comenta: «Bueno, si no se daba cuenta de lo que hacía, no puede decirse que lo haya tirado. Es como si se le hubiera caído». Pero yo no estoy dispuesto a aceptar esa coartada[1]: «Perdone, pero una cosa es que se me caiga el billete y otra haberlo tirado, aunque lo haya hecho inadvertidamente». Al revisor parece divertirle más esta discusión que ponerme el multazo: «Mire usted, "tirar" el billete es una acción, algo distinto a que se nos caiga, que es solo una de esas cosas que pasan. Cuando uno hace una acción es porque quiere hacerla, ¿no?».

Fernando Savater
Las preguntas de la vida, Ariel

[1]**coartada:** pretexto, disculpa.

Ideas claras

- Son **argumentativos** los **textos** en los que se **defiende** una **opinión** con **argumentos.**
- La **opinión defendida** se denomina **tesis,** y la **contraria, antítesis.**
- Como argumentos se emplean **datos, hechos, ejemplos** y **citas de autoridad.**
- **Contraargumentar** consiste en presentar una **antítesis** para **refutarla.**
- Las **proposiciones condicionales** expresan una **condición, real** o **hipotética,** para que suceda la **acción principal.**
- Las **concesivas** señalan que la **relación causa / efecto** habitual **no se produce.**
- Las **finales** indican **finalidad real** o **hipotética.**

1. Contesta las siguientes cuestiones:
   - ¿Qué le ha ocurrido al viajero por ir distraído en el tren?
   - Explica por qué el revisor del tren equipara la expresión «tirar sin darse cuenta» con «caerse».
   - Según el texto, ¿qué significa *actuar*?
2. Señala qué punto de vista defienden el revisor y el viajero, respectivamente, y qué tipo de argumento es el fragmento en su conjunto.
3. ¿La estructura argumentativa de este texto es analítica o sintética? Justifica tu respuesta.
4. Razona si en la siguiente proposición del texto la conjunción *si* se emplea o no con valor condicional:

   Si no se daba cuenta de lo que hacía, no puede decirse que lo haya tirado.

5. Localiza en el texto de Savater una proposición subordinada final y otra concesiva.
6. Analiza sintácticamente las siguientes oraciones:
   a) Aunque el revisor lo disculpó, el viajeró insistió repetidas veces en pagar la multa.
   b) Si hubiera tirado el billete deliberadamente, usted habría actuado.
   c) Con el objeto de disculparse, el viajero reconoció su error.
7. Completa el texto de Fernando Savater añadiendo un argumento de un tipo distinto al del utilizado por el autor.

Léxico

Denotación y connotación

La palabra *puerta* se refiere a un «armazón de madera, hierro u otra materia que sirve para impedir la entrada y salida, para cerrar o abrir un armario o mueble». Así, en la oración *He abierto la puerta para entrar*, este término se emplea con su significado habitual, es decir, **denotativamente.**

La **denotación** consiste en **usar las palabras** con el **significado que poseen, sin añadir valores personales.**

Sin embargo, en la oración *He abierto una puerta a la imaginación*, el significado de *puerta* es otro; indica que me he dejado llevar por la imaginación. En este caso, la palabra se ha usado **connotativamente.**

La **connotación** es una **significación subjetiva,** en la que **se añaden valores de carácter personal** y **social** al **significado de una palabra.**

Las palabras tienen una **carga denotativa** o **connotativa en función del enunciado** en el que aparezcan. Así, el término *chaval* es denotativo en *Nos atendió un chaval de quince años*, pero es connotativo en *A su edad está hecho un chaval*, pues ya no designa a un joven, sino a las características asociadas con la juventud: buen estado físico, energía, rapidez mental…

Actividades

1 Indica si las palabras subrayadas de las siguientes oraciones se han utilizado denotativa o connotativamente. Justifica tus respuestas:

a) Me he quedado en blanco.
b) Un fantasma viste sábana blanca.
c) Chaval, eres un fantasma.
d) Fui al cine a ver esa película.
e) Me ha salido de cine.
f) Menuda película te has montado.
g) Vi una película en blanco y negro.
h) Al acabar, miré el reloj.
i) Su cuerpo parece un reloj.
j) Aquí está el cuerpo del delito.

2 Escribe oraciones en las que las palabras del recuadro se empleen denotativa y connotativamente:

anciano pesadilla dolor ojos cielo primavera luz gris saltar sol

3 Explica por qué un texto científico es denotativo y uno literario connotativo.

4 Extrae de la siguiente columna de opinión todas aquellas palabras o expresiones que estén empleadas connotativamente y explica por qué:

España en DVD

ANTONIO BURGOS. El DVD mandará a los vídeos al hogar del pensionista, como los CD jubilaron a los discos de vinilo. El DVD nos está enseñando a ver el cine de otra forma. Ya no basta ver la película. Es más: la película en sí es lo de menos, con las ventajas del invento. Compras el DVD de la película de moda, lo pones en el cacharro, y todo se te va en darle al mando a distancia para el crucero turístico por las islas adyacentes de la cinta: la filmografía del director, el *trailer,* la biografía de los actores, el *making of,* las tomas falsas. Cuando no viene otra película que nada tiene que ver con la que se exhibe en las salas: la versión de montaje que le hubiera gustado hacer al director y que el productor no tragó para no arruinarse.

El Mundo, 23 de diciembre de 2002

Uso de las palabras

Íntimo / Intimista

Los adjetivos ***íntimo*** e ***intimista*** tienen significados diferentes:

- *Íntimo* señala que algo pertenece a lo más profundo de una persona, que corresponde a lo más privado; de ahí, la expresión «los íntimos» (quienes gozan de la confianza y familiaridad). Se aplica también a lugares en los que es posible la privacidad: *Cenamos en aquel restaurante tan* ***íntimo.***
- *Intimista* hace referencia a una tendencia artística en la que se toma como núcleo la expresión de la intimidad: *La poesía de Bécquer es sumamente* ***intimista.***

1 Corrige las oraciones en las que el empleo de los adjetivos *íntimo* o *intimista* resulte inadecuado:

a) Su obra es íntima, expresa sentimientos profundos.
b) Era un rincón íntimo donde podían hablar sin ser oídos.
c) Solo confía sus deseos a los amigos más intimistas.
d) Los intimistas pintan interiores íntimos.

Ortografía

El capitán Alatriste

Saldaña volvió a negar con la cabeza.

—No. Te doy mi palabra de que las órdenes son llevarte vivo si no te resistes. Otra cosa es que después te dejen salir de donde yo te lleve... pero entonces habrás dejado de ser asunto mío.

—Si no les importara el revuelo, me habrían despachado aquí mismo —Alatriste se deslizó un dedo índice por delante del cuello, imitando el movimiento de un cuchillo—. Te mandan porque quieren sigilo oficial...

Arturo y Carlota Pérez-Reverte

Si no, sino; si, sí

Las expresiones *si no* o *sino* corresponden a distintas clases de palabras:

- **Si no** está formada por la **conjunción *si*,** que introduce proposiciones condicionales y sustantivas, más el **adverbio de negación *no*:** *Le preguntó si no asistiría a la fiesta; Si no te ofendes, te lo digo.*
- **Sino** es una **conjunción adversativa** que introduce proposiciones o sintagmas: *No ha escrito una novela, sino un libro de poemas.* También representa al sustantivo *sino*, que significa «destino»: *Al final se cumplió su sino.*

Recuerda, además, que la **conjunción *si*** se escribe **sin tilde.** La forma **con tilde, *sí*,** puede corresponder al **adverbio de afirmación** o al **pronombre personal:**

Sí soy el autor. ➜ Adverbio *Hablaba para sí mismo.* ➜ Pronombre

La raya

La **raya** — es un signo de puntuación de trazo más largo que el **guión** - . Se emplea con las siguientes finalidades:

- Introducir **aclaraciones** o **incisos** que interrumpen lo que se viene diciendo: *Y desde aquel restaurante —un lugar ideal para cualquier celebración— nos fuimos ya para casa.*
- Señalar las **intervenciones de los personajes** en los **diálogos:** *—No se lo cuentes a nadie. / —Fíate de mí.*
- Delimitar los **comentarios del narrador:** *—Déjame en paz —le espetó sin venir a cuento—, y vete de una vez.*

La raya en bibliografías

La **raya** se emplea también en las **listas bibliográficas** para señalar que se **omite** una **palabra** o el **nombre de un autor:**

Cela, C. J.: *La colmena.* Barcelona, Noguer, 1983.

—: *La familia de Pascual Duarte.* Barcelona, Destino, 1969.

—: *Viaje a la Alcarria.* Barcelona, Destino, 1967.

1 Completa la lista de obras de este autor. Utiliza enciclopedias impresas o en CD-ROM.

Actividades

1. Justifica la escritura de *si no* y *si* en el fragmento de *El capitán Alatriste.*
2. Explica para qué se usa la raya en ese mismo texto.
3. Completa con *si no* o *sino* las siguientes oraciones:
   - ***a)*** Nadie ________ Luis ha sabido resolver el ejercicio.
   - ***b)*** ________ ha respondido, es porque no lo sabía.
   - ***c)*** No solo trataba de agradar _____ que intentaba que nos divirtiéramos.
   - ***d)*** Aquel accidente marcó su ______
4. Puntúa el siguiente texto y coloca las tildes donde sea necesario:

   No lo se John Lecarré dice que hay que tener temple de heroe para ser una persona decente.

   Si, pero una persona decente no es lo mismo que un heroe replico en el acto Bolaño Personas decentes hay muchas son las que saben decir no a tiempo heroes en cambio hay muy pocos.

   Javier Cercas
   Soldados de Salamina, Tusquets

La novela contemporánea

LITERATURA DEL SIGLO XX

NOVELA CONTEMPORÁNEA

Novela de posguerra

- **Camilo José Cela** (1916-2001)
  - *La familia de Pascual Duarte* (1942)
  - *La colmena* (1951)

- **Carmen Laforet** (1921)
  - *Nada* (1945)

Novela social

- **Rafael Sánchez Ferlosio** (1927)
  - *El Jarama* (1955)

- **Miguel Delibes** (1920)
  - *Las ratas* (1962)
  - *Cinco horas con Mario* (1966)

Renovación formal

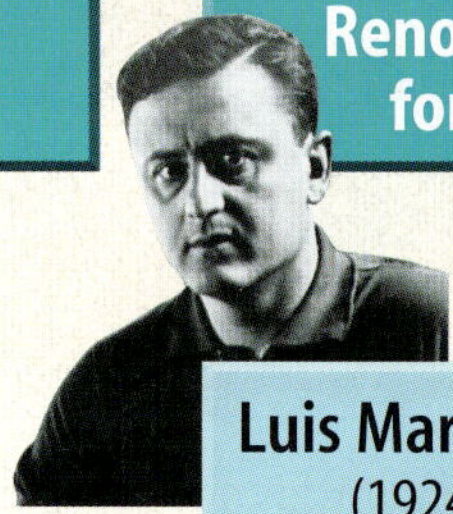

- **Luis Martín Santos** (1924-1964)
  - *Tiempo de silencio* (1962)

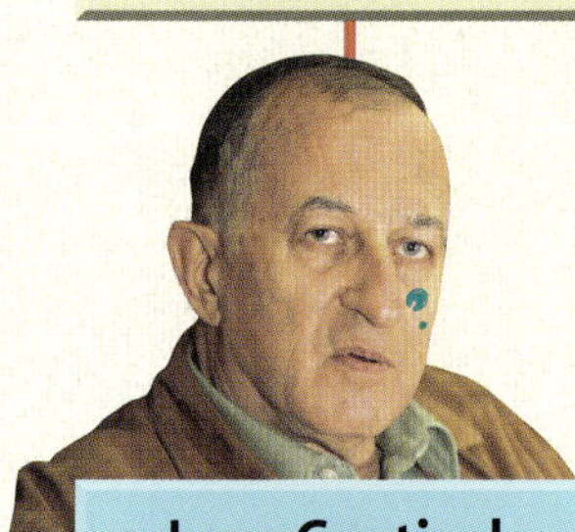

- **Juan Goytisolo** (1931)
  - *Señas de identidad* (1966)
  - *Cinco horas con Mario* (1966)
- **Gonzalo Torrente Ballester** (1910-1999)
  - *La saga / fuga de J. B.* (1972)

Últimas tendencias

- Novela poemática

  - **Julio Llamazares** (1955)
- Novela policíaca

  - **Antonio Muñoz Molina** (1956)
- Novela histórica

  - **Arturo Pérez Reverte** (1956)
- Novela realista

1 Evolución de la novela hasta 1975

Desde la **Guerra Civil** hasta el **final de la dictadura franquista,** la **novela española** se desarrolló en **distintas tendencias** íntimamente relacionadas con las **transformaciones políticas** y **sociales** vividas en el país.

La **novela española contemporánea** ha evolucionado desde el **realismo** de **posguerra,** pasando por la **novela social,** hasta la **renovación formal.**

Tras la Guerra Civil, el principio creativo predominante entre los narradores fue el **realismo.** La novela que triunfó se centraba en los acontecimientos inmediatamente anteriores, relatados desde la **perspectiva de los vencedores.** A partir de entonces, se fueron sucediendo distintos **modelos narrativos** con rasgos temáticos y formales propios.

Recuerda

- La **Guerra Civil española acabó** con los **planteamientos literarios anteriores.**
- A la **literatura de posguerra** le siguió la **literatura social** y la de **renovación formal.**
- La **renovación** se produjo por **influjos extranjeros literarios y cinematográficos.**

Principales etapas

Novela desarraigada

En la década de los **cuarenta,** el **desarraigo** producido por la penosa situación de la posguerra española se manifestó en obras que afrontaban la **realidad cotidiana de la época,** desvelando la **violencia** y el **sinsentido de la existencia.** En esta línea se inscriben *La familia de Pascual Duarte* (1942), de **Camilo José Cela,** y *Nada* (1945), de **Camen Laforet.**

Novela social

En los **años cincuenta,** la necesidad de ofrecer testimonio de la realidad de la época condujo a los escritores a narrar **historias del presente.** En estas novelas, el **personaje colectivo** y la **tendencia al objetivismo** hicieron que disminuyera la importancia del narrador y se incrementara la del **diálogo.**

Además de *La colmena* (1951), de Cela, son representativas de esta tendencia *El fulgor y la sangre* (1954), de **Ignacio Aldecoa;** *Pequeño teatro* (1954), de **Ana M.ª Matute;** *El Jarama* (1955), de **Rafael Sánchez Ferlosio;** *Entre visillos* (1958), de **Carmen Martín Gaite,** y *Las ratas* (1962), de **Miguel Delibes.** La **denuncia social** se hace explícita en textos sobre el **mundo obrero,** como *Central eléctrica* (1958), de **Jesús López Pacheco,** y *La zanja* (1961), de **Alfonso Grosso.**

***Caminando en otoño,* por Joachim Ringelnatz.**

Novela de renovación formal

A partir de los **años sesenta,** los narradores emprendieron una **renovación formal** de la novela, concediendo más importancia al **lenguaje** y al **modo de estructurar el relato.** Se emplearon **nuevos procedimientos narrativos,** como la mezcla de espacios y tiempos, el protagonista individual con fondo social, recursos tipográficos, ortografía no convencional y diferentes puntos de vista.

Entre las novelas de renovación destacan *Tiempo de silencio* (1962), de **Luis Martín Santos;** *Últimas tardes con Teresa* (1966), de **Juan Marsé;** *Señas de identidad* (1966), de **Juan Goytisolo;** *Cinco horas con Mario* (1966), de **Miguel Delibes;** *Volverás a Región* (1967), de **Juan Benet,** y *La saga / fuga de J. B.* (1972), de **Gonzalo Torrente Ballester.**

—Si el día de mañana queda algo de mi gestión al frente de la provincia, cosa que no es fácil, será el haber resuelto el problema de las cuevas. Tú volaste tres en tu término, Justo, ya lo sé; pero no se trata de eso ahora. Queda una cueva y mientras yo no pueda decirle al Ministro: «Señor Ministro, no queda una sola cueva en mi provincia» es como si no hubieras hecho nada. Me comprendes, ¿no es verdad?

Justito asintió. Parecía un escolar sufriendo la reprimenda del maestro. Fito Solórzano, el Jefe, dijo de pronto:

—Un hombre que vive en una cueva y no dispone de veinte duros para casa viene a ser un vagabundo, ¿no? Tráemele, y le encierro en el Refugio de Indigentes sin más contemplaciones. [...]

—Aguarda, Jefe. Ese hombre no pordiosea. Tiene su oficio.

—¿Qué hace?

—Caza ratas.

—¿Es eso un oficio? ¿Para qué quiere las ratas?

—Las vende.

—¿Y quién compra ratas en tu pueblo?

—La gente. Se las come.

Miguel Delibes
Las ratas, Destino

Actividades

1. ¿Qué problema preocupa al primer interlocutor? Explica por qué motivo.
2. ¿Qué solución ofrece el Jefe? ¿Por qué se opone Justo?
3. ¿A qué tendencia narrativa pertenece el fragmento? Justifica tu respuesta.

2 Camilo José Cela

Camilo José Cela

(1916-2001). Nació en Iria Flavia (A Coruña). Estudió diversas carreras que nunca terminó. Se dedicó siempre a la escritura con éxito y recibió numerosas distinciones a lo largo de su vida: fue elegido académico de la Lengua en 1957, senador real en 1977, premio Príncipe de Asturias en 1987, premio Nobel de literatura en 1989 y premio Cervantes en 1996.

Además de novelas, Cela es autor de **cuentos** y de **libros de viajes,** como ***Viaje a la Alcarria*** (1948).

Cela es el novelista español más destacado a partir de la Guerra Civil. Su trayectoria permite seguir la **evolución de la novela contemporánea.**

Con ***La familia de Pascual Duarte*** (1942), Cela inauguró el **tremendismo,** técnica que consiste en presentar los **aspectos más crudos de la realidad.**

Esta novela narra la historia de Pascual Duarte, condenado por matar a miembros de su familia. El protagonista cuenta su vida en **primera persona** y justifica su conducta por el **ambiente violento** en el que se educó.

La **preocupación social** se pone de manifiesto en ***La colmena*** (1951), novela que ofrece un panorama del **Madrid** de los **años cuarenta.**

El ambiente de la época se plasma a tráves de un grupo de personajes que acude al **café de doña Rosa.** Se trata de una novela de **personaje colectivo,** sin apenas trama. El lector debe esforzarse por reconstruir las diferentes historias personales, enlazando fragmentos de información que se ofrecen por medio de **diálogos** y de las intervenciones del narrador.

Posteriormente, Cela se interesó por las nuevas técnicas narrativas en novelas como ***San Camilo 1936*** (1969) y ***Oficio de tinieblas 5*** (1973). Ese afán de experimentación se observa también en sus últimas obras, entre las que destacan ***Mazurca para dos muertos*** (1983), ***Cristo versus Arizona*** (1988) y ***Madera de boj*** (1999).

La colmena

Doña Rosa, por la mañana temprano, siente que el café es más suyo que nunca.

—El café es como el gato, solo que más grande. Como el gato es mío, si me da la gana le doy morcilla o lo mato a palos.

Don Roberto González ha de calcular que, desde su casa a la Diputación, hay más de media hora andando. Don Roberto González, salvo que esté muy cansado, va siempre a pie a todas partes. Dando un paseíto se estiran las piernas y se ahorra. Por lo menos, una veinte a diario, treinta y seis pesetas al mes, casi noventa duros al año. […]

María en Embajadores, **por Antonio López.**

El niño que canta flamenco se moja cuando llueve, se hiela si hace frío, se achicharra en el mes de agosto, mal guarecido a la escasa sombra del puente. […]

La mañana sube, poco a poco, trepando como un gusano por los corazones de los hombres y de las mujeres de la ciudad; golpeando, casi con mimo, sobre los mirares recién despiertos, esos mirares que jamás descubren horizontes nuevos, paisajes nuevos, nuevas decoraciones.

La mañana, esa mañana eternamente repetida, juega un poco, sin embargo, a cambiar la faz de la ciudad, ese sepulcro, esa cucaña, esa colmena…

¡Que Dios nos coja confesados!

Camilo José Cela
La colmena, Noguer

Actividades

4. ¿Qué datos sobre doña Rosa se deducen de su idea del café?
5. Indica qué caracteriza a don Roberto y por qué debe comportarse así. ¿Qué representa el niño que canta flamenco?
6. Cela describe las vidas a través de los *mirares.* ¿Cómo son estas vidas?
7. Fíjate en los sustantivos con que Cela describe la ciudad en su conjunto. ¿Qué impresión te producen? ¿Qué añade a todo esto la frase final?

3 Últimas tendencias de la novela

Desde **finales de los años setenta,** la **novela** se caracteriza por la **variedad de temas** tratados y por la búsqueda de **nuevos procedimientos expresivos.**

Los narradores españoles más recientes no siguen una tendencia única, sino que se sirven de los diferentes subgéneros.

Principales tendencias

Novela poemática

Estas narraciones recrean un **mundo simbólico con personajes inescrutables.** La preocupación por el lenguaje las acerca al **poema lírico.** Entre las más destacadas cabe citar *La isla de los jacintos cortados* (1980), de **Torrente Ballester;** *Mazurca para dos muertos* (1983), de **Cela;** *El héroe de las mansardas de Mansard* (1983), de **Álvaro Pombo,** y *La lluvia amarilla* (1988), de **Julio Llamazares.**

Como arena, el silencio sepultará mis ojos. Como arena que el viento ya no podrá esparcir.

Como arena, el silencio sepultará las casas. Como arena, las casas se desmoronarán. Oigo ya sus lamentos. Solitarios. Sombríos. Ahogados por el viento y la vegetación.

Caerán poco a poco, sin ningún orden cierto, sin ninguna esperanza, arrastrando en su caída a todas las demás. Unas irán hundiéndose despacio, muy despacio, bajo el peso del musgo y de la soledad. Otras caerán de bruces en el suelo, de repente, violenta y torpemente, como animales abatidos por las balas de un paciente e inexorable cazador.

Julio Llamazares
La lluvia amarilla, Seix Barral

Novela histórica

Algunos relatos históricos reconstruyen y reflejan una época del pasado, como *Extramuros* (1978), de **Jesús Fernández Santos;** *Octubre, Octubre* (1981), de **José Luis Sampedro,** y *Urraca* (1991), de **Lourdes Ortiz.** En otros, el autor novela libremente, sin preocuparse por la veracidad de lo que se cuenta; es el caso de *La novia judía* (1978), de **Leopoldo Azancot.** Más recientemente se han publicado *El maestro de esgrima* (1988) y *El capitán Alatriste* (1996), de **Arturo Pérez-Reverte.** Las narraciones históricas, en general, sirven a los autores para mostrar su dominio de la técnica narrativa; ejemplo de ello es *Soldados de Salamina* (2001), de **Javier Cercas.**

Novela de intriga y policíaca

El influjo del cine ha producido el transvase de sus técnicas narrativas a la novela. Así, aparecen series de novelas protagonizadas por detectives o policías, como las de Pepe Carvalho *(Los mares del sur, El delantero centro fue asesinado al atardecer),* escritas por **Manuel Vázquez Montalbán,** o las del sargento Bevilacqua y su compañera Chamorro *(La niebla y la doncella),* de **Lorenzo Silva.**

La técnica de investigación policíaca aparece también en *La verdad sobre el caso Savolta* (1975), de **Eduardo Mendoza,** y en *Beltenebros* (1989) y *Plenilunio* (1997), de **Antonio Muñoz Molina.**

—Chamorro, ¿has estado alguna vez en La Gomera? Mi compañera alzó apenas la vista.

—¿En La Gomera?

—Sí, esa isla pequeña al oeste de Tenerife.

—En Tenerife sí estuve, en el viaje de fin de curso de COU. Pero en La Gomera no, nunca. ¿Por qué?

—Pues vete pensando en sacar la ropa de verano del armario. Tenemos tajo por allí —le enseñé la carpeta—. Un chico joven y guapo al que le afeitaron el cuello hace un par de años. Y nos vamos mañana.

Lorenzo Silva
La niebla y la doncella, Destino

Novela de tendencia realista

El **realismo** de carácter clásico **se supera** en la novela actual por medio de la **imaginación** y la **fantasía.** Los narradores han vuelto a la **autobiografía de análisis psicológico.** Algunos títulos destacados son *Juegos de la edad tardía* (1989) y *El mágico aprendiz* (1999), de **Luis Landero;** *Las estaciones provinciales* (1982) y *La fuente de la edad* (1986), de **Luis Mateo Díez,** y *Todas las almas* (1989) y *Corazón tan blanco* (1993), de **Javier Marías.**

Actividades

8. Explica el contenido de los dos textos y justifica su adscripción a una de las últimas tendencias novelísticas.

El siguiente fragmento pertenece al inicio de la novela ***Plenilunio,*** del escritor jiennense **Antonio Muñoz Molina.** Mediante la utilización de distintas **técnicas narrativas** que le permiten **acumular información** sobre el protagonista y sobre su misión, el autor adentra a los lectores en un **clima de misterio** que desvelará a lo largo de la novela.

Plenilunio

De día y de noche iba por la ciudad buscando una mirada. Vivía nada más que para esa tarea, aunque intentara hacer otras cosas o fingiera que las hacía, solo miraba, espiaba los ojos de la gente, las caras de los desconocidos, de los camareros de los bares y los dependientes de las tiendas, las caras y las miradas de los detenidos en las fichas. El inspector buscaba la mirada de alguien que había visto algo demasiado monstruoso para ser suavizado o desdibujado por el olvido, unos ojos en los que tenía que perdurar algún rasgo o alguna consecuencia del crimen, unas pupilas en las que pudiera descubrirse la culpa sin vacilación, tan solo escrutándolas, igual que reconocen los médicos los signos de una enfermedad acercándoles una linterna diminuta. Se lo había dicho el padre Orduña, «busca sus ojos», y lo había mirado tan fijo que el inspector se estremeció ligeramente, casi como mucho tiempo atrás, aquellos ojos pequeños, miopes, fatigados, adivinadores, que lo reconocieron en cuanto él apareció en la Residencia, tan instantáneamente como él mismo, el inspector, debería reconocer al individuo a quien buscaba, o como el padre Orduña había reconocido en él hacía muchos años el desamparo, el rencor, la vergüenza y el hambre, incluso el odio, su odio constante y secreto al internado y a todo lo que había en él, y también al mundo exterior.

Sería probablemente la mirada de un desconocido, pero el inspector estaba seguro de que la identificaría sin vacilación ni error en cuanto sus ojos se cruzaran con ella, aunque fuese una sola vez, de lejos, desde el otro lado de una acera, tras los cristales de un bar. Le ayudaba en su búsqueda la circunstancia ventajosa de que también él era todavía en gran parte un desconocido en la ciudad, porque le habían trasladado a ella solo unos meses antes, a principios de verano, casi por sorpresa, cuando ya no creía que su petición fuera a ser respondida, al menos hasta que el año siguiente volviera a abrirse el concurso de traslados. Si algo tarda tanto en llegar, más valdría que ya no llegara nunca: el inspector le mostró la notificación a su mujer, que llevaba años esperándola, pero ella no dio señales de alegría, ni siquiera de alivio, se limitó a asentir, despeinada todavía, ausente, como recién levantada, aunque eran las tres de la tarde, volvió a guardar en el sobre la notificación con membrete y prosa oficial, la dejó sobre un aparador y se quedó un instante con la cabeza baja, como si no recordara adónde iba, frotándose las manos.

Antonio Muñoz Molina
Plenilunio, Alfaguara

Comentario de texto

Análisis del contenido

1. Contesta estas cuestiones sobre el texto de Antonio Muñoz Molina:
   - ¿Cuál es la profesión del protagonista de la novela?
   - Nombra otros personajes aludidos en el texto.
   - ¿En qué espacio se desarrolla este fragmento inicial? Indica en qué momento del año comienza la historia.
   - ¿Qué le obsesiona al protagonista? ¿Cuál es su única dedicación en los últimos tiempos?
   - Explica por qué le favorece ser un desconocido en la ciudad.
2. Deduce algunos datos de este fragmento de *Plenilunio:*
   - ¿A quién crees que busca el inspector? Copia la frase que te ha permitido averiguarlo.
   - ¿Dónde transcurrió la infancia del protagonista? Explica cómo fue ese período de su vida.
   - ¿Qué relación mantiene el padre Orduña con el personaje?
   - Señala qué otros datos de la vida del inspector conocemos.
3. ¿Qué tienen en común el protagonista y la persona que este busca?

Análisis de la estructura

4. En el texto se superponen el pasado y el presente del protagonista. Completa el cuadro señalando las partes correspondientes y explica el contenido de cada una:

Pasado	Desde ________ hasta ________ y desde ________ hasta ________
Presente	Desde ________ hasta ________ y desde ________ hasta ________

5. ¿Ante qué tipo de narrador nos encontramos? Justifica tu respuesta con ejemplos del texto.

Análisis de las formas de expresión

6. Analiza el uso de los tiempos verbales y la adjetivación del fragmento:
   - ¿Qué tiempo verbal se emplea para narrar?
   - ¿Qué efecto provoca su uso? Compruébalo cambiando la forma verbal a pretérito perfecto simple.
   - Localiza los adjetivos del texto e indica si son valorativos o meramente descriptivos.
   - ¿Qué otras formas de calificación se usan en el fragmento?
7. En el texto se utilizan algunos recursos expresivos:
   - Señala comparaciones e indica entre qué elementos se establecen.
   - El ritmo se logra por medio de repeticiones, paralelismos y enumeraciones. Localiza ejemplos de cada uno de estos recursos.
8. ¿Encuentras alguna elipsis? En caso afirmativo, di en qué contenidos.

Valoración y relación con el contexto literario

9. El comienzo de esta novela contiene la intriga necesaria para continuar leyéndola. Explica cómo consigue el autor crear ese clima.
10. Relaciona este fragmento de *Plenilunio* con la novela española contemporánea:
    - ¿En qué etapa de la evolución de la novela contemporánea incluirías esta obra? Explica por qué.
    - Nombra otras obras que sigan esta misma tendencia.

Técnicas narrativas

La elipsis

La **elipsis** consiste en hacer referencia a **datos** o **episodios** que **no se aclaran en el momento,** sino **con posterioridad.** Esta técnica sirve para crear suspense y mantener la atención del lector. Por ello, se emplea con mucha frecuencia en las **novelas** y en las **películas de intriga** y **policíacas:**

Tenemos tajo por allí —le enseñé la carpeta—. Un chico joven y guapo al que le afeitaron el cuello hace un par de años.

Evaluación

Figura con manta, por Graham Dean.

Y sobre todo, querido, que ya no tienes edad de andar en bicicleta, que no eres un niño, que aunque te obstines en agarrarte a la infancia los años no pasan en balde [...]. Si quieres que te diga la verdad no me entra en la cabeza ese tonto afán tuyo para conservarte en forma, correrte cincuenta kilómetros en bicicleta a lo bobo, sin ir a ninguna parte ni nada, que hay gustos que merecen palos, no me digas, que ese esfuerzo bien orientado, que es lo que yo digo, ¿cómo ibas a engordar? Otra cosa sería si fueses un atleta, pero físicamente tenías bien poco que perder, cariño, no valías dos reales, larguirucho, que yo recuerdo en la playa tan blanquito, que es algo que por vueltas que le dé nunca llegaré a comprenderlo, porque, si no tenías nada, ¿qué es lo que querías conservar si me lo puedes decir? Escribir bien no sé si escribirás, que en eso no me meto, pero lo que es de deportista ni pun, las cosas claras, ni la facha, la antítesis, fíjate, a cada cual lo suyo.

Miguel Delibes
Cinco horas con Mario, Destino

1. Contesta las siguientes cuestiones:
- ¿Qué echa en cara el personaje que habla en el texto a la otra persona?
- ¿Se dirige ese emisor a una persona joven? Justifica tu respuesta con frases del texto.
- Indica qué rasgos del carácter del personaje que habla se descubren por sus palabras.

2. En el fragmento aparecen dos opiniones referidas al deporte. Formúlalas con tus palabras y explica si en el texto se dan argumentos para sostenerlas.

3. Identifica una proposición subordinada concesiva en el texto y señala el nexo que la introduce.

4. Realiza el análisis sintáctico de estas oraciones:
- ***a)*** Corrías cincuenta kilómetros en bicicleta para conservarte en forma.
- ***b)*** Si fueses un atleta, sería otra cosa.
- ***c)*** Si no tenías nada, ¿qué ibas a conservar?
- ***d)*** Corría sin ir a ninguna parte.
- ***e)*** Hay gustos que merecen palos.

5. Localiza en el texto una proposición introducida por *si* que no sea condicional e indica:
- ***a)*** Qué tipo de proposición introduce.
- ***b)*** Qué función desempeña esa proposición.

6. Explica qué sentido tienen en el texto las expresiones del recuadro y di si se utilizan denotativa o connotativamente:

no valía dos reales	*la antítesis*	*físicamente*

7. ¿A qué tendencia narrativa pertenece este texto de Delibes? Explica cuanto sepas sobre ella.

8. Expón la trayectoria narrativa de Camilo José Cela.

9. Elabora un esquema con las características y obras más representativas de las tendencias de la narrativa actual.

10. Redacta un breve texto argumentativo para rebatir la opinión que tiene del deporte el personaje que habla en este fragmento.

11 Unos minutos de publicidad

Contenidos de la unidad

COMUNICACIÓN

La publicidad

1. Características de la publicidad
2. El anuncio publicitario

TÉCNICAS DE TRABAJO

Comentario de anuncios

Expresión: Creación de anuncios publicitarios

LENGUA

Los marcadores

1. Marcadores del discurso
2. Categorías como marcadores
3. Conectores
4. Organizadores del discurso
5. **Norma:** Uso de los marcadores

Léxico: Tabú y eufemismo

Ortografía: *Conque, con que, con qué.* Los paréntesis y los corchetes

LITERATURA

El teatro contemporáneo

1. Evolución del teatro hasta 1975
2. Antonio Buero Vallejo
3. El teatro actual

Comentario de texto: *El tragaluz*

Salvad al lince ibérico

Análisis del texto

Tenemos la esperanza de no oír a nuestros nietos preguntarnos por qué razón el lince ibérico es una especie extinguida.

Análisis del contenido

1. Contesta estas cuestiones sobre el texto de la página anterior:
   - ¿De qué animal se habla en el texto y qué cualidad suya se resalta?
   - Señala quién es el emisor del anuncio y cómo contribuye a la protección del lince.
   - ¿Dónde se incorpora una llamada a los receptores? Explica de qué modo pueden colaborar estos para evitar la extinción de la especie.
2. Deduce algunos datos más a partir del anuncio:
   - ¿Quién escucha a los linces, según el texto?
   - ¿A qué se dedican las organizaciones con las que BP colabora?
   - Explica por qué predominan los colores verdes y amarillos en el anuncio.
3. ¿Qué se pretende con la publicación de este anuncio? Razona tu respuesta.

Análisis de la estructura

4. El texto verbal del anuncio se divide en tres partes. Señálalas en el cuadro y explica su contenido.

Primera parte	Desde ________ hasta ________. Corresponde al ________ de la campaña.
Segunda parte	Desde ________ hasta ________. Se exponen ________________________
Tercera parte	Desde ________ hasta ________. Se trata de ________________________

5. Además de texto verbal, el anuncio incluye imágenes. Di de qué clase son e indica los tipos de planos empleados en las del animal.

Análisis de las formas de expresión

6. Señala cuáles de los productos representados en las viñetas son *lubricantes*.

7. ¿Qué relación se establece entre el texto y las imágenes del anuncio?
   a) Redundancia. *b)* Comentario. *c)* Anclaje. *d)* Complementariedad.
8. Indica qué recurso expresivo se utiliza en esta oración:

   Con nosotros, los oídos más agudos de España tienen quien los escuche.

9. Deduce los significados de la palabra *pista* a partir de estas oraciones:
   a) La nieve cubrió las señales y no encontramos la *pista* para llegar al pueblo.
   b) Se me ha estropeado la *pista* 5. Ahora ya no suena bien la cinta.
   c) No quiso darnos una *pista* para que supiéramos de quién hablaba.
   d) El lince dejó una *pista* muy clara por el bosque.

Interpretación y valoración

10. ¿Qué opinas sobre el hecho de que empresas como la del anuncio presten su colaboración en este tipo de campañas?

La publicidad

Comienzos de la publicidad

- El **testimonio más antiguo** se encuentra en un **papiro egipcio** (siglo x a. C.), hallado en Tebas, en el que un tejedor anunciaba sus telas.
- En **Grecia** y **Roma** aparecieron los primeros **soportes publicitarios** (tablones, papiros en los muros…).
- Con la invención de la **imprenta** despegó la publicidad tal como hoy se conoce.
- En **1611**, aparecieron en **Inglaterra avisos** sobre **compras** y **ventas.**

Publicidad y medios de comunicación

- En **1621**, en **España** se insertaron «anuncios» en las **gacetas**[1].
- En **1630**, se fundó en Inglaterra el *Daily Advertiser*, un **periódico** dedicado **solo** a **anuncios publicitarios.**
- En **1845**, surgió en Francia la primera **agencia de publicidad:** Société Générale des Annonces.
- En **1920**, Disney produjo anuncios para el **cine.**
- En **1924**, **Radio Barcelona** emitió su **primer anuncio.**
- En **1941**, se difundió en una cadena de **Nueva York** el primer **anuncio por televisión.**

1 Características de la publicidad

Recuerda

- Los **textos** en los que se incluye una opinión, pero **no se defiende** con argumentos, son **persuasivos,** no propiamente argumentativos.
- Las **relaciones** entre el **texto** y la **imagen** pueden ser de **redundancia, complementariedad, anclaje** y **comentario.**
- El **análisis** de una **imagen** debe considerar su grado de **iconicidad,** su **denotación** o **connotación,** y su **complejidad** y **originalidad.**

En el texto de la página 238, la empresa BP da a conocer sus productos lubricantes mediante el apoyo a una campaña para salvar al lince ibérico de la extinción; se trata de un **texto publicitario.**

La **publicidad** es un **tipo de comunicación** en la que el **emisor** (o **anunciante**) intenta darse a conocer a un **público amplio** en el que pretende **influir** para que realice una **acción:** comprar un producto, seguir unos consejos, etcétera.

La **finalidad básica** de la **publicidad** es, pues, la **persuasión.** Por ello, la **publicidad** es **creativa** y se sirve de diversas **estrategias** que **llaman** poderosamente la **atención:** el **color,** que sugiere diversos significados (como el verde del anuncio de la página 238); **recursos lingüísticos,** como los juegos de palabras *(los oídos más agudos de España no tienen quien los escuche)*; la combinación de imágenes (primer plano y plano detalle del lince)…

En la actual **sociedad de consumo,** la publicidad forma parte de la **vida cotidiana.** Está presente en la marca de la ropa, en marquesinas de autobuses, en paredes y vallas publicitarias, etc.; y se incluye en todos los **medios de comunicación:** prensa, radio, televisión, cine, Internet… Así, la publicidad financia, en gran medida, los medios de comunicación social.

© Joaquín Salvador Lavado (Quino), *Todo Mafalda,* Editorial Lumen, 1992.

Actividades

1. ¿Qué imagen de la publicidad se desprende de esta tira cómica?

[1] **gaceta:** periódico de noticias.

2 El anuncio publicitario

El **texto propio de la publicidad** es el **anuncio publicitario,** que, en la actualidad, combina **texto verbal** (oral o escrito) e **imagen** (fija o en movimiento). En los **medios audiovisuales** integra, además, **sonido.**

Algunos textos publicitarios, como los **anuncios breves por palabras,** presentan **solo texto verbal;** otros ofrecen **solo imagen.**

Aunque la publicidad es creativa, en la elaboración de muchos anuncios **se repiten** numerosos **esquemas.** Si se comparan entre ellos pueden observarse las semejanzas, así como la utilización de elementos comunes.

Características

Imágenes

Las imágenes de los anuncios suelen incluir **elementos familiares para los receptores,** de forma que puedan sentirse identificados con lo que se propone. Esos elementos se eligen en función del tipo de público al que vaya dirigido el anuncio. En las campañas de sensibilización sobre temas de interés general, y en los anuncios de algunos productos de consumo, es frecuente la aparición de **personajes famosos o de prestigio,** que sentimos cercanos.

Por medio de la **originalidad** de lo representado o de la **composición,** y gracias al **color,** las imágenes publicitarias no solo **captan la atención,** sino que **sugieren sensaciones** que el receptor asocia con el producto anunciado: frescor en las colonias, comodidad en las prendas de vestir, lujo en un automóvil…

Eslogan y texto verbal

El **eslogan** o **frase publicitaria** es una **frase breve** y **concisa** que contiene la **información primordial** del anuncio y que **exalta** el **producto.** El eslogan contribuye a que lo anunciado se identifique y recuerde con facilidad. Para ello, se apoya en **recursos lingüísticos** (repeticiones de palabras, de estructuras sintácticas…) y **expresivos** (metáforas, hipérboles, juegos de palabras…).

Tanto en el eslogan como en el resto del texto verbal de los anuncios impresos se emplean **recursos tipográficos** (cuerpos y tipos de letra distintos, colores, mayúsculas…) para **resaltar** algún **elemento** del mensaje publicitario y **llamar la atención** sobre él.

Logotipo

El **logotipo** es un **signo gráfico** que suele aparecer junto a la marca. Funciona como **emblema de la organización, empresa** o **campaña** de la que trate el anuncio y facilita su identificación. Puede contener palabras, abreviaturas o constar solo de un dibujo.

Actividades

2. Observa los tres anuncios de esta página e indica qué producto se anuncia en cada uno. ¿Cuáles ofrecen el mismo tipo de artículo? ¿Qué rasgos comunes presentan y cuáles son diferentes? ¿Qué elementos resultan familiares?
3. Localiza el eslogan de dos de los anuncios, di si contienen algún recurso lingüístico y señala los recursos tipográficos empleados.
4. Identifica la marca y el logotipo de los anuncios. ¿Dónde se sitúan?
5. Busca anuncios de diferentes productos que mantengan los mismos esquemas en su elaboración y que estén protagonizados por famosos.
6. Recuerda eslóganes de otros productos o campañas.

Comentario de anuncios

En el ordenador...

El corrector gramatical

Los **procesadores de textos** permiten **corregir** la **gramática** de un escrito:

- Si deseas tener **activada siempre** la **corrección gramatical,** selecciona en el menú **Herramientas** la palabra **Opciones,** elige **Ortografía y gramática** y marca **Revisar gramática mientras se escribe.**
- Para revisar la gramática de un **escrito concreto** y obtener **sugerencias de corrección,** selecciona el texto, elige en el menú **Herramientas** la opción **Ortografía y gramática** y marca **Revisar gramática.**

Un **anuncio publicitario** transmite una gran cantidad de **información** difícil de captar de un solo vistazo. Para comprenderlo en su totalidad, resulta útil realizar su **comentario.**

Comentar un **anuncio** consiste en analizar los **elementos** que **incluye** y las **relaciones** que mantienen entre sí para poder **interpretarlo adecuadamente.**

Para comentar un anuncio publicitario

- **Observa** y **explica** las **imágenes** (color, planos, ángulos, etcétera).
- **Lee** con atención y **comprende** en su totalidad el **texto verbal.**
- Señala qué tipo de **relaciones** se establecen entre **ambos.**
- **Analiza** los **recursos** empleados, tanto en el **texto verbal** como en la **imagen.**

RECURSOS EN EL TEXTO VERBAL

Recursos lingüísticos

- **Fórmulas imperativas:** *Consuma energía. Utilice el vehículo privado* (anuncio de zapatos).
- **Uso de pronombres** para dirigirse al receptor: *En AXA tú eres el protagonista.*
- **Repeticiones:** *¿Conducir para viajar o viajar para conducir?*
- **Adverbios** o **locuciones de tiempo** y **lugar:** *Nunca un Patek Philipp es del todo suyo.*
- **Adjetivos valorativos:** *Bronceado inteligente.*

Recursos expresivos

- **Rima:** *Bacalao dorado. Sabor garantizado.*
- **Metáforas:** *Estée Lauder, fresca inocencia.*
- **Hipérboles:** *CYKING. El aspirador ciclónico.*
- **Personificaciones:** *Mi estómago ya no me odia.*
- **Paradojas:** *El elefante es un pájaro precioso. (Agfa. Fotografía.)*
- **Juegos de palabras:** *Aeroméxico. Las horas vuelan.*
- **Onomatopeyas:** *Ahora tus favoritos a un clic.*

Actividades

1. Explica los recursos que se emplean en estos tres anuncios.

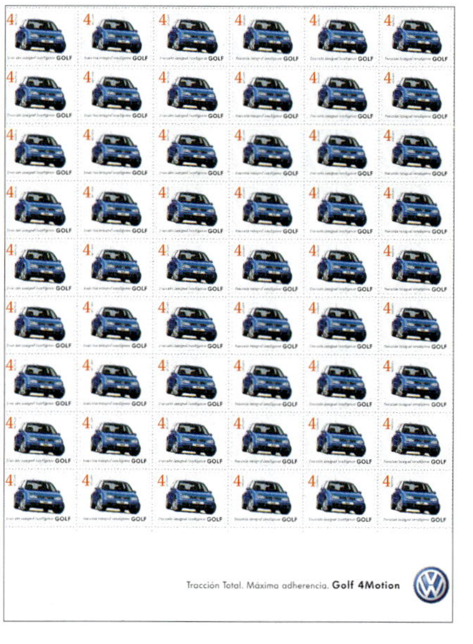

2. Busca en periódicos y revistas anuncios publicitarios que ofrezcan ejemplos de los recursos señalados. Elige uno y coméntalo.

Expresión

Creación de anuncios publicitarios

Los **textos publicitarios** se transmiten por **diversos medios de comunicación:** desde los **anuncios impresos** de periódicos, revistas y vallas, pasando por la **publicidad radiofónica** y **televisiva,** hasta los *banners*[1] de **Internet.**

El medio de comunicación por el que se **difunde** un **anuncio publicitario condiciona** sus **características** y la **forma de elaboración del mensaje.**

Sin embargo, aunque se observen particularidades en función del medio (códigos, tipo de imágenes…), los anuncios, en general, presentan **características comunes.**

Clases de anuncios

La **publicidad** se emplea tanto para la **venta de productos** diversos como para la **divulgación** de **mensajes** relacionados con la **conducta de los ciudadanos.** En el primer caso se trata de **publicidad comercial;** en el segundo, de **publicidad institucional.** Una y otra se sirven de similares procedimientos de sugerencia y de persuasión.

Para crear un anuncio publicitario

- **Apunta** distintas **ideas** considerando, sobre todo, los **receptores,** y busca la **imagen** o **imágenes** que sean más adecuadas.
- Al crear el **texto verbal,** céntrate primero en el **eslogan.**
- Redacta un **texto breve** con diversos **recursos expresivos** y ten en cuenta qué **relación** vas a establecer entre la **imagen** y el **texto verbal.**

© de las ilustraciones: Ana Juan.

Actividades

3. Analiza el anuncio publicitario de la DGT teniendo en cuenta todos los aspectos que se han señalado en las páginas 240-242.
4. Crea un anuncio en el que aparezcan los mismos procedimientos que en el de la DGT. Para ello, sigue las pautas que se indican arriba.

[1] ***banner:*** (en inglés, *pancarta*); espacio reservado para publicidad en una página *web.* Las ventanas que se ejecutan automáticamente se denominan *pop-up.*

Los marcadores

Recuerda

- El **texto** es la **unidad de comunicación máxima** y transmite un **mensaje coherente** y **completo.**
- El **texto se compone** de **enunciados,** que son **unidades comunicativas mínimas.**
- Los **enunciados** pueden estar representados por **palabras, sintagmas** u **oraciones** (enunciados oracionales).

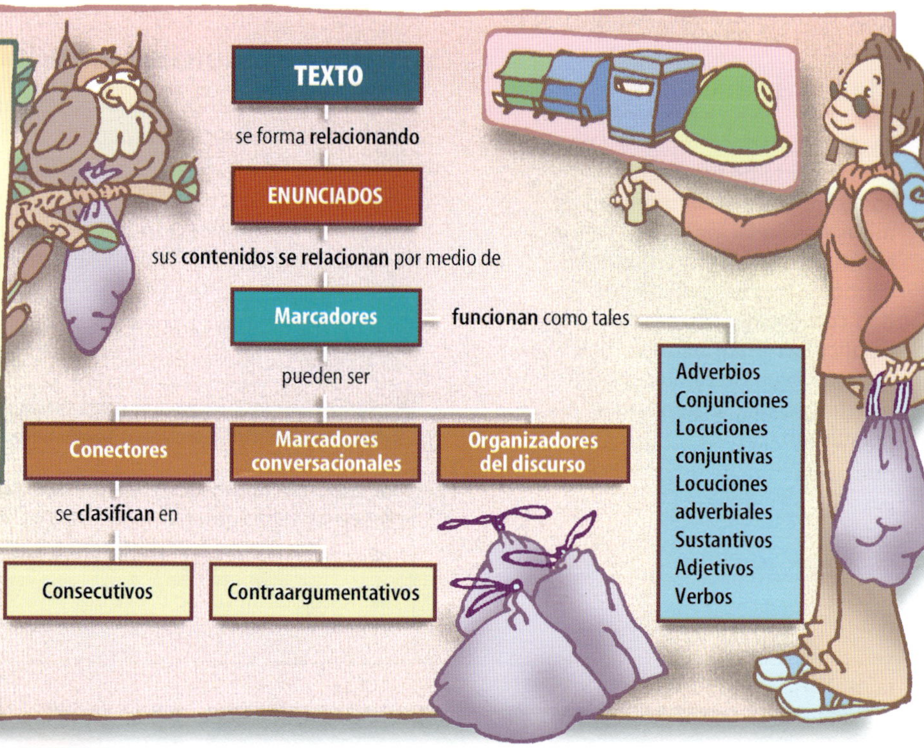

1 Marcadores del discurso

Las **palabras,** los **sintagmas** y las **proposiciones** que componen un **texto** se **enlazan gramaticalmente** por medio de **nexos** (preposiciones, conjunciones, relativos, etc.). Obsérvalo en los ejemplos:

La pista del lince ibérico.

La Fundación Global Nature y la Fundación Doñana.

Hemos invertido en proyectos cuyo objetivo es proteger al lince ibérico.

Del mismo modo, los diferentes contenidos que aportan los enunciados de un texto se relacionan entre sí. Fíjate en este ejemplo extraído del anuncio inicial:

Invertimos en proyectos que garanticen la alimentación y faciliten la procreación del felino más amenazado del mundo.

Así, tenemos la esperanza de no oír a nuestros nietos preguntar por qué razón el lince ibérico es una especie extinguida.

En este caso, el adverbio *así* no ofrece su habitual significado modal (presente, por ejemplo, en *Invertimos así*), sino que **conecta** el **significado** de los dos **párrafos,** de modo que el segundo se presenta como una consecuencia del primero; se trata de un **marcador del discurso.**

Los **marcadores del discurso** son **unidades lingüísticas invariables** que **han perdido** su **significado léxico** y señalan las **conexiones** que se establecen entre los **enunciados de un texto.**

Los marcadores no admiten, pues, modificaciones de género ni de número ni realizan una función sintáctica. Su misión consiste en enlazar tanto oraciones en el interior de un párrafo como conectar entre sí párrafos distintos o distribuir el contenido general del texto.

Marcadores y oración

Los **marcadores del discurso** no forman parte de la oración gramatical; constituyen **incisos** que, en la escritura, se representan mediante **comas:**

En ocasiones, no obstante, debe mostrarse el contenido.

Es habitual que los marcadores ocupen la **posición inicial** del párrafo o de la oración:

Por todo ello, es necesario prestar atención.

Sin embargo, también pueden situarse en **posición intermedia,** como en el ejemplo de arriba, o en **posición final:**

El lince es una especie en extinción, desafortunadamente.

2 Categorías como marcadores

Marcadores y contexto

Algunas de las formas que hemos mencionado actúan a veces como **marcadores** y, en otros casos, funcionan como **nexos** o cumplen **otras funciones** en la oración. Observa:

Déjalo todo ahí encima.

En el ejemplo anterior, el adverbio *encima* señala el lugar de la acción verbal; funciona, pues, como complemento circunstancial, por lo que no se trata de un marcador.

En cambio, en *Me han dado las gracias, y encima me han hecho un regalo,* el adverbio no cumple ninguna función gramatical, sino que enlaza la información de la segunda proposición con la de la primera; es, pues, un marcador del discurso.

Actúan como marcadores del discurso **unidades invariables,** sobre todo los adverbios, las conjunciones y las locuciones; sin embargo, **algunas clases de palabras variables** se constituyen también en marcadores porque **se gramaticalizan,** es decir, se convierten en **formas fijas.**

Pueden actuar como **marcadores del discurso** las **palabras** o **expresiones** que se hayan fijado como **formas invariables.**

CATEGORÍAS Y EJEMPLOS	
Adverbios: *bien, encima, ahora…*	*—¿Participarás en la campaña? —Bien, participaré.*
Conjunciones: *pues, aunque…*	*—Buena idea. Aunque, pensándolo bien, quizá no estés preparada.*
Locuciones conjuntivas: *por tanto, sin embargo, en cambio…*	*—He visto el boceto del anuncio. Sin embargo, creo que todavía faltan por perfilar muchos detalles.*
Locuciones adverbiales: *en fin, desde luego, ahora bien…*	*—Desde luego, pero estamos trabajando el diseño. En fin, que queda mucho por hacer todavía.*
Sustantivos: *hombre, mujer…*	*—Mujer, ya lo sé, pero para eso estamos aquí, ¿no?*
Adjetivos: *claro, bueno…*	*—Es importante, claro, que todo se haga bien desde el principio.*
Verbos: *mira, vale, oye…*	*—Vale, estoy deseando empezar.*

Algunos marcadores se presentan con **fórmulas correlativas:** *por un lado…, por otro…; de una parte…, de otra…*

Actividades

1. A partir de estas viñetas, crea un texto que contenga al menos seis de los marcadores del discurso mencionados en esta página.

Calvin and Hobbes by WATTERSON © 1992.

3 Conectores

Marcadores conversacionales

El **discurso oral,** más rápido y vivo que el escrito, se construye con una **mayor interacción entre los interlocutores.** Por ello, algunos marcadores son característicos de este tipo de discurso: *ya, sí, bueno, eh, esto, mujer, hombre, claro, pues, oye, mira…*

Además, es habitual la combinación de **dos o más marcadores** para mostrar mayor expresividad:

—*Pues mira, oye, no sé qué decirte. Bueno, sí… olvídate.*

Los **conectores** son un tipo de **marcadores** que **vinculan** un **fragmento** del **discurso** con otro **anterior.**

Los **conectores** relacionan tanto **oraciones** en el interior de un párrafo como diferentes **párrafos** entre sí:

En la publicidad contemporánea tiene más peso lo persuasivo que lo informativo, la sugestión emocional que el raciocinio. ***Ahora bien,*** *como se trata de una cuestión de grados…*

Los conectores se clasifican según el **tipo de relación** que establecen entre los contenidos de los fragmentos que enlazan. Esta relación puede ser de **adición,** de **causa-consecuencia** y de **oposición.**

CLASES DE CONECTORES	
Aditivos	**Añaden nueva información** a la que ofrece el **enunciado anterior.** Los más usados son *y, además, encima: La empresa organizó una gran campaña publicitaria. Además, sus representantes intervinieron en diversos medios de comunicación para limpiar su imagen.*
Consecutivos	Señalan que la **información** del **segundo fragmento del discurso** es **consecuencia** de la del **anterior.** Se emplean *así pues, por ello, de ahí que, de manera que, por tanto, por lo tanto, en consecuencia, por consiguiente…: La campaña gozó de gran éxito entre el público. Por consiguiente, los beneficios de la empresa aumentaron de forma espectacular.*
Contraargumentativos	Indican que **lo que se dice** en una **parte del discurso se opone** a lo afirmado en **otra parte anterior.** Se usan *pero, sin embargo, no obstante, aunque, en cambio, a pesar de que, con todo, por el contrario…: El producto se vendió muy bien. No obstante, algunos consumidores manifestaron sus reticencias.*

Actividades

2 Señala los conectores presentes en el siguiente texto:

Gollum

Quien se pone el anillo mágico de la Tierra Media se siente más fuerte que otros y escapa a sus miradas, pero si se descuida acaba poco a poco dominado por la joya y convertido en enemigo despiadado de todos los demás seres: quiere ser muy poderoso y termina convertido en esclavo maligno. También la ambición nos emborracha con una especial sensación de superioridad y borra a los otros de nuestra vista, de tal modo que dejamos de ver a nuestros semejantes y creemos que ellos tampoco pueden vernos como lo que somos. Pero si seguimos ese camino acabamos no siendo dueños de nada, ni siquiera de nosotros mismos, porque estamos miserablemente poseídos por el ciego afán de poseer. De modo que cuando leemos El hobbit *o* El Señor de los anillos *entendemos muy bien lo que le ocurrió a Gollum, porque sabemos que la ambición del anillo y el anillo de la ambición nos arrastran finalmente a la misma angustia y a la misma soledad.*

Fernando Savater
Malos y malditos, Alfaguara

3 Explica qué tipo de relación establece cada uno de los conectores que has señalado en la actividad 2. ¿A qué clase pertenecen, por tanto?

4 Organizadores del discurso

Los organizadores del discurso son **marcadores** que **distribuyen** la **información** del **texto** y **guían** al **receptor** indicando en qué parte del discurso se encuentra.

Los organizadores del discurso se usan para transmitir **diferentes tipos de información** en un texto.

Información de los organizadores

Inicio

Un grupo de **organizadores** marca el **inicio** de un **discurso** o de una **serie de contenidos:** *en primer lugar, de entrada, de un lado, por una parte…* En los **textos escritos** se usan con este valor **elementos tipográficos:** *a), 1).* En la lengua oral se emplean *bueno, pues…* Observa:

Primero, cabe decir que en este esquema, así como en todo el libro, utilizo el término escritor *con un significado un tanto distinto del habitual.*

Daniel Casany

Incorporación de elementos

Otros organizadores señalan la **incorporación** de **nuevos elementos** a una **enumeración** o **serie:** *en segundo / tercer lugar, así mismo, de otra parte, por otro lado, de igual modo, al mismo tiempo, además, es más; b), c)…; 2), 3)…* Observa:

Hasta donde sé, los ingredientes de nuestro estilo afectivo, es decir, las partidas que influyen en nuestra tendencia a sentir cosas de una manera o de otra, son solo cuatro:

1) *La situación real, lo que nos está pasando.*

2) *Las necesidades, deseos o proyectos que tenemos.*

3) *El sistema de creencias que tenemos acerca del mundo, acerca de los demás y acerca de cómo se desarrollan las cosas.*

4) *La idea que cada uno tiene de sí mismo y de su capacidad para resolver problemas.*

José Antonio Marina

Final

Con otros organizadores se indica el **final de una serie de contenidos** o del propio **discurso:** *por último, en definitiva, finalmente, en conclusión…*

Por último, hay que hablar de cómo el narrador se refiere al discurso de los personajes en el texto. Se distinguen tres formas básicas de presentarlo…

Santiago Alcoba

Otros organizadores

Los **organizadores del discurso** pueden utilizarse también para **introducir ejemplos** *(por ejemplo, en concreto…)* y **digresiones** *(a propósito, por cierto, a todo esto…):*

En nuestro planeta, por ejemplo, no hay un anillo que haga invisible y conceda poder a quien lo lleva, aunque hay, en cambio, una cosa llamada «ambición» que se le parece bastante.

Fernando Savater
Malos y malditos, Alfaguara

Actividades

4. Localiza todos los marcadores del discurso que aparecen en el siguiente texto, indica qué clase de información ofrecen y de qué tipo es cada uno:

Además de las salas de servicio, la casa romana comprende tres zonas principales. El espacio central alberga la memoria de la familia, con retratos de los antepasados, y la religión privada, en torno al pequeño santuario de los dioses protectores, lares y penates. En él se encuentra el atrium *—sala, más bien patio, cubierta con una techumbre sobre un estanque— y el salón del* tablinum*. A continuación, una serie de habitaciones decoradas con pinturas murales y que evocan en trampantojo arquitecturas nobles y decorados de teatro o que reproducen escenas mitológicas, transforman ese interior privado en un auténtico museo. Por último, la zona de recreo, alrededor del patio con la columnata* (peristilo) *o jardín interior, se desarrolla a partir del siglo* II *antes de nuestra era.*

Sin embargo, todo ello no es más que un aspecto de la vivienda romana. Para los personajes importantes, la casa tradicional, que alberga a toda la familia, es también un signo de prestigio.

Roger Hanoune y John Scheid
Nuestros antepasados romanos, Ediciones B

5 Uso de los marcadores

En el empleo de **locuciones y fórmulas correlativas** como **marcadores** se cometen incorrecciones que deben evitarse en cualquier tipo de discurso:

- Las locuciones ***así es que*** y **luego que** no deben combinarse con la preposición *de:* **Así es ~~de~~ que, de lo dicho, se deduce que no vendréis.* **Luego ~~de~~ que se expongan los resultados, se presentará la aplicación.*
- En las **fórmulas correlativas** es obligatoria la aparición de los dos elementos siempre que figure el primero: ***De una parte,*** *se debe señalar que…;* ***de otra,*** *hay que tener presente…* Sin embargo, puede usarse solo el segundo sin la presencia del primero: ***De otra parte,*** *es preciso potenciar las actitudes correctas.*

En general, al utilizar los marcadores, debes tener en cuenta algunos errores frecuentes para evitarlos:

Errores en el uso de marcadores

→ Es **incorrecto** el empleo de la expresión ***primero de todo*** como **organizador del discurso:** **~~Primero de todo~~, debo contar la verdad.* Las palabras correctas son *en primer lugar, primeramente, antes de nada…:* ***En primer lugar,*** *debo contar la verdad.*

→ El **adverbio *seguidamente* no** debe usarse como **marcador:** **Completo esa definición y ~~seguidamente~~ te llamo.* En estos casos deben emplearse *a continuación, después de, tras: Completo esa definición y* ***a continuación*** *te llamo.*

→ El marcador ***no obstante*** no se usa con la **preposición *de:*** **Llegamos tarde, ~~no obstante de~~ haber salido pronto; Llegamos tarde,* ***no obstante*** *haber salido pronto.*

→ Al combinar **marcadores** con **posesivos,** debe mantenerse la **concordancia:** ***Por nuestra parte,*** *mi amigo y yo iremos;* **~~Por su parte~~, mi amigo y yo iremos.*

Expresiones correctas

La **locución prepositiva** *respecto a* significa «por lo que se refiere a», «a propósito de»: ***Por lo que se refiere a*** *ese anuncio, no sé nada;* ***A propósito de*** *ese anuncio, no sé nada.*

Aunque menos habituales, las locuciones *respecto de* y *con respecto a* presentan el mismo significado:

No entendí nada ***con respecto a*** */* ***respecto de*** *tus planes.*

Es preferible el uso de las tres expresiones mencionadas al de la locución *con respecto de.*

1 Escribe un texto en el que expongas tu opinión sobre los tres objetivos de los medios audiovisuales: informar, entretener y formar. Debes emplear las locuciones *respecto a, con respecto a* y *respecto de* al menos en una ocasión.

Actividades

5 Corrige los errores que encuentres en las siguientes oraciones:

a) No obstante de lo sucedido entre ellos, se saludaron cortésmente.
b) Por su parte, los directivos habían convocado a los accionistas.
c) De otra parte, los trabajadores convocaron una asamblea.
d) Se levantó y seguidamente tomó la palabra.
e) Ya le dije que esto debía hacerse primero de todo.
f) Así es que de lo prometido no hubo nada de nada.

6 Completa el siguiente texto con los marcadores correspondientes:

____________ debo explicar que mi exposición versará sobre la cirugía refractaria. ____________ estableceré en qué consiste y cuáles son los pros y los contras de su aplicación. ____________ pasaré a explicar en qué circunstancias está indicada su realización y para qué tipo de paciente es aconsejable. ____________, no dejaré de mencionar otras opciones que están al alcance del paciente. Y, ____________, analizaré también el coste económico de la operación.

Aplicación y síntesis

Al igual que otros tipos de textos, los **anuncios publicitarios** se sirven de **marcadores del discurso** para **estructurar su contenido** y expresar las **conexiones** entre los **diversos enunciados.**

ESTE VERANO TAMPOCO HEMOS VENDIDO NI UN SOLO BOMBÓN

Es cierto. No hemos vendido ni siquiera uno y nos sentimos orgullosos. Tranquilos; no nos hemos vuelto locos. Simplemente, hemos optado por poner la calidad y la frescura de nuestros productos por encima de todo. Por ello, para evitar que el calor estival deteriore, aunque sea mínimamente, el sabor de nuestros bombones, preferimos suspender su venta temporalmente. Se trata de una decisión comprometida, pero para nosotros no hay nada más importante que la calidad de nuestros productos y, en consecuencia, la satisfacción de nuestros clientes.

Por eso, en Octubre, Ferrero Rocher y Mon Chéri vuelven a estar a la venta, más frescos y buenos que nunca.

Ideas claras

- La **publicidad** pretende **convencer** a los **receptores** de la **realización** de una determinada **acción.**
- Los **anuncios publicitarios,** tanto **comerciales** como **institucionales,** se destinan a la **persuasión.**
- En los **textos publicitarios** se combinan los **elementos verbales** (eslogan, texto) con **elementos visuales** (imágenes, logotipos) y, en algunos casos, con **sonidos.**
- Los **textos publicitarios se sirven** de numerosos **recursos expresivos** —tanto en la **imagen** como en el **texto**— para **captar la atención** y **sugerir.**
- Los **marcadores del discurso** son **unidades lingüísticas invariables** que **han perdido** su **significado léxico.**
- Los marcadores **hacen explícitas** las **relaciones semánticas** existentes entre los **enunciados** de un **texto.**
- Los **conectores vinculan** un **fragmento de discurso** con otro anterior, e indican **adición, consecuencia** u **oposición.**
- Los **organizadores** del discurso **distribuyen** la **información** a lo largo del **texto.**
- Los **marcadores conversacionales** son propios del **discurso oral.**

1. Contesta las siguientes cuestiones:
   - ¿Qué productos se anuncian en el texto de arriba y por qué no se ha vendido uno solo de ellos?
   - Indica quién es el emisor del anuncio. ¿Por qué se habla en primera persona de plural?
   - ¿Qué imagen de la empresa anunciadora se desprende del texto?
2. Explica qué tipo de relación se establece entre el texto verbal y la imagen de los productos anunciados.
3. ¿Qué recurso lingüístico o expresivo se utiliza en la imagen?
   a) Repetición. *b)* Juego de palabras. *c)* Onomatopeya.
4. Localiza en el texto verbal las conjunciones que se emplean como nexos.
5. Señala qué marcadores del discurso aparecen. ¿De qué clase de palabras se trata en cada caso?
6. ¿Hay en el texto algún conector? Indica qué tipo de relación expresa.
7. Crea frases publicitarias para invitar al consumo del producto anunciado arriba que incluyan diferentes recursos lingüísticos y literarios.

Léxico

Tabú y eufemismo

En la lengua existen **palabras** o **expresiones** que se **procura evitar** por diversos motivos: algunas pertenecen a ámbitos como la política, la religión, la sexualidad…; otras resultan malsonantes u ofensivas para algunas personas; se trata de las **palabras tabú.**

Se denomima **tabú** la **palabra** o **expresión** que **se evita** por **motivos sociales, morales, religiosos,** etcétera.

Así, por ejemplo, se prefiere no usar el adjetivo *preñada;* en su lugar se emplean estas otras expresiones:

preñada → *encinta* *embarazada* *en estado* *grávida*

En este caso, la palabra tabú es *preñada;* las otras tres, consideradas más suaves o decorosas, constituyen **eufemismos.**

El **eufemismo** es la **palabra** o la **expresión** que se emplea para **sustituir** la **palabra tabú.**

Los tabués no son siempre definitivos. A veces, la carga negativa de una palabra desaparece y comienza a utilizarse con normalidad, como sucede con cualquiera de las interjecciones consideradas anteriormente obscenas y que hoy se emplean en la lengua oral.

De la misma manera, una expresión eufemística puede llegar a adquirir con el tiempo una connotación negativa; para sustituirla, se emplea otro eufemismo:

ancianos → *personas de la tercera edad* → *mayores*

Uso de las palabras

Tildar

Además de «poner tilde», el verbo *tildar* significa «señalar a alguien con una nota denigrativa». Por tanto, se emplea solo para realizar **valoraciones negativas,** como en el ejemplo del bocadillo, y no es sinónimo de *llamar:* **¿Por qué lo ~~tildan~~ de «estrella del futuro»?*

1 Indica en cuáles de las siguientes oraciones es incorrecto el uso del verbo *tildar:*

a) ¿Has tildado ya el texto?
b) ¡Lo tildan de estúpido, pero es muy inteligente!
c) ¡Él se tilda de valiente, pero siempre huye!

En Estados Unidos se ha desatado una guerra contra palabras como «gordo» (persona de diferente tamaño), *«indio»* (americano nativo), *«subnormal»* (especial), *«pobre»* (económicamente explotado), *«proaborto»* (proelección), *«recuperación de asignaturas»* (preparación adicional), *«calvicie»* (desventaja capilar).

Si se produce por la base, esta evolución del lenguaje (exclúyanse las exageraciones) significará que vivimos en una sociedad más tolerante y solidaria. Si se impone desde las cúpulas, no significará nada bueno, sino solo el maquillaje de una realidad injusta.

Álex Grijelmo

Actividades

1 Relaciona cada tabú con el eufemismo que le corresponda:

Plantilla	Establecimiento penitenciario
Destrucción	Reajuste de precios
Faltas a clase	Faltar a la verdad
Manicomio	Violencia doméstica
Cárcel	Recursos humanos
Despido	Hospital psiquiátrico
Malos tratos	Reajuste de personal
Mentir	Daños colaterales
Subida	Absentismo escolar

2 Localiza palabras tabú y eufemismos en el texto de Álex Grijelmo que figura en el margen.

3 ¿Es partidario Grijelmo del uso de eufemismos? Razona tu respuesta.

4 Indica a qué palabras tabú sustituyen los siguientes eufemismos:

a) Servicio. ***b)*** Sobrepeso. ***c)*** Invidente.
d) Neutralizar al enemigo. ***e)*** Jugar en la división de plata. ***f)*** Vulnerar la legalidad.
g) Limpieza étnica. ***h)*** Intervenciones aéreas. ***i)*** Pasar estrecheces.

Ortografía

Conque, con que, con qué

Aunque se parecen, las formas *conque*, *con que* y *con qué* presentan **significados distintos:**

Conque	Es una **conjunción consecutiva, una sola palabra,** y se escribe **sin tilde:** *La carretera está cortada, conque no podemos ir.*
Con que	Son **dos palabras** que se escriben **sin tilde:** ■ La **preposición *con*** seguida del **relativo *que*:** *Dame el molde con que se hacen las tartas.* ■ La **preposición *con*** seguida de la **conjunción *que*,** con **valor condicional:** *Es suficiente con que le lleves un detalle.*
Con qué	Se trata de **dos palabras:** la **conjunción *con*** y el **interrogativo *qué*,** que se escribe **con tilde:** *¿Con qué cuchillo corto el jamón?*

Los paréntesis y los corchetes

Los **paréntesis ( )** y los **corchetes [ ]** son **signos dobles.** El **paréntesis final** se emplea solo en **enumeraciones:** a), *b*), *c*)…; y el **corchete inicial,** para **indicar que un verso dobla:**

La formación de almendras que estallaba
[en su boca.

Los paréntesis y los corchetes se utilizan con estas finalidades:

- Incluir un **inciso extenso** o que **no guarda excesiva relación** con lo que se está diciendo: *A ella (a quien, por cierto, todos conocían como La Niña) no le hizo mucha gracia.* Si el inciso está **dentro de un paréntesis,** se presenta con **corchetes:** *(a quien, por cierto, todos conocían como La Niña [siempre tuvo un rostro infantil]).*
- Incluir **datos explicativos,** como el nombre del autor de una cita, una fecha, etc.: *La primera agencia de publicidad (Société Générale des Annonces) surgió en Francia en el siglo* XIX.
- Señalar una **opción;** en este caso, se puede incluir entre paréntesis una parte de la palabra: *La(s) empleada(s) podrán abandonar la(s) sala(s).*

Si los **paréntesis encierran** una **interrogación** o **exclamación** indican **ironía (?).** Si encierran **puntos suspensivos** señalan que **no se ha transcrito parte de un texto;** en este caso, se utilizan también **corchetes […].**

Los correctores ortográficos

Los procesadores de textos incluyen entre sus diversas aplicaciones el **corrector ortográfico,** que permite **revisar la ortografía** de los escritos redactados por el usuario. Sin embargo, como el **reconocimiento** de las palabras es **automático** y **no atiende** al **contexto,** pueden realizarse correcciones inadecuadas o no señalarse errores evidentes.

Por tanto, debes utilizar el corrector ortográfico como herramienta para detectar **errores tipográficos,** y **revisar** la **ortografía tú mismo.**

1. En las siguientes oraciones, el corrector ortográfico no ha detectado ningún error. ¿Estás de acuerdo? En caso contrario, señala las faltas cometidas y escríbelas correctamente:

   a) ¿No viene por qué no quiere verme?
   b) Hace mucho calor, con que enchufa el ventilador.
   c) No se por que no llaman.
   d) ¿Me das el número de tus amigos con quiénes salimos ayer?

Actividades

1. Explica el uso de *con qué* en la canción popular que figura en el margen.
2. Si en ese texto suprimieras un verso, ¿qué signos deberían aparecer?
3. Completa las siguientes oraciones con *conque, con que* o *con qué:*
   a) El agua clara ________ me lavo es de la fuente de la ermita.
   b) ________ pases por allí de vez en cuando, estarán felices.
   c) No sé ________ criterio el jurado ha elegido al ganador.
   d) ¿________ has hecho la salsa ________ me he manchado?
   e) Me tienes mareado, ________ cállate un ratito.
   f) A ver ________ excusa viene ahora.
   g) El disfraz ________ me vestí no era mío; ________ no puedo dejártelo.
4. Escribe un ejemplo de cada caso mencionado de uso de los paréntesis y corchetes, incluidos los que se refieren a su utilización como signos simples.

El teatro contemporáneo

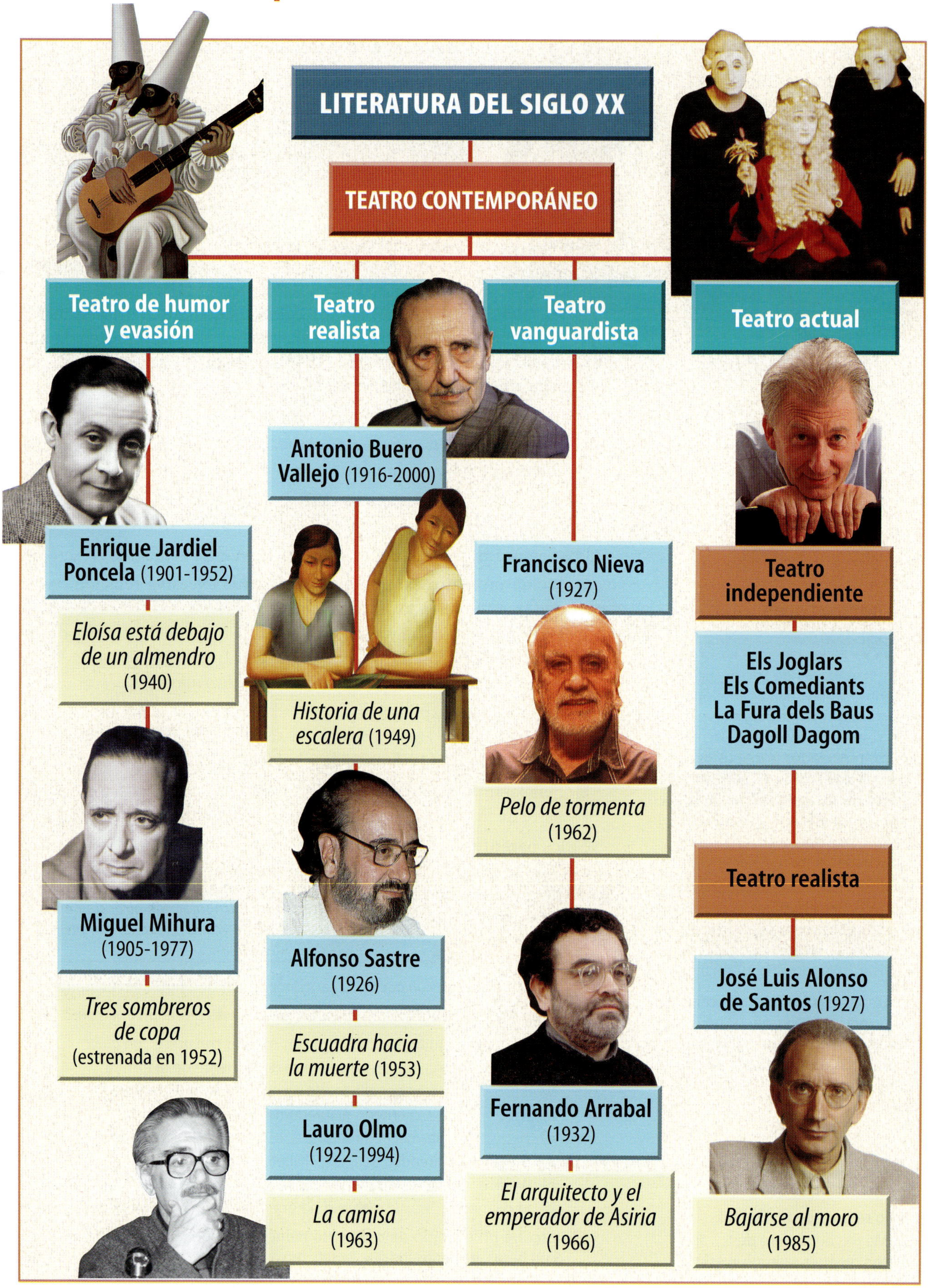

Fotografía Lauro Olmo: CNDT. Fotógrafo: Chicho.

1 Evolución del teatro hasta 1975

Recuerda

- El **género teatral** presenta una doble **dimensión:** es **texto literario** y **espectáculo.**
- Son **tipos textuales teatrales** el **diálogo,** el **monólogo,** el **aparte** y la **acotación.**
- El **teatro anterior** a la **Guerra Civil** alcanzó su cima con **Valle-Inclán** y **García Lorca.**

La **evolución** del **teatro español del siglo XX** está condicionada, como la de la lírica y la novela, por la Guerra Civil y sus consecuencias. La más inmediata fue el **exilio de dramaturgos,** como Rafael Alberti o Max Aub, y la **muerte** de otros, como Lorca y Valle-Inclán.

El **teatro español** ha evolucionado desde la **evasión** y el **humor** de **posguerra,** pasando por el **teatro realista** y **social,** hasta la **renovación formal.**

El **teatro de posguerra** se desarrolló con **limitaciones ideológicas,** debidas a la **censura,** y **económicas,** motivadas por la situación. Triunfó un **teatro de evasión** centrado en **temas alejados** de la dura **realidad** del momento. Algunas obras se inclinaron por el pasado histórico, como *Por la virgen capitana* (1940), de **José M.ª Pemán,** y otras, por los **ambientes de la alta burguesía:** *Dos mujeres a las nueve* (1949), de **Juan I. Luca de Tena.**

Principales etapas

Teatro de humor

En los **años cuarenta,** junto al **teatro de evasión** se desarrolló un **teatro de humor,** cultivado por **Enrique Jardiel Poncela** (*Eloísa está debajo de un almendro,* 1940) y por **Miguel Mihura** (*Tres sombreros de copa,* 1952), cuyo influjo ha perdurado hasta la actualidad.

Representación de *La camisa*. Teatro Bellas Artes, Madrid, 1995.

Teatro realista

En el año 1949, el estreno de *Historia de una escalera,* de **Antonio Buero Vallejo,** determinó un cambio en el panorama teatral. Desde esa fecha y durante los **años cincuenta** surgieron obras que intentaban **reflejar** y **criticar** la **dura realidad** del momento.

Además de por Buero, el teatro realista con **carga social** fue cultivado por **Alfonso Sastre** (*Escuadra hacia la muerte,* 1953) y **Lauro Olmo** (*La camisa,* 1963).

Teatro de renovación formal o vanguardista

A partir de los **años sesenta,** autores como **Francisco Nieva** (*Pelo de tormenta,* 1962) o **Fernando Arrabal** (*El arquitecto y el emperador de Asiria,* 1966) crearon un **teatro simbólico** y **alegórico,** de **influencia vanguardista,** que acentúa los aspectos visuales, sonoros y musicales para ofrecer un **espectáculo total.**

A **finales de los sesenta** surgieron también **grupos de teatro independiente,** que creaban las obras conjuntamente y cambiaron la concepción del lugar teatral al llevar sus montajes a fábricas, calles, escuelas… Entre los más destacados cabe mencionar *Els Joglars, Els Comediants, Los Goliardos, Tábano* o *La Cuadra.*

LOLA.—*Juan. Si te falla el patrón, ¿qué?... Contando al Sebas, ¿cuántos se han ido ya del barrio?... Te asusta el número, ¿eh?*

JUAN.—*Trabajaban en talleres, en fábricas pequeñas.*

LOLA.—*Y en grandes. Piensa en la del Sebas.*

JUAN.—*¡Pienso en mi patrón!* (Cambiando el tono.) *Me oirá. Mi deber es que me oiga y el suyo es escucharme.*

LOLA.—*Palabras. Palabrería. Lo más que lograrás es un cachetito amistoso. Y no esperes que la mano que te lo dé caiga en la cuenta de que pega en hueso. En hueso* descarnao. *Las manos gordezuelas, Juan, tienen* atascá *la* sensibilidá.

JUAN.—*¿A qué viene eso ahora?*

LOLA.—*¡A que estoy harta de* to *esto! ¡A que mis hijos están en* edá *de crecer! ¡A que…! ¡Yo qué sé a qué!*

JUAN.—*Me oirá, Lola.* (A LOLITA y AGUSTINILLO.) Tié *que oírme. Sí. Sí. Mi hoja de servicios es buena. He* demostrao *que sé trabajar. Me oirá, sí que me oirá. Le hablaré de vosotros. De lo que pienso hacer de ti, Agustinillo…*

LOLA.—(Cortando, violenta.) *¡A mis hijos ni se los nombres! ¡Y métete esto en la cabeza! ¡Háblale de ti! ¡Del obrero Juan! ¡Del albañil! Lo demás es mendigar.*

Lauro OLMO
La camisa, Taurus

Actividades

1. ¿Qué teme la protagonista del fragmento de *La camisa*? Indica qué cree Juan que hará su patrón y por qué Lola no comparte su opinión.
2. ¿En qué expresiones muestra Lauro Olmo la dignidad del obrero?
3. Señala rasgos del texto que te permitan adscribirlo al realismo social.

Antonio Buero Vallejo

(1916-2000). Nació en Guadalajara. Al acabar la Guerra Civil, fue encarcelado por su militancia republicana. Durante los años de cárcel nació su afición por el teatro y, tras su liberación, recibió el premio Lope de Vega por *Historia de una escalera.* Recibió prestigiosos premios teatrales y en 1971 fue elegido miembro de la Real Academia Española. En 1986 fue galardonado con el Cervantes.

2 Antonio Buero Vallejo

Buero Vallejo fue uno de los dramaturgos más destacados a partir de la Guerra Civil. Su **trayectoria teatral** es un claro **ejemplo** de la **evolución** seguida por el **teatro español** desde los años cuarenta hasta la actualidad.

El tema de las **primeras obras de Buero** —***Historia de una escalera*** (1949) y ***En la ardiente oscuridad*** (1950)— es la **reflexión sobre la angustia existencial.**

Los **personajes** de estos dramas presentan la **tragedia de vivir** y las **ansias de libertad frustradas.** La frustración está, en ocasiones, simbolizada por personajes **ciegos.** Estas obras, que se representan en un **escenario único,** abordan también **cuestiones sociales,** de la realidad del momento.

Los **siguientes dramas** —***Un soñador para un pueblo*** (1958), ***El concierto de san Ovidio*** (1962), ***El tragaluz*** (1967)— **ahondan** en los **problemas sociales.**

En estas obras, el autor introduce **personajes** y **ambientes históricos** y presenta **novedades en la escenificación,** como los **escenarios múltiples,** las **elipsis temporales** y los **efectos de inmersión**[1]**.**

Después, Buero continuó su **renovación de las técnicas teatrales** en obras como *El sueño de la razón* (1970), *La fundación* (1974), *La doble historia del doctor Valmy* (estrenada en 1976) y *La detonación* (1977).

Historia de una escalera

Argumento

En la **escalera** de una **casa de vecindad** se entrecruzan las vidas de una serie de **personajes dominados** por la **frustración** y la **desesperanza, oprimidos** por la **vida** y la **sociedad.** Uno de los vecinos, **Fernando,** es un joven idealista, lleno de anhelos y sueños, que no llegará a alcanzar, porque traiciona sus verdaderos sentimientos —el amor de Carmina— dejándose llevar por lo más fácil —el dinero de Elvira—. Su amigo **Urbano** es un ser pusilánime que achaca todo su fracaso a un destino al que nunca se enfrenta y a la falta de apoyo de Carmina, con quien se casa sabiendo que ella no lo ama. Treinta años después, la historia amorosa se repite en los hijos de ambas familias, ante la oposición de los padres.

URBANO.— *Tu hijo…*

FERNANDO.—(Sube y se enfrenta con él.) *Mi hijo es una víctima, como lo fui yo. A mi hijo le gusta Carmina porque ella se le ha puesto delante. Ella es quien lo saca de sus casillas. Con mucha razón podría yo decirte que la vigilases.*

URBANO.—*¡Ah, en cuanto a ella puedes estar seguro! Antes la deslomo que permitir que se entienda con tu Fernandito. Es a él a quien tienes que sujetar y encarrilar. Porque es como tú eras: un tenorio y un vago.*

FERNANDO.—*¿Yo un vago?*

URBANO.—*Sí. ¿Dónde han ido a parar tus proyectos de trabajo? No has sabido hacer más que mirar por encima del hombro a los demás. ¡Pero no te has emancipado, no te has libertado!* (Pegando en el pasamanos.) *¡Sigues amarrado a esta escalera, como yo, como todos!*

FERNANDO.—*Sí, como tú. También tú ibas a llegar muy lejos con el sindicato y la solidaridad.* (Irónico.) *Ibais a arreglar las cosas para todos… Hasta para mí.*

URBANO.— *¡Sí! ¡Hasta para los zánganos y cobardes como tú!*

Antonio BUERO VALLEJO
en *Obra completa. Teatro. I*, Espasa Calpe

Actividades

4. ¿Cómo considera Urbano al hijo de Fernando? ¿Con quién lo equipara?
5. ¿A quién culpa Fernando del enamoramiento de su hijo? Deduce cuál puede ser la causa de la oposición de los padres.
6. ¿Qué deseaba Fernando de joven? ¿Y Urbano? Explica cómo han acabado.
7. ¿Qué crees que puede simbolizar la escalera? Justifica tu respuesta.

[1] **efectos de inmersión:** efectos provocados a través de la luz, la música, los sonidos…, con los que se crea un ambiente propicio para que el espectador pueda revivir lo que piensa el personaje.

3 El teatro actual

Desde **finales de los años setenta,** el **teatro** ha cobrado importancia como **hecho cultural,** desprendiéndose de su carga social.

Con la llegada de la **democracia** empezaron a representarse **obras,** españolas y extranjeras, que habían sido **censuradas** durante la dictadura franquista. Así, el panorama dramático español se ha enriquecido con obras de Bertolt Brecht, Antón Chéjov, Dario Fo, Eugène Ionesco, etc. Ello no ha impedido la **revitalización de dramaturgos** de todos los tiempos, con nuevas adaptaciones: Lope de Vega, Calderón, Zorrilla, Valle, Lorca…

Por su parte, los **grupos teatrales** surgidos a finales de los sesenta se han convertido en **compañías estables,** con una producción más cuidada, preocupadas por el éxito y apoyadas por organismos públicos.

Últimas tendencias

Grupos de experimentación

En la actualidad **perviven** muchos de los **grupos** de **creación colectiva** surgidos con anterioridad (*Els Joglars* o *Els Comediants*), a la vez que se han formado **otros nuevos,** como ***Dagoll Dagom, La Fura dels Baus*** o ***La Cubana,*** que introducen en sus espectáculos técnicas propias del cine, el cabaré, la comedia musical, el circo…

Teatro realista

Este tipo de teatro recoge **situaciones actuales,** cargadas de **humor** e **ironía.** Presenta una **estética realista** con **moderadas innovaciones formales.** Los autores más representativos de esta línea son:

- **José Luis Alonso de Santos:** *La estanquera de Vallecas* (1981) y *Bajarse al moro* (1985).
- **Fermín Cabal:** *Tú estás loco, Briones* (1978) y *¡Esta noche, gran velada!* (1983).
- **José Sanchis Sinisterra:** *¡Ay, Carmela!* (1985).

También es realista, aunque ambientada en la Guerra Civil, y no en el presente, *Las bicicletas son para el verano* (estrenada en 1982), de **Fernando Fernán Gómez.** Se trata de una «comedia de costumbres», según definición del propio autor, que muestra la vida de unos personajes corrientes en esos difíciles años.

Representación de *OBS,* por La Fura dels Baus.
Parque de la Bombilla, Madrid, 2000.

Actividades

8 ¿En qué tendencia teatral encuadrarías este texto? Justifica tu respuesta:

JAIMITO.—*¿Quieres?*

ELENA.— *No, gracias. Ya he comido.*

JAIMITO.—(Se sienta a su lado. Sigue comiendo.) *Vaya lío ayer, ¿eh? ¿Has visto hoy a Alberto?*

ELENA.— *No, no ha venido.* (Sigue leyendo.)

JAIMITO.—*Vaya corte que te llevarías, llegar ahí la madre, en ese momento…* (Pausa, silencio. Sigue comiendo y ella leyendo.) *Y luego el jaleo ese de su padre. Le habían echado un montón de años, y de pronto a la calle. Ahora es muy difícil que te dejen estar en la cárcel. Hay que estar muy recomendado. Un amigo mío que está allí metido, come en casa, y luego duerme allí. Cuando no puede ir algún día llama por teléfono.*

El inicio de ***El tragaluz,*** de **Buero Vallejo,** traslada al espectador al futuro, cuando dos investigadores —Él y Ella— van a presentar su experimento: una historia de un remoto pasado, la segunda mitad del siglo XX, que tiene que ver con el inmediato pasado español, pues se trata de la **historia de la posguerra.** Para representarla, Buero se sirve de una familia presidida por el **Padre,** viejo y loco por haber visto morir de hambre a su hija pequeña durante la guerra, y por dos hijos: **Mario,** el perdedor, que vive con el Padre y la Madre en un semisótano desde el que se ve la calle por un **tragaluz,** y **Vicente,** el triunfador, que fue el culpable de la muerte de su hermana al subir al tren y llevarse la comida de todos. La historia se reproduce ahora con el trato que recibe Encarna, amante de Vicente y novia de Mario.

El tragaluz

(EL PADRE, *sentado a la mesa, recorta algo de una vieja revista. Es un anciano de blancos cabellos que representa más de setenta y cinco años. Su hijo* MARIO, *de unos treinta y cinco años, corrige pruebas. Ambos visten con desaliño y pobreza.* EL PADRE, *un traje muy usado y una vieja bata; el hijo, pantalones oscuros y jersey. [...] Se oye el ruido de un tren remoto, que arranca, pita y gana rápidamente velocidad. Su fragor crece y suena con fuerza durante unos segundos. Cuando se amortigua,* EL PADRE *habla en el cuarto de estar. Poco después se extingue el ruido en una ilusoria lejanía.)*

EL PADRE.—*(Exhibe un monigote que acaba de recortar.)* Este también puede subir. *(*MARIO *interrumpe su trabajo y lo mira.)*

MARIO.—¿Adónde?

EL PADRE.—Al tren.

MARIO.—¿A qué tren?

EL PADRE.—*(Señala al frente.)* A ese.

MARIO.—Eso es un tragaluz[1].

EL PADRE.—Tú qué sabes... *(Hojea la revista.)* [...]

MARIO.—*(Que no ha dejado de mirar a su padre.)* Hoy vendrá Vicente.

EL PADRE.—¿Qué Vicente?

MARIO.—¿No tiene usted un hijo que se llama Vicente?

EL PADRE.—Sí, el mayor. No sé si vive.

MARIO.—Viene todos los meses.

EL PADRE.—Y tú, ¿quién eres?

MARIO.—Mario.

EL PADRE.—Tú te llamas como mi hijo.

MARIO.—Soy su hijo.

EL PADRE.—Mario era más pequeño.

MARIO.—He crecido.

EL PADRE.—Entonces subirás mejor.

MARIO.—¿Adónde?

EL PADRE.—Al tren. *(Comienza a recortar otra figura.* MARIO *lo mira, intrigado, y luego vuelve a su trabajo. [...] El padre se levanta y lleva sus dos monigotes de papel a la cómoda del fondo.)*

EL PADRE.—*(Musita, mientras abre un cajón.)* Estos tienen que aguardar en la sala de espera. *(Deja los monigotes y revuelve el contenido del cajón, sacando un par de postales.)* Recortaré a esta linda señorita. [...] *(Canturrea mientras vuelve a la mesa.)*

MARIO.—¿Por qué la recorta? ¿No está mejor en la postal?

EL PADRE.—*(Sin mirarlo.)* Solo cuando hay mucha gente. Si los recortas entonces, los partes, porque se tapan unos a otros. Pero yo tengo que velar por todos y al que puedo, lo salvo.

MARIO.—¿De qué?

EL PADRE.—De la postal.

Antonio BUERO VALLEJO
Teatro. Obra completa, Espasa Calpe

[1]**tragaluz:** ventana en el techo o la parte superior de una pared.

Comentario de texto

Aproximación al contenido del texto

1 Contesta las siguientes cuestiones sobre el texto de Buero Vallejo:

- ¿Qué sucede en la escena? Resume los hechos que ocurren.
- ¿En qué lugar se desarrolla? Señala las expresiones que lo indican.
- Di en qué época tiene lugar la conversación entre El Padre y Mario y de qué modo puede saberse a partir de la información del texto.
- ¿En qué casos considera El Padre inadecuado recortar monigotes?

2 Deduce algunos datos más acerca de los personajes de *El tragaluz:*

- ¿A qué clase social pertenecen? ¿Qué expresiones permiten deducirlo?
- Indica qué cree el padre que es el tragaluz.
- ¿Qué le obsesiona a este personaje? Explica por qué.
- ¿Es normal el comportamiento del anciano? Indica qué enfermedad puede padecer.

3 ¿Qué crees que representan en la obra los elementos del recuadro?

ruido del tren · *monigotes* · *cómoda* · *postal* · *tragaluz*

Análisis de la estructura

4 Diferencia en el texto de Buero Vallejo los párrafos que corresponden a los siguientes tipos textuales propios del género teatral:

Acotaciones	Párrafos ____________
Diálogo	Párrafos ____________

5 ¿Qué información acerca de los personajes aporta el diálogo? Indica si sirve para caracterizarlos y justifica tu respuesta.

Análisis de las formas de expresión

6 Copia las expresiones del texto que transmiten instrucciones acerca de los siguientes aspectos de la representación:
a) Decorado. ***b)*** Movimiento. ***c)*** Vestuario. ***d)*** Sonidos. ***e)*** Música.

7 En el texto se incluyen dos descripciones. Señala en cada una:

- Qué o a quién se describe.
- De qué tipo de descripción se trata en cada caso.
- Qué rasgos del elemento descrito se seleccionan en ambas.

8 Las frases que intercambian El Padre y Mario son breves. ¿Qué se pretende imitar con esa brevedad y qué aporta esta al fragmento de *El tragaluz*?

9 En el texto abundan las interrogaciones. Razona si son o no retóricas.

10 Explica la alegoría que aparece en el texto.

Valoración y relación con el contexto literario

11 ¿Qué imagen de los personajes se desprende del fragmento? ¿Crees que es la primera vez que se los caracteriza en la obra? Razona tu respuesta.

12 Relaciona el fragmento de *El tragaluz* con la producción de Buero Vallejo y con el teatro español contemporáneo en general:

- Indica a qué etapa del teatro de Buero Vallejo pertenece la obra y qué rasgos de su dramaturgia observas en este texto.
- ¿Con qué tendencia del teatro contemporáneo se encuentra relacionada esta obra por su contenido? Razona tu respuesta.

Recursos expresivos

La alegoría

La alegoría consiste en expresar un **pensamiento** o una **idea** por medio de una **serie** de imágenes o **metáforas interrelacionadas:**

*Nuestras **vidas** son los **ríos**
que van a dar en el **mar,**
que es el **morir;**
allí van los señoríos
derechos a se acabar
y consumir;
allí, los **ríos caudales,**
allí, los **otros medianos**
y **más chicos;**
allegados, son iguales
los que viven por sus manos
y los ricos.*

En este célebre ejemplo de Jorge Manrique, las metáforas *vidas* = *ríos*, *mar* = *morir* se encadenan con las metáforas puras *ríos caudales, ríos medianos* y *más chicos,* que aluden a tres categorías sociales.

Evaluación

Cuadro I

VOZ DE DOÑA DOLORES.—*¡Hola, doña Antonia! ¿Necesita usted algo?*

(Llega al comedor DOÑA DOLORES, la señora de la casa. Es aproximadamente de la misma edad que DOÑA ANTONIA, pero más frescachona, más decidida o más despierta.)

DOÑA ANTONIA.—*No, hoy no. Buenos días, Dolores. Bueno, la verdad es que sí. Necesito charlar un poco, porque toda la mañana encerrada en la cocina, no hay quien lo aguante.*

DOÑA DOLORES.—*Pues siéntese, siéntese…*

DOÑA ANTONIA.—*Muchas gracias…* (Se sienta.) *Porque ya tengo la casa hecha, y los chicos han salido. ¿Qué ha puesto usted hoy?*

Representación de *Las bicicletas son para el verano.* Teatro La Latina, Madrid, 2003.

DOÑA DOLORES.—*Cocido, como siempre. ¿Qué quiere usted que ponga? Antes comíamos arroz con pollo los domingos, pero no están los tiempos para florituras.*

DOÑA ANTONIA.—*Pues usted no puede quejarse, doña Dolores, que otros andamos peor. Yo, la verdad, me veo y me deseo para dar de comer a estos hijos.*

DOÑA DOLORES.—*¡Ah!, por cierto, ya le he dicho a mi marido lo de su chico, de Julio.*

DOÑA ANTONIA.—*No sabe cuánto se lo agradezco.*

DOÑA DOLORES.—*Me ha dicho que preguntará en la oficina a ver si quieren alguno nuevo, pero que él no lo puede decidir. […] ¿Se lo ha dicho usted a don Ambrosio?*

DOÑA ANTONIA.—*Sí, claro que se lo dije. […] Y todo esto para colocar al mayor, que luego me queda Pedrito.*

DOÑA DOLORES.—*Pero Pedrito es todavía un niño.*

DOÑA ANTONIA.—(No está conforme con la apreciación de DOÑA DOLORES.) *¡Mujer!*

Fernando FERNÁN GÓMEZ
Las bicicletas son para el verano, Vicens Vives

1. Contesta las siguientes cuestiones:
- ¿A qué va D.ª Antonia a casa de D.ª Dolores?
- Explica por qué comen cocido todos los días en casa de esta.
- ¿Qué datos de la forma de vida de los personajes se ofrecen en el fragmento de *Las bicicletas son para el verano*? Indica qué momento social reflejan.

2. ¿Qué elementos comparten el teatro y los textos publicitarios que se emiten por televisión?

3. Localiza marcadores del discurso en este fragmento de Fernando Fernán Gómez. ¿Qué clase de palabra es cada uno?

4. Indica qué marcadores de la actividad 3 son propios de las conversaciones.

5. Señala los marcadores de la actividad 3 que se emplean como conectores. ¿De qué tipo son?

6. Construye oraciones en que la palabra *mayor* se emplee como eufemismo. ¿A qué palabra tabú sustituye?

7. ¿En qué tendencia del teatro contemporáneo se inscribe *Las bicicletas son para el verano*? Señala sus características y autores más representativos y di qué peculiaridades presenta esta obra de Fernando Fernán Gómez.

8. Explica cómo se ha desarrollado la evolución del teatro español desde la Guerra Civil hasta nuestros días.

9. Expón todo lo que sepas sobre la obra dramática de Antonio Buero Vallejo.

10. Crea un cartel publicitario para dar a conocer la representación de la obra de Fernando Fernán Gómez. ¿Qué tipo de imagen utilizarías? Incluye también texto verbal.

12 Lugares para el diálogo

Contenidos de la unidad

COMUNICACIÓN

Internet (II): los foros

1. Los foros de debate
2. Características del debate

TÉCNICAS DE TRABAJO

Preparación y realización de debates

Expresión: El recurso

LENGUA

El español en la actualidad

1. El español en el mundo
2. El español en España
3. El español de América
4. **Norma:** Las Academias de la Lengua

Léxico: Locuciones y frases latinas

Ortografía: Escritura de palabras de otras lenguas. Usos no lingüísticos de los signos de puntuación

LITERATURA

La literatura hispanoamericana

1. La poesía hispanoamericana
2. Pablo Neruda
3. La narrativa hispanoamericana
4. Jorge Luis Borges
5. Gabriel García Márquez

Comentario de texto: *Pedro Páramo*

El maestro de la brevedad

CVC. Foros - Microsoft Internet Explorer

Archivo Edición Ver Favoritos Herramientas Ayuda

Atrás Búsqueda Favoritos Multimedia

Vínculos Hotmail gratuito » Dirección http://www.cvc.cervantes.es/foros/leer.asp?vId=44274 Ir

Foro del hispanista IMPRIMIR

44274. Adiós a Augusto Monterroso, maestro del microcuento

La dirección de este mensaje es: «http://cvc.cervantes.es/foros/eer1.asp?vId=44274».

Título: Adiós a Augusto Monterroso, maestro del microcuento

Autora: Moderadora del Foro del hispanista

Fecha y hora: lunes, 10 de febrero de 2003, 11.21 h

Estimados amigos:

Desde el Foro del hispanista queremos darle un cariñoso adiós a este entrañable narrador y ensayista guatemalteco. Nacido en 1921 en Tegucigalpa, a los 15 años se estableció con su familia en Guatemala. En 1944 se exilió a México, donde fijó su residencia.

Empezó a publicar sus textos a partir de 1959, año en que salió la primera edición de *Obras completas (y otros cuentos)*, donde se aprecian los rasgos fundamentales de su narrativa: su prosa breve, casi epigramática, concisa, sencilla y compleja a la vez. En sus microcuentos abundan las referencias cultas, así como un magistral manejo de la parodia, la caricatura y el humor negro.

Considerado uno de los maestros de la minificción y de la forma breve, aborda temáticas complejas y fascinantes. En el año 1975 obtuvo el premio Villaurrutia y en 1988 fue condecorado con el Águila Azteca. En 1996 se le otorgó el premio Juan Rulfo de narrativa. En el año 2000 fue galardonado con el prestigioso premio Príncipe de Asturias de las Letras. Estas fueron las palabras del príncipe Felipe: «Precisamente al premiar a Augusto Monterroso se premia también el cuento como género, del que él es, en lengua española, uno de sus más egregios representantes. Realidad y fantasía, sátira y humor, concisión y agudeza, son las principales características de su obra».

Entre sus libros destacamos:

- *La oveja negra y demás fábulas* (1969).
- *Movimiento perpetuo* (1972).
- *Lo demás es silencio* (1978).
- *Viaje al centro de la fábula* (conversaciones, 1981).
- *La palabra mágica* (1983).
- *La letra e: fragmentos de un diario* (1987).
- *Los buscadores de oro* (memorias, 1993).
- *Sinfonía concluida y otros cuentos* (cuentos, 1994).
- *La vaca* (colección de ensayos, 1999).

A Augusto Monterroso se le atribuye el cuento más breve y universal:

Cuando despertó, el dinosaurio todavía estaba allí.

Sobre él ha escrito la novelista argentina Reina Roffé un artículo en *Rinconete:* **«Monterroso en dos palabras».** Con estas palabras le decimos *¡Hasta siempre!* al insigne maestro de la brevedad.

Moderadora del Foro del hispanista

Responder

Asunto:

Nombre:

Apellidos:

Dirección electrónica:

Texto del mensaje:

Enviar formulario

Centro Virtual Cervantes

Internet

Análisis del texto

Análisis del contenido

1 Contesta las siguientes cuestiones sobre el mensaje 44274:

- ¿Quién es el personaje al que se da *un cariñoso adiós* en el texto? ¿Qué datos se ofrecen de él?
- Indica qué géneros literarios cultivó este escritor.
- ¿Quién ha escrito ese mensaje? ¿A quién lo dirige?
- Explica a través de qué medio audiovisual se ha difundido este mensaje.

2 Amplía la información a partir del texto del Foro del hispanista del Centro Virtual Cervantes:

- ¿A qué se dedica un hispanista?
- ¿En cuál de estas zonas geográficas nació Augusto Monterroso? Señala en el mapa correcto el país natal del escritor y aquel en el que pasó su juventud.

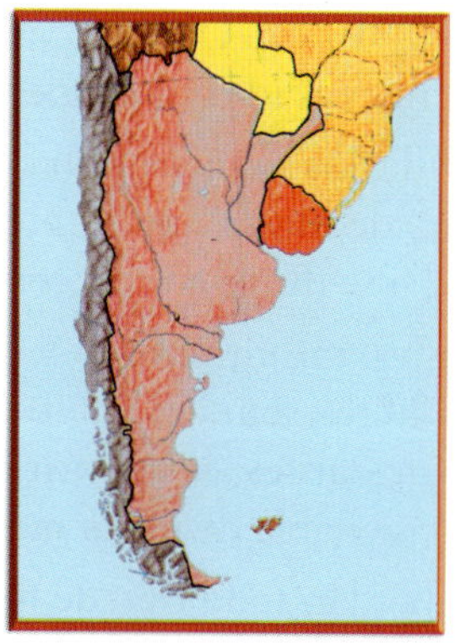

- Enuncia cuáles pueden ser los rasgos de los microcuentos.
- ¿Qué acontecimiento crees que ha motivado la redacción del mensaje?

3 ¿Con qué finalidad se emite un texto como este? Explica cómo puede actuar quien lo reciba.

Análisis de la estructura

4 Divide en partes todo el mensaje 44274 atendiendo a la presentación.

5 El texto verbal sobre Augusto Monterroso, que comienza en *Estimados amigos,* se divide en seis partes. Indica los párrafos correspondientes y explica el contenido de cada uno.

Análisis de las formas de expresión

6 Busca en el diccionario el significado de la palabra *egregio* y construye dos oraciones con ella. ¿Qué sinónimo de ese término aparece en el mensaje?

7 La palabra *microcuento* tiene también dos expresiones sinónimas en este texto; ¿de cuáles se trata?

8 Localiza todos los pares de antónimos presentes en el mensaje.

9 A continuación figuran tres acepciones relativas al adjetivo *epigramática*. Elige la que se relacione con el sentido que tiene este término en el texto:

a) Inscripción en piedra, metal…

b) Composición poética breve en la que se expresa un solo pensamiento festivo o satírico.

c) Pensamiento de cualquier género, expresado con brevedad y agudeza.

Interpretación y valoración

10 ¿Qué opinas del que está considerado el cuento más breve y universal? Antes de valorarlo, intenta crear uno similar.

Cuando despertó, el dinosaurio todavía estaba allí.

Internet (II): los foros

1 Los foros de debate

El texto que has analizado en la página 260 es el mensaje inicial de un tema tratado en uno de los **foros de debate** de que dispone el **Centro Virtual Cervantes.**

Un **foro de debate** es un **servicio de Internet** que permite el **intercambio de información** y **opinión** entre **personas interesadas** en un **tema concreto.**

En los foros, el intercambio se produce por medio de **mensajes de correo electrónico,** que se envían a un servidor. Este remite el mensaje a cuantos aparecen en la **lista del foro** y, así, se inicia una cadena de respuestas, comentarios, nuevas informaciones, etcétera.

Cada uno de los componentes de la lista del foro puede **responder públicamente,** de modo que su mensaje llegue a todos los participantes, o **en privado,** si se dirige solo al remitente de un mensaje concreto.

Las opiniones, informaciones y comentarios de quienes intervienen en el debate son libres, aunque habitualmente existe un **coordinador.** Si este lee los mensajes antes de remitirlos para asegurarse de que se ciñen al tema del foro, se habla de **listas moderadas.**

Los foros abordan **todo tipo de temas,** pero se centran de forma especializada en asuntos relacionados con la actualidad, la medicina, la legislación, los estudios, la lengua, los animales…

Recuerda

- **Internet** es un **sistema de comunicación** que permite **transmitir** de **forma inmediata mensajes desde** y **a cualquier parte del mundo.**
- **Internet** ofrece múltiples **servicios: páginas *web,* correo electrónico, videoconferencias, noticias, *chats*** y **foros de debate.**
- La **opinión** es la **declaración de un punto de vista personal** sobre un asunto determinado. Equivale a la **tesis.**

Netiquetas

Para **participar** en los **foros de Internet,** es necesario mantener unas **normas de conducta** —aplicables también al **correo electrónico**— que se conocen como ***netiquetas.***

El código de la cortesía en Internet, la netiqueta, *es tan antiguo como la Red. Sin embargo, son minoría quienes lo respetan, por mucho que la mayor parte de sus normas sean de simple sentido común. Veamos: ¿qué es eso de enviar un documento adjunto al mensaje que ocupa un megabyte sin que su destinatario haya dado permiso para ello? A la pobre víctima puede salirle por un ojo de la cara la lenta descarga de ese archivo (y eso, si no le colapsa el buzón). O esa moda de no saludar al principio ni despedirse al final (¿pero es que resulta tan complicado decir hola y adiós?).*

El ranking *de la vagancia lo encabezan, no obstante, quienes al contestar a un mensaje no se toman la molestia de borrar el grumo del texto al que están respondiendo. Resultado: mensajes cada vez más largos y antipáticos.*

Al igual que usted no cree que la buena educación en la mesa sea solo para las comidas de empresa, no caiga en la tentación de pensar que la netiqueta es privativa del mundo de los negocios.

Magazine de El Mundo, 167
8 de diciembre de 2002
(Adaptación)

Actividades

1. Formula las *netiquetas* a partir de las afirmaciones del texto anterior.
2. ¿Qué otras netiquetas se te ocurren? Escríbelas.
3. Localiza en Internet foros de debate sobre los siguientes temas y explica las peculiaridades de cada uno:
   a) Música. **b)** Historia. **c)** Educación. **d)** Noticias.

2 Características del debate

En muchos foros de Internet, los usuarios intercambian opiniones sobre el tema en el que se centran, dirigidos por un coordinador. De este modo, están participando en un **debate,** aunque sea de forma virtual.

El **debate** es un **texto argumentativo** en el que **dos** o **más interlocutores,** dirigidos por un **moderador,** contrastan sus **opiniones** o **puntos de vista** sobre un **determinado tema.**

Aunque en los foros de Internet se contrastan opiniones por medio de mensajes escritos, el debate propiamente dicho es un **texto oral.** En su desarrollo se enfrentan **tesis diferentes,** y **cada participante argumenta a favor de su postura** o intenta **refutar la de sus compañeros** por medio de contraargumentos.

Los debates son frecuentes en **política:** debates parlamentarios, debates sobre el estado de la nación o sobre el estado de las autonomías, debates electorales...También son habituales en los **ámbitos académico** y **científico** (los celebrados en congresos, por ejemplo) y, por supuesto, en los **medios de comunicación social.**

Estructura del debate

Presentación

Al principio del debate, el **moderador presenta el tema** que se va a tratar y a los **participantes** que defenderán sus respectivos puntos de vista. En ocasiones, estos hacen una breve introducción de su postura, para establecer cuál va a ser su posición desde el principio, sin que exista turno de réplica por parte de los demás.

Cuerpo del debate

Si no se ha hecho en la presentación, el cuerpo del debate se inicia con la **exposición del punto de vista** y de la **actitud ante el debate** de cada participante. A continuación, se produce el **desarrollo de los argumentos,** con **intervenciones sucesivas** de los distintos interlocutores, generalmente por indicación del moderador.

Esta parte se cierra con la **intervención final de cada participante,** en la que se presentan las **conclusiones** o se **reitera** lo dicho a lo largo del debate.

Cierre

El moderador da por concluido el debate, normalmente con un **resumen** de las **distintas posturas** o de las **conclusiones** alcanzadas durante la discusión. La sesión termina con una **fórmula de despedida.**

Papel del moderador

El debate no es una conversación libre y espontánea, sino que está dirigido por un **moderador.** Este, aunque **no participa directamente en la discusión,** desempeña un importante papel:

- **Abre** el debate y **presenta** a los **participantes** o **interlocutores.**
- **Concede** y **regula** los **turnos de palabra** durante la discusión.
- **Cierra** la sesión.

Si el orden de participación de los interlocutores y la duración de sus intervenciones están previamente fijados y el moderador no permite que se realicen interrupciones, el debate resulta muy formal. Existen debates más libres, en los que el moderador se limita a plantear los asuntos y a mantener las intervenciones dentro del tema que se está tratando.

Actividades

4. Recuerda en qué consisten las tertulias y señala las diferencias que presentan con los debates.
5. Menciona programas de diferentes medios de comunicación audiovisual que sean de debate o que lo incluyan.
6. ¿Qué géneros periodísticos se aproximan a los debates? Cítalos y razona tu respuesta.

Preparación y realización de debates

En el ordenador...

Sinónimos

El procesador de textos permite localizar **sinónimos** de una palabra. Para ello, debes seleccionar el término que deseas sustituir y elegir en el menú **Herramientas** la opción **Idioma,** y dentro de ella, **Sinónimos.**

Un método más rápido consiste en pulsar la combinación de teclas **Mayúsculas + F7.**

Recuerda que los sinónimos dependen del **contexto** y que, por tanto, no basta con elegir uno cualquiera, sino que ha de corresponder al **sentido** que el término tiene **en el texto.**

En el desarrollo de un debate intervienen distintas personas: además del **moderador** y de los **interlocutores** que exponen sus puntos de vista, es habitual la presencia de **público,** que, en algunos casos, es un mero espectador de la discusión y, en otros, toma la palabra por indicación del moderador y se convierte en un interlocutor más.

Los **participantes en un debate** asisten en condición de **expertos en un tema** o como **personas conocedoras** —en ocasiones, por **experiencia personal**— del **asunto tratado.**

Sea cual sea el motivo de su participación, las personas que intervienen en un debate deben realizar una serie de **actividades previas** al desarrollo del mismo y mantener ciertas **actitudes** durante su realización.

Para preparar un debate

- **Documéntate** bien sobre el tema para **actualizar tus conocimientos** y **recopila** toda la **información nueva** que encuentres.
- **Establece** con claridad **tu opinión,** de forma **breve y directa,** para que tu **punto de vista** sea inmediatamente **comprendido** por el resto de los **participantes** y **asistentes.**
- Antes de plantear tu **tesis,** analízala desde **diversas perspectivas** para tener dispuesta la **réplica** ante posibles contraargumentos de los otros participantes.

Durante el debate...

- Tu **primera intervención** ha de tener **tono expositivo.** Como la transmisión es oral, emplea **frases directas,** no excesivamente largas ni complejas.
- **Adecua** tu **lenguaje** al tipo de **participantes** y **audiencia,** así como al **carácter formal** o **informal** de la discusión.
- **Atiende** al **moderador** y **respeta** los **turnos de palabra** de tus interlocutores **sin interrumpir.**
- **Escucha** con atención sus **opiniones** y **argumentos,** y si no los compartes, **rebátelos con educación.**

Actividades

1. Observad las ilustraciones y, por grupos, preparad vuestra intervención en un debate sobre conductas cívicas.
2. Realizad el debate entre toda la clase, atendiendo a las indicaciones ofrecidas en esta página.

Tipos de recursos

Existen **dos tipos de recursos:**

- **Recurso ordinario.** Ha de ser presentado en el plazo de **un mes** desde la notificación y será resuelto por el **órgano superior** al que dictó el acto impugnado.
- **Recurso contencioso-administrativo.** Traslada el asunto a la **vía judicial.** El plazo para interponer estos recursos es de **dos meses** desde la notificación.

Expresión

El recurso

En diversas circunstancias, los ciudadanos necesitan **mostrar su disconformidad** con determinadas **resoluciones de la Administración** que perjudican sus intereses. Para ello, interponen un **recurso.**

El **recurso** es el **documento** que el **ciudadano** remite a la **Administración** para **solicitar** la **anulación de un acto administrativo.**

Podemos recurrir, por ejemplo, la no concesión de una beca, la imposición de una multa de tráfico que consideramos injusta, la denegación de una matrícula en un centro… Observa que, en todos los casos, para interponer el recurso, es preciso que se **haya producido previamente** un **acto administrativo** (que se haya negado la solicitud de la beca o de la matrícula, que se haya puesto una multa, etcétera).

Para interponer un recurso

- **Analiza** con cuidado la **notificación** de la **Administración** para **argumentar** tu recurso correctamente.
- Piensa qué **tipo de recurso** has de interponer para vigilar el plazo en el que puedes dirigirte al organismo correspondiente.
- Observa el **modelo** ilustrado abajo y rellena todos los **apartados** con los **datos** que se indican.
- Utiliza **frases cortas,** que recojan los **datos exactos.**

Como la elaboración del recurso exige el conocimiento de las leyes, muchos ciudadanos delegan la redacción de estos documentos en abogados, gestores, etcétera.

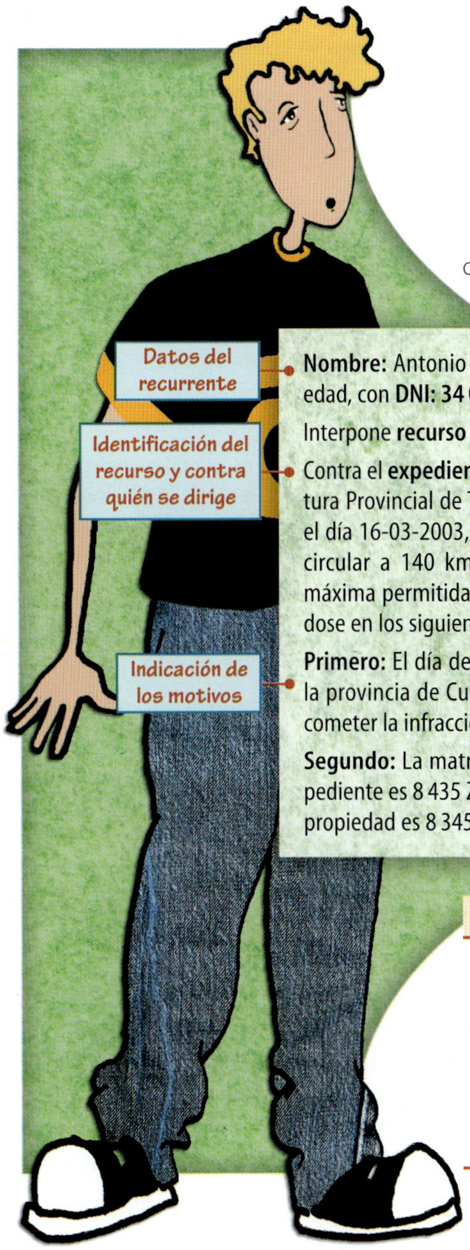

Datos del recurrente → **Nombre:** Antonio Ancareas Giles, mayor de edad, con **DNI: 34 057 066**

Identificación del recurso y contra quién se dirige → Interpone **recurso ordinario,**

Contra el **expediente** n.º 89-4 184 de la Jefatura Provincial de Tráfico de Cuenca, abierto el día 16-03-2003, en el que se le multa por circular a 140 km/h, cuando la velocidad máxima permitida era de 120 km/h, basándose en los siguientes **MOTIVOS:**

Indicación de los motivos → **Primero:** El día de la fecha no circulaba por la provincia de Cuenca, por lo que no pudo cometer la infracción.

Segundo: La matrícula que figura en el expediente es 8 435 ZZY y la del vehículo de mi propiedad es 8 345 ZZY.

Solicitud → Por todo lo cual, **SOLICITA:**

Que se tenga por **interpuesto el presente recurso** y se acuerde dejar sin efecto la denuncia formulada.

Notificación → A los efectos de **notificación,** el interesado señala como **medio** preferente el fax y, como **lugar** de notificación, su domicilio particular en c. Eucalipto, 3, 4.º A, Vera (Almería).

Lugar, fecha y firma → Vera, 8 de abril de 2003

Antonio Ancareas Giles

Órgano, persona o entidad administrativa al que se dirige → SR. JEFE DE TRÁFICO DE LA JEFATURA PROVINCIAL DE CUENCA

Actividades

3. Imagina que optas a una beca para el Conservatorio Municipal de Música y has presentado la documentación exigida. La beca te ha sido denegada porque no obtienes (según los criterios de baremación) la puntuación necesaria. Como estimas que ha habido un error, deseas interponer un recurso. ¿De qué tipo sería?
4. Observa el modelo y redacta el recurso para que te concedan la beca.

El español en la actualidad

Recuerda

- El **castellano** proviene del **latín,** es decir, es una **lengua románica.**
- Toda **lengua** es un **dialecto** de aquella de la que **procede** y también son **dialectos** las **variedades geográficas** que presenta una **lengua** en las distintas zonas de su territorio.
- El **español** es una **lengua internacional.**

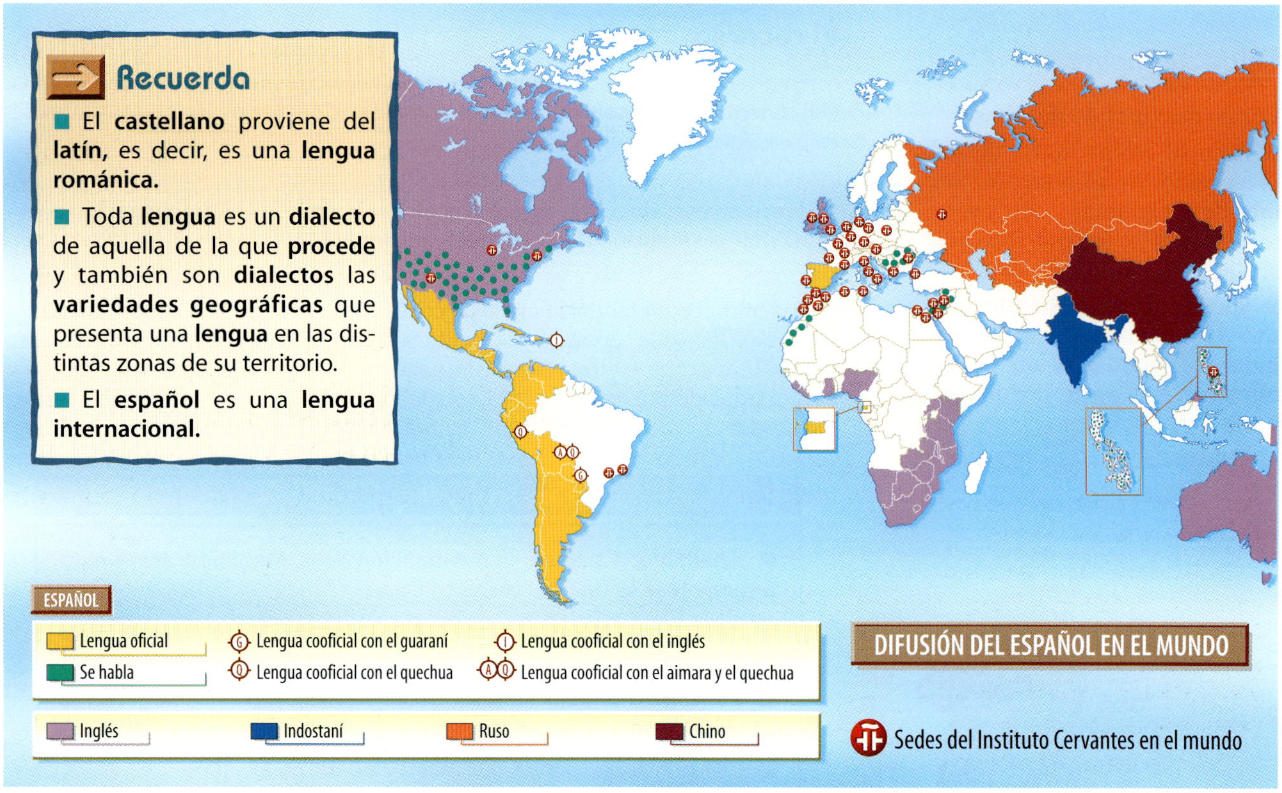

1 El español en el mundo

El **español** es una **lengua en expansión;** se calcula que, en la actualidad, la hablan unos **360 millones** de personas.

El **español** es la **cuarta lengua más hablada en el mundo;** es **oficial** en **veintiún países** y **cooficial** en numerosos **organismos internacionales** (UE, ONU, Unesco, OEA, etcétera).

El español se habla en **España,** en distintos **países de América,** en **Filipinas** (Asia), en **Guinea Ecuatorial** (África) y en **campos de refugiados** de diversas partes del mundo, en los que hay 150 000 a 200 000 hablantes.

A estos lugares hay que añadir zonas de **Israel,** del **Mediterráneo oriental (Turquía)** y varias ciudades de **Estados Unidos,** donde los **sefardíes,** descendientes de los judíos expulsados de Sefarad (España) en 1492, hablan una **variedad dialectal del castellano:** el **judeoespañol.**

Desde 1991, el **Instituto Cervantes** se ocupa de la **difusión** y la **enseñanza** de la **lengua** y la **cultura españolas** e **hispanoamericanas** en todo el mundo.

En la actualidad cuenta con **40 centros,** situados en distintos países del mundo, y participa en **actividades culturales** variadas en Europa, Estados Unidos y los países árabes. Desde 1998 publica el **anuario *El español en el mundo*,** que recoge informes sobre la **situación del español hoy día:** en los medios de comunicación, en la producción científica y técnica, en la traducción y en los organismos internacionales; la demografía de la lengua…

El español en Internet

El **Instituto Cervantes** dispone de un portal en Internet denominado **Centro Virtual Cervantes,** cuya dirección electrónica es www.cvc.cervantes.es.

Según datos de este centro, el español solo se emplea en un 4,3 % de los accesos a Internet (el 10,1 % si no se tiene en cuenta el inglés). La institución añade:

El aumento de esa presencia solo puede lograrse mediante un incremento de los contenidos en español y un desarrollo comparable de los sistemas de recuperación inteligente de la información y su análisis.

Ello exigirá **coordinación entre los países hispanohablantes** y el incremento de la **labor de instituciones** como el propio Instituto Cervantes.

2 El español en España

El **español** o **castellano** es la **lengua oficial** en todo el **Estado español** y presenta **variedades dialectales** que dependen de la zona donde se use.

Con el paso del tiempo, el español, como cualquier lengua, se ha diferenciado en las distintas zonas de su territorio, debido a diversos **factores:**

- La **evolución histórica** del castellano ha determinado diferencias entre las **variedades septentrionales** y las **variedades meridionales** (andaluz, extremeño, murciano y canario).
- En las **comunidades bilingües,** el castellano ha recibido la influencia de las **lenguas cooficiales:** del **catalán,** en Cataluña, Baleares y la Comunidad Valenciana (donde se denomina valenciano); del **gallego,** en Galicia; y del **vasco** o ***euskera,*** en el País Vasco y Navarra.
- Igualmente, en el castellano se percibe la **influencia** del **asturleonés** y del **navarro-aragonés,** en los territorios correspondientes.

Principales rasgos dialectales

Las **variedades dialectales** presentan **diferencias fonéticas:**

- En las **variedades septentrionales** es característica la diferencia fónica entre ***s*** y ***z*** *(caza, casa),* la **relajación** y **pérdida** de la **-*d*- intervocálica** *(cansao)* y la **extensión del yeísmo** (*vayado,* por *vallado*).
- En las variedades **meridionales** se producen el **seseo** (*casa* por *caza*) y, en algunas zonas, el **ceceo** (*caza* por *casa*), la **aspiración** o **eliminación** de la ***s* final de sílaba** o de **palabra** *(lah niñah),* la **aspiración** de la ***j*** *(hente),* la **pérdida de la -*d*- intervocálica** *(pasao, partío)* y la **generalización del yeísmo.**

Pero, además, presentan **diferencias en otros niveles de la lengua.** Por ejemplo, un rasgo morfológico como el **uso del diminutivo** puede mostrar distinciones según las zonas:

- **Galicia** ➜ *-iño / -a: neniña.*
- **Asturias** ➜ *-ín / -ina: nenina.*
- **Aragón** ➜ *-ico / -ica: nenica.*
- **Variedades septentrionales** ➜ *-ito / -ita: nenita.*
- **Variedades meridionales** ➜ *-ino / -ina, -illo / -illa, -ico / -ica: nenilla.*

VARIEDADES DIALECTALES DEL CASTELLANO EN ESPAÑA

Los usos dialectales son válidos en las zonas donde se realizan, aunque en otras puedan sentirse como vulgares. Sin embargo, todo castellanohablante debe cuidar el idioma común, que se constituye en normativa de los usos correctos de la lengua, sin olvidar sus peculiaridades dialectales.

Actividades

1. En estos versos, Juan Ramón Jiménez reproduce la variedad andaluza. Escríbelos con la ortografía correcta y señala rasgos fonéticos del andaluz:

   «Mare, me jeché arena zobre la quemaúra.
   Te yamé, te yamé dejde er camino… ¡Nunca
   ejtubo ejto tan zolo! La yama me comían.
   Mare, yo te yamaba, y tú nunca venía!»

2. ¿Comparte tu dialecto, tu forma de pronunciar, alguno de esos rasgos?

3 El español de América

El español es la **lengua oficial** en numerosos **países del continente americano.** Puedes consultarlos en el mapa que figura en esta página.

La **zona de influencia del español en América** es un **inmenso territorio,** que se extiende de norte a sur del continente y que se denomina **Hispanoamérica.**

Además de hablarse en esos diecinueve países, el español es una lengua en creciente expansión en algunos **estados del sur de Estados Unidos** (California, Arizona, Nuevo México y Texas) y en las **grandes ciudades estadounidenses** (Nueva York, San Francisco, Los Ángeles, Miami), debido, sobre todo, a la emigración de hispanoamericanos.

La amplitud del territorio americano y las diferencias culturales entre las zonas en las que se habla español han determinado la diferenciación de **variedades dialectales.**

Esas variedades hacen que distingamos, por la forma de hablar, a un mexicano de un argentino o un cubano. A pesar de ello, el español de América presenta **rasgos comunes** en gran parte del continente. Esos rasgos se producen en todos los niveles lingüísticos: **fónico, morfosintáctico** y **léxico.**

3.1. Rasgos fónicos

Aunque no tienen igual presencia en todos los países, los principales rasgos de **pronunciación** en el **español de América** son los siguientes:

PRINCIPALES RASGOS FÓNICOS
Seseo: se pronuncia ***s*** en lugar de ***z:*** *sorro, difísil, senar.*
Yeísmo: en muchos territorios se pronuncia ***y*** en lugar de ***ll:*** *cabayo, yorar.*
Confusión entre ***r*** y ***l*** a **final de sílaba:** *cuadelno.*
Aspiración o **pérdida** de ***s*** **a final de sílaba** o **palabra:** *hatta, peccado, ere(h), paíse.*
Aspiración del **sonido** ***j:*** *reha, pahar.*
Relajación del **sonido** ***b:*** *cuuanos, cauañas.*

Actividades

3 Este texto reproduce el habla coloquial del dialecto hablado por los gauchos[1] en Argentina. Señala en él rasgos fónicos del español de América:

> *Con expresión de quien medita una picardía, lo interpeló:*
>
> *—¿Quién sos vos? —interrogó mi padrino. [...]*
>
> *—¿Ya no conocés a tuh'ermanos?*
>
> *—Debe ser por los muy muchos que tengo en las pulperías[2].*
>
> *—¿Y me has de negar que soh'Ufemio Díaz?*
>
> *—¿Días?... y algunos meses —consintió mi padrino.*
>
> **Ricardo Güiraldes**
> *Don Segundo Sombra,* Espasa Calpe

[1]**gaucho:** en Argentina, hombre de campo, experimentado en las faenas ganaderas tradicionales.

[2]**pulpería:** tienda, especialmente de comestibles.

3.2. Rasgos morfosintácticos y léxicos

El español y las lenguas indígenas

En numerosos países de América se hablan **lenguas nativas,** como el **quechua,** el **guaraní,** el **aimara,** el **náhuatl,** etc. En algunos de ellos, el **español comparte** el **rango de lengua oficial** con estas lenguas. Así sucede en **Bolivia,** donde son lenguas cooficiales el aimara, el español y el quechua; en **Paraguay,** el español y el guaraní; y en **Perú,** el español y el quechua.

Los **rasgos morfosintácticos** más destacados del español de América son los siguientes:

PRINCIPALES RASGOS MORFOSINTÁCTICOS
Sustitución del pronombre ***vosotros*** por ***ustedes*** en todos los países hispanoamericanos: *¿De dónde son ustedes?*
El **voseo** o empleo del pronombre ***vos*** en lugar de ***tú:*** *¿Quién sos vos?* Esta es la única forma de tratamiento en los países de América Central, Argentina, Uruguay y Paraguay, y alterna con *tú* en Chile, Colombia y Venezuela, entre otras zonas.
Modificación de las **formas verbales** de **segunda persona del singular** que acompañan al pronombre ***vos:*** *vos cantás, vos temés…, dejame en paz.*
Uso preferente del **pretérito perfecto simple** en lugar del pretérito perfecto compuesto: *¡Qué bueno que viniste!*
Empleo frecuente del **diminutivo** en **adverbios:** *ahorita, tantito.*

El **léxico** es el **nivel de la lengua** que **mayores diferencias** presenta en las variedades de los distintos países hispanoamericanos; sin embargo, pueden establecerse ciertas características generales:

RASGOS LÉXICOS GENERALES DEL ESPAÑOL DE AMÉRICA
Empleo de **arcaísmos,** es decir, de **palabras** que se usaban, pero que ya **se han perdido** o se **emplean en menor medida en España:** *platicar* (hablar), *pollera* (falda), *recordar* (despertar).
Uso de **indigenismos,** esto es, **palabras procedentes de las lenguas indígenas.** Muchos de ellos llegaron desde allí al español peninsular *(cacao, canoa, chocolate, cacahuete…): maca* (tubérculo), *micha* (avaricioso), *macurca* (agujetas), *lagra* (sopa).
Formación de **palabras nuevas** o **modificación del significado de otras:** *fregar* (molestar), *aguacafé* (café con mucha agua), *agarrar* (salir, ponerse en camino), *nomás* (solamente, apenas).
Mayor incorporación de **anglicismos:** *chequear* (examinar), *compulsorio* (obligatorio). En países como Argentina es notable también el empleo de **italianismos:** *pibe* (chico), *pastachuta* (pasta seca).

Se acercó a paso rápido y, sin detenerse, pronunció un seco:

—Buenaj noche.

—Buenaj noche —respondió una voz que le hizo estremecerse por su acento inesperado.

Ya había dejado la mujer a sus espaldas, cuando la oyó hablar nuevamente:

—¿Pasiando?

—Un poco… […]

Menegildo halló un tema de conversación:

—Ya tenemo año nuevo.

—Parese…

—En e pueblo la gente bailaba en tó lao. ¡Y había tomadore[1]*! ¡Caballero, qué de tomadore…!*

Ella suspiró:

—Yo hubiese querido dil hatta e caserío pa vel a la gente… ¡Pero e muy lejo! ¡Y de noche! ¡Y sola por ahí! ¡E un diable eso…!

—¡No e bueno metelse en e rebumbio[2]*! ¡Ya debe habel gente fajáa…! ¿Yo vine en seguía! ¡Pal demonio!*

Alejo Carpentier
Écue-Yamba-Ó, Alfaguara

[1]**tomador:** (Am.) aficionado a la bebida.
[2]**rebumbio:** ruido retumbante.

Actividades

4. Señala los rasgos fónicos, morfosintácticos y léxicos del español de América en el texto de Carpentier, en el que se reproduce la lengua hablada.

5. Deduce el significado de los siguientes americanismos a partir de la palabra y comprueba después su sentido en un diccionario:

baulera	*botonear*	*pedalero*	*desguapar*	*maluquencia*	*duchero*

4 Las Academias de la Lengua

Expresiones correctas

La locución ***en cuanto*** se emplea con dos sentidos:

- En unos casos ofrece **valor temporal** y equivale a «tan pronto como»: *Tan pronto como pueda, viajaré a México.*
- En otros señala un **matiz,** un **aspecto concreto,** y equivale a «como»: *En cuanto hábitos, el país ofrece una interesante mezcla de lo indígena y lo español; Como hábitos, el país ofrece una interesante mezcla de lo indígena y lo español.*

La locución ***en cuanto a*** significa «por lo que se refiere a» y se emplea para introducir un nuevo aspecto de un asunto: *En cuanto a la escritura, no existen documentos anteriores a la colonización.*

No es correcto, por tanto, el uso de *en cuanto a* como sustituto de la locución *en cuanto,* y en ningún caso debe utilizarse *en cuanto que:*

~~En cuanto a~~ hábitos, el país ofrece una interesante mezcla de lo indígena y lo español.

~~En cuanto que~~ pueda, viajaré a México.

1. Sustituye las expresiones subrayadas por *en cuanto* o *en cuanto a:*

a) Con respecto a lo estipulado en el contrato, estoy de acuerdo.

b) Como hijo, es estupendo.

c) Se lo enviaré tan pronto como lo terminemos.

d) Por lo que toca a ese asunto, conviene darse prisa.

La **Real Academia Española** y las **Academias** de **América** y **Filipinas** aúnan sus esfuerzos para dotar a todos los hispanohablantes de una **norma común consensuada.** En los últimos años, su actividad se ha desarrollado en los ámbitos que más necesitan esa norma: la **ortografía** y el **léxico.**

La ***Ortografía de la Lengua Española*** y el ***Diccionario de la Real Academia Española (DRAE)*** contribuyen a la **difusión de normas** relacionadas con la **ortografía** y el **léxico.**

En **1999** se publicó la última versión hasta la fecha de la ***Ortografía*** para conservar la unidad del idioma por encima de las posibles singularidades dialectales; por ello, en el prólogo de la obra se afirma:

> *Un código tan ampliamente consensuado merece respeto y acatamiento, porque, en última instancia, los hispanohablantes debemos congratularnos de que nuestra lengua haya alcanzado con él un nivel de adecuación ortográfica que no muchos idiomas poseen.*

Por su parte, la última edición del ***Diccionario de la Real Academia Española*** se publicó en **2001.** Esta versión del *DRAE*, que puede consultarse también en Internet en la dirección www.rae.es, incorpora numerosos términos nuevos, entre ellos más de seis mil **americanismos,** como los que aparecen en la ilustración.

Prólogo

Con ello nos situamos en el camino correcto para conseguir un diccionario verdaderamente panhispánico, reflejo no solo del español peninsular, sino del de todo el mundo hispanohablante.

campeonar. intr. *Perú.* Ganar un campeonato.

chamo, ma. m. y f. *Ven.* Niño o adolescente.

chulillo. (De *cholo.*) m. *Perú.* Cobrador de un autobús.

lavatrastos. m. *Hond.* **fregadero** (pila de fregar).

lolo, la. (De *lolita.*) adj. *Chile.* **adolescente.** U. t. c. s.

tanjarina. f. *Ur.* **naranja mandarina.**

tecnicatura. f. *Arg.* Grado universitario orientado específicamente hacia el área técnica, que se obtiene tras realizar determinados estudios de menor duración que la licenciatura.

trapicarse. prnl. *Chile.* Atragantarse con un líquido o con trozos de alimento.

A lograr la **unidad de la lengua** contribuyen también los diversos **medios de comunicación** (prensa, radio, televisión) y cada uno de los hispanohablantes, que deben respetar la **norma lingüística** para mantener su cohesión, sin dejar de actualizar el idioma.

Actividades

6. Plantead un debate en clase acerca de cómo podemos colaborar cada uno de nosotros para mantener la unidad del idioma.

Aplicación y síntesis

El periodista **Álex Grijelmo** contestó esta **entrevista** por medio del **correo electrónico.** En ella habla de sus **relaciones con las palabras.**

http://www.elcastellano.org/colodron.html - Microsoft Internet Explorer proporcionado por Wanadoo

Archivo Edición Ver Favoritos Herramientas Ayuda

Dirección http://www.elcastellano.org/colodron.html Ir | Vínculos Channel Guide Hotmail gratuito Inicio de Internet

Por **Victoriano Colodrón Denis**

P.—¿Eres de los que se recrean oyendo hablar a un ecuatoriano o a un uruguayo, a un mexicano o a un colombiano, solo por el gusto de apreciar sus acentos, su forma particular de emplear la lengua común?

R.—¡Por supuesto! Estoy de acuerdo en que la lengua española es la suma de todas las maneras de hablarla. El acento de un ecuatoriano también es mío, lo quiero heredar como heredo toda la cultura literaria y vital de Latinoamérica. Siempre digo que aprendo mucho español cuando viajo a América. Y ahora estoy aprendiendo mucho, porque voy con frecuencia por razón de mi trabajo: paso en América una semana de cada mes.

P.—Alguna vez has dicho que te encantan las peculiaridades mexicanas, especialmente sus neologismos. ¿Qué variedades americanas prefieres?, ¿con cuáles disfrutas más?

R.—Los mexicanos tienen una gracia especial. Son los sevillanos de Latinoamérica. Los adoro. La primera vez que me dijeron «¿qué hubo, buey?» casi me muero de risa. Pero a la vez tienen palabras tan tiernas como «apapachar» o «achicopalarse»; y tan divertidas como «mi pioresnada» para referirse al novio.

P.—¿Y en España…?

R.—Me gustan todos los acentos, incluido el de los catalanes cuando hablan español, que a tanta gente desagrada, pero mi preferido quizá sea el acento canario. Claro que el habla que siento más cercana, por ser la mía, es la de mi tierra, la de Burgos y Castilla.

Listo | Internet

Escritorio

Ideas claras

- **Internet** permite **intercambiar información** y **opiniones** en los **foros de debate.**
- El **debate** es una **forma oral** en la que se **confrontan opiniones** sobre un **tema.**
- El **español de España** presenta **dos grandes zonas dialectales:** las **variedades septentrionales** y **meridionales.**
- En el **español de España** influyen las **otras lenguas peninsulares,** el **astur-leonés** y el **navarro-aragonés.**
- Los **rasgos fónicos** del **español de América** se aproximan a los de las **variedades meridionales.**
- Las **palabras** propias del **español** de **América** se denominan **americanismos.**

1. Contesta las siguientes cuestiones:
   - ¿Por qué considera suyo el acento ecuatoriano Álex Grijelmo? ¿Por qué lo quiere heredar?
   - Indica qué variedades del español de España y de América son las preferidas por el periodista y por qué.
   - ¿De qué país es originario Grijelmo? ¿Qué alusiones del texto permiten deducirlo?
2. La entrevista de Victoriano Colodrón a Álex Grijelmo fue realizada por correo electrónico. ¿Qué relación existe entre el correo electrónico y los foros de debate? Explica las características fundamentales de estos últimos.
3. Indica qué variedades del español de España se mencionan en el texto. ¿Con qué otras variedades se relacionan?
4. ¿Qué variedades geográficas del español de América se citan durante la entrevista?
5. Señala a qué rasgos lingüísticos de las variedades americanas se refiere Álex Grijelmo.
6. ¿Qué peculiaridades del español de América son comunes a todos los países americanos de habla española? Enumera tanto características fónicas como morfosintácticas y léxicas.
7. ¿Cuál es tu opinión acerca de las variedades dialectales del español? Elabora tu respuesta a esta pregunta como si tuvieras que enviarla a un foro de debate.

Léxico

Locuciones y frases latinas

En muchas lenguas, entre ellas el español, se utilizan **locuciones** procedentes del **latín** que no han sufrido variación alguna, pues se emplean y se escriben de la misma forma que en su lengua de origen.

Las **locuciones latinas** presentan un **significado muy preciso** e **inmutable.**

Este tipo de locuciones suelen aparecer en **textos** elaborados con un **lenguaje culto,** aunque algunas se han incorporado al lenguaje cotidiano.

ALGUNAS LOCUCIONES LATINAS	
A posteriori: con posterioridad.	**In situ:** en el sitio, en el lugar.
A priori: con anterioridad.	**In vitro:** en el tubo de ensayo.
Ad hoc: adecuado para algo.	**Ipso facto:** inmediatamente.
Álter ego: otro yo, amigo de toda confianza.	**Modus vivendi:** modo de vida.
Carpe diem: disfruta del presente.	**Motu proprio:** por propia voluntad.
De facto: de hecho.	**Non plus ultra:** el no va más.
Ex cáthedra / ex cátedra: desde la sabiduría.	**Per cápita:** por cabeza, por persona.
In albis: en blanco.	**(Condición) sine qua non:** indispensable.
In extremis: en los últimos momentos.	**Vox pópuli:** conocido por todo el mundo.

Además de las locuciones, existen **frases hechas** que conservan en español la misma forma que tenían en latín.

Las **frases hechas latinas** presentan el carácter de **máximas, juicios** o **sentencias.**

Algunas frases latinas

- **Mens sana in corpore sano:** Mente sana en cuerpo sano.
- **In dubio pro reo:** Ante la duda, se favorece al reo.
- **Alea iacta est:** La suerte está echada.
- **Ars gratia artis:** Arte por el arte.

Actividades

1. Explica el significado de estas locuciones latinas y escribe tú otras:

   ex aequo *ex libris* *urbi et orbi* *mutatis mutandi* *cum laude* *verbi gratia*

2. Las abreviaturas *a. m.* y *p. m.* proceden de dos locuciones latinas. Averigua de cuáles se trata y qué sentido tienen.
3. ¿Qué significa la palabra *sanctasanctórum,* procedente de una locución latina?
4. Indica en qué consiste el título *Doctor honoris causa.* ¿A quién se le concede?
5. Escribe oraciones que contengan las locuciones latinas del cuadro de arriba.

Uso de las palabras

Hispanoamericano / Iberoamericano / Latinoamericano

El adjetivo ***hispanoamericano*** se aplica a **países americanos** en los que se **habla español** y a las **personas originarias de esos países,** como en el ejemplo de la ilustración.

Iberoamericano, por su parte, se refiere a los **países americanos** en los que se habla alguna **lengua** de la **península ibérica** (español o portugués) y a las **personas originarias de esos países:** *La selección brasileña ganó la liga iberoamericana de baloncesto.*

Por último, el término ***latinoamericano*** alude a los **países americanos** en los que se habla una **lengua** de **origen latino** (español, portugués y francés) y a las **personas de esos países:** *La editorial Gallimard publicará pronto una colección de novela latinoamericana.*

1. Averigua a qué países americanos se les puede aplicar estos tres adjetivos.

Ortografía

El avión X-1

En 1943, en plena guerra mundial, un joven ingeniero de la compañía aérea Bell, Robert Wolf, sugirió en una reunión del comité asesor nacional en materia de aeronáutica de los Estados Unidos la idea de construir un avión pilotado que alcanzara velocidades transónicas, es decir, unos 1 200 kilómetros por hora o Mach 1. *Se ponía así en marcha el primer proyecto de avión-X de la historia, el X-1.*

Muy Interesante, diciembre de 2002

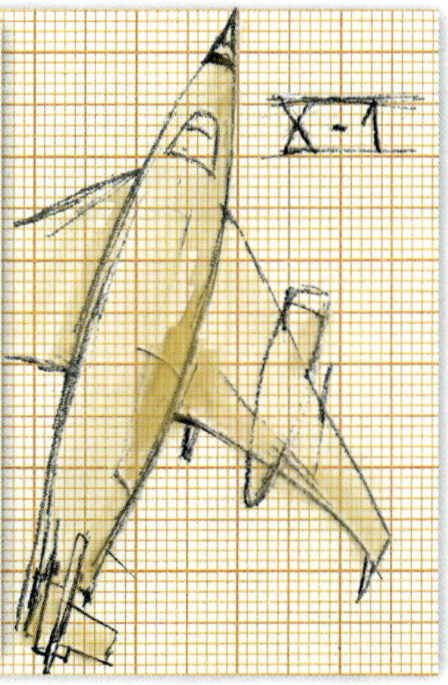

Escritura de palabras de otras lenguas

Las **palabras** de **otras lenguas no adaptadas** al **español** deben escribirse con la **ortografía** que presentan en su **lengua original.** Para destacarlas, se suelen escribir entre comillas o en cursiva: «hardware» / *hardware*; «software» / *software*… También deben escribirse con su ortografía original los nombres propios: *Manhattan*, *Glasgow*…

En cambio, los **préstamos adaptados** al español o que se sienten plenamente incorporados al idioma deben seguir las **normas ortográficas** de este, incluidas las referidas a la acentuación: *Berlín*, *Varsovia*, *Pilsen*, *Múnich*, *carné*, *sándwich*…

Usos no lingüísticos de los signos de puntuación

Algunos **signos de puntuación** permiten ciertos usos no lingüísticos, sobre todo en términos matemáticos, físicos y químicos o en expresiones científicas y técnicas. En el cuadro se ofrecen algunos:

SIGNOS	USOS Y EJEMPLOS
Punto	■ En la expresión del **tiempo** separa las **horas** de los **minutos:** *16.20 h.* ■ En **matemáticas** indica la **multiplicación** de dos cantidades: *6 · 5 = 30.*
Coma	En las **expresiones numéricas** separa los **decimales** de los **enteros:** *6,34.*
Dos puntos	■ En la expresión del **tiempo** separan las **horas** de los **minutos:** *16:20 h.* ■ En las **expresiones matemáticas** indican una **división:** *30 : 6 = 5.*
Guión	■ **Enlaza** dos **números,** sean consecutivos o no: *tomos I-VII, páginas 30-31.* ■ En la expresión de un **período de tiempo** separa los **dígitos finales** de **dos años** que **coinciden** en los **iniciales:** *1983-93.*

Otros signos de puntuación

Además de los signos de puntuación estudiados en las unidades precedentes, en la escritura se utilizan estos otros:

■ **Asterisco *.** Se coloca **delante** de una **palabra** o de una **expresión** para indicar que está usada **incorrectamente:** **Pienso de que…*

■ **Barra /.** Se utiliza en algunas **abreviaturas** (c/), para indicar los cocientes de las **unidades de medida** y las **magnitudes** (*300 m / s*), para señalar **opciones** (*el / la asociado / a*) y para marcar la **extensión de los versos escritos en línea continua:** *Tener otra vez veinte años, no pensar / sino en cómo pasan las barcas sobre el río* (J. M. Bonet).

■ **Llaves {}.** Se emplean para **encerrar texto,** especialmente en **esquemas** y **clasificaciones,** y en **fórmulas matemáticas.**

1. Escribe un ejemplo de los distintos casos de uso de los tres signos anteriores.

Actividades

1. ¿Qué palabras procedentes de otros idiomas aparecen en el texto de *Muy Interesante*? Localiza un nombre propio que se haya adaptado al español.
2. Explica si en ese mismo fragmento se hace un uso no lingüístico de algunos signos de puntuación.
3. Recuerda palabras del inglés que se hayan incorporado al castellano. Divídelas según estos criterios:
   - Conservan su ortografía original.
   - Han adaptado su ortografía al español.
4. Señala qué acrónimo de cada uno de los siguientes pares es correcto en español. Justifica tu respuesta:

   USA / EE UU   Ovni / Ufo   NATO / OTAN   ONU / UN

5. Cita nombres de artes marciales que provengan de otras lenguas. ¿Cómo se escriben?
6. Además de los números de tomos o de páginas, ¿qué otros elementos u objetos se enlazan por medio del guión?
7. Escribe oraciones que contengan ejemplos de todos los usos no lingüísticos de los signos de puntuación que se han mencionado en esta página.

La literatura hispanoamericana

LITERATURA DEL SIGLO XX

LITERATURA HISPANOAMERICANA

Poesía

- **Vicente Huidobro** (1893-1948)
  - *Altazor* (1931)

- **César Vallejo** (1892-1938)
  - *Trilce* (1922)

- **Nicolás Guillén** (1902-1989)
  - *Sóngoro cosongo* (1931)

- **Pablo Neruda** (1904-1973)
  - *Veinte poemas de amor y una canción desesperada* (1924)

Nueva narrativa

- **Jorge L. Borges** (1899-1986)
  - *Ficciones* (1944)

- **Juan Rulfo** (1918-1986)
  - *Pedro Páramo* (1955)

- **Carlos Fuentes** (1928)
  - *La muerte de Artemio Cruz* (1962)

- **Mario Vargas Llosa** (1936)
  - *La ciudad y los perros* (1962)

- **Julio Cortázar** (1914-1984)
  - *Rayuela* (1963)

- **Gabriel García Márquez** (1928)
  - *Cien años de soledad* (1967)

1 La poesía hispanoamericana

> **Recuerda**
>
> - A **fines** del **siglo** XIX y **principios del** XX, el **modernismo renovó** el **lenguaje literario.**
> - Este movimiento **nació** en **Hispanoamérica** y afectó a todo el **ámbito hispánico.**
> - Las **vanguardias** se caracterizaron por su **afán de renovación** y de **ruptura** con los **preceptos artísticos anteriores.**

Hasta **finales** del **siglo** XIX, el **mundo cultural hispanoamericano** se asemejó al **español,** que le sirvió de **modelo.** Por tanto, los diferentes **movimientos literarios** siguieron una **evolución similar,** aunque con algunos años de retraso: barroco, neoclasicismo, romanticismo, realismo…

El **primer movimiento literario hispanoamericano** fue el **modernismo.**

El modernismo se inició con la obra del cubano **José Martí** (*Ismaelillo*, 1882; *Versos libres*, 1891; *Versos sencillos*, 1913), aunque quienes lo hicieron triunfar fueron el argentino **Leopoldo Lugones** (*Lunario sentimental*, 1909) y, sobre todo, **Rubén Darío** (UNIDAD 5).

A partir de la **segunda década del siglo** XX, el modernismo dejó paso a diferentes tendencias poéticas. Las principales fueron las siguientes:

Principales tendencias

Poesía vanguardista

El chileno **Vicente Huidobro** (*Altazor*, 1931) fundó el **creacionismo,** y el argentino **Jorge Luis Borges** llevó a su país el **ultraísmo** español, pero el movimiento de vanguardia que más influyó en Hispanoamérica fue el **surrealismo,** en particular en la obra del mexicano **Octavio Paz,** del chileno **Pablo Neruda** y del peruano **César Vallejo.**

Aunque Vallejo incorporó **innovaciones vanguardistas** en ***Trilce*** (1922), se había iniciado en el modernismo con *Los heraldos negros* (1918) y evolucionó más adelante hacia una **poesía comprometida** con la realidad en *Poemas humanos* (1939). En todas estas obras trató del **ser humano,** ser doliente que no puede escapar del sufrimiento, con un lenguaje distorsionado y difícil. Una de sus composiciones más célebres, de alta **intensidad lírica,** es *Masa:*

Masa

Al fin de la batalla,
y muerto el combatiente, vino hacia él un hombre
y le dijo: «¡No mueras; te amo tanto!».
Pero el cadáver ¡ay! siguió muriendo.

Se le acercaron dos y repitiéronle:
«¡No nos dejes! ¡Valor! ¡Vuelve a la vida!».
Pero el cadáver ¡ay! siguió muriendo.

Acudieron a él veinte, cien mil, quinientos mil,
clamando: «Tanto amor y no poder nada contra
[la muerte!».
Pero el cadáver ¡ay! siguió muriendo.

Le rodearon millones de individuos,
con un ruego común: «¡Quédate, hermano!».
Pero el cadáver ¡ay! siguió muriendo.

Entonces, todos los hombres de la tierra
le rodearon; les vio el cadáver triste, emocionado;
incorporose lentamente
abrazó al primer hombre, echose a andar…

César VALLEJO
Poemas humanos. España, aparta de mí este cáliz, Castalia

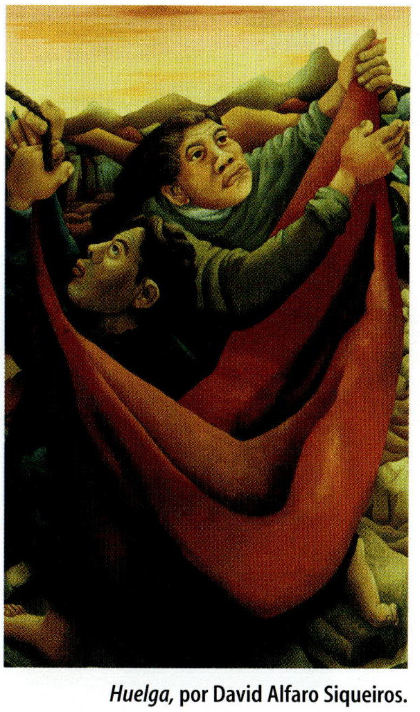

***Huelga*, por David Alfaro Siqueiros.**

Poesía negrista

Esta poesía, surgida en las **Antillas** como reivindicación de la **cultura afrohispanoamericana,** intenta reproducir el **ritmo** de las canciones afroantillanas por medio de palabras sin sentido para lograr un **poema-canto.**

El principal representante de la poesía negra fue el cubano **Nicolás Guillén,** cuyas obras más destacadas son *Motivos del son* (1930) y *Sóngoro cosongo* (1931).

Sensemayá

La culebra tiene los ojos de vidrio;
la culebra viene y se enreda en un palo;
con sus ojos de vidrio, en un palo,
con sus ojos de vidrio.

La culebra camina sin patas,
la culebra se esconde en la yerba;
caminando se esconde en la yerba,
caminando sin patas. […]

Sensemayá, la culebra,
sensemayá.

Sensemayá, con sus ojos,
sensemayá.

Sensemayá, con su lengua,
sensemayá.

Sensemayá, con su boca,
sensemayá.

Nicolás GUILLÉN
Sóngoro cosongo, Losada

Actividades

1. ¿Qué se representa en la escena recreada en el poema *Masa*? Explica qué se desea transmitir a través de esa imagen.
2. Lee en voz alta el poema *Sensemayá*. ¿En qué momentos se producen cambios de ritmo? ¿Qué recursos expresivos otorgan musicalidad?

Pablo Neruda

(1904-1973). Nació en Parral (Chile). Su verdadero nombre era Ricardo Neftalí Reyes. Tras una infancia en contacto con la naturaleza, estudió Derecho en Santiago, donde conoció el mundo literario y la bohemia.

Viajó como diplomático por todo el mundo. En España entró en contacto con el grupo del 27, al que transmitió su idea de una poesía comprometida. Militó en el Partido Comunista chileno y fue senador durante varios años. En 1971 recibió el premio Nobel de Literatura y en 1973 se publicaron sus memorias con el título *Confieso que he vivido.*

2 Pablo Neruda

La **extensa producción lírica** de **Pablo Neruda** recoge las **tendencias** más **representativas** de la **poesía hispanoamericana** del **siglo XX.**

Las **composiciones de juventud de Neruda** intentan **superar el modernismo** imperante en la época por medio de una **visión más personal** y **humanizada.**

En ellas predomina el **tema amoroso,** centrado en la **figura femenina,** de la que nace el **sentimiento de plenitud,** pero también la **soledad.** La mujer es contemplada por el amante, el único que toma la palabra. Pertenece a esta tendencia *Veinte poemas de amor y una canción desesperada* (1924).

A partir de *Residencia en la tierra* (1933-1949) se observa un cambio significativo en la obra de Neruda, que explora **formas expresivas** próximas a la vanguardia, sobre todo **procedimientos surrealistas.**

En su **producción posterior, Neruda** evolucionó hacia el **compromiso social y político,** que alternó, en sus **últimas obras,** con la expresión de **inquietudes personales.**

La **poesía comprometida** de Neruda, más **clara** y **directa,** culmina en *Canto general* (1950), donde mezcla **épica** y **lírica** y **exalta** la **naturaleza** y el **pasado de América,** a la vez que **critica** el **imperialismo capitalista.** Las *Odas elementales* (1954) acentúan la sencillez en poemas dedicados a **objetos cotidianos** (el libro, el pan, la cebolla…).

En su etapa final, sin abandonar el compromiso social, retomó temas como el **amor,** la **naturaleza** y la **memoria personal,** presentes en *Estravagario* (1958), *Cien sonetos de amor* (1960) y *Memorial de Isla Negra* (1964).

Estilísticamente, la poesía de Neruda ofrece gran **riqueza** de **recursos expresivos** (metáforas, símbolos, paralelismos, sinestesias…) y combina la práctica del **verso libre** con la de **poemas** y **estrofas clásicos.**

Poema 15

Me gustas cuando callas porque estás como ausente,
y me oyes desde lejos, y mi voz no te toca.
Parece que los ojos se te hubieran volado
y parece que un beso te cerrara la boca.

Como todas las cosas están llenas de mi alma
emerges de las cosas, llena del alma mía.
Mariposa de sueño, te pareces a mi alma,
y te pareces a la palabra melancolía.

Me gustas cuando callas y estás como distante.
Y estás como quejándote, mariposa en arrullo.
Y me oyes desde lejos, y mi voz no te alcanza:
déjame que me calle con el silencio tuyo.

Déjame que te hable también con tu silencio
claro como una lámpara, simple como un anillo.
Eres como la noche, callada y constelada.
Tu silencio es de estrella, tan lejano y sencillo.

Me gustas cuando callas porque estás como ausente.
Distante y dolorosa como si hubieras muerto.
Una palabra entonces, una sonrisa bastan,
y estoy alegre, alegre de que no sea cierto.

Pablo Neruda
Veinte poemas de amor y una canción desesperada
Losada

***Joven con pecera,* por August Macke.**

Actividades

3. ¿En qué persona se habla en el *Poema 15*? Indica a quién se dirige el emisor, qué destaca de ese receptor y qué le ruega.
4. ¿Por qué está en ella el alma del emisor? ¿Qué motiva la alegría final?
5. Analiza en el poema rasgos del estilo de Pablo Neruda.

3 La narrativa hispanoamericana

Como otros movimientos, el realismo se desarrolló en Hispanoamérica con retraso respecto a Europa. En las **primeras décadas del siglo XX** se publicaron **novelas** escritas con **técnicas realistas,** pero que, a diferencia de las europeas, incorporaban **temas propios** de los países del continente.

La **novela realista hispanoamericana** se desarrolló en diversas **tendencias:** la **novela de la Revolución mexicana,** la **novela de la tierra** y la **indigenista.**

La **novela de la revolución** se centró en los **conflictos** entre el **campesinado** y la **oligarquía** dominante en México; la **novela de la tierra,** en la vida en la **diversidad de tierras hispanoamericanas** (la selva amazónica, los llanos de Venezuela, la pampa argentina…), y la **novela indigenista,** en las **injusticias** y **desigualdades** vividas por la **población indígena.**

A partir de los **años treinta,** algunos autores empezaron a introducir nuevos planteamientos novelísticos, que culminaron en lo que se conoce como la **nueva narrativa hispanoamericana.** Este proceso se consolidó en la década de 1960 con el llamado ***boom*** de la novela hispanoamericana.

Los autores de la **nueva narrativa modernizaron** los **temas,** incorporaron **nuevas técnicas narrativas** y **modificaron** la **concepción del relato.**

AUTORES REALISTAS

Novela de la Revolución mexicana

Mariano Azuela: *Los de abajo* (1916).

Novela de la tierra

- **José Eustasio Rivera:** *La vorágine* (1924).
- **Ricardo Güiraldes:** *Don Segundo Sombra* (1926).
- **Rómulo Gallegos:** *Doña Bárbara* (1929).

Novela indigenista

- **Alcides Arguedas:** *Raza de bronce* (1919).
- **Jorge Icaza:** *Huasipungo* (1934).
- **Ciro Alegría:** *El mundo es ancho y ajeno* (1941).

La nueva narrativa

Características

La renovación narrativa afectó a la **novela** y al **cuento,** que abordaron **nuevos temas,** (la vida en la ciudad, la soledad, la incomunicación…) por medio de **técnicas novedosas,** como el **desorden cronológico,** el **monólogo interior,** la **diversidad de perspectivas,** etc. Además, muchos narradores representaron la realidad, ambigua y contradictoria, como un espacio en el que se **mezclan** lo **real** y lo **fantástico:** esta tendencia se conoce como **realismo mágico.**

Mosaico de Diego Rivera.

Principales autores y obras

La nueva narrativa se inició con las obras de **Miguel Ángel Asturias** (*El señor Presidente,* 1946), **Jorge Luis Borges** (a través de sus compilaciones de cuentos), **Alejo Carpentier** (*Los pasos perdidos,* 1953). Los siguieron **Ernesto Sábato** (*El túnel,* 1948), **Juan Rulfo** (*Pedro Páramo,* 1955), **Juan Carlos Onetti** (*El astillero,* 1961), **Carlos Fuentes** (*La muerte de Artemio Cruz,* 1962), **Mario Vargas Llosa** (*La ciudad y los perros,* 1962), **Julio Cortázar** (*Rayuela,* 1963), **Guillermo Cabrera Infante** (*Tres tristes tigres,* 1966) y **Gabriel García Márquez** (*Cien años de soledad,* 1967).

Yo dejo que hagan, yo no puedo pensar ni desear; yo me acostumbro a este dolor: nada puede durar eternamente sin convertirse en costumbre; el dolor que siento debajo de las costillas, alrededor del ombligo, en los intestinos, ya es mi dolor, un dolor que roe; el sabor de vómitos en mi lengua es mi sabor; el abultamiento de mi vientre es mi parto, lo asemejo al parto, me da risa. […]

Yo sufro ese colapso. Yo ya no sé. El médico se ha ido. Dijo que iba a buscar otros médicos. No quiere hacerse responsable de mí. Yo ya no sé. Pero los veo. Han entrado. Se abre, se cierra la puerta de caoba y los pasos no se escuchan sobre el tapete hondo. Han cerrado las ventanas. Han corrido, con un siseo, las cortinas grises. Ah, hay una ventana. Hay un mundo afuera. Hay este viento alto, de meseta, que agita unos árboles negros y delgados. Hay que respirar…

—Abran la ventana…

—No, no. Puedes resfriarte y complicarlo todo.

Carlos Fuentes
La muerte de Artemio Cruz, FCE

Actividades

6. ¿Qué fenómeno ocupa al personaje que habla en primer lugar en el texto?
7. En el fragmento hay monólogo y diálogo. Señala en qué momentos.
8. ¿Encuentras en este pasaje algún elemento innovador?

Jorge Luis Borges

(1899-1986). Nació en Buenos Aires (Argentina). Tras una infancia enfermiza, que dedicó a la lectura, se trasladó a Europa, donde conoció las tendencias vanguardistas. En 1919 visitó España y publicó poemas ultraístas.

De regreso a su país, escribió poemas y ensayos y, tras un grave accidente, comenzó a publicar cuentos. Alcanzó la fama en 1961, al recibir el Premio Nacional de Editores. Realizó constantes viajes y dictó conferencias. En 1980 recibió el premio Cervantes.

4 Jorge Luis Borges

Aunque Borges escribió una **poesía** de gran calidad (*Fervor de Buenos Aires*, 1923), su mayor trascendencia en la literatura se debe a los **cuentos.**

En sus **cuentos, Borges** no pretende contar una historia, sino **analizar** el **sentido de la existencia,** del **individuo** y del **universo.**

La gran preocupación del autor, la **frontera entre realidad y ficción,** se plasma por medio de **símbolos:** los **espejos** (que nos reflejan y nos repiten), los **caminos que se bifurcan** (el azar), el **laberinto** (físico y mental), la **biblioteca** (el universo entero), el **sueño** (que equipara realidad y ficción)...

Para crear sus cuentos, Borges acude a **todos** los **subgenéros narrativos:** crónicas periodísticas, narraciones filosóficas, policíacas, de aventuras, de ciencia ficción..., y busca sorprender al lector con **desenlaces inesperados.**

COMPILACIONES DE CUENTOS DE BORGES	
Historia universal de la infamia (1935)	Recoge **biografías ficticias** de **personajes legendarios:** pistoleros como Billy el Niño, estafadores como Arthur Orton, que suplanta al hijo de un lord, etcétera.
Ficciones (1944)	Reúne dos libros de cuentos: *El jardín de los senderos que se bifurcan* y *Artificios*. Trata temas como la **escritura**, el **orden**, el **caos**, el **infinito...**
El Aleph (1949)	Mezcla cuentos **realistas** y **fantásticos** en los que explora el **sentido de la vida.**
El libro de arena (1975)	Última de sus compilaciones, recoge temas característicos de Borges: la **identidad**, con el **tema del doble; la existencia de la realidad,** la **memoria...**

Los dos reyes y los dos laberintos

Cuentan los hombres dignos de fe (pero Alá sabe más) que en los primeros días hubo un rey de las islas de Babilonia que congregó a sus arquitectos y magos y les mandó construir un laberinto tan perplejo y sutil que los varones más prudentes no se aventuraban a entrar, y los que entraban se perdían. Esa obra era un escándalo, porque la confusión y la maravilla son operaciones propias de Dios y no de los hombres. Con el andar del tiempo, vino a su corte un rey de los árabes, y el rey de Babilonia (para hacer burla de la simplicidad de su huésped) lo hizo penetrar en el laberinto, donde vagó afrentado y confundido hasta la declinación de la tarde. Entonces imploró socorro divino y dio con la puerta. Sus labios no profirieron queja ninguna, pero le dijo al rey de Babilonia que él en Arabia tenía un laberinto mejor y que, si Dios era servido, se lo daría a conocer algún día. Luego regresó a Arabia, juntó a sus capitanes y sus alcaides y estragó los reinos de Babilonia con tan venturosa fortuna que derribó sus castillos, rompió sus gentes e hizo cautivo al mismo rey. Lo amarró encima de un camello veloz y lo llevó al desierto. Cabalgaron tres días, y le dijo: «¡Oh rey del tiempo y sustancia y cifra del siglo!, en Babilonia me quisiste perder en un laberinto de bronce con muchas escaleras, puertas y muros; ahora el Poderoso ha tenido a bien que te muestre el mío, donde no hay escaleras que subir, ni puertas que forzar, ni fatigosas galerías que recorrer, ni muros que te veden el paso». Luego le desató las ligaduras y lo abandonó en mitad del desierto, donde murió de hambre y de sed. La gloria sea con Aquel que no muere.

Jorge Luis Borges
El Aleph, Emecé

Actividades

9. ¿Quién crea cada uno de los laberintos? Explica cómo se siente el rey árabe dentro del laberinto, cómo se libra de él y cómo lleva a cabo su venganza.
10. ¿Qué frase del texto indica la tradición oral con la que se enlaza este cuento?
11. Señala qué rasgos de los relatos de Borges aparecen en este fragmento.

Gabriel García Márquez

(1928). Nació en Aracataca (Colombia). Este pequeño pueblo costero le sirvió de fuente para sus narraciones, junto con los fantásticos relatos que oyó de sus abuelos, que fueron quienes lo educaron.

Tras estudiar Derecho en Bogotá, se dedicó al periodismo y trabajó como corresponsal en Europa y América. Sus relatos periodísticos le inspiraron obras literarias como *Relato de un náufrago* y *Noticia de un secuestro*. En 1982 recibió el premio Nobel de Literatura.

Tras sufrir una grave enfermedad, en el año 2002 publicó el primer volumen de sus memorias, que presentan el significativo título de *Vivir para contarla*.

OBRAS DE GARCÍA MÁRQUEZ

Anteriores a 1967

- *La hojarasca* (1955).
- *Relato de un náufrago* (1955).
- *El coronel no tiene quien le escriba* (1958).
- *Los funerales de la Mamá Grande* (1962).
- *La mala hora* (1962).

Desde 1967

- *Cien años de soledad* (1967).
- *La increíble y triste historia de la cándida Eréndira y de su abuela desalmada* (1972).
- *El otoño del patriarca* (1975).
- *Crónica de una muerte anunciada* (1981).
- *El amor en los tiempos del cólera* (1985).
- *El general en su laberinto* (1989).
- *Doce cuentos peregrinos* (1992).
- *Del amor y otros demonios* (1994).
- *Noticia de un secuestro* (1996).

5 Gabriel García Márquez

García Márquez es uno de los grandes narradores de nuestro tiempo. Su producción incluye **cuentos** y **novelas,** muchas de las cuales se centran en un **universo imaginado —Macondo—** habitado por personajes que reaparecen en diferentes relatos conformando una especie de saga.

Su obra cumbre, *Cien años de soledad* (1967), desarrolla los temas más destacados de la narrativa del autor: el **amor,** la **soledad,** el **paso del tiempo…,** a la vez que refleja la **evolución política** y **social** de **Hispanoamérica.**

Cien años de soledad

Argumento

La obra narra la vida de siete generaciones de los **Buendía,** una familia obsesionada por el temor de tener un descendiente con cola de cerdo. Su historia está unida a la del **pueblo de Macondo,** desde su fundación casi mítica por José Arcado Buendía y su esposa Úrsula, pasando por la colonización española y la invasión económica estadounidense, hasta la decadencia: la familia y el pueblo desaparecen al cumplirse la maldición.

Técnicas narrativas

En esta novela se combina lo **individual** con lo **social,** lo **personal** con lo **histórico,** el **relato** con la **reflexión.** La **unidad** se consigue gracias a los personajes, al **espacio único (Macondo)** y a la organización de los hechos en relación con las sucesivas generaciones. La mezcla de **acontecimientos reales** y **fantásticos** acerca esta novela de García Márquez al **realismo mágico.**

Una noche, por la época en que Rebeca se curó del vicio de comer tierra y fue llevada a dormir en el cuarto de los otros niños, la india que dormía con ellos despertó por casualidad y oyó un extraño ruido intermitente en el rincón. Se incorporó alarmada, creyendo que había entrado un animal en el cuarto, y entonces vio a Rebeca en el mecedor, chupándose el dedo y con los ojos alumbrados como los de un gato en la oscuridad. Pasmada de terror, atribulada por la fatalidad de su destino, Visitación reconoció en esos ojos los síntomas de la enfermedad cuya amenaza los había obligado, a ella y a su hermano, a desterrarse para siempre de un reino milenario en el cual eran príncipes. Era la peste del insomnio. […]

Nadie entendió la alarma de Visitación. «Si no volvemos a dormir, mejor», decía José Arcadio Buendía de buen humor. «Así nos rendirá más la vida.» Pero la india les explicó que lo más temible de la enfermedad del insomnio no era la imposibilidad de dormir, pues el cuerpo no sentía cansancio alguno, sino su inexorable evolución hacia una manifestación más crítica: el olvido. Quería decir que cuando el enfermo se acostumbraba a su estado de vigilia, empezaban a borrarse de su memoria los recuerdos de la infancia, luego el nombre y la noción de las cosas, y por último la identidad de las personas y aun la conciencia del propio ser, hasta hundirse en una especie de idiotez sin pasado.

Gabriel García Márquez
Cien años de soledad, Sudamericana

Actividades

12 ¿Qué descubre Visitación? ¿Qué siente al darse cuenta de lo que ocurre?

13 ¿Cómo recibe la noticia José Arcadio? ¿En qué consiste exactamente el mal?

14 Señala qué elementos del texto permiten adscribirlo al realismo mágico.

El siguiente fragmento corresponde al **desenlace** de una de las más importantes novelas de la nueva narrativa hispanoamericana: ***Pedro Páramo,*** del escritor mexicano **Juan Rulfo.** El relato se inicia con la llegada de **Juan Preciado** a la localidad de **Comala** para cumplir la promesa que le ha hecho a su madre moribunda de ir a ver a su padre. Comala («la boca del infierno») es un lugar yermo y reseco, poblado por **personas muertas** que, sin embargo, van enhebrando relatos que permiten a Juan conocer la historia de su padre, el cacique y déspota **Pedro Páramo,** al que solo ha logrado conmover el rechazo de **Susana San Juan,** la única mujer que ha amado en su vida.

Pedro Páramo

Allá atrás, Pedro Páramo, sentado en su equipal[1], miró el cortejo que se iba hacia el pueblo. Sintió que su mano izquierda, al querer levantarse, caía muerta sobre sus rodillas; pero no hizo caso de eso. Estaba acostumbrado a ver morir cada día alguno de sus pedazos. Vio cómo se sacudía el paraíso[2] dejando caer sus hojas: «Todos escogen el mismo camino. Todos se van». Después volvió al lugar donde había dejado sus pensamientos.

«—Susana— [...]. Yo te pedí que regresaras...

«Había una luna grande en medio del mundo. Se me perdían los ojos mirándote. Los rayos de la luna filtrándose sobre tu cara. No me cansaba de ver esa aparición que eras tú. Suave, restregada de luna; tu boca abullonada, humedecida, irisada de estrellas; tu cuerpo transparentándose en el agua de la noche. Susana, Susana San Juan.»

Quiso levantar su mano para aclarar la imagen; pero sus piernas la retuvieron como si fuera de piedra. Quiso levantar la otra mano y fue cayendo despacio, de lado, hasta quedar apoyada en el suelo como una muleta deteniendo su hombro deshuesado.

«Esta es mi muerte.» [...]

El sol se fue volteando sobre las cosas y les devolvió su forma. La tierra en ruinas estaba frente a él, vacía. El calor caldeaba su cuerpo. Sus ojos apenas se movían; saltaban de un recuerdo a otro, desdibujando el presente. De pronto su corazón se detenía y parecía como si también se detuviera el tiempo y el aire de la vida.

«Con tal de que no sea una nueva noche», pensaba él.

Porque tenía miedo de las noches que le llenaban de fantasmas la oscuridad. De encerrarse con sus fantasmas. De eso tenía miedo.

«Sé que dentro de pocas horas vendrá Abundio con sus manos ensangrentadas a pedirme la ayuda que le negué. Y yo no tendré manos para taparme los ojos y no verlo. Tendré que oírlo; hasta que su voz se apague con el día, hasta que se le muera su voz.»

Sintió que unas manos le tocaban los hombros y enderezó el cuerpo, endureciéndolo.

—Soy yo, don Pedro —dijo Damiana—. ¿No quiere que le traiga su almuerzo?

Pedro Páramo respondió:

—Voy para allá. Ya voy.

Se apoyó en los brazos de Damiana Cisneros e hizo intento de caminar. Después de unos cuantos pasos cayó, suplicando por dentro; pero sin decir una sola palabra. Dio un golpe seco contra la tierra y se fue desmoronando como si fuera un montón de piedras.

Juan Rulfo
Pedro Páramo, Planeta

[1]**equipal:** en México, especie de sillón hecho de varas, con el asiento y el respaldo de cuero o palma tejida.

[2]**paraíso:** árbol que alcanza unos diez metros de altura, con tronco tortuoso y gris, hojas estrechas, flores pequeñas, blancas por fuera y amarillas por dentro, y frutos de color amarillo rojizo.

Comentario de texto

Aproximación al contenido del texto

1. Contesta las siguientes cuestiones sobre el texto de Juan Rulfo:
   - ¿Qué contempla Pedro Páramo y qué sentimiento le produce? Indica qué otras acciones realiza, además de mirar.
   - Explica qué teme el personaje y por qué.
   - ¿En quiénes piensa Pedro Páramo? ¿Qué siente por cada uno de ellos? Señala las expresiones del texto que lo indican.
   - ¿Cómo acaba el relato? Resume los hechos que suceden en él.
2. Deduce algunos datos más a partir del fragmento de *Pedro Páramo:*
   - ¿En qué hora del día se sitúa el pasaje? ¿Qué expresiones permiten deducirlo?
   - ¿Por qué le atormenta a Pedro Páramo la visión de Abundio?
   - Indica qué sentimientos de los mencionados en el recuadro muestra Pedro Páramo y señala las expresiones que lo manifiestan:

   amor melancolía tristeza soledad optimismo tranquilidad indiferencia

   - En el fragmento se incorporan referencias al mundo sobrenatural. Localiza al menos una alusión.
3. En este texto se enlazan pasado y presente, pero entre ambos tiempos existe un fuerte contraste. Explica en qué consiste y qué sentido tiene.

Análisis de la estructura

4. Indica en qué párrafos del texto aparece la voz del narrador. ¿De qué tipo de narrador se trata?
5. Diferencia ahora las partes en las que se ofrece la voz de los personajes según las técnicas que se recogen en el cuadro:

Monólogo interior	Párrafos ________
Diálogo	Párrafos ________

Análisis de las formas de expresión

6. ¿Qué tiempos verbales emplea el narrador? Explica los cambios que se producen en relación con tu respuesta a la actividad 3.
7. A pesar de ser un texto narrativo, en algunos momentos de este pasaje el tono es lírico y se incorporan recursos expresivos:
   - Identifica los símiles y explica a qué o a quién se aplican.
   - Señala las repeticiones y los paralelismos y comenta qué efecto producen.
8. En dos momentos del relato se recurre, respectivamente, a un *flash-back* y a un *flash-forward.* Localízalos.

Valoración y relación con el contexto literario

9. El nombre del personaje, *Pedro,* es simbólico. ¿Con qué otra palabra, que se repite en el texto, lo relacionas? ¿Qué simboliza, por tanto, el nombre?
10. Relaciona este fragmento de *Pedro Páramo* con la nueva narrativa hispanoamericana:
    - Explica por qué este texto se puede incluir dentro del realismo mágico.
    - ¿Qué otros rasgos indican que se trata de una obra de la narrativa hispanoamericana del siglo XX?

Técnicas narrativas

El monólogo interior

El **monólogo interior** consiste en la **presentación directa** de los **pensamientos de un personaje,** sin la mediación del narrador:

Yo dejo que hagan, yo no puedo pensar ni desear; yo me acostumbro a este dolor: nada puede durar eternamente sin convertirse en costumbre; el dolor que siento debajo de las costillas, alrededor del ombligo, en los intestinos, ya es mi dolor, un dolor que roe.

Con esta técnica se pretende hacer llegar al lector los **pensamientos** del personaje **tal como se producen,** por lo que resultan frecuentes los **saltos** de un asunto a otro, **frases imperfectas** o **inacabadas,** etcétera.

El **monólogo interior** fue una de las técnicas renovadoras usadas por los autores de la **nueva narrativa hispanoamericana.**

Evaluación

Conversación, **por Emil Nolde.**

Pero ustedes estarán de acuerdo en que el problema de la realidad no se enfrenta con suspiros.

—Quién sabe —dijo Gregorovius—. Quién sabe, Ronald. [...]

—Sin palabra alguna, yo sé que estoy aquí —insistió Ronald—. A eso le llamo la realidad. Aunque no sea más que eso.

—Perfecto —dijo Oliveira—. Solo que esta realidad no es ninguna garantía para vos o para nadie [...]. El solo hecho de que vos estés a mi izquierda y yo a tu derecha hace de la realidad por lo menos dos realidades. [...]

—Los dos estamos aquí —insistió Ronald—. A la derecha o a la izquierda, poco importa. Los dos estamos viendo a Babs, todos oyen lo que estoy diciendo.

—Pero esos ejemplos son para chicos de pantalón corto, hijo mío —se lamentó Gregorovius—. Horacio tiene razón, no podés aceptar así nomás eso que creés la realidad. Lo más que podés decir es que sos, eso no se puede negar sin escándalo evidente. Lo que falla es el ergo[1], y lo que sigue al ergo, es notorio.

—No le hagás una cuestión de escuelas —dijo Oliveira—. Quedémonos en una charla de aficionados, que es lo que somos.

Julio Cortázar
Rayuela, Seix Barral

[1]**ergo:** así pues, por lo tanto.

1. Contesta las siguientes cuestiones:
- ¿Sobre qué hablan los personajes en este fragmento de *Rayuela*?
- Indica cuáles son las dos posturas que mantienen durante la conversación.
- ¿Cuál es la conclusión? Formúlala con tus propias palabras.

2. ¿Qué acerca esta «charla de aficionados» al debate? Explica la estructura de esta forma oral.

3. Señala en el texto rasgos morfosintácticos propios del español de América.

4. ¿Qué rasgos fónicos de las variantes americanas están encubiertos por la norma ortográfica en el fragmento de Cortázar? Enumera los principales.

5. Localiza en el texto una palabra propia del léxico del español de América y explica su sentido.

6. Menciona ahora las variantes del castellano no americanas e indica sus principales características.

7. En su última intervención, Gregorovius utiliza la palabra latina *ergo*. Cita tres locuciones latinas y construye una oración con cada una.

8. El escritor argentino Julio Cortázar fue uno de los renovadores de la narrativa hispanoamericana. Explica en qué consistió esa renovación, nombra los principales autores y obras, y expón cuanto sepas sobre ellos.

9. ¿Cuáles son las tendencias poéticas renovadoras en Hispanoamérica? Incluye en tu respuesta la obra de Pablo Neruda.

10. Escribe tu exposición inicial para un supuesto debate que aborde el tema *La literatura: realidad y fantasía*.

Anexos

La oración simple

Constituyentes y complementos del predicado

La **oración** está formada por un **sintagma nominal,** que actúa como **sujeto,** y un **sintagma verbal,** que funciona como **predicado.** Se **exceptúan** las **impersonales.**

El **núcleo del sujeto** (un sustantivo o un pronombre) **concuerda** en **número** y **persona** con el **núcleo del predicado,** el verbo: *La directora recogió el premio.*

El **núcleo** del **predicado** puede ir solo o acompañado por **complementos:**

FUNCIÓN	FORMA	RECONOCIMIENTO
Complemento directo (CD)	■ **SN:** *La compañía estrenó la obra.* ■ **Pronombre personal:** *Claudia nos saludó.* ■ ***a*** **+ SN:** *El jurado premió a la directora.*	■ Aparece con **verbos predicativos** en **voz activa.** ■ Se **sustituye** por ***lo, la, los, las:*** *La compañía la estrenó.* ■ Se convierte en **sujeto** de la **oración pasiva:** *La directora fue premiada por el jurado.*
Complemento indirecto (CI)	■ **Pronombre personal:** *Os lo agradezco.* ■ ***a*** **+ SN:** *Ella dedicó su triunfo a los autores.*	■ Aparece con **verbos copulativos** y **predicativos** en **voz activa** o **pasiva.** ■ Se **sustituye** por ***le, les:*** *Ella les dedicó su triunfo.*
Complemento de régimen (C Rég)	■ **Prep + SN:** *Habló de sus nuevos proyectos.*	■ Aparece con **verbos predicativos** en voz **activa** y **pasiva.** ■ Se **sustituye** por un **pronombre tónico:** *Habló de ellos.*
Complemento agente (C Ag)	■ ***por*** **+ SN:** *La obra fue escrita por dos dramaturgos.*	■ Aparece con **verbos predicativos** en **voz pasiva.** ■ Es el **sujeto** de la **oración activa:** *Dos dramaturgos escribieron la obra.*
Complemento circunstancial (CC)	■ **S Adv:** *Anteriormente había sido premiada.* ■ **SN (con o sin preposición):** *Fue al festival.*	■ Aparece con **verbos copulativos** y **predicativos** en **voz activa** o **pasiva.** ■ Indica **tiempo, lugar, cantidad, modo, materia, causa…**
Atributo (At)	■ **S Adj:** *La ceremonia fue preciosa.* ■ **SN (con o sin preposición):** *Ella es la primera galardonada.*	■ Aparece con **verbos copulativos** y **concuerda** en **género** y **número** con el **núcleo del sujeto:** *Ella es la primera galardonada.* ■ Se **sustituye** por ***lo:*** *La ceremonia lo fue.*
Complemento predicativo (C Pvo)	■ **S Adj:** *Ella regresó entusiasmada.* ■ **SN (con o sin preposición):** *Eligieron a Claudia candidata.*	■ Aparece con **verbos predicativos.** ■ **Concuerda** en **género** y **número** con el **núcleo del sujeto** o del **CD:** *Ella regresó entusiasmada; La eligieron candidata.*

Clasificación de las oraciones

Las oraciones se clasifican en función de dos criterios: la **actitud del hablante** ante lo que enuncia y la **estructura sintáctica** que presentan.

Modalidades oracionales

Enunciativas
El emisor **afirma** o **niega** un **hecho** o una **idea:** *Ellas (no) leyeron la novela de Galdós.*

Interrogativas
El emisor **espera** una **respuesta del receptor:** *¿Quiénes leyeron la novela de Galdós?*

Exclamativas
El emisor **expresa** sus **emociones** o **afectos:** *¡Al fin leyeron la novela de Galdós!*

Imperativas
El emisor **expresa** un **mandato** o un **ruego:** *Leed completa la novela de Galdós.*

Desiderativas
El emisor **expresa** un **deseo:** *Ojalá leáis con mucho interés la novela de Galdós.*

Dubitativas
El emisor **expresa duda:** *Quizá ellas hayan leído completa la novela de Galdós.*

CLASES DE ORACIONES POR SU ESTRUCTURA SINTÁCTICA	
Activas	El **sujeto realiza la acción del verbo:** *Benito Pérez Galdós escribió novelas realistas.*
Pasivas	El **sujeto sufre o padece la acción del verbo.** Pueden ser de dos tipos: ■ **Pasivas puras.** Presentan el **verbo en voz pasiva** y suelen llevar un **complemento agente,** que realiza la acción verbal: *Esa novela fue escrita por Galdós.* ■ **Pasivas reflejas.** Se forman con la **partícula *se*** y el **verbo en voz activa:** *La novela se publicó en una prestigiosa editorial.*
Atributivas	Se construyen con los **verbos copulativos *ser, estar*** y ***parecer*** más un **atributo,** y su predicado se denomina **predicado nominal:** *Galdós es el autor de esa novela.*
Predicativas	Se construyen con **verbos no copulativos** (o con *ser, estar* y *parecer* cuando no actúan como copulativos), y su predicado se llama **predicado verbal:** *¿Leíste esa novela?*
Transitivas	Son oraciones de **predicado verbal** que se construyen **con complemento directo:** *Ese autor ha escrito varias novelas de gran éxito.*
Intransitivas	Son oraciones de **predicado verbal** que se construyen **sin complemento directo:** *La acción de la novela transcurre en Madrid.*

Principales recursos expresivos

Alegoría

Empleo de palabras que designan distintos elementos de una misma realidad para hacer referencia con cada una de ellas a elementos de otra realidad evocada:

La brilladora lumbre es la alegría; / la temerosa sombra es el pesar: / ¡ah! en la oscura noche de mi alma, / ¿cuándo amanecerá?

Aliteración

Repetición de sonidos en un período lingüístico breve:

Bajo su breve infinidad definitiva.

Antítesis

Se nombran, en un mismo contexto, dos elementos contrapuestos:

Ayer naciste y morirás mañana.

Calambur

Juego fónico que implica la reagrupación de palabras o sílabas en la frase:

...contra mí versos adversos.

Dilogía

Una misma palabra se utiliza con dos sentidos diferentes:

Ducados ganan ducados. (Moneda y título nobiliario.)

Encabalgamiento

El sentido de una frase no queda completo en un verso, sino que continúa en el siguiente:

Mientras haya / sombras que la sombra niegan.

Hipérbaton

Alteración del orden lógico de las palabras en la frase:

Del salón en el ángulo oscuro.

Hipérbole

Exageración desmesurada:

Era mi dolor tan alto, / que la puerta de la casa / de donde salí llorando / me llegaba a la cintura.

Interrogación retórica

Formulación de una pregunta que no espera respuesta:

¿Dónde se han escondido los colores / en este día negro y blanco?

Metáfora

Identidad figurada, imaginada, entre dos términos:

El cielo es una red cuajada de peces sombríos.

Metonimia

Uso de una palabra por otra con la que mantiene relación de causa / efecto, de parte / todo, de continente / contenido:

Cuanto tu cuerpo no se decide aún / a creer en la historia.

Onomatopeya

Reproducción de una realidad por medio de los sonidos de la palabra que la representa:

El tictac eterno de un reloj de pie.

Oxímoron

Creación del máximo grado de sorpresa al aplicar a un sustantivo una cualidad irreconciliable con lo que representa:

La nieve en llamas de la luz en vilo.

Paradoja

Unión de dos realidades aparentemente incompatibles:

¡Oh cautiverio suave! / ¡Oh regalada llaga!

Paralelismo

Repetición simétrica de un contenido o de una forma. El paralelismo más habitual consiste en la repetición de una estructura sintáctica o de todo un verso:

Ya no sé, mi dulce amiga, / mi amante, mi dulce amante, / ni cuáles son las encinas, / ni cuáles son ya los chopos, / ni cuáles son los nogales.

Paronomasia

Asociación de palabras con semejanza fónica, pero con distinto significado:

...el sacerdote ora, el labrador ara.

Personificación

Atribución de cualidades humanas a objetos inanimados:

Galopa la noche en su yegua sombría.

Reduplicación

Repetición de una palabra dentro de un verso o al inicio de otro. Si es al inicio, se denomina **anáfora;** si existen variaciones formales, se conoce como **poliptoton:**

¡Llora! no te avergüences / de confesar que me has querido un poco. / ¡Llora! Nadie nos mira. Ya ves; yo soy un hombre... y también lloro.

Símbolo

Utilización de un elemento concreto que remite a otro abstracto por convención cultural. La *balanza* es símbolo de *justicia*; la paloma, de paz; la cruz, del *cristianismo*...:

Anoche cuando dormía / soñé, ¡bendita ilusión! / que una fontana fluía / dentro de mi corazón.

Símil

Comparación imaginada entre dos elementos:

Quiero vivir, vivir como la hierba dura, / como el cierzo o la nieve, como el carbón vigilante.

Sinestesia

Atribución de las sensaciones propias de un sentido a aquello que se percibe por otro:

Verde que te quiero verde. / Verde viento, verdes ramas.

Métrica

Principales estrofas

Pareado

Estrofa formada por dos versos de arte mayor o menor que riman entre sí:

Por encima de la oliva a
mírame el Amor, mira. a

Terceto

Estrofa formada por tres versos de arte mayor en la que los versos primero y tercero riman entre sí y el segundo queda suelto:

¿No ha de haber un espíritu valiente? A
¿Siempre se ha de sentir lo que se dice? -
¿Nunca se ha de decir lo que se siente? A

Francisco de Quevedo

Soleá

Estrofa formada por tres versos de arte menor que presentan una rima similar a la del terceto:

Aquel recuerdo a
lo tiene ella bordado -
en su pañuelo. a

Federico García Lorca

Cuarteto

Estrofa formada por cuatro versos de arte mayor, generalmente endecasílabos, en la que riman entre sí el primero y el cuarto, y el segundo y el tercero, respectivamente:

Con Ícaro, de Creta se escapaba A
Dédalo, y ya las alas extendía, B
y al hijo, que volando le seguía, B
con amor paternal amonestaba. A

Hernando de Acuña

Redondilla

Estrofa formada por cuatro versos de arte menor con rima similar a la del cuarteto:

Es el mejor de los buenos a
quien sabe que en esta vida b
todo es cuestión de medida: b
un poco más, algo menos… a

Antonio Machado

Serventesio

Estrofa de cuatro versos de arte mayor en la que riman entre sí el primero y el tercero, y el segundo y el cuarto, respectivamente:

¡Primavera soriana, primavera A
humilde, como el sueño de un bendito, B
de un pobre caminante que durmiera A
de cansancio en un páramo infinito! B

Antonio Machado

Cuarteta

Estrofa de cuatro versos de arte menor con rima similar a la del serventesio:

¡Pobre mar condenado a
a eterno movimiento, b
habiendo antes estado a
quieto el firmamento! b

Federico García Lorca

Copla

Estrofa compuesta por cuatro versos de arte menor que presenta rima en los versos pares y con los versos impares sueltos:

Si vivir es bueno, -
es mejor soñar, a
y mejor que todo, -
madre, despertar. a

Antonio Machado

Seguidilla

Estrofa de cuatro versos de arte menor en la que riman entre sí los pares (pentasílabos) y quedan sueltos los impares (heptasílabos):

—¡Ay! caballero errante 7-
de los cipreses, 5a
una noche de luna 7-
mi alma te ofrece. 5a

Federico García Lorca

Cuaderna vía

Estrofa formada por cuatro versos de catorce sílabas (denominados alejandrinos) con una misma rima consonante y pausa interna:

¡Ay corazón doliente, cosa desatinada! A
¿Por qué matas el cuerpo, do tienes tu morada? A
¿Por qué quieres a aquella que no te aprecia nada? A
Corazón, por tu culpa tendrás vida penada. A

Arcipreste de Hita

Lira

Estrofa de cinco versos en la que riman el primero y el tercero (heptasílabos); y el segundo (endecasílabo), el cuarto (heptasílabo) y el quinto (endecasílabo):

¡Oh monte, oh fuente, oh río! 7a
¡Oh secreto seguro, deleitoso!, 11B
roto casi el navío, 7a
a vuestro almo reposo 7b
huyo de aqueste mar tempestüoso. 11B

Fray Luis de León

Copla de pie quebrado

Estrofa formada por seis versos en la que riman primero y cuarto (octosílabos); segundo y quinto (octosílabos), y tercero y sexto (tetrasílabos):

Ved de cuán poco valor 8a
son las cosas tras que andamos 8b
y corremos, 4c
que, en este mundo traidor, 8a
aun primero que muramos 8b
las perdemos. 4c

Jorge Manrique

Octava real

Estrofa de ocho versos endecasílabos; en los seis primeros, la rima es ABABAB, y los dos últimos forman un pareado:

Con tanta mansedumbre el cristalino A
Tajo en aquella parte caminaba B
que pudieran los ojos el camino A
determinar apenas que llevaba. B
Peinando sus cabellos d'oro fino, A
una ninfa del agua do moraba B
la cabeza sacó, y el prado ameno C
vido de flores y de sombras lleno. C

Garcilaso DE LA VEGA

Décima

Estrofa de diez versos de arte menor en la que riman el primero, el cuarto y el quinto; el segundo y el tercero; el sexto, el séptimo y el décimo; y el octavo y el noveno:

Es verdad; pues reprimamos a
esta fiera condición, b
esta furia, esta ambición, b
por si alguna vez soñamos; a
y sí haremos, pues estamos a
en mundo tan singular, c
que el vivir sólo es soñar; c
y la experiencia me enseña d
que el hombre que vive, sueña d
lo que es, hasta despertar. c

Pedro CALDERÓN DE LA BARCA

Poemas estróficos

Zéjel

Poema estrófico escrito normalmente en octosílabos, formado por un **estribillo** (uno o dos versos), una **mudanza** (estrofa de tres versos monorrimos) y una **vuelta,** que retoma la rima del estribillo:

Pez verde y dulce del río, a
sal, escucha el llanto mío. a } ESTRIBILLO

Rueda por el agua, rueda, b
que no me queda moneda; b
sedal tampoco me queda… b } MUDANZA
llora con el llanto mío. a VUELTA

Rafael ALBERTI

Villancico

Poema escrito en octosílabos o hexasílabos, que consta de un **estribillo** (dos o cuatro versos) y un **pie** (estrofa de seis o siete versos, de los que los últimos riman con el estribillo):

Verde verderol, a
¡endulza la puesta del sol! A } ESTRIBILLO

Palacio de encanto, b
el pinar tardío c
arrulla con llanto b
la huida del río. c
Allí el nido umbrío c
tiene el verderol. a } PIE

Verde verderol, a
¡endulza la puesta del sol! A } ESTRIBILLO

Juan Ramón JIMÉNEZ

Soneto

Poema formado por catorce versos endecasílabos agrupados en dos cuartetos y dos tercetos:

Ilustre y hermosísima María, 11A
mientras se dejan ver a cualquier hora 11B
en tus mejillas la rosada aurora, 11B
Febo en tus ojos, y en tu frente el día, 11A

y mientras con gentil descortesía 11A
mueve el viento la hebra voladora 11B
que la Arabia en sus venas atesora 11B
y el rico Tajo en sus arenas cría; 11A

antes que de la edad Febo eclipsado, 11C
y el claro día vuelto en noche oscura, 11D
huya la aurora del mortal nublado; 11C

antes que lo que hoy es rubio tesoro 11E
venza a la blanca nieve su blancura, 11D
goza, goza el color, la luz, el oro. 11E

Luis DE GÓNGORA

Poemas no estróficos

Romance

Serie indeterminada de versos octosílabos en la que riman los pares y quedan sueltos los impares:

¡Quién hubiese tal ventura -
sobre las aguas del mar, a
como hubo el conde Arnaldos -
la mañana de San Juan! a
Con un halcón en la mano -
la caza iba a cazar, a
vio venir una galera -
que a tierra quiere llegar. a
Las velas traía de seda, -
la ejarcia de un cendal, a
marinero que la manda, -
diciendo viene un cantar a
que la mar faía en calma, -
los vientos hace amainar; a
los peces que andan nel hondo, -
arriba los hace andar; a
las aves que andan volando, -
nel mástil las faz posar. a
Allí fabló el conde Arnaldos, -
bien oiréis lo que dirá: a
—Por Dios te ruego, marinero, -
dígasme ora ese cantar. a
Respondiole el marinero, -
tal respuesta le fue a dar: a
—Yo no digo esta canción -
sino a quien conmigo va. a

Verso libre

El verso libre supone una ruptura de las formas métricas tradicionales; en él no hay estrofas, ni rima, y los versos no tienen la misma medida:

La soledad destella en el mundo sin amor.
La vida es una vívida corteza,
una rugosa piel inmóvil
donde el hombre no puede encontrar su descanso
por más que aplique su sueño contra un astro apagado.

Vicente ALEIXANDRE

OXFORD
UNIVERSITY PRESS

Parque Empresarial San Fernando, Edificio Atenas
28830 San Fernando de Henares (Madrid)

Oxford University Press es un departamento de la Universidad de Oxford. Como parte integrante de esta institución, apoya y promueve en todo el mundo sus objetivos de excelencia y rigor en la investigación, la erudición y la educación, mediante su actividad editorial en:

Oxford Nueva York
Auckland Bangkok Buenos Aires Chennai Ciudad de México
Ciudad del Cabo Dar es Salaam Delhi Estambul Hong Kong Karachi
Kolkata Kuala Lumpur Madrid Melbourne Mumbai Nairobi
São Paulo Shanghai Taipei Tokio Toronto

Oxford y Oxford English son marcas registradas de Oxford University Press.
Oxford EDUCACIÓN es una marca registrada en España por Oxford University Press España, S. A.

Libro de texto para la etapa de Educación Secundaria Obligatoria, segundo ciclo, cuarto curso, para el área de Lengua castellana y Literatura, elaborado según el proyecto editorial de Oxford Educación, que ha sido debidamente supervisado y autorizado.

Publicado en España por Oxford University Press España, S. A.

ISBN: 84-8104-609-4
Depósito Legal: M-29766-2004
Impreso en España por Talleres Gráficos Penalara, S. A.
Ctra. Villaviciosa de Odón a Pinto, km 15,180
28940 Fuenlabrada (Madrid)

El uso de la tilde en este libro sigue las indicaciones señaladas por la RAE en su *Ortografía de la lengua española* (1999).

AUTORES
M.ª Teresa Bouza Álvarez, José Manuel González Bernal, Alicia Romeu Rodríguez

ASESORÍA Y REVISIÓN TÉCNICA
Antonio Quilis

COORDINACIÓN DEL PROYECTO EDITORIAL
Concepción Pérez Galán

EDICIÓN
M.ª Vicenta del Pozo Nieto

CORRECCIÓN DE ESTILO
Mar García Mesuro, José M.ª Sotillos Martín

COORDINACIÓN GRÁFICA
Purificación Fernández López

DISEÑO DE CUBIERTA E INTERIORES
Dolors Albareda, Pepe Freire

MAQUETACIÓN
Rosalía Salas Ronban

ILUSTRACIÓN
Dolors Albareda, Rosa Anna Crespo, DPI Comunicación, Violeta Monreal

DOCUMENTACIÓN GRÁFICA
Belén Santiago Fondón, Ángel Somolinos Estévez

AGRADECIMIENTOS
Editoriales: Aguilar, Alba, Alfaguara, Alhambra, Alianza, Anagrama, Areté, Ariel, Biblioteca Nueva, Bruño, Castalia, Cátedra, Cid, Desnivel, Destino, Edhasa, Ediciones B, El Acantilado, El Cárabo, Emecé, Espasa Calpe, FCE, Hernando, Hiperión, La Tempestad, Lengua de Trapo, Losada, Noguer, Ollero & Ramos, Orbis, Páginas de Espuma, Planeta, Porrúa, Pre-Textos, RBA, Salvat, Seix Barral, Siglo XXI, Siruela, SM, Sudamericana, Taurus, Tusquets, Vicens Vives
Publicaciones periódicas: *El Mundo, El País, La Revista de El Mundo, La Vanguardia, Magazine de El Mundo, Muy Interesante*

FOTOGRAFÍA DE CUBIERTA
New York Movie (1939), por Edward Hopper. Oil on canvas, 32 1/4 × 40 1/8" (81,9 × 101,9 cm). The Museum of Modern Art, New York. Given anonymously. Photograph © 2002 The Museum of Modern Art, New York

FOTOGRAFÍAS
AGE Fotostock, Agencia Tiempo, Aisa, Álbum, Altavista Company, Sebastián Álvaro (*Al filo de lo imposible,* TVE), Antena 3 TV, Armando Testa, ASA, Aurum, BP Oil España (Anuncio realizado por la agencia Guerreiro DDB Portugal; fotografía: © Antonio Sabater / Enfoque 10), Cadena SER, Canal Plus España, Canal Sur TV, Centro Cultural de la Generación del 27 (Diputación de Málaga), Centro Virtual Cervantes (Instituto Cervantes), CNDT, Contacto, Cordon Art, Cover, CRTVG, DGT, Diario *El País,* Juan Díaz Canales, Dirección General de la Mujer (Consejería de Trabajo de la Comunidad de Madrid), Ediciones B, Editorial Lumen, El Chat, *Espéculo* 2003, Estudios Trampolín, ETB, Europa Press, Ferrero Ibérica, Fiat Auto España, S. A., Fondo Social Europeo, Antonio Fraguas (FORGES), Fundación Federico García Lorca, Fundación Juan Ramón Jiménez, Fundación Rafael Alberti, Google Inc., Grupo LVMH Perfumes y Cosméticos Ibérica, Juanjo Guarnido, Javier Herráez, Francisco Ibáñez, Index, Inforchat, Junta de Andalucía, La Cubana, La Mediterránea, La Página del Idioma Español (© Ricardo Soca), Lessing, Longines (The Swatch Group), Manuel Martínez Muñoz, Matt, McCann Erickson, Microsoft Corporation, Mirc.com, Ana Mur, Netscape Communications Corporation, New Line Cinema, Norma Editorial, Omega (The Swatch Group), ONU, Oronoz, Pegasus Mail (Excerpts from Pegasus Mail are Copyright © 1990-2003, David Harris, all rights reserved), Plan Nacional sobre Drogas, Prisma, *Protagonistas* (Onda Rambla —Onda Cero—), Renault España Comercial, S. A., Residencia de Estudiantes, Revista en Internet *Filomúsica* (www.filomusica.com), RNE, RTVE, Sebastião Salgado, Joaquín Salvador Lavado (QUINO), Francisco J. J. Sánchez, Scala Archives (Milán), Seix Barral, Ricardo Sotillo Hidalgo (en http://www.Capitalemocional.com/trastero/gen27.htm), Stock Photos, SuperStock, Tándem DDB, Tecnopolis, Telecinco, The Museum of Modern Art (New York), T.I.C.E.S.A., TV3, UNICEF, Volkswagen-Audi España, S.A., WebMagazine *Casi Nada* (www.usuarios.iponet/casinada), WWF / ADENA, Ya.com, Yahoo! España, y Archivo Oxford
IBÁÑEZ, Francisco (*Mortadelo y Filemón: Safari callejero*. Barcelona: Bruguera, 1984; *Mortadelo y Filemón: El estrellato*. Barcelona: Ediciones B, 2002; *Mortadelo y Filemón: El ordenador… ¡Qué horror!* Barcelona: Ediciones B, 2003)